標點善本題跋集錄

上　冊

國立中央圖書館編印

中華民國八十一年

國立中央圖書館出版品預行編目資料

標點善本題跋集錄／國立中央圖書館特藏組編
——臺北市：中央圖書館，民81
面；　　公分
含索引
ISBN 957-678-077-2(一套：精裝)

1.題跋

011.6　　　　　　　　　　　81001179

標點善本題跋集錄
國立中央圖書館特藏組編
中華民國81年5月出版
ISBN 957-678-077-2　（一套：精裝）
ISBN 957-678-078-0　（上冊：精裝）

發行人：曾　濟　群
出版者兼著作權人：國立中央圖書館
地址：台北市中山南路20號
電話：(02)3619132
承印者：澤華彩色印刷事業有限公司
地址：台北市桂林路4巷1號
電話：(02)3080802

序

我國古籍汗牛充棟，歷來文人學者或藏書家每獲珍籍，輒記其心得於書之前後，一則辨章學術、考鏡源流，藉以發揮其學術見解，舉凡內容正訛、版本異同、刻工精粗、行幅疏密、流傳遠近，以及授受相遞等等，莫不有所論述；甚且旁及書價之貴賤、得失之悲喜，在在躍然紙上，為書林掌故之珍。至若偶涉生活起居、友朋唱和，連及時勢朝政，不僅真情流露，且可概見歷代先賢之氣象胸懷，至足發人深省。

國立中央圖書館典藏善本舊籍一萬八千餘部，其中經諸家題跋者近一千三百部，洵為學術研究之寶藏。民國七十一年時，本館即曾選編「國立中央圖書館善本題跋真跡」，影印出版四巨冊，頗獲士林重視，惟當時艱於物力，於內容既不得不有所選擇，未得全豹，且旨在存真，雖部份字畫難辨，不易卒讀，仍以原貌問世，俾人人皆得一睹歷代先賢手澤，藉興仰止思齊之心。迨民國七十八年，本館奉命辦理「古籍整編計畫」，即將善本題跋之標點排印列為工作項目之一，除重新蒐輯館藏所有題跋，求其內容之完備外，且全數加以標點斷句，復改影印為排印，編附索引，冀便讀者檢索。事經兩年有餘，始克蒇事，其間本館特藏組蘇精主任策劃、盧錦堂編輯負責、俞寶華與徐惠敏兩位同仁協助，均極辛勞。

本館職司圖書文獻之蒐集、典藏、編訂、展覽，以及全國圖書館事業之研究發展等事宜，關繫國家文化至鉅，濟群方始承乏館務，深覺任重而道遠，其中館藏善本舊籍之琳瑯美富，向為海內外學界矚目之所在，今後除就現有館藏繼續整理編訂，裨益學術研究外，如何加強蒐集充實，尤其如何設法獲致我國流落海外重要圖書文獻，實為本館當務之亟，濟群自當與全體同仁共勉，全力以赴，更盼學者專家鼎力協助、社會大眾多方支持，共同建設本館為中華文化學術之宏基。欣值本書付梓，爰綴數語，并祈方家不吝賜正。

民國八十一年五月　　　　**曾濟群**　識於國立中央圖書館

凡　　例

一、本館前曾編選「國立中央圖書館善本題跋眞跡」，凡一千零六十三部，影印出版，重在手書眞跡，其中或有筆跡難辨，不易卒讀者，亦存其眞，不加標點校註。是編改影印爲排版，悉加標點，間附校註，并增補前書闕遺三百七十三部，涵括傳錄之篇章，誠更便於學者。

二、是編所錄題跋，其撰人有姓名或字號可考者約九百人，而撰人不詳者另占五十四則，俱出自一千四百三十六部善本書，要以館藏爲主，然亦包括見收於上述「善本題跋眞跡」中一百五十五部前北平圖書館藏書。

三、同一書之題跋，前有標目，依次著錄其書名、卷數、冊數、撰人、板本、題跋者、書籍登錄號諸項。

四、各書標目及分類排比，據本館善本書目增訂二版，而書目書後之新增部份，則歸入適當類別中。

五、凡書之著者、題跋之撰人，亦大抵依本館善本書目著錄，惟稍有增改。

六、題跋爲其撰人手書者，曰「某某手書題記」或「某某手跋」；其爲他人過錄者，曰「過錄某某題記」或「過錄某某跋」；未詳爲手書抑過錄者，曰「某某題記」或「某某跋」；撰人可疑者，曰「題某某題記」或「題某某跋」。

七、一書之中，題跋凡不止一篇，其同屬一撰人者，篇與篇之間不留空，僅另起行；其分屬不同撰人者，則留空一行以別之。

八、凡對題跋文字有所校補或說明，以〔 〕符號概括之。

九、凡題跋有闕字，或其字不清者，記以□符號，一字一□；字數不詳者，則在〔 〕內註云「闕文」。凡闕字處有不可解者，不強作標點。

十、編末附書名、人名、刻書舖號等綜合索引，註明頁碼，藉便檢索，但不含題跋內文所提及者。

十一、索引中，書名凡冠有「御撰」、「御纂」、「增修」、「新編」、「詳

註」、「附釋音」諸字樣者，概加（）符號，其排列次序以此等字樣後第
一字爲準。

十二、索引中，書名或舖號之文字有異，雖知同爲一書或同一刻書舖，仍分列
之。

十三、鈔書、刻書或題跋者，其人或署異名，或署字號不一，故索引亦間有一人
多名而分列者。

十四、索引中，撰人僅知其名字而不詳其姓者，依其名字之第一字排列；名字之
第一字不詳者，則依其第二字排列。

十五、索引中，凡僧人俱不冠「釋」字，其排列次序以法號之第一字爲準。

十六、刻書舖號或齋室名，可能襲自先人或爲後人沿用，故云某氏某某堂刻本（
抄本）者，姑採保守態度，仍以某氏某某堂爲之索引，而不專屬於某人。

十七、凡刻書舖號或齋室名冠稱某氏者，齋室名與某氏分作索引，而於某氏
下（）符號內復註明其齋室名；惟其中尤著名者，如范氏天一閣、毛氏汲
古閣、錢氏述古堂等，則僅列天一閣、汲古閣、述古堂，而不列范氏、毛
氏、錢氏等。

十八、凡刻書或鈔書，僅署其籍貫及姓氏者，則以姓氏爲索引，而於其下（）符
號內註明籍貫。

十九、凡刻書或鈔書者屬政府機關，如內府、國子監、縣學之類，亦作索引。

二十、凡題跋撰人不詳者，索引標示「無名氏」一條以歸納之，見十二畫。

標點善本題跋集錄

目　次

標點善本題跋集錄

經　　部

易　類

周易六卷三冊　魏王弼注　影寫日本古抄本　清光緒壬辰（十八年）楊守敬手書
題記　（00005）

　　周易王弼注六卷。按：隋書經籍志稱周易十卷；王弼上下經注六卷、韓康伯
繫辭注三卷、又王弼略例一卷，合數爲十卷也。新舊唐志云，王弼注七卷，則并
略例數之也。宋志乃并上下經注屬之韓康伯，則謬矣。日本古鈔周易多只王弼注
六卷，彼國人稱爲六朝之遺，此本亦六卷，每半葉九行，行十七字，五六兩卷半
葉八行，行十六字，每卷後記經注字數（第二、第三未記），欄外層格節抄正
義、朱子本義、又纂圖互注，其體式與森立之訪古志所載永正間鈔本一一相符，
顧未見抄寫年月，然前四卷與後二卷，筆法迥不相同，其爲原補配本無疑，或抄
寫年月原在書衣，而重裝時去之也。訪古志又稱此本爲求古樓藏，而亦無狩谷掖
齋印，此則由掖齋收藏絕富，往往有未鈐印者，立之蓋從求古樓架上親見之，而
著于錄也。攷此本文字，注末亦頗多虛字，其異同亦多與山井鼎所稱古本、足利
本合，而亦間有與宋本合者。篇中凡遇貞字皆缺筆，訪古志稱係從北宋本鈔出，
似爲可信，但不知其經文何以與唐石經多出入，其注文與岳刻本又多異；據岳氏
言，校梓時甄集凡十餘通互勘，豈少北宋本？而此本□岳本之處，何以多不從？
此相臺之未滿人意者。今以岳本一一校對，朱筆圈記之，其異文不見於山井鼎攷
文者，如小畜象注「何由知其未能爲雨」，岳本脫「其」字；困象注「唯履正而
能體大者也」，岳本無「唯」字；震注「故曰震來虩虩，恐致福也」，岳本脫「
曰」字；艮九三注「至中則列夤矣」，岳本脫「夤」字；節九五注「所往有尚
也」，岳本脫「所」字；既濟九三注「故能貞也」，岳本「貞」作「興」。其餘

無關宏旨，尤不勝紀，讀者當自得之。光緒壬辰秋七月，宜都楊守敬記于鄰蘇園。

關氏易傳一卷一冊　舊題後魏關朗撰　唐趙蕤注　明覆宋刊本　民國五年朱士楷手跋　（00012）

此關氏易傳，侯官楊雪滄先生藏書也。每葉十八行，每行十六字，恒字缺筆，定爲明覆宋刊。通卷硃校，未識是雪滄先生手筆否。收藏有閩楊浚雪滄字悔堂藏本、侯官楊氏雪滄所得善本，及王堅字又白、健公爲書延壽、甯遠節度後裔諸印記。書極古雅，頗不易獲，今秋在上海蟫隱廬得見此本，即以重價購歸，晴窗展讀，意殊愜也。民國五年歲次丙辰秋九月，嘉興朱士楷誌於擁百廬。

大易粹言存五十四卷十二冊　宋曾穜撰　南宋建安劉叔剛刊本　清咸豐九年韓應陛手書題記　（00050）

按檢各書目，惟焦氏國史經籍志十卷，傳是樓鈔本七十卷共六本，菉竹堂二十冊不記卷數，他如絳雲樓、述古堂、寶文堂、千頃堂、汲古閣、泰興季氏各書目，皆未登錄。咸豐己未九月十一日，應陛識。

周易本義通釋十二卷附易義一卷四冊　元胡炳文撰　明胡琪編　舊鈔本　清吳翌鳳手書題記　（00062）

乙巳新正，甫里嚴二酉屬王鳳儀見寄。廿日，吳翌鳳識於城東寓塾。

炳文字仲虎，婺源人，嘗爲信州道一書院山長，再調蘭谿州學正，不赴，卒。學者稱雲峰先生。是書元有延祐丙辰郭郁序，今本佚。

周易傳義大全二十四卷二十八冊　明胡廣等撰　明初建刊本　清林則徐手書題記
（00069）

　　宋程子易傳義廿四卷，昌明理學，直接三代道統，朱子皆其所自出也。此爲
元人影宋精鐫足本，較明刻遠甚。曾於藝芸書舍見此祖本，因志。道光乙未秋
日，八閩林則徐。

————————

易大全纂二卷三冊　明羅萬化撰　明會稽羅氏有是園朱絲闌清鈔底本　近人莫棠
手書題記　（00089）

　　有是園易大全纂三冊。是書爲明羅文懿公稿本，公名萬化，字康洲，會稽
人，王陽明弟子，有是園，公讀易之所也。書共三冊，殆有殘缺。道光八年從章
桐君售出，爲章碩卿所得，展轉流入黔中，光緒中，得之章之族裔。原有浮籤記
之，久而遺失，因記其大略如此。宣統紀元重裝並記。

————————

南雋讀易或問大旨五卷四冊　明汪必東撰　清稿本　清沈埏、韓應陛各手書題記
（00112）

　　汪必東，嘉靖一統志，武昌崇陽人（本漢長沙下雋縣地，梁置上雋郡，陳又
置雋州）。正德辛未進士，授戶部主事，改禮部。邃於經史，能爲古文辭，善草
書。擢廣西參議，進河南參政。所著有南雋文集、易問大旨。乾隆丙申夏五，劍
舟筆。
　　應陛按：千頃堂書目，南雋集二十卷。汪字希會。

　　南雋讀易或問大旨。書首劍舟記語五行。按：劍舟姓沈、名埏，嘉禾南門內
人。
　　咸豐八年七月三日，得之嘉禾書友沈秋泉。按：此書標題下方署必東手稿
字，據知此即汪手定本。不知此曾經刊行，暨有傳鈔本；使宇宙祇此孤行之本，

尚不收藏，不幾於絕矣乎？此亦收書者之責也。冬至前一日，應陞記。

———————

易經註釋六卷十二冊　明嚴隨翁撰　清王衍高手鈔本　清顧棟高手書題記　（00113）

　　王以象先生得嚴隨翁所抄易經註釋善本八卷，手為批閱，奉之如圭璧，寶之如圖書，洵讀易之正宗也。隨翁為東林社長，續續先賢理學，於易理通曉，先集本義，後備各家之說，精微之旨，旁達曲暢，斯真後學津梁，無以逾此者。人謂春秋通於易，文王孔子一人而已。余作大事表成，偶見此書，深為嘆賞，竊思前哲學問淵深，究心易理，非數十年之功，不能得其奧也。時雍正歲次甲寅，顧棟高跋。

———————

易鼎三然三卷六冊　明朱天麟撰　明崇禎庚午（三年）刊本　近人文素松手書題記　（00122）

　　按：朱天麟，吳江人，徙居崑山，字游初。崇禎進士，授饒州推官，擢翰林編修。永明王居武岡，召為禮部尚書，尋拜東閣大學士。王奔南寧，天麟奉命經略左右兩江土司，以為勤王之助，未集，清兵逼南寧，王出走，天麟扶病從之，道卒。有易鼎三然云。然此書罕見，曾為翰林院藏過，信為秘笈也。舟虛識。

———————

周易淺釋不分卷存四冊　清潘思榘撰　舊鈔本　清羅振常手跋　（00132）

　　此書不署作者名氏，沈學子跋稱為補堂先生，知為潘敏惠公所著。敏惠諱思榘，字絜方，別號補堂，江蘇陽湖人，雍正甲辰進士，出孫文寶公之門，官秋曹、粵臬，卒于福建巡撫任所，均與跋語相合。劉繩庵為作墓銘，沈學子為作神道碑，均稱其研精經學，尤邃于易，深得荀虞之旨云。沈跋，學福齋集中無此

文，可據此書補之。

────────────

周易粹義四卷三冊　清薛雪撰　清乾隆間著者手定底稿本　清周廷珪、王德森各手跋　（00134）

古平江學博士弟子員石補學人懷陶周廷珪嘗手錄一過。

丙子孟春，獲見此書於蔭嘉宗兄二十八宿硯齋，書以識幸。玉峰歲寒老人王德森，時年八十有一。

────────────

周易象數易知四卷四冊　清王定國撰　清道光間著者手定底稿本　近人文素松手書題記　（00139）

此書爲清王定國所撰，自序云，是書所言者，象也，言象則不能指鹿爲馬，而凡執象以觀者，其是與非皆可得而見之。以是書之所言者，數也，言數則不敢謂二而作三，而凡憑數以推者，其得與失亦俱可得而知之矣。又謂以前後二十年於斯，不忍廢棄之也，爰集成緘，以俟諸有道者正焉。並有安甸、王定國印兩印。間有刪改，皆精詳清晰，信爲寫正本，爲未刊之秘笈。庚午冬得於金陵書肆，並以記之。萍鄉文素松識。

是書原訂六冊，以番銀九十圓得之，改爲四冊。又記。

────────────

先天橫圖讀說一卷附雜文一卷一冊　清陳介祺撰　清同治間清稿本　陳介祺手書題記　（00147）

前說及圖，似爲可通，加以融會貫通，則天地萬事萬物之理，不出乎是，惟熟之不易，亦無窮耳。後說尚未敢定。壬申十月廿日自記。

書　類

古文尚書十三卷四冊　舊題漢孔安國傳　影寫日本古抄本　清楊守敬手校並題識
（00156）

　　舊鈔本古文尚書十三卷，每半葉九行，行二十字，裝爲四冊，每冊首有智福山法輪寺印，冊尾有有以荷包印，界欄上節錄孔疏（此本未摹），篇中古字俗字甚多，與山井鼎攷文所載古本合，而與薛季宣古文訓又多異。按：釋文序錄云，尚書之字本爲隸古，既是隸寫古文，則不全爲古字，今宋齊舊本及徐李等音，所有古字蓋亦無幾，穿鑿之徒，務欲立異，依傍字部，改變經文，疑惑後生，不可寫用，蓋指此等書也。陸氏之說，其果與否，尚待詳考，然因此可知此爲唐初舊籍（如「允釐百工」注「釐，理」；又「則能信理百官」，皆以「治」作，避唐高宗諱，其爲唐人之遺無疑）。其中爲長興以下板本所奪誤者，藉以訂正不少，如山井鼎、物觀等所校出者是也。然亦有板本不誤，而攷文所稱反誤者，今以此本覆校之，有應有不應，迺知山井鼎、物觀所見之二本，偶有傳錄之差，非古本盡如是也，如舜典「詩言志」注「謂詩言志以導之」，攷文云古本無「謂」字，此本則有「謂」字；「陟方乃死」注「三十徵庸」，攷文云古本「庸」作「用」，此本仍作「庸」；「凡壽一百一十二歲也」，攷文云古本「歲」作「載」，此本仍作歲；咎繇謨「降水儆予」注「水性流下」，攷文云古本「性」作「惟」，此本仍作「性」；「古人勤于邦」注「卑其宮室」，攷文云古本「宮」作「居」，此本仍作「宮」；益稷「予思日孜孜」注「奉承臣功而已」，攷文云古本「承」作「成」，此仍作「承」；「惟慢遊是好」注，攷文云古本無「惟」字，此本有「惟」字（全書此類甚多，別詳札記）。又有山井鼎、物觀所漏校，而甚有關於經義者，如堯典「宅朔方，曰幽都」注「北稱朔，亦稱幽」，宋以後皆誤「幽」爲「方」，遂以方有北，訓不可通；「父頑，母嚚，象傲」注「心不測德義之經爲頑」，岳本此下有「口不道忠信之言爲嚚」九字，此本無之，按上文「嚚訟可乎」注「言不忠信爲嚚」，既釋「嚚」字，故此處不再釋，岳本非也；大禹謨「萬邦咸寧」注「則賢才在位，天下安寧也」，岳本脫「寧」字，非也；「奉詞伐辠」注「詞謂不敬」，各本作「恭」，此因避宋諱改，攷文失校（此類亦多，別詳札記）。大抵日本古鈔本注文之末，每多虛字，有不可通

者，山井鼎一一校錄，阮文達校刊記詆之，或者遂疑古本爲贋本不可信，不知皆非也。唐以前古書，皆鈔寫本，此因鈔書者以注文雙行排寫，有時先未核算字數，至次行餘空太多，遂增虛字以整齊之，別無意義，故注文多虛字，而經文無有也。至宋代刊本盛行，此等皆刊落，然亦有沿襲舊鈔本，未剗除盡淨者，如宋槧元應一切經音義是也（此唯余藏宋槧有之，明南北藏本亦無，別詳札記）。即如此書咎繇謨「寬而栗」九句，七句注腳皆有「也」字，唯「柔而立」、「彊而誼」二句無「也」字，以此二句，或六字，或八字，皆兩□雙齊，不煩增字也。并記於此，以釋來者之惑。光緒壬辰春，楊守敬記。

東坡先生書傳二十卷二冊　宋蘇軾撰　明末期刊九行十九字本　清孫星衍手書題記　（15424）

東坡書傳廿卷，明刻本。按晁氏、陳氏書目及宋藝文志皆作十三卷，當由後人分爲廿卷。晁氏謂其以允征爲羿篡位時康王之誥爲失禮，與諸儒之說不同。今覽其書，紕繆不止此，如以三江爲禹知水味，引陸羽之說；以誕受羑若爲羑里，不顧文武二字，俱由臆解。東坡經學不深，見譏司馬溫公，乃爲經說以解嘲，姑以舊書存之。五松居士記。

東坡書傳二十卷四冊　宋蘇軾撰　清順治乙未（十二年）傅山手寫本　清傅山、李淮各手跋　（00167）

順治乙未冬十月，青主傅山讀抄。

青主徵君字，予見者甚多，然皆草書，間作分隸，其楷書從未及見。幼涵太史以徵君小楷尚書見示，用筆秀逸，結體緊嚴，隱然畸人高格，可寶也。乙卯夏四月，長安李淮敬觀。

程尚書經進禹貢論二卷後論一卷禹貢山川地理圖二卷六冊　宋程大昌撰　舊鈔本
清顧沅手跋　（00168）

　　此書曹倦圃藏，係舊抄本，與通志堂本多地理志，且較四庫亦異。辛亥午月
十五得于四明書肆，可寶也。藝海樓主人記。

――――――――

尚書表註二卷二冊　宋金履祥撰　南宋末年建刊本　清顧湄、周春手書題記　徐
堂、蔣元龍等觀款　（00185）

　　歲癸亥夏五，予在毘陵得金仁山先生尚書表註，比藏書家多欲借抄，予寶愛
是書，恐紙墨刓敝，因手抄二帙以廣其傳，今崑山所刻者是也。近薄遊婺州，訪
求先生遺書不得，後見柳文肅貫所撰先生行狀，云先生早歲所注尚書章釋句解既
成書矣，一日超然自悟，擺脫衆說，獨抱遺經復讀玩味，則其節目明整、脈絡通
貫，其枝葉與訛謬一一易見，因推本父師之意正句畫段，其章旨與其義理之微事
爲之概，考證字文之訛，表諸四闌之外，曰尚書表註，并得先生自敘一篇，錄置
卷首，復補其原敘缺頁，且原其作書之旨。先生得朱子之宗傳，加以精究潛思，
刪繁就質，嘗自云，解至後卷，即覺前義之淺，蓋殫畢生之力以成之者也。今錫
山秦氏、崑山徐氏，皆藏先生尚書注十二卷，予嘗見之，即早歲之書，非定本
也，顧世未見表註眞本，即以是爲表注，謬矣！先生生于宋紹定壬辰，卒於元大
德癸卯，是書刻于宋末元初，尚避宋諱，可徵也。丙寅三月望日，太倉後學顧
湄，誌于金華之密印寺樓。

　　乾隆壬子孟冬，購得尚書表注，爲顧伊人所藏本，後歸吾邑花山馬氏道古
樓，馬氏售於武林吳氏瓶花齋，即此書也。何義門謂書有殘缺，顧伊人意爲補
全，未可盡信，細校此書，方知意爲補全之處，且與通志堂刊本微有異同。案：
仁山先生集有尚書表注序，而伊人抄補之序，亦復刪節不全，今並存之。近時婺
郡以通志堂本重刻，版樣縮小，以致標題位置多訛，又缺其下方，大非表諸四闌
外式矣。松靄周春記。

乾隆戊子長至前五日，杭世駿、吳穎芳、汪憲、丁傳、朱文藻、李睿、徐堂，集瓶花齋同觀。堂書。

嘉慶丁巳花朝後三日，同俞思謙、戚芸生、陳元彩，詣著書齋，松靄先生出眎所藏宋刊尚書表註，命題觀款，因請觀天然研試墨謹書。蔣元龍記。

————————

書纂言四卷十二冊　元吳澄撰　明嘉靖己酉（二十八年）顧應祥滇中刊本　清朱彝尊手書題記　（00186）

是書購之海鹽鄭氏簡端〔應作「端簡」〕所，書猶是端簡公手蹟也。會通志堂刊經苑，以此畀之，既而索還，存之笥。壬申歲歸田，檢櫝中藏本，半已散失，幸此書僅存。又七年，曝書于亭南，因識。竹垞七十一翁。

詩　類

詩經四卷二冊　明刊本　清宣統元年鄧邦述手跋　（00228）

右詩經白文四卷，乃汲古閣舊藏，審視版刻，當在宋元之間，獨其版式爲目所未見，蓋原書係兩版心，每半葉二十行，行二十字，每版三葉，全版六十行也。第二版心有詩一、詩二等字，以紀篇數。四卷凡三十八版。原裝經褶式，有褶痕可驗，不知何時翦裱成冊，致版心字數隱約可辨而已。又卷末尚有小長方木記，裱時挖去，遂不知爲何時刊本，是皆傖儒陋夫之所爲也。昔人有得古硯，病其不發墨者，乃使匠人礲之，而研毀矣，曾不值焚琴鬻鶴之一笑也。大雅以下，字尤茂美，斷是宋刻。此書標題白文，當不止葩經一冊，惜他經均佚，且國朝諸收藏家，無一字著錄，亦未見別有流傳，毛氏詡詡然以爲希世之珍，吾安得不云爾耶！宣統紀元二月，邦述讀記。

————————

毛詩二十卷十冊　漢毛亨傳　鄭玄箋　清光緒壬辰（十八年）宜都楊氏傳鈔日本古寫本　清光緒間楊守敬手校並題記　（00232）

　　古鈔本毛詩鄭箋二十卷，卷首題毛詩卷第一，次行周南關雎詁訓傳第一、毛詩國風鄭氏箋。款式與山井鼎攷文所載合。第十卷末有經注字數，第二十卷末有篇數、章數、句數、字數。每半葉九行，行二十字。界長六寸強，幅四寸六分。每紙有層格，格內抄音義及正義（此重寫不摹層格）。卷尾記四國與州宇和之庄多田長壽寺宗訓書。卷首有龍□、碧□二印。此森立之訪古志所載，云是求古樓藏，今以此本照之，一一相合。每卷首有披齋印，狩谷望之號也。披齋藏書名求古樓，日本文政間學人之最，其藏書之富又過於官庫，讀森立之訪古志，足見一班。按：山井鼎攷文所載，足利學所藏古本，皆稱是隋唐之遺，獨毛詩所據本，多衍文誤字，顧千里遂謂其古本是宋正義釋文而作，而於其絕佳者，亦多略之。此本則與山井鼎所記多不合，則知攷文第據足利學所藏，非日本古本盡如斯也。第以國風周南一篇校之，其不相應者，已不下數十處。如關雎箋云，古本作「后妃之德無不和諧」；「荇，接余也」云，「余」下有「菜」字；「樂必作也」云，「作」上有「皆」字；葛覃序「后妃在父母家」云，古本「母」下有「之」字；傳「濩煮之也」云，無「之」字；「王后織元紞」，「織」上有「親」字；「命婦成祭」，無「成」字；「未知將所適」，將下有「有」字；「乃能整治之」云，無「之」字；「我見教告」，上有「言」字；「告我以適人之道」，「適」上有「嫁」字（此尤非是）；卷耳箋「必有醉而失禮者」云，無「而」字；傳「石山戴土曰砠」云，「山」下有「之」字；樛木序「而無疾妬之心焉」云，「焉」作「也」；傳「木之下曲曰樛」云，「本枝下曲曰樛」；螽斯傳「振振，仁厚也」云，「厚」下有「皃」字；桃夭序「國無鰥民也」云，「民」下有「焉」字；「灼灼其華」云，「華」下有「也」字（此尤非）；兔罝箋「皆以禦難也」云，「皆」下有「所」字；「有武力可任爲將帥之德」云，無「可」字；「罝兔之人」云，下有「賢者」二字（此亦非）；芣苢「薄言襭之」云，「襭」作「擷」；傳「袺，執衽也」云，「袺」下有「者」字；漢廣箋「紂時淫風」云，下有「大行」二字；傳「喬上竦也」云，喬下有「木」字；箋「將不至也」云，「不」下有「敢」字；「尤翹翹然者」云，「尤」下有「長」字；汝墳箋「棄我而死亡」云，無「而」字；麟趾箋「無以過也」云，「

過」下有「有」字（尤非）。凡此攷文所記，此本皆不相應，而皆以此本爲長，惜山井鼎未之見也。然則日本古本自立山板本外，當以此本爲正，因使書手傳錄一通，以原字既過小，又多草率，遂有原本不誤，而書手傳寫誤者，今爲圈正之，善讀者當不以爲嫌也。光緒壬辰春，楊守敬記。

————————

毛詩註疏二十卷十二冊　漢毛亨傳　鄭玄箋　唐孔穎達疏　明崇禎三年毛氏汲古閣刊本　清趙烈文手書題記　（00238）

　　此書久藏余家，相傳先祖考訓導府君遺物，而無塙據。全書句讀未知何人點定，檢卷一之二末云，壬辰重九後一日燈下；卷二之二末云，久不涉筆，可勝一暴十寒之歎，癸巳五月二十六日，結夏穹窿山中，始續理舊業；卷十九之一末云，十月廿二日燈下，前月杪有洞庭兩山之游，旋以事歸里，比甫入山，距輟業時又期月矣（期字疑誤）；末卷末云，二十五日鐙下閱竟。是始讀在壬辰九月十日，卒讀在癸巳十月廿五日，凡一年有餘。攷族祖青州府君依菴年譜，乾隆三十八年癸巳（時二十七歲）五月，與搢之（青州君弟，諱球玉）及楊介祉（印曾），讀書穹窿山之法雨菴，讀毛詩疏、校閱班史；十月，洪稚存入山見訪，遂同游洞庭兩山云云。乃知此係青州府君當時讀本。青州與訓導府君友誼至篤，尤愛重先考按察府君，蓋以此書爲贈，第事湮久，年月不可知耳。光緒丁亥六月廿七日，率兩子寶、寬，整比書籍，因攷悉原由，亟記之，俾後之人寶重無忽。族孫烈文謹記。

————————

呂氏家塾讀詩記三十二卷二十冊　宋呂祖謙撰　明嘉靖辛卯（十年）傅應臺南昌刊本　清孫星衍手書題記　（00251）

　　呂氏家塾讀詩記卅二卷。天祿琳琅所收宋版巾箱本即此書，蓋明時印本，故紙色不古，然的是宋刻也。宋人用己意說經，遂至爭立門戶，使學者無所適從，朱文公作敍，亦知其弊。呂氏是書，尚能謹其說之所得，引據古書，如崔靈恩集注諸本，爲今代所無，足資考訂，亦足寶也。五松居士識。

詩說存九卷四冊　　宋劉克撰　　清道光元年張伯元傳鈔宋淳祐間刊本　　清道光間孫
原湘、黃丕烈各手跋　　（ 00264 ）

　　宋儒說詩，自歐陽氏以下，無不與毛、鄭異同者，然歐公之言曰，學者蹟前
世之所傳，而較其得失，或有之矣，若使徒抱焚餘殘脫之經，悢悢於去聖人千百
年後，不見先儒中間之說，而欲特立一家之學，吾未之信也。是歐公特不曲狥小
序，未嘗輕詆也，自朱子用鄭樵之說，攻擊詩序，而序幾廢矣。淳祐中，信安劉
坦刊行其父克所著詩說十二卷，宋志及焦氏經籍志均未之載。朱竹垞經義考稱崑
山徐氏傳是樓藏有宋雕本，後有吳匏菴題識，而第二、第九、第十卷都闕。近年
何夢華購得徐氏本，影寫兩分，以售吾邑陳子準、張月霄。張生伯元從兩家轉抄
見示，予得借讀其書。大抵專攻詩序，以爲序果盡出子夏之手，則亦未折衷於聖
人，況其失浸遠，大半毛公以後經師所演。如云世族在位，相竊妻妾，是何等
語，即果有之，豈恥言人過之義；如魯文姜，既謂莊公不能防閑，爲二國患，又
謂齊女賢而不取，卒以無大國之助，事之粗者差舛如此，何論精微。至引孟子所
云詩亡，謂學詩以詩序爲宗，詩人之旨，雖有存焉者，寡矣，是之謂詩亡，其掊
擊可謂不遺餘力矣。而其取義新確，論議融暢，較之慈湖之放誕詆諆者，固自有
間。至其論二南，謂武王未勝殷以前，不敢以王化自居，託南以言化。繫以周召
者，周之至德，十亂之力，故以周公爲王者之風；召公相文武，日闢國百里，故
以召公爲諸侯之風。不繫之文王而繫之周召，蓋所以共成周家之至德者，二公之
力，故以是明文王之心焉。其識解尤精。道光元年九月，昭文孫原湘讀畢謹識。

　　是書宋刻，余曾見之，後爲藝芸書舍歸去，其爲之介者，五柳主人也。坊友
射利，往往以祖本售人，先於未售之前錄副，以爲別售之計，此其初心止爲射利
起見，然余謂此法良善，使一本化爲無數之本，則其流傳廣矣，唯流弊有不可言
者，錄副時豈能纖悉無訛，烏焉帝虎，從此日多，且源流斷不肯明以示後人。即
如子瀟以爲近年何夢華購得徐氏本，影寫兩分，以售吾邑陳子準、張月霄，此得
諸售者之侈言耳，其實已從五柳本傳錄者也。宋元人解經，余所不喜，故此書見
而未得，今伯元又傳錄以丐題識，余第就所知源流爲一述之，解經當否，子瀟詳

言之，無煩贅筆已。道光辛巳孟冬月，士禮居主人識。

───────────

詩經闡秘不分卷四冊　明魏沖撰　明天啟間清稿本　清毛表、毛扆、丁斌各手跋
（00289）

　　余自弱冠時，仝弟驌季師事叔子先生，講求經義，亦既朝考夕稽，耳提面命，余兄弟並能敬奉師傳，罔敢廢業，而先生猶懼記誦之學未必能堅且固也，更爲之窮源極委，正其訛、核其寔、芟其蔓、振其綱，雖張華之博物，少遜其能，弘景之多聞，難出其右，可見先生負奇才、具大略，流覽群書，積畢生學力，成闡秘一書，其於四始六義之要，殆無餘蘊焉。不惟此書之成，歷幾歲月，即翻閱點定，又反覆再三。今先生往矣，而著作猶存，吟詠篇章，奚啻函丈追隨，講求一室也。受業門人毛表奏叔氏百拜謹跋。

　　商丘宋公，博學君子也，每見異書，輒焚香誦讀，巡撫江南歷十餘載，境內名人碩士，無不折節下交。戊子春，來登汲古舊閣，羈留信宿，凡閣中所藏書籍，逐一觀覽，及展閱魏師闡秘，遂擊節嘆賞，以爲名人著作，惜未流通，雅欲捐資購得，商確付梓。余以吾師手授，枕秘多年，不忍廢去，且是書之成，歷數載苦功，取材富、考覈精，即魏氏子孫，尚無從寓目，一旦應商丘之求，不且負吾師之傳乎？後之人，其能善體吾志，什襲藏之，則幸甚！幸甚！康熙辛卯，汲古後人毛扆驌季氏，跋於此靜坐。

　　後人自爲師，家自爲學，支分派別，而於三百篇之遺意，未見確有發明畫然指歸之一定。至文公集傳，一洗諸儒之習，不專取毛、鄭，而博採兼收，折衷於至當，卓然千載之上，令人諷咏而自得之躍如也。顧後之學者，或拘文而牽義，或厭故而喜新，非陋則妄，亦何以窺測集傳之精微，而獲通經之助乎？今觀闡秘之作，提其要，則大旨了然，析其疑，則句無剩義，取材富、考核精，貞淫得失之際，若燭照數計然，洵乎其爲集傳之羽翼也，有功經學，夫豈淺鮮哉！余不敏，濫膺民社，未逮弦歌之美治，而程生奉是編講求弗懈，欲以一經傳其後，將駸駸乎家誦而戶習之，則微言要義之存，其來自吾虞者，未必不遍於黃峰白練間

也。讀未見書，如得良友，余寧無意乎？遂欣然援筆而爲之序。賜進士出身、文林郎、知休寧縣事、加一級，虞山丁斌，書於縣署之檢雲齋。

————————

毛詩證讀五卷或問一卷二冊　清戚學標撰　鈔本　近人文素松手書題識　（00303）

　　是書爲戚學標所著，便於音讀，其朱筆注者，則不審爲誰，書賈稱其爲桐城馬其昶錄，尚待攷證。按：戚學標，清浙江太平人，字翰芳，號鶴皋，乾隆間進士，官涉縣知縣，有鶴皋文鈔傳世。民國二十四年秋購於白下，並此記之。萍鄉文素松。

————————

推小雅十月辛卯日食詳疏一卷一冊　清焦循撰　清稿本　清李肇偁手跋　（00304）

　　跋。吾鄉焦里堂先生推小雅十月辛卯日食詳疏一卷，駁鄭申毛，經此實測，聚訟可息，顧皇朝正續經解、暨焦氏叢書雕菰樓集，均未收入，餘亦無別本單行。光緒初，先君子從焦氏處獲此原稿，頗重珍之，藏于家。戊辰春，余客滬上，偶見嘉慶元年里堂日記，係歸安姚氏觀元思進齋抄本（日記自七月四日起，至十二月二日止），其九月十二日下記云，毛詩十月之交，毛指幽王，鄭指厲王，阮閣學主毛說，吳中臧在東駁之，余爲推幽、厲兩朝十月朔日，推得幽王六年十月朔日食限，是日推定稿別存。據此，里堂先生所推詳疏，乃嘉慶元年九月十二日撰成，時先生遊浙，府主即阮閣學雲臺也。詳疏中言丙辰遊於越，丙辰即嘉慶元年。又言客有復理鄭氏之箋，以爲厲王之詩者，客即指臧在東庸。惟先生屬稿歲月，距今戊辰，凡一百三十三年矣！稿之幸存，得此日記互相參證，原委具晰，豈非快事！江都不忘履齋主人李肇偁元之甫識，戊辰冬至日。

————————

學詩詳說存二十七卷十四冊　清顧廣譽撰　清稿本　近人朱士楷手書題記　（00310）

　　丁巳仲春，訪翁君渠清，談次以書單一紙見示，云係平湖文古齋書肆，從故家得來者，單內各書均屬尋常，惟鈔本學詩詳說一種，爲顧廣譽先生所著，雖已刊行，此本尚是原藁，亟託翁君函囑寄來。展閱一過，鈔寫極精，審爲嘉興陳桂青孝廉手筆，遂以銀蚨卅二枚購之，廣譽字惟康（許府志作豫康），平湖人，咸豐優貢，肆力經學，於毛詩尤爲深邃，尚有正詁五卷，惜已佚去矣。裝竟而誌其得書緣起如左。是歲天貺前一日，星溪書隱朱士楷，誌於擁百廬。

───────────

韓詩外傳十卷二冊　漢韓嬰撰　明嘉靖十八年薛來芙蓉泉書屋刊本　清汪康年手書題識　（00320）

　　此書得於滬上醉六堂書肆，索價甚昂，以其紙色古舊初印，出重價購之。今春過滬訪購佳本，一無所得，從此古書日少，書賈居奇，雖明刊之佳者，亦不可多得矣！光緒丙申九月，錢塘汪康年記。

───────────

韓詩外傳十卷四冊　漢韓嬰撰　明嘉靖間吳郡蘇氏通津草堂刊本　清光緒癸巳（十九年）寶康手跋　（00325）

　　此明刻本，有秦敦夫小印，係石硯齋所藏，其朱筆校字，未審是秦氏筆否，其所校亦未知從何本校之。予舊有趙味辛校本，惜未在行笥，不克一校其異同耳。光緒癸巳，孝劼閱竟記。

───────────

韓詩外傳十卷二冊　漢韓嬰撰　明萬曆間新安程榮刊漢魏叢書本　清朱學勤手校並題記　（00326）

　　詩外傳十卷，近流行者，武進趙億孫新雕本，所據乃津逮秘書本也。此書宋槧不存，惟毛本據以雕版，但校刊不甚精，未必盡存宋本之舊。趙氏依毛本爲底，又以通津諸本改之，更增補以荀子等書，殊失蓋闕之義。余于友人許借得沈辨之本，要非無訛，亦有可正趙本者，前列錢惟善序，殆從元刻出歟？眞蹟日錄云，辨之，崑山人，所居曰六觀堂，或以爲元人者，妄也。壬寅中秋後三日校已此四卷，因識。修伯朱學勤。

　　記宋本山海經，出自沈辨之家，又所居曰有竹居，天啟崇禎間人也。誌以俟考。

禮　類

膚齋考工記解二卷四冊　宋林希逸撰　南宋後期刊元延祐四年修補十行本　清查慎行手書題記　（00357）

　　林希逸，字肅翁，又號膚齋，福清人，乙未吳榜，由上庠登第，凡三試，皆第四，眞西山所取士也，是歲以堯仁如天賦預選，時稱林竹溪，周學窗雜志中，載其登第事甚詳。查慎行手識。

────────────

周禮傳十卷翼傳二卷圖說二卷十四冊　明王應電撰　明嘉靖癸亥（四十二年）武豐知縣吳鳳瑞刊本　清康熙十三年葛鼏、雍正五年葛正笏各手書題記　（00367）

　　是書鼏先公廉憲予也，時方十齡，乃萬曆辛酉，今爲康熙甲寅。八月晦書。

　　萬曆辛酉，去今百餘年矣，手澤如新，羹墻儼接，展讀之下，可勝悚息，後之子孫，能仰體先人之意，讀書砥行，以繼前徽，方不負此編之存，非止什襲珍藏已也。雍正丁未，元孫男正笏識，六月望日。

————————

周禮正義不分卷八冊　清不著編人　舊鈔本　清莫棠手跋　（00376）

　　舊鈔周禮正義不分卷，計八冊。此書內容豐富，博采精義，皆出自古今有名經學家著錄，殫心竭慮，方克薈萃成書，當時尚未梓行於世，殊可惜也。余昨經城中書肆，以銀餅二枚購歸。據店友云，係汪柯庭先生舊藏遺物，細審字跡筆法，確是汪先生手校，甚可寶也。獨山莫棠識於滬上。

————————

周官集註六卷一冊　清不著撰人　清稿本　清劉寶楠手書題記　（00377）

　　甲午九月，門愚弟劉寶楠讀。

————————

儀禮鄭註句讀十七卷附監本正誤一卷唐石經正誤一卷八冊　漢鄭玄注　清張爾岐句讀　清康熙庚子（五十九年）陳沂震手鈔本　清姚椿手書題記　（00388）

　　儀禮鄭註句讀，傳本絕少，呂氏之刊經傳通解，而無句讀，故此書甚有裨益于學者，予為之抄誦一過。婁姚椿。
　　自孔孟沒，而文與道歧，漢唐以來，離合參半，至宋朱子出，而始舉道與文而一之，其讀唐志之文，詳哉有味乎其言之也，有元迨明，大旨不甚相悖，國朝儒者斟酌乎道之間，以韓歐之文，達程朱之理，可謂正矣。婁姚椿。

————————

儀禮註疏十七卷十冊　漢鄭玄注　唐賈公彥疏　明虞山毛氏汲古閣刊十三經注疏本　清吳志忠過錄江沅題記并手跋　江聲、陳奐題記　（00391）

　　乾隆甲戌秋九月望，長洲後學江聲閱。

此書借自鐵君江師過校，倩吳有堂詳審而精細之。有堂名志忠，吳邑庠生，爲余姑表弟，素有璜川藏書目，雅善對讎，多好本，有手校圖記。嘉慶甲戌秋九月，長洲陳奐識。

〔過錄〕凡以藤黃間墨而色黝然者，皆取茂堂校宋本而過之也，原本并宋刻譌字亦塗改之，以就其譌，并逐行款式皆歷歷細載，係是武進臧在東手筆，今於其無關緊要者略之，而戴東原先生之說，與段茂堂先生之說，及諸名人校勘語焉備，亦可謂近今一善本矣！己巳夏四月佛誕日，鐵君江沅勘畢記。

此係江鐵君先生手校筆，甲戌秋初爲師竹表兄錄。有堂吳志忠。

————————

儀禮圖十七卷儀禮旁通圖一卷附儀禮正文十七卷十六冊　宋楊復撰　元昭武謝子祥刊明代修補本　清唐翰題手書題記　（00393）

余于癸亥秋曾得一本于泰州書肆，其補刻之葉，板心皆有正德年校補字，此則但有墨丁一條，當是修補時初印之本，已錄入題跋記卷一，較通志堂本經注無甚異，而圖則遠勝之，仲魚徵士曰，以元刻校通志堂刊本，則通志刻本之圖甚謬也。戊辰嘉平月，翰題記于抱山廔。

————————

禮記二十卷十冊　漢鄭玄注　唐陸德明釋文　南宋紹熙間建安刊本　近人袁克文手書題記　（00409）

禮記鄭註附釋文重文重意十二〔當作二十〕卷，審爲南渡後建安坊本，向未見於著錄，復無藏家印記，無可攷索，惟與陳仲魚所校多吻合，張月霄藏月令殘本，所舉佳處悉與此同，洵善本也。比居海上，識王子欠銕，始知此書爲天一閣故物，爲賈人盜出，范氏書目禮類有禮記二十卷宋刊本一條，即此書也。丙辰歲寒，寒雲。

──────────

禮記二十卷十冊　漢鄭玄注　影寫日本古鈔本　清光緒間楊守敬手書題記　（00412）

　　古鈔本禮記二十卷。日本古鈔經書，唯禮記與左傳爲最少，山井鼎攷文所據只一通，森立之訪古志所載只二通，此其一也。余於日本，竭力搜求古鈔本，易書詩皆有數通，左傳有卷子本，獨禮記除此本外，只有殘本二通，蓋彼之習此經者亦少也。每半葉八行，行十七、八、九、二十字不等。首題曲禮上第一，次題禮記一，再下鄭氏注，合於大題在下古式，而卷六、卷七、卷十三，此三卷獨大題在上，不知何故。卷一及卷十四末記經注字數。第一冊首有法雲寺三字，蓋古刹之舊籍也。據森立之訪古志，此爲狩谷望之求古樓所藏，顧無掖齋印記，蓋求古樓藏多不鈐印，而皆有古銅色紙包裹之，是其證也。篇中文字與山井鼎攷文合，而亦間有不合者，如曲禮「三賜不及車馬」注「卿大夫士之子」，攷文云古本「之子」作「子之」（非是），此仍作「之子」；「幼子常視勿誑」注，考文云古本作「誑毋誑欺也」（亦非），此無上「誑」字。全書如此甚多，則知攷文所據本偶有誤衍，非古本盡如此也。至若曲禮三賜不及車馬注「受車馬而身所以尊者，備矣」，各本脫「受」字；「則必賜之几杖」注「亦明君尊賢」，各本「尊」誤「貪」；「執友稱其仁」注「執友，執同志者也」，各本脫下「執」字；「年長一倍」注「今四十則二十者有子道矣」，各本「則」誤「於」；「孝子不服闇」注「禮，男女夜行以燭也」，各本脫「禮」字；「不許友以死」注「死謂報仇讎也」，各本「謂」誤「爲」；「主人固辭」注「再辭曰固辭也」，各本脫「辭也」二字；「尊客之前不叱狗」注「不敢厭倦」，各本脫「厭」字；「二名不徧諱」注「言徵不言在，言在不言徵」，各本下二「言」字皆作「稱」，與疏不合。凡此皆各本誤，而此獨是者（全書如此甚多，此第就曲禮一篇言之）。而洪震煊爲阮文達重校此經，或從、或駁、或略之，未足見古本之長也，是當別爲校議以發明之。至其注腳虛字，每以「之」字當「也」字，此是鈔胥者省筆所爲，無關宏旨，存而不論可也。光緒癸巳春二月，宜都楊守敬記。

──────────

禮記註疏六十三卷二十冊　漢鄭玄注　唐孔穎達疏　明崇禎十二年毛氏汲古閣刊
十三經注疏本　清陳奐手書題記并過錄惠棟、段玉裁跋語　（00415）

〔過錄〕拙菴行人購得宋槧禮記正義示余，余案唐藝文志，書凡七十卷，此
書卷次正同，字體仿石經，蓋北宋本也。先是孔穎達奉詔撰五經正義，法周秦遺
意，與經注別行，宋以來始有合刻，南宋後又以陸德明釋文增入，謂之附釋音禮
記注疏，編爲六十三卷，監本及毛氏所刻，皆是本也。歲久脫爛，悉仍其闕。今
以北宋本校毛本，譌字四千七百有四、脫字一千一百四十有五、闕文二千二百一
十有七、文字異者二千六百二十有五、羨文九百七十有一。點勘是正，四百年來
闕誤之書，犁然備具，爲之稱快。唐人疏義，推孔賈二君，惟易用王弼，書用僞
孔氏，二書皆不足傳，至如詩、春秋、左氏、三禮，則旁采漢、魏、南北諸儒之
說，學有師承，文有根柢，古義之不盡亡，二君之力也。今監本、毛氏所刻諸
經，尚稱完善，而禮記闕誤獨多，拙菴適得此書，可謂希世之寶矣！拙菴家世藏
書，嗣君博士企晉，嘗許余造璜川書屋，盡讀所藏，余病未能，息壤在彼，請俟
他日，因校此書，并識于後云。己巳秋日，松崖惠棟。

松崖又跋明板鄭注本後，曰此本頗善，未識本自蜀石經否？癸酉六月，用北
宋本正義校一過，南宋本間亦參焉，稱完善矣！松崖。玉裁錄。

〔過錄〕此北宋正義本，今在曲阜孔㳽谷繼涵家，周漪塘說。甲寅四月立夏
日，段玉裁記。

此本係江艮庭先生取惠先生校本，用墨筆過者。嘉慶己巳，江鐵君師復將段
懋堂師所過惠本，微有異同，因又用黃筆檢校，其同者用黃筆圈之。茲則於校宋
本處悉用紅筆，於批閱處悉用墨筆，使讀者可憭然也。嘉慶癸酉冬十二月，陳奐
識。

————————

禮記舉要圖一冊　宋不著撰人　宋建刊本　清黃子羽手跋　（00422）

癸酉秋，白下攜歸，重裝，藏於攝六菴。

———————

禮記集傳十卷十冊　元陳澔撰　明嘉靖庚寅（九年）武昌府學（明）刊湖廣官書五經本　清唐翰題及無名氏手書題記　（00431）

　　明嘉靖庚寅，武昌府學所刻湖廣官書五經之一，有校讎經文、援引書目、注說去取、音文反切、章句分段五條，爲凡例三葉，崇道堂本已刪去，而行款則尚存其舊，足寶也。

　　此跋語乃唐翰題手筆，翰題曾任蘇州知府，藏書頗富。

———————

大戴禮記十三卷一冊　漢戴德撰　北周盧辯注　清乾隆二十三年德州盧見曾刊雅雨堂叢書本　清嘉慶二十五年洪淑振手跋　（00457）

　　右盧刻大戴禮記，集衆本而參互考正之，頗稱善本，然其間魯魚帝虎猶未盡無，昔人謂校書如掃落葉，隨掃隨有，況此書古本不可得見，自宋元以來，訛錯相沿，是正尤非易易。今春偶於書肆中購得硃筆校正盧本，訛者改之，闕者補之，且篇中某句某段，有與某書同者，一一標于下方，又足補盧氏所未及，其中稱引有丁小山師云云，則此乃其門人所抄錄也。因取家藏前明朱氏花齋評訂本校閱，疑文闕句雖仍舊本刊刻，而輯諸名公手評，旁綴側標，不啻洗眉刷目，爰用墨筆照其評點，以爲覽讀之一助云。嘉慶二十五年端陽日，桂豀伯子洪淑振記於三竿兩竿之竹軒。

———————

禮書一百五十卷十二冊　宋陳祥道撰　元至正七年福州路儒學刊明代修補本　近人王獻唐、張繼、無名氏各手書題箋　（00468）

　　禮書爲元初郡學翻宋本，宋諱有避有不避，此校讎未盡故也。內有明代補版，以裝訂紙張求之，其印約在嘉靖以前，前有貼條，謂元時印本，非是。書皮

以論語殘葉裱之，內有數面書體，在元明之際，亦可珍。獻唐謹簽。

　　昔年檢查北平故宮實錄大庫，發見宋刊禮書一冊，字樣整齊，其紙如新。繼。

　　此南宋刊本，元人得其版而重修之，冒爲己有，其版明時尚存南監，見古今書刻。然明印本脫葉數百，此本有斷版而無缺頁，猶元時舊印本也。每葉二十六行，每行二十一字；小字雙行，每行卅四字。版心有字數，間有刊工姓名。

春 秋 類

春秋五禮例宗存七卷一冊　宋張大亨撰　舊鈔本　清道光壬辰（十二年）方若蘅手跋　（00518）

　　此書藏書家著錄甚稀。是冊照宋本繕寫，宋諱缺筆，一如宋鍥，曾見述古藏本，鈔多脫誤，幸珍秘之。道光壬辰十一月十六日，叔芷方若蘅讀，寒雲滿天，殘雪猶存，呵凍識。

———————————

春秋五論一卷一冊　宋呂大圭撰　清儀徵吳引孫傳鈔范氏天一閣藏本　清光緒十八年范彭壽手跋　（00534）

　　是編爲吾范氏天一閣舊藏鈔本，卷首有先侍郎公手題呂氏春秋五論六字，歷三百餘年，兵燹之餘，完好如故，讀姚樗老附記數語，在有明中葉，猶展轉借鈔，先侍郎公或從姚氏轉鈔而得，或此即姚之手鈔本，均不可得而知矣。按：呂氏，南安人，字圭叔，宋淳祐七年進士，官至朝散大夫，行尚書、吏部員外郎，出知興化軍。德祐初，遷知漳州，未行，元兵至，抗節遇害。立身本末皎然千古。其學受之鄉先生王昭，昭受之北溪陳氏；北溪，晦菴高足也，淵源之來，人稱溫陵截派；家居縣之樸兜鄉，學者因稱爲樸鄉先生。其人足重，其緒言彌足重

也。儀徵吳福茨師觀察浙東，前歲嘗借鈔閣藏啖趙春秋辨疑、金小史、經義模範、夏桂洲集四種，今年學政陳公按臨甯波，試畢，登閣觀書，欲借鈔隆慶儀員、寶應兩縣志，託觀察傳語余族，因并及是編，與勸忍百箴兩種。觀察於常例鈔價外，餽洋蚨百，爲閣中脩理之助。彭壽往年由觀察調入崇實書院肄業，忝附弟子之末，且以見師之好書，與吾先侍郎公實異代而同揆，遠承祖澤，近仰師範，聊附數語，以誌敬佩。光緒十八年九月，天一閣後裔范彭壽謹識。

――――――

春秋事義全考十六卷八冊　明姜寶撰　清南海孔氏嶽雪樓影鈔明萬曆刊本　近人康有爲手書題記　（00551）

是書爲明姜寶撰。姜寶，雖荊川門人，然說春秋仍主胡傳，拘于科舉，不獨于公穀之口說無所知也，故本無可取，惟明人舊撰舊抄，甚工楷，用心甚勤，亦可存矣。孔子二千四百六十五年甲寅四月，南海康有爲記。

――――――

春秋管見八卷四冊　清瞿世壽撰　清陳鍾英手鈔本　陳鍾英手跋　（00563）

此書元本爲周君孝均家所藏，周没歸仲君湘，今歸于我。緣元本非一人所抄，字跡工拙，天懸地隔，殊不雅觀，故另抄副本，且備佚亡也。元抄於聖祖廟諱則避之，以下不避，蓋康熙間人也。今校正誤字百數十，庶幾善本矣。吳江陳鍾英識。

――――――

春秋經傳集解三十卷二十八冊　晉杜預撰　明覆刊宋淳熙三年閩山阮氏種德堂本　清乾隆乙卯（六十年）王元讓手書題記　（00583）

此宋刻元印春秋經傳集解三十卷，即阮氏校勘記所載淳熙小字本也。校勘記歷序是書舊本，北宋刻有二而皆殘卷，其完善無闕者，首列是書，惜末有名號歸

一圖二卷，今已軼去，然無損于是書也。書中莊六「後君噬齊」作「噬臍」；僖廿三「懷與安」作「懷其安」；宣十二「楚軍討鄭」，「軍」作「君」；襄廿八「武王有亂臣十人」，無「臣」字；昭八「臣必致死以息楚」，「楚」下有「國」字；定八「晉師將盟衛侯于鄟澤」，「鄟」作「剸」，皆足正明監本及坊本之失，間有俗體訛字，無傷大指，阮氏定爲宋刻中善本，有以也。乾隆乙卯端午前一日，王存谿識。

春秋經傳集解三十卷三十冊　晉杜預撰　清光緒壬午（八年）宜都楊氏影鈔日本金澤文庫藏古卷子本　楊守敬、周懋琦各手書題記　（00592）

　　舊讀山井鼎七經孟子考文，各經皆有古鈔本，唯左傳經注本、注疏本，皆只據足利學所藏宋槧本，因疑日本左傳無古鈔本，及得小島學古留眞譜，中有摹本第□〔此據楊氏日本訪書志應爲「三」字〕卷首葉，字大如錢，迥異日本諸鈔本，問之森立之，乃云此書全部三十卷，是古鈔卷軸本，藏楓山官庫，爲吾日本古鈔經籍之冠，山井鼎等未之見也。余因託書記官巖谷脩，於楓山庫中檢之，復書乃云無此書，深爲悵惘，故余譜中刻第□〔此據日本訪書志應爲「三」字〕卷首一葉以爲幟志，而森立之力稱斷無遺失理，且道卅卷共一櫝，爲格五，并告其櫝之長短尺寸，使巖谷再檢之，久之乃得，且許假我一月讀。計全書卅卷，無一字殘損，紙質堅韌如硬黃，紙背亦有校記，日本所謂奧書也，均是未褾本。各卷後有建長中越後守賓時、參河守教隆、文永中清原俊隆、正嘉中清原直隆、弘安中左近衛將監顯時跋，皆係親筆題署（森立之云），又有延久、保延、仁平、久壽、應保、長寬、嘉應、治承、養和、壽永、元歷、建保、承久、延應各記。第三十卷末，有應永十六年八月一日覽了跋。每卷有金澤文庫印。篇中朱墨校記，其稱才ナ、才旡者，謂宋槧摺本之有無也，才即摺字，ナ即有字；其稱乍某者，乍即作字也，皆校書者省筆。余以爲此絕書〔無〕僅有奇書，不可不傳錄之，迺雇書手十餘人，窮日夜之力影摹之；又以其筆法奇古，摹鈔未能神似，每卷雙鉤首一葉及卷後題字，以存眞面，凡一月而成。其中文字多與陸氏釋文所稱一本合，蓋六朝舊籍，非唐以後所可比，勘其經傳之異於唐石經者，且數百字，其注文之異於宋槧者，不可勝記，明以下俗刻，更無論矣！今略標數條，如昭廿七年

傳「夫鄔將師矯之命以滅三族，三族，國之良也」，自唐石經以下，皆不叠「三族」二字，文義不足，得謂非脫文乎（日本又有唐人書昭廿七年左傳一卷，亦叠三族二字，其卷藏高山寺，余于紙幣局見之）？其注文如莊十九年傳「刑猶不忘納君于善」注「言愛君明非臣法也，楚臣能盡其忠，愛所以興」，自岳本以下，皆脫下「臣」字，不可通矣！又如桓〔應爲隱〕九年傳「衷戎師前後擊之，盡殪」注「爲三部伏兵，祝耼帥勇而無剛者先犯戎而速奔，以過二伏兵，至後伏兵，伏兵起，戎還走，祝耼反逐之」云云。宋以下刻本，「過」皆作「遇」，又不叠二字，最爲謬誤，蓋祝耼引戎師過二伏兵，而戎尚不知遇伏，至後伏兵之處，伏兵盡起，戎始知遇伏而還走，若至二伏兵即相遇，則必鬥，安能引至後伏兵處乎？叠「伏兵」二字，情景如繪，蓋已伏兵并起也。若夫死而賜諡等要義，皆絕勝俗本。全書朱墨校具在，細意詳考，知爲六代舊傳無疑，其中亦間有鈔胥奪誤，深識者自能辨之，亦無曲狗。余嘗謂據今所得日本七經古鈔本重校一過，當勝山井鼎，此其一徵也。光緒壬午夏六月，宜都楊守敬記于東京使館。

　　光緒癸巳三月庚寅，楊氏歸於鴻寶齋。

─────────

附釋音春秋左傳註疏存三十卷六冊　晉杜預註　唐孔穎達疏　陸德明釋文　元覆南宋建刊明正德修補十行本　近人楊守敬手書題記　（00599）

　　十行本左傳註疏，存第一至十六，又自二十二至三十六卷。世傳十行本注疏，多明正德間補刊，故凡補者即多訛字，此雖殘缺之本，然除序文兩葉是重刊，餘俱原槧，可貴也。守敬記。

─────────

春秋左傳註疏六十卷二十四冊　晉杜預註　唐孔穎達疏　明虞山毛氏汲古閣刊十三經註疏本　清江沅手跋并過錄段玉裁跋　陳奐手跋　（00603）

　　〔過錄〕此宋淳化庚寅官本、慶元庚申摹刻者也。凡宋本佳處，此本盡有，凡今日所存宋本，未有能善於此者也。爲滋蘭堂朱丈文游物，陳君芳林於乾隆戊

子借校一部，陳君既没，嘉慶壬戌余借諸令嗣，命長孫美中細意臨校，次子騂倅而終之。吾父有左傳之癖，此本當同吾父手寫本，子孫永遠寶愛。文游名奐，藏書最精，今皆散，左傳今在歙金修撰輔之家。芳林著春秋內外傳攷證、宋庠補音攷證，東原師甚重之。癸亥五月，段玉裁記。

茂堂段先生爲先祖艮庭先生摯友，庚申、辛酉以後，沅嘗過從請問說文解字之學，因借此本，錄過於家藏本上。是歲嘉慶丙寅也。三月錄始，九月錄畢。江沅記。

奐年十五、六，最喜置舊書，得汲古初刷左氏傳，江鐵君師見而悅之，遂以家藏手批易之，橫頭表箸篆字，猶是艮庭先生手澤也。時在嘉慶辛未之歲。陳奐謹識。

―――――

詳註東萊先生左氏博議二十五卷十三冊　宋呂祖謙撰　張成招註　明初刊巾箱本
清宣統三年楊敬宸手書題記　（00607）

此爲元翻刻元印宋巾箱本也，即世所謂小黑口本者，而紙頗類宋，惜無羅紋，而刻工稍差，間有訛字，豈當日刻時，無人校勘耶？後序已脫末幅，殊深惜之。卷端有璜川吳氏收藏圖書一，攷吳爲吳泰來，江蘇吳縣人，國初曾官內閣中書，其家藏書處曰璜川書屋，凡其所藏書籍，皆精本也。宣統三年，歲次辛亥，三月下澣，鐵嶺楊敬宸心室氏購于曲阜孔氏之紀許姓家。

―――――

春秋分紀九十卷十七冊　宋程公說撰　清陽湖孫氏平津館鈔本　孫星衍、嚴可均各手校並題記　又近人鄧邦述手書題記　（00611）

全祖望集春秋分記序云，其弟滄洲閣學曾上之秘府，而又開雕於宜春，予得故明文淵閣藏本，其後入於蘭溪趙少師書庫。卷首有云，大德十有一年，中書劄付行省下浙江提舉印上國子監脩書籍者，其後列官吏等名。

郡齋讀書附志春秋分記九十卷，右克齋程公說伯剛所編也，其弟公許守宜春，刻于郡齋，游丞相似爲之序。

宋程公說春秋分記九十卷，卷數與書錄解題及文獻通考合。公說，眉山人，官止邛州校官，書作于開禧時，其弟公許牧宜春，刊行之。尚有左氏始終三十六卷、通例二十卷、比事十卷。生平爲春秋之學，甚精詣，其書略如通典、會要體例，始年表，次世譜、名譜，次曆書、天文、五行、地理、禮樂、征伐、職官諸書，次周魯及列國世本，次小國，四夷終焉。條理明晰，南宋人著述之最善者。其世譜稱，得杜預世族譜、及春秋世系一書，世本見傳注則采之，以備遺亡；曆書稱，杜預仿周曆作經傳長曆，考諸家曆書、開元大衍云云，是公說所見古書，採錄甚多，今杜氏世族譜及長曆、開元大衍曆無全本，春秋世系，即崇文總目疑爲顧啟期撰者，俱藉此書以存矣。地理書亦有補杜氏釋地所缺者，列國世本應有盧子國，據應劭注，在盧江郡，公說不載，豈即以盧戎當之？似非一地也。前有指掌圖，各篇後爲之論，頗能該括春秋時勢，惟附載啖趙及宋人疑經蹈典之論，至不信魯郊禘受賜之說，猶是宋時結習，學者勿爲所惑，而不能掩全書之長。此本借自曲阜孔氏抄帙，未見刻本，文字或有譌脫，悉依原本，不敢輕改，獨怪通志堂經解刊宋人經學之書，遺其有裨經學者，何也？孫星衍書。

乙丑四月廿九日，雨，手校于安德使署。

嘉慶乙亥歲正月三十日，校曆書、天文書、五行書訖。烏程嚴可均記。

此書淵如先生論之甚當，當是淵如傳鈔而自校之者，每卷皆記年月，大半在安德使署，簿書雜廁，不廢丹黃，極見前輩之篤嗜。嚴鐵橋先生專校曆書、天文、五行三種，以墨筆題書眉上，至可寶愛。惜卷帙稍繁，不然，當已刻諸平津、岱南兩叢書中矣。余藏經部書極少，此在鈔本中可爲甲觀。庚申四月，正闇。

———————————

春秋經左氏傳句解七十卷三十二冊　宋林堯叟撰　元刊本　近人袁克文手跋　（00619）

致士禮居刻季滄葦書目，有宋板左傳句解七十卷。晨風閣刻朱氏結一廬書目，載春秋經傳句解七十卷，宋林堯叟譔，宋季刊本，每半葉十行，季滄葦藏書。他家所載皆曰音注全文春秋括例始末左傳句讀直解，元本十二行或十四行覆本，無十行者。乙卯三月，寒雲。

────────

春秋經左氏傳句解七十卷三十冊　宋林堯叟撰　元刊清乾隆間鄒奕孝鈔補本　清乾隆四十六、七年鄒奕孝及道光二十四年翁同書各手書題記　（00621）

左氏春秋，自杜林合注行，而林注單行者絕少，然林注詳而杜注簡，林可補杜所未及，且有互相發明者，林亦杜之功臣也。江南華姓攜此二十五冊，凡闕五冊，修書之暇，為補其闕，閱二年始成全書。是書有崇文院及太平戊寅三年年號，按遼聖宗太平三年非戊寅，宋太宗太平興國三年戊寅，始建崇文院，蓋賈人欲充作北宋版以求售，而又去興國作太平，偽也。又有指為南宋版者，亦非，蓋係元版明裝，其籤則董宗伯書也。浙省進遺書有此一部，板刻無二，取入內廷，外間蓋尟，是可寶也。或有以其丹鉛為病者，是真求駿足于牝牡驪黃之內者也。時乾隆四十六年，歲次辛丑，仲春，祭酒鄒奕孝書。

乾隆四十七年，歲次壬寅，孟秋上浣，於京師重裝，祇換去頁面損壞者，仍留原籤，裝法亦如其舊。錫麓記。

明季杭州書坊刻杜林合注，而林注單行本遂晦，此元刊本為錫山秦刺史炳章所贈。鄒念喬先生序稱籤為董宗伯所書，其原闕五冊，先生據浙省所進本鈔補，遂成完璧，亦足見前輩用力之勤也。吾邑張月霄嘗收得一本，卷首有朱彝尊錫鬯、南書房舊講官兩印，今不知散落何所矣！道光二十四年九月十六日，海虞翁同書識于京邸。

────────

會心閣春秋左傳讀本十二卷六冊　清豫山編　清咸豐三年編者手寫本　清許乃普、閻敬銘各手書題跋　趙國華等觀款　（00643）

　　咸豐甲寅，洪逆竄金陵，澤軒將軍死事最烈，文宗既予優邺，其碑祭文特命臣普恭撰，蓋曠典也。後予官工部，將軍之公子方從事水曹，因知其吏才而未知其文學也。茲予老朽閒居，而公子以手鈔左氏春秋見示，自昔名將多嗜此書，吾知公子亟國艱、報父仇，即是編而推行之，思過半矣！時辛酉嘉平廿有七日，七十五翁許乃普。

　　兩漢循吏多以專經起家，春秋爲屬辭比事之經，於政事尤爲切近。三傳之文，以左氏最，杜征南胸中左癖，必能施於政治，故羊公薦以自代，正不僅以武庫見長也。東屏太守裘帶家風，一麾作郡，獨能研習經傳，手錄成帙，殆將多識前言往行，推而行之乎！觀楚子之稱晉公子曰，險阻艱難，備嘗之矣！民之情僞盡知之矣！斯即東屏序中所云世道人心乎！銘知東屏爲吏東邦，願以此書爲治譜也可。同治甲子九月七日，閻敬銘書於濟南節署。

　　光緒戊寅秋月，幕吏豐潤趙國華謹觀。

　　　　　　　　　————————

春秋公羊註疏二十八卷七冊　漢何休註　唐徐彥疏　明崇禎七年海虞毛氏汲古閣刊十三經註疏本　清江沅過錄何仲友、惠棟、朱邦衡、段玉裁款識並手書題記又陳奐手書題記　（00656）

　　〔過錄〕康熙丁酉冬，假同門李廣文秉成所買宋槧官本手校，再令張翼庭、倪穎仲各校一過，今以其手校本相勘，猶有漏落，三人僅敵一手，何秉成之絲髮如心也，書以識愧。己亥初夏，何仲友。

　　〔過錄〕曹通政寅所藏宋本公羊，合何氏所校宋槧官本、蜀大字本、及元板注疏，并參以石經，用朱墨別異。乾隆癸酉冬月，松崖惠棟識。

　　〔過錄〕壬辰仲冬，小門人朱邦衡臨校。
　　沅案：惠氏之小門人也。

〔過錄〕癸丑六月廿八日，武進臧鏞堂校錄一部畢，時寓館于袁氏拜經樓，并錄何、惠、朱三人舊款識。所云宋本，即余仁仲本，此校或云余、或云宋官本，是宋鄂州學官書，朱墨別異，實多混用。是年七月，段玉裁臨校。

嘉慶己巳，吳縣江沅詳錄校一過於段氏之七葉衍祥堂。辛未季秋，又於南園爲陳師竹臨校此本，帀二日許而畢。

嘉慶辛未之秋，江鐵君師爲奐照錄於南園，奐更假錄艮庭先生所過惠松崖先生評點，時癸酉小春十八日也，今閱已四十餘年矣！音容雖邈，筆墨猶新。集成公羊逸禮，謄清備攷，綴記數語，咸豐紀元孟春之月，陳奐師竹舊字也。

卷一之卷四，癸酉小春十八日，借鐵君師所藏艮庭先生閱看本借過，至廿四日校畢。

春秋穀梁傳註疏二十卷六冊　晉范甯集解　唐楊士勛疏　明崇禎八年海虞毛氏汲古閣刊十三經註疏本　清江沅過錄何煌、朱邦衡、段玉裁款識并手書題記　又陳奐手跋　（00672）

〔過錄〕此卷先命奴子羅中郎，用南監本逐字比校訖，又建安余氏萬卷堂本、集解殘本、章丘李氏本、穀梁疏殘鈔本手校，復用石經參校，經傳譌謬都淨，注疏中亦十去其五，獨惜余氏本宣公以前、鈔本文公以上，俱缺，無從取正耳。丁酉初夏，康熙萬壽令節後九日，何仲子記。

〔過錄〕紅豆齋所藏穀梁疏三冊，松崖先生題籤曰半農人閱、棟參，而書中皆松崖手筆，蓋臨半農先生閱本，復參以己意也。原本朱墨兼用，今悉以墨書之，其何小山訂校，以硃臨之，欲其有別焉。癸丑夏初，秋崖朱邦衡校畢識。

〔過錄〕秋初臧鏞堂在東氏臨校何氏本于袁氏拜經樓，其惠氏所參閱者，別過錄之，不廁入此校本中，李抄單疏本尖圈，以別於元板。段玉裁臨校。

　　嘉慶戊子之春，得此本於鹿城，具直二百，沅因鈔補缺頁，借段本臨校之，時是歲季夏也。

　　夑幼年藏汲古閣初印本，江子蘭師以此臨校易之，臨校精工，若獲白璧。陳夑。

────────────

則堂先生春秋集傳詳說三十卷二十冊　宋家鉉翁撰　影鈔元泰定乙丑刊本　民國庚午（十九年）祝光鑾手書題記　（00678）

　　則堂先生春秋集傳詳說，凡三十卷、綱領一卷，舊鈔，依元泰定乙丑刊本，通州徐氏所藏，今歸如皋祝氏漢鹿齋中。庚午除夜題識，光鑾。

　　余家藏尚有豐氏魯詩世學，與此本同出一人所鈔，又爲徐氏同時所收者，惟書之精麤不同，故不若此本之善也，因藏之別篋中，今讀此本，因記之。同日再題于第二冊看頁。光鑾。

────────────

春秋公穀傳十二卷二冊　清錢良擇編　清康熙己卯（三十八年）編者手寫本　近人蕭盅友手書題記　（00697）

　　錢木庵先生寫本春秋公穀傳，爲李應侯兄所藏。戊寅之春，避亂月谿，與應侯同寓華氏承德堂，因得寓目，審其美意，與予藏木庵送許惕關詩冊相合，其爲眞跡無疑。應侯富收藏，劫灰之餘，是獨完好，名人墨寶，蓋以經籍之光，必有神靈呵護，非偶然也。拜讀一過，謹爲題檢歸之。寒食鐙下，蕭盅友。

孝　經　類

古文孝經孔氏傳一卷一冊　舊題漢孔安國撰　隋劉炫解　傳鈔日本寬政庚申（十二年）刊足利本　民國壬戌（十一年）黎經誥手書題識　（00699）

　　隋劉炫字光伯，景城人，門人諡曰宣德先生。唐元宗注孝經嘗取其說。太沖刻此本，成於寬政十二年庚申，以甲子計之，實清代嘉慶四年也。壬戌初夏，老覺又識。

樂　類

聖宋皇祐新樂圖記三卷一冊　宋阮逸、胡瑗撰　明鈔本　明萬曆三十九年趙琦美手跋兼過錄元吳壽民題記　（00717）

　　〔過錄〕安定先生文昭公與阮屯田所定皇祐新樂圖記，直齋陳先生於一百九十七年之後見其書，以爲承平故物，慨然起敬，至于有生不於其時之恨，輒錄藏之，又後九十一年，壽民得其書而錄之，而敬藏之，爲幸多矣。大元天曆二年四月旦日，雪城吳壽民書于郭西小舍。

　　按通鑑：仁宗景祐三年二月，詔胡瑗、阮逸較定鍾律，蓋以李照樂穿鑿也。至皇祐二年閏十一月，置詳定大樂局，其鍾弇而直，聲鬱不發，著作佐郎劉羲叟曰，此謂害金，帝將感心腹之疾，已而果然，然則羲叟審音出胡、阮一等矣！何以當時不令羲叟同定樂哉？此書閣抄本，姑錄之以俟倫曠耳。時萬曆三十九年十月十三日，書于奉常公署。清常道人誌。

四　書　類

論語集解十卷五冊　魏何晏撰　日本正平間刊本　近人田潛山手書題記　（00743）

　　己酉秋，遊京都若林書肆，得正平論語木板一方，書買出此對照，一一符合，以其索價過昂，置之。庚戌春，重遊此肆，詢之尚在，遂持歸，改爲蝴蝶裝，古味盎然，洵可珍之秘笈也。潛山題記。

───────

論語註疏解經二十卷二冊　魏何晏集解　宋邢昺疏　明熊九岳等校刊本　近人阮闓手書題記　（00746）

　　此明人刊論孟注疏本，阮文達公校勘記所未及。度所刻必不止此兩經，大約所據即李元陽本，然又不盡合也。

　　論語不知何人據日本正平本校改經文集解，疑曾流傳至日，日人所爲，嘗見日人校書，頗相類也。近年正平本經黎氏影刊播行中國，否則此校本亦足珍秘，蓋乾嘉間藏書家傳校甚稀，爭相寶重也。

　　日本森立之經籍訪古志，載有爾雅注疏，亦熊氏刊，豈當日曾刻全經耶？何以前人未之言也。

───────

增訂論語外篇四卷四冊　明梁子璠撰　明天啟乙丑（五年）重刊本　明崇禎十六年無名氏題記　（00753）

　　此陳于麟先生長公宗九所貽也。先生諱偉烈，粵東之英德人，其宰永明也，慈祥愷悌，眞有古循良風。宗九諱憲齡，端方和藹，好學味道，自非塵埃中物。至于父子天性爽闓，絶不攖情于長物，一味甘貧堅白，此又衰世之麟鳳也，余烏得不重視斯書？歸示吾兒元□仲敦寶之。時崇禎癸未孟夏之廿日□□□。

───────

大學述一卷答問一卷附大學古本一卷一冊　明許孚遠撰　明萬曆間刊本　明崇禎十年徐𤊾手書題記　（00776）

　　敬菴許公開府閩中日，梓大學古本而述其旨，加惠後學，末附答問、支言、雜著三種，斯本初行者，故缺焉，他本則爲全書也。支言、雜著更有三十葉，尚俟抄補。崇禎丁丑仲春，徐興公書。

爾雅類

爾雅三卷一冊　晉郭璞註　清光緒壬午（八年）巴陵方氏碧琳琅館重刊元雪牕書院本　清光緒十二年江標手書題記　（00861）

　　余七歲受爾雅，至今已二十年矣。丙戌八月，隨輶粵東，上泝東江，過長樂，易小舟，僅主僕，微雨涇篷背，頗好讀書，發篋見巴陵方氏新翻臧刻雪窗本爾雅，午後讀之盡卷，句讀不免有脫譌，蓋讀之已如隔世矣。雪窗本乃元槧，余去歲曾見於聊城海源閣楊氏，臧氏、方氏皆稱之曰宋本，譌也。阮文達爾雅校勘記序稱爲元本，甚塙。光緒丙戌八月二十二日，元和江標記。

爾雅注疏十一卷八冊　晉郭璞注　宋邢昺疏　元刊明南監修補九行本　清咸豐八年楊傳第手書題記　（00864）

　　宋槧本爾雅注疏，昨歲得之窰廠書肆中，審知爲吳興姚氏藏書，足珍也。彥士中翰新産石麐，謹持此申賀。珠還合浦，知文僖世澤當流衍於靡窮耳！時咸豐八年新正二十四日，陽湖楊傳第聽臚識。

爾雅新義二十卷六冊　宋陸佃撰　清嘉慶間海鹽錢氏衍石齋鈔本　嘉慶丙寅（十一年）錢儀吉手跋並過錄余鹵、陳詩庭跋文　（00868）

　　亡友陳蓮夫以爾雅新義假鈔，闕序一首，後蓮夫別見一本，有序〔闕文〕，久之未寫，尋失其錄，復欲從借而蓮夫已病，病遂不起，時丙寅秋七月也。其冬乃從蓮夫之孫璪借鈔。嗚呼！故人之於予，殷殷教迪之意如是其篤，而予蹉跎倦學，長負幽冥，如何如何？十二月六日，嘉興錢儀吉識。

　　〔過錄〕朱竹垞未見爾雅新義，全集謝山雖一見之，後欲抄，旁求不可得，永樂大典所載亦殘闕不全，難以排篡。余束髮，聞關中李子德舊藏宋槧本，即農

師之曾孫子遹所刻於南宋時者也。皖桐方密之求覯此書不可得，有貴人賫黃金來，李笑曰：雖十五連城，莫之與易也。今從閻若璩借得影抄宋本，中已闕廿七處。閱十七載，始邂逅子德之文孫省吾曰：足下非前者之貴人比也，乃俾余校勘一過，何啻十五連城矣！乾隆三十四年二月中浣，太原余蕭書於成都府署之西偏。

〔過錄〕是書於嘉慶乙丑年，在嘉興鴛湖書院從書估韋友借鈔，謂係丁學全家藏本，丁每手鈔成本售人。記前三年有某書估來，稱有是書求售，謂係陸元朗撰，頗疑此言，今獲此，殆即前估所言，云元朗者，因陸氏誤之也。攷農師埤雅，凡釋魚、釋獸、釋鳥、釋蟲、釋馬、釋木、釋草、釋天八門，皆因名物以求訓詁，大旨本王安石字說，此書正同，俱未免穿鑿，然就其精核者，不可枚舉。余於六月之八日將常州臧氏拜經堂翻宋本、及家藏永懷堂本注疏本，手自校核，與宋本合者居多。內如釋親篇，宗族等各小題，俱在每章之後，卷末小題有六畜二字，俱與古本合，而與今本異者。又其句讀每與人異，如樸枹者謂四字爲句，則錢宮詹答問已主此說；又釋詁「台、朕、賚、畀、卜、陽，予也」注「予一名而兩讀；台、朕、陽，予也；賚、畀、卜，予也」，近儒錢宮詹、王石臞先生甚發此義，豈知此書先已言之，則余序所稱爲足寶貴，比於十五連城，良不誣矣。嘉定陳詩庭跋。

爾雅補注四卷四冊　清周春撰　舊鈔本　清姚覲元手跋　（00869）

右爾雅補注四卷，海昌周春撰。於郭、邢外別樹一幟，采摭精博，其大尚已見前序。西莊先生謂此書之美，補注二字未足以盡之，欲以廣疏易名，誠哉是言。光緒戊子春，從吳門蔣薌生太守假讀，兼錄副本。太守博學多聞，善鑒別古書，蕘圃、藝芸之後，此其嗣響，插架秘籍至富，愛護甚於珠玉，然遇同志，輒假借不少吝，亦可謂善藏書者矣！歸安姚覲元記。

小 學 類

重校爾雅翼三十二卷四冊　宋羅願撰　明嘉靖間南昌熊宇奇校刊本　清乾隆四十五年方成培手跋　（00894）

　　余弱冠讀羅鄂州小集，酷愛其文，不襲秦漢之面貌，而朱絃疏越，一倡三歎，是眞能得秦漢之風骨神韻者也。思得新安志、爾雅翼觀之，徧覓竟不可得，後客游維揚者十載，乃求得此二書，而余年已五十矣，慨歲月之如流，念好書之難覯，聊復識之如此。時乾隆四十五年庚子桂月，環山方成培仰松父。

────────

說文解字存九卷二冊　漢許愼撰　南宋初刊宋元遞修本　清乾隆四十四年朱筠手跋　（00911）

　　說文解字始一終亥者，自汲古閣摹宋本外，絕少他本，安邑宋君葆淳帥初舊得此書，乾隆己亥秋八月，持以見示，時余將爲閩粵之行，不及以毛氏本校正，輒書此後，以竢他日。是月卅日，大興朱筠竹君跋。

────────

說文解字三十卷六冊　漢許愼撰　明末虞山毛氏汲古閣刊未刓本配補清揚州書局刊本　清莫棠手跋　（00912）

　　此眞汲古閣初印未刓本說文也，乾嘉老輩業以爲希有可貴，況今日乎！惜闕七卷以下，余乃至揚州定印書局繙本補之，局刻蓋亦據未刓本，即段氏說文訂所據者，仲武兄綜局事時刻。

────────

說文解字十五卷五冊　漢許愼撰　清嘉慶甲子（九年）陽湖孫氏孫星衍刊平津館叢書本　清趙之謙手校並題記　（00916）

同治己巳正月，依錢子捍同年所鈔黔汪南士校本錄一過，友人沈竹孫錄成。二月，又假夏路門太史所藏段氏汲古閣說文訂墨筆校一過。

說文解字三十卷六冊　漢許慎撰　清嘉慶十四年陽湖孫星衍校刊本　清趙熙文批校並跋　（00917）

同治元年得是書於厄上。三年二月，以貽常熟張君雨生。癸酉重九，復晤雨生於虞椒，仍以歸我，首頁已缺，手自補訂訖。人生石火，去來無定，應作如是觀，徒爲懷舊之感，猶隔一塵也。是夜漏下十刻，貞明寫記。

　癸酉九月十七，由江泛舟至皖，十月二十日到，以此本校入段注說文訖。甲戌四月，以錢竹汀、陳恭甫兩家所攷許君文字涉經典者錄于上方，五日訖。是月下浣，貞明又記。

乙亥五月二十一日，以王貫山說文句讀本所引嚴、段校本引據各家說，又摘採小徐毛本同異錄於上方，六月十一日卒業記之。貞明。（孫序中所校字并附錄）

說文解字通釋四十卷六冊　五代徐鍇撰　舊鈔本　清翁方綱手校並題記　附桂馥、沈心醇手札各一通　（00922）

〔首冊〕二本訛處、缺處俱同，當是從一底本錄出，□□間有小異，則抄書人之得失耳。

紫筆改者，文義皆長，朱本與紫筆同者，即將原字點去，與原字同者，仍存其舊。

書內訛字頗多，此但以兩本相校，同者雖顯知其訛，亦聽之。〔撰人不詳〕

〔首冊〕己亥六月二日申時，用王侍郎抄本校此冊，至三日申時校訖。

〔第二冊〕六月三日申刻，至四日午刻，校此一冊訖。玉池、未谷、山雲、匏尊過談，觀三雲携來葦間先生墨跡冊，并玉池所爲予作天際烏雲詩意小幀。

　　未谷所記出諸書引說文小條，屬爲先覓友人查之，時靜巖方爲查經典釋文，俟完此書即從□。

　　〔第三冊〕凡楚金所無，而今人抄是書者用說文之字補入之字，今刊刻時□不入，然則第二十五卷□不可刊刻□矣。庚子十一月廿六日燈下識。

　　六月四日卯時，校此冊起，至五日午時校訖。訒齋農部來說，欲刻經史諸種作小叢書，即須致書竹厂，取予所抄春秋釋例來矣。三雲送來葦間先生定武蘭亭二本來都，不暇賞鑒。

　　二兒樹培取列順天府試第三名，□年此時大兒樹端應府試是第三名，今適相符，亦頗爲□喜。

　　〔第四冊〕昨晚大熱，至竟夜無風。

　　六月六日晨起校此冊，至午校訖。

　　未谷送來小疋所校繫傳六冊。訒齋札來，其開雕是書之意甚切。

　　辛丑七月望後一日，爲二兒娶婦，是日四鼓起校此，爲訒齋補篆叢刻至第十六卷矣。

　　〔第五冊〕六月七日晨起校此冊，至午校訖。

　　〔第六冊〕六月七日申時校此冊，玉八日晨起校訖（此冊內數卷之文，忽大字、忽小字，應酌其體式歸于一）。是日初伏。

　　繫傳前四本先徹上，內有小籤，乃夏間初校時所加，嗣後另有增易，不在此本之內，尚有五六卷工夫，未及卒業，容明春校畢，再寫清本呈教。

　　此戊戌九月廿六日未谷來札。

　　〔闕文〕繫傳已對過十分之九，尚有四卷未對，有與姪本異，及查出韻會注，謹用墨筆誌之，祈大人酌定。今將繫傳、說文、六書故、韻會共六函奉上，日後尚欲借韻會及繫傳作第二翻校也。此請台安不一。二月五日，姪心醇拜復年伯大人閣下。

────────────

說文解字通釋四十卷十二冊　五代徐鍇撰　烏絲闌舊鈔本　清衡泰手校並跋　（00923）

　　朱筠河先生刊宋本大徐說文，風行海內，此楚金繫傳，是其欲刻未果者。同
治癸酉閏夏，長白衡泰（原名三奇）觀并記。

────────────

說文解字斠詮十四卷七冊　清錢坫撰　清嘉慶丁卯（十二年）吉金樂石齋刊本
清顧廣圻批校并跋　鈕樹玉手書題記　（00943）

　　此等著作，皆意在衒價，本無足深求，但許君元書十五卷，不容改作十四
卷，而取第十五卷之一序，割棄以下，升冠於端，使人見此開帙大謬，便欲噴飯
也，今姑退序入後，各〔或爲若〕觀之，則吾有不暇。牛背散人漫題。

　　錢君曾借予校錄稿本，今觀其書，有采予說而首尾或不具，蓋急於刊刻也。
鈕樹玉記。

────────────

說文新附考六卷三冊　清鈕樹玉撰　舊鈔本　清咸豐戊午（八年）何紹基手書題
記　過錄錢大昕題記　（00944）

　　咸豐戊午仲春，小住吳門滄浪亭之可園，得此寫本，欣閱一過。蝯叟何紹基
記。

　　〔過錄〕六書之學，古人所謂小學也。唐時國子監有書學，說文、字林諸
書，生徒分年誦習。自宋儒以洒掃應對進退爲小學，而書學遂廢，說文所以僅存
者，實賴徐氏昆弟刊校之力，而大徐書流布尤廣，其尊信許氏，駁正流俗沿習不
知所從之字，至今繆篆家猶奉爲科律，唯新附四百餘文，大半委巷淺俗，雖亦形
聲相從，實乖蒼雅之正，而張謙中復古編不能別白，直認爲許君正文，是誣許君
矣。鈕子非石家莫釐峰下，篤志好古，不爲科舉之業，精研文字、聲音、訓詁，
本本元元，獨有心得，謂說文縣諸日月而不刊者也，而後人以新附殽之，于是博
稽載籍，咨訪時彦，如琡即瑁、緅即纔、塾即墪，本後代增加；剎即刹、抛即
抱，乃傳寫譌溷；打即朾、辦即辨、勘即戡，乃吏牘妄造，一二疏通證明之，而

其字之不必附，不當附，瞭然如視諸掌，豈非羽翼六書，而爲騎省之諍友者乎！予初讀徐氏書，病其附益字多不典，及見其進表之復有經典相承及時俗要用，而說文不載者，承詔皆附益，乃知所附實出太宗之意，大徐以羈旅之身，處猜忌之地，心知其非而不敢力爭，往往於注中略見其恉。今得非石糾而正之，騎省如可作也，其必引爲知已，決不爲梁武之護前也夫！嘉慶之年，歲次戊午，冬十月，嘉定錢大昕書於吳門紫陽書院，時年七十有一。

― ― ― ― ―

說文諧聲十卷六冊　清丁履恒撰　清嘉慶間著者手定底稿本　清咸豐間莊惺橋手書題記　（00945）

　　說文諧聲，武進丁若士先生遺著。先生生平著述甚富，有春秋公羊例、左氏通義、毛詩名物志、說文諧聲文類篇等，先後刊行問世，是論爲其晚年所訂，因久處病榻之間，卒以志未成而竟歸道山，予於步青世父處，偶得其原本，如獲拱璧，俟將來得有餘資，用刊行世，以廣流傳。咸豐壬子秋，武進莊惺橋誌，時年四十有八。

― ― ― ― ―

玉篇三卷三冊　梁顧野王撰　清康熙間吳郡張士俊刊澤存堂五種本　清薛壽手書題記　（00968）

　　桂未谷先生手斠本，江都薛壽迻書於此，元書由許孝廉印林還桂氏，此道光戊申客袁浦事也。近揚城婁遭兵燹，書籍散佚大半，此冊已爲人攘去，而復展轉追回，使故物失而復得，同人有嘉余勇甚者，倘將來能謀付刊刻，則是書之幸也。同時仍有後漢書補注校錄本二冊，亦失去，甚可惜也。先是惠氏元書本名後漢書訓纂，手稿十二冊，朱墨雜遝，爲徐氏藏本，余借錄補注各條上，其中刪改補綴，不一而足，今徐氏之書，亦不知散失何所，俟他日物色之也，不識能再失而復得否？己未四月介伯識。
　　桂未谷先生校本。道光戊申二月，薛壽手錄並識於袁浦李公祠。桂氏手斠玉篇三冊，義極精審，余於道光戊申校刊桂氏說文義證，因向許印林孝廉借錄，元

本仍交許君歸桂氏，後許君因他事，義證未果刻，索回稿本，後數年又復草草刊就，訛誤未及校定，此校本想亦未刻，緣出貲者能將義證刊成，已屬深幸，甚矣刻書之難也。同治丁卯十月，薛壽復識。

————————

大廣益會玉篇三十卷四冊　梁顧野王撰　唐孫強增補　宋陳彭年等重修　明正德己卯（十四年）詹氏進德堂刊後代修補本　清陸心源手書題記　（00970）

　　此玉篇廣韻，元時朱氏與耕書堂刊本，至明萬曆時，板殘缺，詹氏進賢堂購得十之二，補刻印行，惜詹氏不學無術，妄改篇題，誤舛不一而足耳。癸酉仲冬，行役三山，從李康侯觀察借閱一過，因書其尾而歸之。玉篇、廣韻，余皆有元刊元印本，惟玉篇略缺數卷耳。陸心源識。

————————

干祿字書一卷一冊　唐顏元孫撰　影宋鈔本　清馮班手跋　（00975）

　　右顏魯公干祿字書，近來所得惟勾詠模本耳，此秦季公所傳本，字多缺，點畫又多不同，據勾跋語，云刻時取楊、蜀二本，補原本之缺，書後又不載漢公跋語，不知季公何自傳此，疑得異本重錄也，考其所缺，正在勾本補處，此可證耳！上黨馮班識。

————————

佩觿三卷一冊　宋郭忠恕撰　清康熙間吳郡張士俊刊澤存堂五種本　清樗園氏過錄吳騫、翁方綱諸跋　（00977）

　　〔過錄〕甲辰春二月，小疋廣文在武林葵巷寓以是書借予，爰令兒壽照校錄一過。昔之入小學者，先教以六書，今雖學士大夫，多忽不之省，宜此書之日譌也，小子可不勉哉！槎客識。
　　先魯軒兄假朱述之先太夫子家藏本校讀一過，今依之度於此冊。乙卯冬十

月，樗園，時辟居滬濱。

〔過錄〕佩觿三卷，前繫銜云朝請大夫國子周易博士柱國臣郭忠恕記。按其傳稱，恕先周廣順初召爲宗正丞，兼國子書學博士、周易博士，此書稱臣，則是作於周也；其末之辨證一篇，內引景祐集，均其非出恕先可知矣。至卷中音釋，雖或不盡言出說文，而多與說文可相檢證者，毛斧季校刊說文識後云，忠恕小字說文字源，戾今不得而見，但夢英篆書偏旁，咸平（今刻本咸誤延）二年所建者，中有五處次序不侔，始竊疑之，及讀恕先汗簡，次序與此悉合，乃知夢英之誤也。徐鼎臣承詔校定說文，在雍熙三年，而恕先卒於太平興國二年，所用說文乃徐氏未校以前之本，其或原有訛脫，而徐後訂正耶？或所見本異耶？凡此自宜存以備攷者也。郭氏窮極博綜，挪揄當世，其作是書，蓋亦譏切俗學，以擴啟童蒙，故未暇溯言作字之本始，至如唐人碑帖、經師俗寫，皆以入之，是固不得與說文之每字必則古昔者可同日語矣。近日史館校勘，每竟一書，輒資朋友講聞，若歸安丁君錦鴻之於漢隸字源，瑞金羅君有高之於是書，皆纍數千百言，非徒讐校之勤而已。方綱既擇其言之要者過錄於卷，因爲羅君言是書之不可概繩如此，並識於卷前。乾隆四十三年，歲次戊戌，春二月十一日，文淵閣校理翰林院編修、北平翁方綱。

增修復古編二卷二冊　宋張有撰　吳均增補　舊鈔本　清乾隆丙午（五十一年）吳騫手跋　（00986）

吳均增補復古編二卷，予得汲古閣舊抄本，卷首無序，茲從安邑葛氏所刊復古編補錄此序，不知世尚有全篇否，乾隆丙午秋仲，吳騫志。

隸韻存六卷三冊　宋劉球撰　舊鈔本　清顧廣圻手書題記　（00987）

此殘本劉球隸韻，第三、第八兩卷別出松江張氏，故不與前相屬。吾友小蓮鈔書於浙江，得此種以示予者也。昔洪文惠漢隸五種，唯韻書不成，婁彥發字源

最行於世，予嘗據之以正今本釋、續二書點畫之訛，但苦字源所注之數，易於舛錯，使如此書之悉注碑目，又烏可移易哉？且其體勢亦迥非元人分韻所及，小蓮當珍賞之，予暇時擬就鈔其副焉。己未五月，顧廣圻書。

漢隸字源五卷附碑目一卷六冊　宋婁機撰　宋紹熙間刊本　清咸豐九年何紹基手書題記　（00988）

　　婁氏字源。碑目凡三百有九。此宋版字源，朱笥河先生藏本，今歸道州何氏。憶得此書時，與吾仲弟子毅共相欣賞，今毅歿已廿六年，每一檢閱，不勝愴愴。咸豐己未二月，蝯叟記。

班馬字類二卷四冊　宋婁機撰　清初吳郡張氏澤存堂覆宋刊本　清同治六年李慈銘手跋　（00991）

　　乙丑之夏，予歸自都，止於西泠逆旅，適蓮士太守自粵東返浙，先寓此館，各述離亂相思之狀，間及故業，則又相對慨然。以著述未成，藏書盡燬，惜目力之不繼，迫生事之有涯，乃出其近年粵中所得此書、及鈔本沈下賢集二種爲贈。予篋中先已有玲瓏山館所刻此書，因不忍拂君意，乃還下賢集而留之，復檢舊藏微波榭本五經文字、九經字樣兩書爲報，甫一年而君歸道山矣！時予方嬰皋魚之痛，苦凷倚形，復喪同志，悲可知也。今年，令子子宜寫君遺文貽予，中有跋予所詒兩書跋，展卷歔息，爲之涕流，爰取是書，亦繫之跋以報君，而仍以書還子宜。子宜，予門下士也，年少穎發，能讀父書。古人云讀書必先識字，今之秀才識字者尟矣，是書撢綜史漢，有裨六經，誠因此而導之，可以通訓詁、澤文章，不特慰鑿楹之志，亦予之所以望及門者。夫時同治六年，歲在丁卯三月，李慈銘㤇伯書。

龍龕手鑑四卷三冊　遼釋行均撰　影宋鈔本　清周星詒手書題記　（00994）

此本每葉行數、字數，與百宋一廛賦注、及張氏藏書志所載符合，蓋以宋版影寫者。原書凡缺佚者悉空白，書法亦精好，可寶也。

————————

草書集韻五卷五冊　金張天錫原編　無名氏續輯　明成化十年蜀藩(明)刊本　明天啟元年呂元肇及近人袁克文各手書題記　（00996）

石刻草書要領已爲得草書之全矣，詎意又有草書集韻也。西蜀賢王梓行於世，人得此如獲拱璧，余偶得之，掌上有指南矣，心悅契賞，誠莫可狀。時天啟改元季夏朔也。洛陽呂元肇識。

草書集韻五卷，明蜀藩刊，不著輯者姓字。比獲倭島舊繙洪武本金錦溪老人張天錫集草書韻會五卷，即此書所自出，首有正大趙閑之、樗軒兩序，刊刻較此爲佳，無稍訛繆，此惟後增張天錫、鮮于樞兩家書法。二書皆不見著錄，深可寶也。寒雲。

————————

字鑑五卷二冊　元李文仲撰　清翻刻吳郡張士俊澤存堂五種本　清武億、常秋厓、及近人王君覆各手書題記　（01004）

乾隆癸丑歲，曲阜桂未谷贈此本，辨訛正俗，亦小學之助也，然僅獲一冊，慎勿轉假，有所損缺。

是書爲武虛谷先生藏本，右卅六字及標題二篆書，皆先生手澤也。道光甲辰，購自廠師，因書此以誌緣起。常秋厓。

宣統丙寅冬十二月，獲於海上，以爲枕葄宧秘笈之一。華陽王君覆文燾識。往歲曾獲錢廣伯校本，乃朱緒昌度錄者。景寅冬，羅子經世丈以此本見示，

乃武虛谷大令所藏。大令有聲金石，碑誌石墨得大令跋識，身價倍增，矧此篇爲小學要籍，經大令戡校，識諸眉端，不屜篆書名，志得所已也，因留之以爲福迎齋藏籍。丁卯秋九月，華陽王文燾識。

說文字原一卷二冊　元周伯琦撰　明覆刊元至正間刊本　清金聲手跋　（01010）

　　右說文字原一冊，元周伯琦著。伯琦字伯溫。聞之前輩言，元至正四月初，改奎章閣爲宣文，朝臣咸謂必命巎巎書榜，是時伯溫雖在館閣，精篆書而未爲上所知。巎曰令篆書宣文閣榜十數紙，周不識其意。一日有旨，命巎書宣文閣榜，巎言臣所能眞書非古，古莫如篆，朝廷宣文閣用篆文爲得體，周伯琦篆書今世無過之者。上如其言，召伯琦書，下筆稱旨，由是益見進用。前輩臨事明於大體，而不自取其功，與引拔人才，委曲成就之如此，皆不可及。因得伯琦所著書，輒附志舊聞於卷之末。愚谷金聲。

經史海篇直音五卷五冊　不著撰人　明初刊藍色印本　清光緒七年鄭文焯手跋（01012）

　　嘗閱何義門先生讀書記，經、史、子、集，各有創解，至於六書之沿襲今古同異，傳信傳疑，未見專書，竊維讀書須從識字起，豈有該博如義門，而未之講貫乎？一昨李子少海自江右來，携明初藍印本新校經史海篇直音五具冊見示，審同傳疑、辨俗正譌，誠讀經不可少之書也，洵爲可寶，爰書數語，告吾後人世世寶之。光緒辛巳，高密鄭文焯識于書帶草堂。

六書本原一卷一冊　明朱謀㙔撰　舊鈔本　近人羅振常手跋　（01033）

舊鈔六書本原一卷，明朱謀㙔撰。謀㙔，明宗室，深于六書音韻之學，千頃堂書目小學類載其所著有駢雅、宏雅、演爾雅、說文舉要、六書原本、古文奇字輯解、字原表微、說文質疑、六書貫玉、六書緒論、七音通軌、古音表、方國殊語，都十三種。今傳世者，僅駢雅一種而已，餘均亡佚。今見此本，則謀㙔所著，傳世者又多一種，好事者爲之傳刻，亦佳事也，此書名六書本原，黄氏誤作原本，賴此正之。蟫隱記。

新撰字鏡十二卷十二冊　日本釋昌住撰　清光緒壬午（八年）宜都楊氏影寫日本天治元年鈔本　楊守敬手書題記　（01061）

影古鈔本新撰字鏡十二卷，日本僧昌住撰（原序中不書昌住之名，然日本別有刪削注文之本，及群書一覽，皆題爲昌住撰，當別有著錄之書可據）。序稱昌泰中撰成此書，實中國唐昭宗光化元年也。其書自天部至連字，凡一百六十部，共二萬九百四十餘字。分部不依說文、玉篇次第，而亦各以類從，其有偏旁、上下、左右之不同者，亦爲分之，如火部居左者爲第八，居下者爲第九，人部居上者爲第十，居左者爲第十一，蓋特從便尋檢，無他義例也。其注收羅義訓，最爲廣博，據其自序，大抵本釋應玄一切經音義、及玉篇、切韻爲主，而又旁採諸字書以增益之，其有東倭義訓，亦間爲附入，今爲勘之。其正俗等字，有出於集韻、龍龕手鑑之外者，所列古文亦有出於說文、玉篇之外者，蓋昌住當日本右文之時，多見古小學書（觀現在書目可證），不第玉篇、切韻皆顧、陸原本也。余初從書肆得新鈔本五卷（一、四、五、六、七），驚喜無似，惜其不全，徧訪諸藏書家，亦絕無傳鈔本，詢之森立之，乃知原本在博物館中，因局長町田久成，使鈔胥就其館影寫之。町田云，第二、第四兩冊，原爲鈴鹿氏所藏，餘十冊爲浪速井上氏所藏，兩家皆欲合併爲全書，而皆不肯割。町田爲局長時，勸兩家均納博物館，於是始爲全書。每卷有法隆寺印，蓋此寺爲日本古時名刹，多藏古書（余所得古鈔本多有此印）。首卷末有天治元年甲辰五月下旬書寫之畢（當宋宣和六年）題記，餘卷或有或無。又云，法隆寺一切經書寫之次爲字決，諸人各一卷書寫之，中此卷是五師靜因之分，以臁筆所寫了，蓋十二卷爲十二人所書。余嘗赴博物館親見原書，用單紙，堅滑異常，兩面書寫（日本古寫佛經多兩面書

寫），筆法各自奇古，惜鈔者尚未能似之，迺別摹第一冊第一葉，以存原書眞面目焉。光緒壬午秋八月，宜都楊守敬記于東京使館。

篆隸萬象名義三十卷六冊　日本釋空海撰　傳鈔日本高山寺藏永久二年鈔本　清光緒九年楊守敬手書題記　（01062）

　　篆隸萬象名義三十卷，日本東大寺沙門大僧都空海撰，空海入唐求法，兼善詞翰，歸後遂爲日本聞人之冠，今世彼國所傳假字母，即空海所創造也。此書蓋據顧野王玉篇爲本，而以一篆一隸配之（隸即今之楷書），其注文則如大廣益本，但舉訓詁，不載所引經典，唯所載篆書，每部中或有或無，當是鈔胥省之，自卷首至面部，分析爲十二卷，而總目則仍顧氏原卷，此不可解。今古鈔原卷子本尚存高山寺，余曾於紙幣局見之，原卷雖古，亦非空海親筆，此蓋從彼傳鈔也。按：野王玉篇一亂於孫強，再亂於陳彭年，其原本遂不可尋，余曾得古鈔卷子本玉篇殘本四卷，刻之古逸叢書中，可以窺見顧氏眞面目，然亦只存十分之一二，今以此書與四殘卷校之，則每部所隸之字，一一相合，絕無增損凌亂之弊，且全部無一殘缺，其可寶，當出玉篇四殘卷之上。蓋廣益本雖刪顧氏所引經典，而要義尚存，況經典義訓爲顧氏原書所遺者，正復不少，惟顧氏上承說文，其增入之字皆有根據，而其隸字次第，亦多與說文相合，其有不合者，正足與今本說文互相證驗（王貫三以今本玉篇校說文，惜不見此），則此中之源流升降，有關於小學者甚鉅，況空海所存義訓，較廣益本亦爲精詳（顧氏原書於常用之字，往往列四五義，廣益本概存二三義而已），若據此書刪其篆文刻之，直當一部顧氏原本玉篇可矣！然此惟段茂堂、嚴鐵橋、王貫三諸人能解之，稍涉藩籬、但知搜索逸書如任兆麟大椿輩，恐未必知之，餘無論矣！惜抄此書者，草率已極，其中奪誤，滿紙皆是，此則不能不有待於深於小學者理董焉！光緒癸未秋八月，宜都楊守敬記于東京使館。

字書四種四卷一冊　清龔麗正編　清龔氏鈔本　清嘉慶丁卯（十二年）段玉裁手跋　（01063）

　　余朱改原本，麗正取去，而抄此見還。

　　龔塂麗正取此書併書後一篇，刻於京師，余太史秋室所書也。嘉慶丁卯十月，段玉裁記。

────────

九經補韻一卷一冊　宋楊伯喦撰　舊鈔本　清黃丕烈手書題記　（01086）

　　此九經補韻、中華古今注、獨斷三種，合裝一冊，錢述古舊藏也。余取吳琯逸史本攷之，九經補韻多同，獨斷不如此作二卷，猶舊第也，且多宋人跋語，謂刻之舒類，與陳錄舒台二郡皆有刻本之說合，是舒本也。程榮本漢魏叢書中，卻作二卷，然未知有此跋否？以上三書雖非未見之書，若此古色古香，其鈔必非俗本也。中華古今注專刻本約略相同，其餘彙刻中本，未經相勘也。余嗜古書，於所從來本尤留意購訪，矧此爲也是翁藏書，手不忍釋，因出高價置之。癸酉四月朔日，時宿雨初霽，餘寒未消，塗中泥滑滑，恐所期之友人行不得也，爲書此跋破寂。復翁。

────────

古今字韻全書集韻十五卷十冊　金韓道昭撰　明刊本　清同治八年徐時棟手校並題記　（01107）

　　五音集韻十五卷十本，同治七年九月六日，城西草堂徐氏收藏。其書全以廣韻爲藍本，新增之字，則本集韻，而諱所自來，蓋金人以師法宋人爲恥耳。每韻各用字母，另訂次序，故東韻首公字，冬韻首攻字，顛倒錯亂，全非古法。本不欲留，劉藝蘭謂不易得，姑存之。八年四月十三夕，時棟記。

────────

古今韻會舉要三十卷十四冊　元黃公紹撰　熊忠舉要　明嘉靖間朝鮮刊本　清吳廣霈手跋　（01119）

庚子三月十三日，購於漢城書市，大洋五圓正。劍記。

此朝鮮舊刊本也，約在明代之中葉，今已無板。又記。

此猶是從元板覆刊者，非明代書也，前記初買得時，未及細勘，偶誤書之。及後以揚州書局重刊韻會校之，寔出一本，而揚刻時有小小舛譌，遠遜是本之精妙。張行孚固云，彼書自東洋本出，日東本余居東時亦曾收之。三本并几詳校，皆莫此若，然則此本即無異元刻眞本矣！識之以爲後之得吾此書者告。老劍手記。

─────────────

音學五書十三卷六冊　清顧炎武撰　清道光間侯官林氏福田書海銅活字本　近人王德森手跋　（01167）

謹按：顧亭林先生音學五書，一曰音論三卷、二曰詩本音十卷、三曰易音三卷、四曰唐韻正二十卷、五曰古音表二卷，茲銅板所印者，僅前二書，而仍題曰音學五書，且首尾完備，又不似缺失，豈先印二書，而後未續印耶？余於癸丑春日，得此書於嘉定南郭，愛其字畫之清楚，重我鄉賢之著作，遂爲重訂珍藏，并識數語於後。甲寅九秋，崑山王德森，時客吳門之市隱廬。

後於坊間見銅板音學五書，亦無後三書，與此同。

─────────────

孫氏唐韻考五卷二冊　清紀容舒撰　舊鈔本　清道光十二年紀樹馨手書題記　（01169）

先曾祖姚安公撰。道光十二年，歲次壬辰，五月，黃州道署學味初齋，紀樹馨裝，試宋端平三年澄泥硯書。

─────────────

納書楹選韻字樣五卷五冊　清不著編人　清乾隆間精寫本　清朱昌頤手書題記（01170）

　　國初法書多尚香光，虛舟侍郎獨擅長率更，實爲正書第一。此五冊未著書者姓氏，相傳爲良常書，余以爲非先生不能書也。荷少海年丈出示，特識簡端。姪朱昌頤識。

———————

重續千字文二卷二冊　宋葛剛正撰　清咸豐七年海虞翁氏精鈔本　清翁同書手書題記　（01189）

　　宋水雲清隱丹楊葛剛正撰重續千字文，自爲篆注。余得精鈔本於維揚，蓋從宋刻影寫者，愛其工妙，迺屬幕僚山陰田漢川大年摸其篆、袁江李行之鎮安錄其注，篆書視原本不爽豪髮，眞書腴秀，殆欲過之。予在軍中，既久無尺寸之功，意忽忽不樂，賴此陶寫性靈，宜其鬱滯，若以爲雅歌投壺，不知緩急，則昧予之本志矣！咸豐七年歲在彊梧大荒駱相月，海虞翁同書識。

———————

操風瑣錄四卷一冊　清劉家謀撰　清賭棋山莊鈔本　近人陳衍手跋　（01203）

　　吾鄉人自趙宋以降，動以性理之學相取重，言攷證者絶尠，方音又甚異於四方，音韻一道，宜無敢過問者，然宋吳棫氏之韻補，明陳第氏之毛詩古音攷、屈宋古音義，中州北方之學者，未能或之先。近人黃氏宗彝之榕城方言古音攷、謝氏章鋌之說文閩音通，皆與于好學深思之數。劉氏此書徵引尤博，但往往索之太深，推之太遠，庸非其本音本義所在。且既以方音爲主，則所載音釋，必使四方之人讀之，皆犁然于口、犁然于耳，如共吾鄉人覿面相與言，無如吾鄉人所有之音多四方所無有，則標舉音某、讀若某，有鄉音則是，公共之音則非者，即明以反切，亦雙聲之字易求，叠韻之字難得，時仍窘于指揮耳，則甚矣著書之難，古人有離精博而二之之說也。此書惟有鈔本，爲乙菴老友所得，假歸修志之用，乙菴屬跋數行，乃書而還之。丙辰七月，衍。

總 義 類

經典釋文存二十二卷十冊　唐陸德明撰　影宋鈔本　過錄清馮班跋，又清道光元年朱錫庚及近人余仁各手書題記　（01207）

〔過錄〕右經典釋文三十，原書文淵閣秘籍也，不知何自出於人間。震澤葉林宗購書工影寫一部，凡八百六十幀。嗚呼！經學盛於漢，至宋而疾漢儒如讐，玄學盛於晉，至宋而爲爲異端，注疏僅存，譌缺淆亂，今之學者至不能舉其首題，其間句讀字祇賴有是書，世無刻本，又將漸滅矣。此與註疏中所引往往不同，讀者幸詳而寶之也。崇禎十年歲次丁丑，寫畢，越十四年，上黨馮班識其後。

右影宋槧鈔本唐陸元朗經典釋文三十卷，版長七寸，博九寸有奇，白棉紙，烏絲闌，紙色、墨色光潤如鑒，洵書工之良也。第七卷後頁載有勘校官銜名，共十二人，其詳勘官聶崇義、衛融等，進書者呂餘慶、薛居正、趙普。於詳勘官之次，書乾德三年五月，於重詳勘官之次，書開寶二年正月，蓋當時奉勅校勘，前後六年始成也。第三十卷尾有上黨馮班跋，云原書文淵閣秘籍，不知何自出於人間，震澤葉林宗購書工影寫一部，凡八百六十幀，崇禎十年歲次丁丑寫畢，越十四年上黨馮班識其後。錫庚按：葉林宗見錢曾讀書敏求記，稱其篤學，好奇書古帖，搜訪不遺餘力，每見友朋案頭一帙，必假歸躬自繕寫，籌鐙命筆，夜分不休。我兩人購得秘本，互相傳錄，林宗歿後，余哭之痛，爲文祭之云云。據此，則錢氏所見者，即此本無疑，殆林宗既歿，遂入馮手歟？錢又云，此書原本從絳雲樓北宋槧本影摹，然則絳雲一炬，是編稱魯靈光矣！雖烏焉三寫，在所難免，然以世所行之通志堂本校之，其譌文佚句不音倍蓰，不惟與諸經疏中所附載者有異也。昔在乾隆壬辰、癸巳之間，先大夫奉使安徽，於學政署中校刊說文解字，將以餘暇續鋟是書，其時高郵王懷祖先生念孫任校刊之職，先大夫旋左遷還朝，未果。今茲閱五十年，先大夫下世已四十載，懷祖先生猶耄年好學，孜孜不倦，欲假是本以供撰著，余摩挲再四，未忍釋手，感舊雨之如星，懼先澤之或墜，敬識端末如右，後有好古通經之儒，踵而刊行之，著其長而仍其譌闕，不得妄有刪改，嘉惠藝林，克稱不朽之業矣。道光元年辛巳秋九月十有二日，大興朱錫庚

識。

　　明崇禎葉林宗影鈔宋文淵閣秘籍唐陸元朗經典釋文三十卷，計八百六十幀，缺卷一、二，卷十三、四，卷十七、八、九、廿，共八卷。中華民國五年十一月一日，杭縣余仁誌。

――――――――――

經典釋文三十卷二十冊　唐陸德明撰　清康熙間刊通志堂經解本　清宣統元年鮑毓東手跋　（01209）

　　己酉九月既望，隨盦主人手通志堂所刊經典釋文示毓東曰：此段先生若膺以宋版手斠本也，詳慎邃密，毫髮不苟，又得袁氏又愷、臧氏庸堂、顧氏抱沖、王氏秋水博稽故籍，分識上方，而江氏艮庭、盧氏召弓、顧氏澗薲三家之說，亦附見焉，其春秋左傳音義，段先生復補鈕氏非石校本數事，付繫於次，蓋一時老師大儒，集數十年之精力學術，共成此書，誠爲天壤間第一鴻寶。昔姚江翁氏于困學紀聞，合闔、何、全三注爲一本，學者尚矜爲奇笈，況諸老親御丹鉛，尤精神所專注者哉！惜爾雅群經局鑰，諸老心得必多，而廿九、三十兩卷之爾雅音義，久付闕帙，今雖仍以通志原本補成完帙，而諸家評校，竟無從掇拾矣。又校語每俪葉本，蓋即葉林宗倩書工謝行甫景鈔之絳雲樓本也。主人之言如此，毓東既仰主人汲古之深，而復自慶其眼福也，謹書以爲跋。毓東。

　　又：考盧校多出攷證之外，當是考證成書在前，而以此彌其闕也。越日，主人命補記于次。

――――――――――

經典釋文三十卷十冊　唐陸德明撰　清康熙間刊通志堂經解本　清道光二十六年管慶祺過錄江沅跋並手書題記　又光緒十二年費念慈手跋　（01210）

　　〔過錄〕凡校宋本者，即遇大謬於理者，苟與今本有異，亦必抹今本之是，而改宋本譌舛者於傍，此校宋本者之癖也。書惟斷之於理而已，豈必惟宋是遵哉？所貴乎宋本者，爲其是處非他本所及，即謬處亦顯然可見耳。茲本始逐字照

改，後漸以意，去宋本之非者不錄，讀者亦以意會之可耳！己巳春正，鐵君江沅識。

　　丙午三月，坊人以批本釋文求售，而索直甚昂，余未之應也，乃未幾而竟爲有力者購去，方深惜之，猶幸因裝訂之故，原書尚存買人處，爰以番餅三枚賂買人，囑其遲十日付去，乃得窮八晝夜之力照錄一通。今錄畢矣，快何如之，爰書數語，亦以見貧士讀書之難也。時道光二十六年四月六日，元和管慶祺書於體經堂。

　　光緒丙戌四月，武進費念慈假臨一過。

————————

經典釋文三十卷八冊　唐陸德明撰　清康熙間刊通志堂經解本　清咸豐間潘錫爵手跋兼過錄顧廣圻、管慶祺等題記　（01211）

　　此管吉云舊藏校臨常熟某家本，係臧、段、鈕、顧諸家所校，吉云云某家本不肯出假，此屬何心耘倩人就校，其中有無譌脫，無從對勘。今年秋間，吉云假得澗薲先生之孫河之所藏校本，用以勘對，詳略頗有不同。余於冬間假河之本校臨，吉云因屬予校勘異同，並纂錄其未備者。予因爲校錄一通，改用青筆□□於此本之原用朱墨筆也，其河之本用朱筆者，則於字旁□□□圈，校語則在其上，其與此本無異者，則通加青圈云。咸豐□□□□□日校畢，潘錫爵識。

　　〔過錄〕予嘗言，近日此書有三厄：盧抱經重刻本所改多誤，一厄也；段茂堂借葉抄更校，屬其役於妄庸人，舛駁脫漏均所不免，二厄也；阮雲臺辦一書曰考證，以不識一字之某人臨段本爲據，踳駁錯誤，不計其數，三厄也。彼三種書行於天壤間一日，則陸氏之眞面白〔兒〕晦盲否塞一日，計唯有購葉抄元本重加精雕，而雲霧庶幾一掃，其厄或可救也，予無其力，識於此以待愛惜古人者。澗薲居士書。

　　〔過錄〕平心修爲，耐心改過，守此困乏，以聽天命。此亡兒伯壬手跡。兒

於上年十二月廿七日無疾而終，今已四十三日矣。遺編中檢得之，爰誌數字，曷勝悼歎。咸豐六年二月初十日抵暮書，吉云。

────────

經典釋文三十卷十冊　唐陸德明撰　清康熙間刊通志堂經解本　清道光二十九年陳奐手書題記　（01212）

　　釋文全冊，本出南宋葉鈔，段若膺師屬武進臧拜經手校，江鐵君師又過臧校。嘉慶庚午、辛未兩年，鐵君師館於奐家，奐因於制藝課餘逐細照校，其葉鈔全用朱筆，若諸家勘語書於上方，用墨筆而亦間用朱筆。師師傳授，具徵淵源，越幾四十年矣！今馬生釗又爲照校一過，歸至舊架。少壯讀書，私心鄉往，恒河猶昔，衰老將積，竊恐先師之舊德，易致遺忘也，遂補綴數語于冊。道光二十九年冬十一月，陳奐碩甫氏。

────────

六經圖不分卷存四冊　宋楊甲撰　宋末建刊巾箱本　清乾隆丙子（二十一年）朱嘉勤手跋　（01214）

　　書籍最重宋本，而初印袖珍尤足寶貴。予鄙人也，未嘗學問，烏知此中奧義。緣辛未丙子六載之間，兩荷翠華南幸，當事不察，謬與陳設書史之任，何識何知，悚惶孔亟，辭不獲已，爰是勉力講求，多方咨詢，然終是門外漢也。計得宋本先後不下三十餘種，幸邀天鑒，賞收十餘種，餘悉因公用支取無存。承辦屢年，未得留存片紙，此中未免有情，復于書肆敝簏中，檢得零落宋本百餘葉，雖屬斷簡殘偏，寔是袖珍善本，付工裝成，聊以自娛，倘必完美是求，其不爲大力攫取者幾希。噫！凡事類然，寧獨此哉！乾隆丙子歲，夏四月，古歙浯村水南鄉杏城鄙人朱嘉勤記。

────────

（新編）十一經問對五卷四冊　元何異孫撰　清乾隆四十一年盧氏抱經堂鈔本

清盧文弨、近人傅增湘各手校並跋　又清嘉慶十年嚴元照手跋　（01223）

　　跋。此元時茂林何異孫所著也。黃氏書目云，設爲經疑，以爲科場對答之用。今案：何氏自序其緣起，乃因小學訓導，爲學生承問，失對而停職，故緝爲是書，以助蒙訓，非爲科場設也。元時爲校官者，必先試而後授之，及至官，不得不勉盡其教人之責，撰爲講義，以時示諸生，其弊雖亦文具而已，然賢者尚能舉其職，不賢者亦知顧其名，自今觀之，猶令人慨然思古風焉。是書固爲教小學設，然其所訓，亦有折衷儒先，擇取精當，而不唯以一家之言爲墨守者，惡得而廢諸？異孫之履行，吾未知其詳，其云豐城開州治之八月，會二教諭於講堂，因言及按察責訓導之事。考豐城之升爲富州，在至元二十三年丙戌也，書成而序，繫以戊戌，則大德二年也。異孫蓋嘗爲校官於豐城者。書中引王稼村先生講義，講暮春浴沂，爲寶周之夏五月，且云於杭州府學講此一章，則稼村必是杭之校官，而郡志闕焉，其名不可考矣。志唯載何庚孫嘗爲吾杭教授，竊疑庚孫必異孫之訛，惟其同官，故知之詳悉如此，是又當著之，以諗夫脩郡志者。是書有通志堂梓行本，無何序，卷有更易，而後二卷闕文最多，今本係從元版鈔得者，乃毛子晉藏本，紙亦糜敝，然猶有可據以補通志堂之所闕者，其儀禮中有兩條，本有問而無對，余爲足成之。此書於三禮，祇略舉其郛廓，不若論語、孟子之條析爲詳也。乾隆四十有一年，歲在丙申，九月晦日，東里盧文弨抱經氏書於鍾山書院。

　　此書通志堂經解所刻者，失其自序，末二卷多闕字。抱經學士得元板，鈔此本，乾隆甲寅，學士曾郵示予，未及錄副，次年予得明人藍格鈔本，較此更勝，即以呈學士，卷中字畫不甚明了者，即據予本校改，時學士年七十有九矣。是年冬下世。學士既歿，藏書星散，盡落估人手，仁和宋助教大樽與估人約，凡學士所校書，每一冊易以銀錢一餅，此書亦歸助教，予以明抄本易得之，重是名儒手澤，珍秘不敢褻視。予別有校通志堂本，已貽錢唐何夢華。嘉慶十年，歲在乙丑，秋八月十二日，歸安嚴元照書於畫扇齋。

　　癸亥春仲，從密韻樓主人假得，以通志堂刊本勘讀，補自序一首，補正數百字，此書差可誦矣。藏園居士記。

經傳徵實不分卷二冊　　清王圖炳撰　　清康熙間著者手稿本　　民國四年趙永手跋
（01243）

　　余於光緒甲申春日，偶於燕市購得是稿兩冊，係是綏香書屋所輯，久訪友人，未有知者，近閱昭代名人尺牘小傳，始知出於王氏之手，因將王氏小傳錄後：王廣心，字伊人，號農山，華亭人。順治己丑進士，官御史。有蘭雪堂詩集。王頊齡，字顥士，號瑁湖，華亭人，廣心子，鴻緒兄。康熙丙辰進士，太常博士，舉鴻博，授編修，官至大學士，諡文恭。有世恩堂、畫舫齋諸集。王鴻緒，字季友，號儼齋，又號橫雲山人，廣心子。康熙癸丑第二人及第，官至戶部尚書。有明史稿、賜金園集。王九齡，字子武，華亭人，廣心子，頊齡、鴻緒弟。康熙壬戌進士，官至左都御史，有松溪蓴香詩稿、艾納山房集。王圖炳，字麟照，華亭人，廣心孫，頊齡子。康熙壬辰進士，官至禮部侍郎，降官侍讀，加詹事銜。書得董文敏筆意，有綏香書屋詩。自甲申至今卅餘年矣，惜是稿出於名手，不忍棄之，於是重加裝訂，備錄王氏全傳，並誌得書之顛末云爾。民國四年歲次乙卯初秋，易水趙永子貞氏書於居易山房，時年七十有一歲。

史　部

紀　傳　類

史記存二十七卷十一冊　漢司馬遷撰　宋裴駰集解　唐司馬貞索隱　張守節正義
元前至元二十五年吉州安福彭寅翁刊本　近人沈曾植手書題記　（01297）

　　宋版史記，每半板十行，每行二十一字，字大小數或記於上魚尾上，或記於
下魚尾下，亦有不記者。紙色似建本。刻印俱精，惜殘闕不完，僅十一本，全書
四分之下，又無首冊，無從知爲何氏所刻，然固可存備攷核，價昂不能得，悵然
還之。

————————

史記一百三十卷二十冊　漢司馬遷撰　宋裴駰集解　唐司馬貞索隱　張守節正義
明嘉靖十三年秦藩刊本　清莫友芝手書題記　（01310）

　　王本周本紀二十七葉脫索隱一條（繒）、正義一條（驪山。閣本亦缺此條，
柯本兩條皆有）。柯本秦本紀三十一葉脫索隱一條（尉斯離）、正義五條（鄢、
郢、南郡、襄陵、黔中郡，王本皆有）。秦本則王、柯所闕之二葉皆不闕。

————————

史記一百三十卷二十四冊　漢司馬遷撰　明陳仁錫評　明崇禎元年刊本　蜷叟手
書題記　（15432）

　　陳氏刻本於集解、索隱、正義雖註多刪削，然宋至明各家論述採擇頗精，附
考亦能列時所見各本。吾銳志讀之，累月始遍，字大悅目，乃知其爲讀本，中評
點較歸、方兩氏爲尤善。乞米所需，從而捃賣，若錢牧齋以所藏漢書讓人，自謂
有李後主揮淚對宮娥之感，予於此冊亦欲云然。乙酉冬日，蜷叟識於金陵寓舍。

————————

左記十二卷四冊　明章大吉撰　章爲之注　明末刊本　清光緒二十七年鄒存淦手跋，又無名氏題記　（01358）

　　左記十二卷，明山陰章大吉纂。朱竹垞先生經義考載入二百六卷春秋類中。書凡四冊，予於辛丑孟夏，得之務本堂書肆，惜首本蠹蝕殆遍，末卷伶人傳已殘缺不全，因於秋季脩整一過，卷末所缺，則取左氏傳輯補之。其師曠傳中，晉人聞有楚師之前，尚有齊師夜遁一則，雖已見兵法志，因有師曠語，亦爲補入。所補秦伯之弟鍼一則，已見叔向傳。晉悼夫人一則，已見晉世家。石言于晉一則，已見神怪志，既欲傳其人，似不能不載其言行，且鍾儀傳所載晉侯觀于軍府一則，亦已見晉世家，鍾儀言行，左傳中僅此一節，斷無不錄之理，以此例之，知師曠傳所補亦必錄無疑矣。舛誤重疊，在所不免，倘獲原本，再當改正；其傳末之論，亦非原書，不能補也，請以俟之異日。光緒二十七年冬至後二日，海寧鄒存淦儷笙氏，識于杭州寓舍之尊道堂，時年七十有三。

　　紀事之工，以盲史爲第一，然其文甚繁，散繫經下，讀之茫然。此仿腐史體裁，朗若列眉，庶讀者洞如觀火，便記憶，且便翻譯，誠善本也。奉以爲枕中祕矣，因識數語以志欣幸。

────────────

前漢書一百二十卷六十冊　漢班固撰　班昭補　唐顏師古注　明萬曆二十五年國子監（明）北監刊十七史本　清惠棟及道光十七年徐錫琛手書題記　（01378）

　　此先曾王父百歲堂藏書也，硃筆爲先君閱本，墨筆及注乃棟參也。余家世通漢學，嘗謂亂左傳者杜預，亂漢書者顏籀，故左傳扶賈服，漢書用古注，一經一史，淆亂已久，他日當爲兩書刪注，以存古義、詔後學耳。松崖棟識。

　　吳中紅豆齋惠氏世精漢學，茲明板前漢書二十冊，經半農先生暨松崖先生父子兩世手校，詳加評註，觀松崖先生自跋語，知當時已極矜貴，得之者宜何如珍重歟！道光丁酉十月朔，孟華主人屬鴛湖恬存居士徐錫琛題。

————————

前漢書一百二十卷二十四冊　漢班固撰　班昭補　唐顏師古注　明崇禎十五年虞山毛氏汲古閣刊本　清陳奐過錄顧廣圻跋並手書題記　（01379）

　　嘉慶乙亥夏日，設榻枝園，見案頭澗翁校漢書，過錄未半。越七載，道光三年，歲次癸未，在上海龔閬齋觀察署，取舊藏續錄，并錄段師校地里志一卷，上方筆墨皆是也。其時師已歿，校本悉歸其女夫龔處。又越九載，壬辰歲，復向黃紹翁令子同叔借閱，重校一過，黃校亦顧校也，并錄顧語，以識顛末。道光十二年四月二十七日重校記。長洲陳奐。

　　〔過錄〕此漢書，依景祐二年國子監刊本校，其本尚存北宋時面目，爲可寶也。脩補剜擠處，亦可以求後來添改之跡，惟上方所標各本，乃宋子京語，無一可取者。嘉慶戊午十二月校畢記。澗薲顧廣圻。

————————

前漢書一百二十卷四十八冊　漢班固撰　班昭補　唐顏師古注　清翻刻明崇禎十五年虞山毛氏汲古閣本　清道光二十一年朱士端手批並題記　又民國十三年丁福保手書題記　（01381）

　　顏少監敍例，毛本未錄，茲據凌稚隆校本漢書補。時道光二十一年批點，閱四月迺畢，並記於此。銓甫朱士端。

　　朱先生士端，寶應人，道光間舉人，安徽廣德州訓導。精擎文字聲音訓詁之學，著有說文形聲疏證、說文校定本。先生批點此書最爲精審，後之閱者有事半功倍之樂。余藏書中，正史經名人批校而全部圈點者，有十六部之多，當以此書爲最佳矣！民國十三年三月二十七號，丁福保識。

————————

後漢書存十八卷二冊　宋范曄撰　晉司馬彪撰志　唐李賢注　梁劉昭注志　南宋

初刊本配補南宋福唐郡庠刊元大德及元統間遞修本　清乾隆五十九年錢大昕手
跋　（01406）

　　後漢書淳化刊本，止有紀傳，其志三十卷，則乾興元年準判國子監孫奭奏添
入，但宣公誤以爲劉昭所補，故云范作之於前、劉述之於後，不知志出於司馬彪
續漢書，昭特注之耳。彪，西晉人，乃在范前，非在范後也。
　　此本雖多大德補刊之板，而志第一至第三，尚是舊刊，於朓、敬、恒、徵等
字，皆闕末筆，而讓、勗卻不回避，知實係嘉祐以前彫本。雖屢經修改，而古意
猶存，斷圭零璧，終是席上之珍也。乾隆甲寅四月，嘉定錢大昕假觀并識。

———————

後漢書一百三十卷二十四冊　宋范曄撰　晉司馬彪撰志　唐李賢注　梁劉昭注志
明汪文盛校刊本　明萬曆間張淳德手書題記　（01414）

　　萬曆戊子冬至、己丑仲夏閱完。己亥三夏，自前漢至後漢，而老眼昏花，大
非昔矣。

———————

東萊先生標注三國志詳節二十卷八冊　晉陳壽撰　舊題宋呂祖謙節錄　宋末元初
間建刊本　民國九年曹元忠等手書題記　（01437）

　　博明新得東萊先生標註三國志二十卷，首列上三國志註表，及世系、紀年、
疆域三圖、次目錄，次□本書。每半葉十四行，行二十四字，小注雙行同，細黑
口，左右雙闌，闌外上方標事要，右方記篇名卷葉數，版心上魚尾下記三國卷
幾，下魚尾上記一二三四等字。每遇太祖至陳留王、先主、後主、孫權至皓，及
年號、評曰，皆用白字，以醒眉目。又於董卓、袁紹、袁術、劉表下云，事實並
見漢書；呂布下云，事見漢書；公孫瓚、陶謙下云，事並見漢書，當是因已見後
漢書詳節而略之，疑標註即詳節原名也。卷中宋諱如玄、朗、弘、殷、匡胤、
恒、貞、楨、徵、讓、署、樹、桓、構、搆、溝、講、愼、惇、敦、燉，皆缺末
筆。又於秦宓傳「作太玄」，「玄」改爲「元」；太祖紀「遼東殷馗」、高貴鄉

公紀「殷有歸藏」，「殷」改爲「商」；王朗傳「以廣諸姬之胤」、吳王權傳
評「胤嗣廢斃」，「胤」改爲「裔」；后妃傳「恒此之由」、高堂隆傳「恒由此
作」，「恒」改爲「常」，程昱傳「今外有公卿將校總統諸署」，「署」改爲「
事」；文帝紀「霸陵之完」，程昱傳「卒完三城」、傅嘏傳「雖不能終自保
完」，「完」改爲「全」；王肅傳「當共愼之」、程昱傳評「孫資勤愼」，「
愼」改爲「謹」，以爲通例。其不能爲通例者，又隨文改之，如文帝紀注「弘三
章之教」，「弘」改爲「崇」，及陸遜傳「非懷遠之弘規」、華覈傳「今築室爲
長世之弘基」，則又改爲「洪」；夏侯惇等傳評「曾未聞匡弼其非」、楊阜傳「
將順匡救」、陸遜傳「以匡得失」，「匡」改爲「正」，及荀彧等傳評注「一匡
屯運」，則又改爲「止」；崔琰傳「清貞守道」、毛玠傳注「舉拔貞實」、「
貞」改爲「正」，及彭羕傳「守貞不虧」，則又改爲「眞」；公孫度傳「璽書徵
淵」、夏侯玄傳「徵玄爲大鴻臚」、荀攸傳「徵海內名士」「徵攸爲尚書」，「
徵」改爲「召」，及明帝紀「徵善作文者」，則又改爲「招」，管寧傳「徵命屢
下」，則又改爲「詔」；三少帝紀評「揖讓而禪」、蔣濟傳「推讓之風」、朱桓
傳「揖讓而坐」，「讓」改爲「遜」，及孫皎傳「以書讓皎」，則又改爲「
責」；明帝紀注「而樹立之意定」，「樹」改爲「建」，及高貴鄉公紀「三代所
以樹風化」、毛玠傳「未有樹建基本者也」、盧毓傳「將樹其黨」，則又改爲「
植」，王朗傳「各樹聖德」、先主紀「厚樹恩德」，則又改爲「立」，杜瓊傳「
宮中大樹」、鄧芝傳注「芝見猿抱子在樹上」，則又改爲「木」；以及荀攸傳「
此桓文之舉也」，「桓文」改爲「齊晉」；「今兄弟遘惡」，「遘」改爲「
結」，皆隨文改字，他宋本未見有如此者。至於吳主權傳「徵令內移」，去「
徵」字；「權辭讓不受」，及周瑜傳注「其謙讓服人如此」，皆去「讓」字；任
城王彰等傳評「然不能克讓遠防」，去「克讓」二字；王昶傳「時都畿樹木成
林」，去「樹」字；許褚傳「褚性謹愼奉法」，去「愼」字，則惟此詳節能然，
非他宋本所可例矣。要之，此本宋諱避之最嚴，而於郭、廓、叡諸字，皆不避，
審是南宋寧宗時刻本，其善處多與殿本考證所稱宋本、北宋本合，余已載入國志
校記中，不更贅述。時上章涒灘二月己丑，清明前四日也。吳曹元忠書於錫福
堂。

───────────

續後漢書存一卷一冊　宋蕭常撰　影抄宋刊本　清黃丕烈手書題記　（01441）

蕭常續後漢書，世罕傳本，此本當出影宋鈔，惜止上下卷，僅全昭烈皇帝本紀之一，其所逸多矣！是書爲柱國坊王氏物，故有震澤印，書賈收此以爲未見之書，索余重直，余亦遂置之，既而售者無人，仍與余易家刻書，其直合番餅二枚。壬申歲初二日，半恕道人補記。

————————————

晉書存九十四卷七十四冊　唐房玄齡等撰　明萬曆間周若年覆刊宋開禧間秋蒲郡齋本　清費念慈手書題記并摘錄明俞允文後序　（01458）

此治平監本也，趙易州藏有隋書、南齊書，後年月及校勘銜名，與揚子法言悉同，板式行字亦合，而流傳極少，紙墨審是明印，然則明初板尚存，特爲兩監本盛行，遂置高閣耳。此雖殘帙，尚存八十六卷，自可寶愛，建楲同年得于京師，己亥五月以歸余，未幾而建楲殁，展閱不禁腹痛也。屺懷記。

〔過錄〕重刻宋本晉書後序。晉書者，唐太宗文皇帝召群臣房玄齡等所撰也。迄今尚未有序，而刻本又多殘缺，余友周若年氏依宋秘閣本重刻，乞大理卿王元美爲序。書成而若年死，丁進士孟嘉購得之，以爲大理所爲序於史法備矣，而未及晉代興亡之詳，以後序爲請云云（文多不錄）。萬曆戊寅秋八月吳郡俞允文撰（仲蔚）。

建楲四年見贈此本，前闕本紀十卷，後載記全闕，攷其行款，從治平監本出，苦無證據，頃章嘉魚自鄂來，得全部，有俞仲蔚後序，摘記翻刻始末於右，所謂秘閣本者，果是治平刻也，惜建霞已殁，不獲起而告之，書此不禁腹痛也！辛丑六月初八日，西蠡記。

————————————

宋書一百卷二十四冊　梁沈約撰　明崇禎七年虞山毛氏汲古閣刊本　清王鳴盛手批並題記　（01474）

南北史增改無多，而其所以自表異者，則有兩法：一曰刪削，二曰遷移。夫

合八史以成二史，不患其不備，惟患其太繁，故延壽一意刪削，每立一傳，不論其事之有無關係、應存應去，總之極力削去，使所存無幾，以見其功。然使刪削雖多，仍其位置，則面目猶未換也，於是大加遷移，分合顚倒、割截搭配，使其盡易其故處，觀者耳目一新，以此顯其更革之驗。試一一核實而攷之，刪削遷移皆不當，功安在乎？其書聊可附八書以行，幸得無廢，足矣，不料耳食者反以爲勝本書也。

南齊書五十九卷十二冊　梁蕭子顯撰　明萬曆十七年南京國子監刊本　清光緒間
周星詒手校並題記　　（01478）

　　不晤，遂改歲彼此走訪，均不值。前聞台從自扈以恙歸，遣价造訊起居，知方謝客，因不敢躬詣，近知大安，甚慰甚慰！前諉勘南齊書，久未繳，茲特呈教，其中校籤，凡首、次碼數是某某卷，三注前後字者爲葉，次則行與字，恐失落，補此便檢，他詳拙跋，夾入首冊。明日如涼，當趨詣，此請開安不盡。小弟周星詒頓首，廿九日。

　　光緒辛丑，顧鶴逸買得明嘉靖修補本宋槧南齊書，曹君直以詒方擬纂手校諸史，有史文異同之譔，因以書業重刻汲古閣本屬記校文上方，詒更從鶴逸假毛氏原本互勘。毛所祖爲治平二年杭州開版秘閣本，故每與明修本文字不同，時有奪誤，間或失落至十數字，多藉宋槧補正，而足正宋本之誤者亦有之。凡毛本句字下注宋本云云，即據修補本也。宋本文義有絶不可通者，亦一一采入，顧詳核猶多未盡，今乃補載之。前輩顧澗薲、黃蕘甫諸先生所謂死校古書，蓋師法之自，詒仍守其例，覽者幸勿譏爲兼采誤文，不知別擇也。校方始，屺懷太史聞之，以明南國子監萬曆十七年刊本屬讎，因以宋、毛兩本，更佐以武英殿官刊本合校應命。宋本每半葉九行，行十七八字不等，南監本一律作行十八字，故葉數、行數往往參差，卷中字句亦多失宋本之舊，與兩本皆不同，或反據北監本改邪？故與官本強半合，昔聞官本悉用萬曆北監本。君直今春得一南監後印本，誤字每或削改，校才數卷，攜赴金陵，未得竣卷爲憾。各本異文備載校籤，但記大凡如右。壬寅炎夏，周星詒誌于吳寓。書僅五十九卷，校勘凡歷十八月，由冬春病肺則廢功，夏冬乃更爲之，然亦自媿嬾矣！

南史存七十八卷十九冊　唐李延壽撰　元大德丙午（十年）刊明嘉請間遞修本
有批校　無名氏及清翁同龢各手書題記　（01495）

　　□□史共八函，補鈔費盡心力，十□□中足成全書，又借善本校對一□無
訛，有此書者宜珍惜之。

　　於此帙中覿數字，亟粘入，以見藏書苦心。瓶生記。

魏書一百一十四卷八十冊　北齊魏收撰　南宋初期刊宋元明遞修九行本　民國二
十四年劉之泗手書題記　（01503）

　　此宋蜀大字本。中縫上記字數，下有刻工姓名。全書共一百十四卷，宋槧尚
存七十七卷，元修尚三十七卷，約得三之一弱耳，即今涵芬樓百衲本廿四史所據
皆善本，其魏書與此本同，可見別無再善之本矣。明馮夢禎當萬曆時，欲重雕此
書，苦無善本，斷篇缺字，所在而有，孫人龍乾隆殿本校刊後跋，亦云明刻二十
一史，此書最刓敝，如卷三太宗紀、卷六顯祖紀、卷四十陸麗傳、卷五十一呂羅
漢傳、卷七十七高崇傳、卷一百五之二、之四天象志，殿本均有殘缺，此猶未
損。錢辛楣廿二史考異，謂劉攽、劉恕、范祖禹皆長於史學，此書攷證較他書為
精審，乃卷三校語原文（在紀三第十九葉後，共二十四行）三百餘字，殿本全
佚，其他亦多所缺略，足見當時參校之本，均不及是本之完善。光緒初年，華陽
葉氏得有宋刻全部，王益吾曾用以校汲古刊本，然核其所指各節，猶視此本為
遜。晁公武郡齋讀書志：治平中曾鞏校定南齊梁陳三書上之，劉恕等上後魏書，
王安國上周書，政和中始皆畢頒之學官，民間傳者尚少，未幾遭靖康丙午之亂，
中原淪陷，此書幾亡。紹興十四年，井憲孟為四川漕，始檄諸州學官，求當日所
頒本，時四川五十餘州皆不被兵，書頗有在者，然往往亡缺不全，收合補綴，獨
少後魏十餘卷，後得宇文季蒙家本，偶有所少者，於是七史遂全，因命眉山刊
行，此其一也。乙亥六月廿有一日午窗，公魯。

北史一百卷六十四冊　唐李延壽撰　元大德間信州路儒學刊明南監修補本　民國
二十四年劉之泗手書題記　（01514）

　　元大德丙午，建康道廉訪司徇太平路之請，分刻十七史，爲元代路學最善之
本。此與南史板匡一式，刻畫略瘦，蓋信州路刊本也。瞿氏鐵琴銅劍樓、陸氏皕
宋樓藏書志，所舉殘宋本脫誤甚夥，此本轉多未誤，即武英殿本帝紀五上第四上
半葉九行較此奪二十一字，其他衍文，更不遑枚舉，是此本之善，從可知矣。乙
亥六月望，曝書校識，公魯坐吳門太平巷固廬之魏石佛龕。

隋書存一卷一冊　唐魏徵等撰　南宋紹熙間建刊十行十九字本　近人劉之泗、徐
乃昌、鄧邦述、張元濟、顧則奐五家手書題跋　（01523）

　　此北宋官槧隋書殘本一卷，余以毛氏汲古閣刊本相校，頗多是正之處，如「
夾注疏面」，「疏」字毛作「頭」，與殿本監本皆不合；「元輅皆雕面」，毛
本「輅」下又衍一「輅」字；「未及創造」，「及」毛作「人」，亦與殿本監本
異；「玉飾其末」，「其」毛作「爲」；「以黃爲質」，「黃」毛作「玉」；「
停不行用」，毛脫「行」字；「正寢一而燕寢五」，毛奪「一」字；「良娣已
下」，「良」毛作「長」；又「朱網絡」，毛作「朱網絕」，而殿本監本則作「
朱絡網」，惟此本足以正之。劉之泗識。
　　毛本「晉用輅，與周異矣」，「周」下注云：「宋本作同。」案文義，雖「
周」字較「同」字爲長，然毛氏云宋本作「同」者，正所以別於他本處，而此本
正作「同」，而此爲宋本之一證也。又，此本凡遇提行處，而前行苟無空字者，
則以圈別之，他本多忽略銜接，不有此本，安從證其誤邪？辛未六月十九日曉
窗，公魯又記於吳門大太平巷之固廬。

　　北宋官槧殘本隋書一卷。是本半葉十行，行十九字，左線外紀篇目，恒字缺
避，蓋眞宗時官本也。吳興陸氏、常熟瞿氏皆藏有殘本，行格都同。前有天聖二

年敕，遇敬、慎、貞、恒、桓、構等字，皆缺避，當是南宋覆本。此爲有宋第一刻，未見著錄，而楮墨精絕、觸手如新，雖云殘佚，實至寶也。公魯姻兄屬題。戊辰六月，南陵徐乃昌。

　　宋槧隋書禮儀志卷五，一冊。書中佳處，公魯已詳加考訂，無待推尋。此卷闌外皆紀篇目，凡書有耳者，亦宋刊之磧證，不特便於繙覽，即版片存庋，亦易檢尋，後人臨事苟簡略而不刊，元明鋟版偶有用耳者，蓋出於摹古之心，亦漸失眞意矣。此書將印以餉世，公魯屬爲題識，大雨初霽，溽暑炎蒸，展卷古香噴溢，愜我素懷，遂有北窗偃臥，羲皇上人之想。辛未六月，群碧居士邦述。

　　宋建陽坊刻正史，余所見有涵芬樓之史記、德化李氏之前後漢書及晉書、日本圖書寮之三國志、常熟瞿氏之隋書、北史、新唐書、吳興陸氏之北史、江安傅氏之五代史記，筆法行款皆與此同，惟南史未見耳。瞿氏隋書亦殘闕。此甚初印，可寶也！壬申季夏，海鹽張元濟識。

　　甲戌冬仲，瞿鳳起從常熟來蘇，同訪公魯兄，獲觀因記。元和顧則奐。

――――――――――

隋書八十五卷四十八冊　唐魏徵等撰　元大德間饒州路儒學刊本　清光緒間陸心源及趙烈文各手書題記　（01524）

　　隋書八十五卷。湘文觀察所藏。末有天聖二年五月十一日，上御藥供奉藍元用，奉傳聖旨云云五行，版心有路學、浮學、饒學、堯學、番泮、餘干、樂平、平州、初菴書院、忠定、錦江、長鄉等字，蓋元翻宋也。大德乙巳，孔文聲跋太平路所刊漢書云，江東建康道廉訪使，允太平路學之請，遍牒九路，以十七史艱得善本，今本路以西漢書率先云云，所謂九路者，建康道所屬寧國、徽州、瑞州、建康、池州、太平、信州、廣德、鉛山也。余所見者，太平路漢書，每卷題曰太平路新刊漢書；寧國路刊後漢書，每卷末有寧國教授題名；池州刊三國志，有朱天錫跋；信州刊北史，每頁版心有信州路學字；建康路刊新唐書，前有大德丁未成明瑞序，序後有建康路監造各官題名。此本雖無序跋，以版心字推之，則

瑞州路刊本也；其曰路學者，瑞州儒學也；浮學者，浮梁縣學也；饒學者，饒州學也；堯即饒之省文；番泮者，鄱陽學也；餘干者，餘干學也；樂平者，樂平州學也，故又曰平州。元初饒州、樂平、浮梁、餘干皆爲州，仍隸瑞州路，至元十四年抬升饒州爲路，以鄱陽、浮梁、樂平、餘干、德興、安仁屬之，隋書刊于大德乙巳，故仍隸瑞州。忠定、錦江、長薌皆書院名；忠定書院在餘干縣琵琶洲，趙忠定興朱子講道之所；長薌書院在浮梁縣景德鎮，慶元二年李齊愈〔或念〕建；錦江書院在安仁縣，宋倪玠講學之所；初菴書院在德興縣，元學士傅立，號初菴，捐俸置田，奏設山長。當時雖牒各學刊刻，書院之有餘貲者亦預其役耳。各學之版，明初入南監，正德、嘉靖遞有修補，至嘉靖修補後，版心路學等字，已十不存一矣。此本無一修版，版心之字一一明晰，其爲元版元印無疑也。汲古毛氏所刊隋書，譌脫最甚，如經籍志序「繩木棄而不用」句，「不用」譌作「一所」；「據龍圖握鳳紀」句，「握」譌「非」，「紀」譌「欲」；「五服圖儀一卷」下脫「喪服禮圖一卷」六字。此外不可枚舉。然此本亦有脫誤，五行志「東魏武定五年，秋，大雨七十餘日，元瑾、劉思逸謀殺」云，「謀」字下脫八字；「十年十二月」條「侯景之亂」句，「亂」字上脫三十三字，而以亂字連于「武定五年」條「謀」字下，中脫五條，共計脫四百餘字。百官志上（卷二十六）「擬威雄等號」下脫「懷德、執信、明節、橫朔、馳義同班，擬武猛等號；安朔、寧河、掃冠、靜朔」二十五字，明嘉靖修瑞州本、武英殿本、汲古本，皆不缺，此又元本不如他本處也。我朝刊刻二十四史，皆據善本，天祿琳瑯書目有嘉定本隋書，爲汲古毛氏舊藏，想即殿本及毛本所從出，宜乎非元季官書所及矣，時光緒三年中秋後二日，𩜾翁陸心源題。

　　湘翁此書得之張芙川，當時以爲宋刊元修本，余既爲題跋，湘翁頗以末有天聖二年數行仍承宋版格式爲疑，請列五證以明之：宋版官書，于廟諱嫌名缺筆維謹，間有疏漏，亦十之一二耳，或空其字，註某宗廟諱、某宗嫌名，及今上御名、今上嫌名字，此本于宋朝廟諱罕見缺筆，一證也。宋世官書，字皆極精，非北魏體，即顏歐體，坊刻稍草率，亦尚整齊，此本字頗草，二證也。元人及明中葉以前，翻宋本以原書上版者，缺筆避諱悉仍宋舊，如今所行徐氏三禮鄭註、王版柯版史記、袁版文選之類，別寫上版則否，其證三也。元明人刊書，凡宋朝官牒題名，不刻則已，刻則必仍宋式，如今所行內經、脈經、嚴州本文鑑、嘉靖本金陀粹編之類，此本末數行亦此例耳，其證四也。余所藏隋書，爲嘉靖修本，末

之二頁亦嘉靖十年所修，天聖二年五行亦仍宋式，其證五也。得此五證，湘翁亦當擊節稱快矣！張月霄藏書，載有元本隋書，末亦有聖二年題名五行，今春見于上海千頃堂書坊。每葉十八行，行二十二字，五行志及百官志亦有缺文。余以索值過昂，置之，今歸洪琴西觀察。余所藏殘本隋書，每葉十八行，行十九字，與紹興官本史書相同，故目爲宋版，細審之恐亦元人翻本耳。宋本既不得見，此雖元刻，完善如新，亦稀世之祕笈矣，湘公其寶藏之。存齋又題。

余家天放樓所藏隋書，亦有是本，惟堯山番泮字，寥寥無幾，版心上有正德嘉靖修補年號，不如湘公本爲元刻元印之足珍也，然全書無破損鈔補，則又互有短長。光緒丁亥王正月，假觀斠對，題此歸之。靜□生趙烈文記。

────────

唐書存一百六十三卷二十七冊　宋歐陽修、宋祁同撰　元大德間建康路儒學刊明代修補本　明黃圭中手書題記　（01546）

余住冶城之日，市紙命工，就成均印漢書，并此書全，是書綴四十帙。豫章清宇黃圭中志。

────────

舊五代史一百五十卷十四冊　宋薛居正等撰　清四庫館輯　舊鈔本　近人章鈺、鄧邦述各手書題記　（01557）

薛居正五代史從永樂大典輯出，後經武英殿刊時改動，已失邵二雲稿本面目，此熟在人口者也。壬子九月，群碧樓收得邵本一帙，撿一百三十一卷、一百五十卷後觀款，知校勘出孔葒谷戶部手。以官本對勘，知官本、稿本大別有三：一正文經官本改易也。如十卷「犬羊猾夏」改「邊裔狡逞」，九十五卷「腥膻」改「契丹」，九十八卷「虜母」改「國母」，一百七卷「契丹犯闕」改「去汴」，一百二十卷「東夷」改「高麗」，一百三十七卷「種落賤類」改「生長邊地」、「亂華」改「闒地」、「殺胡林」改「殺虎林」之類，不可枚舉；其尤關事實者，如一百三十八卷「黑水靺鞨」下，原作「俗皆辮髮、性兇悍」，改爲「

俗尚質樸、性猛悍」，此皆館臣避忌太過，奮筆妄改使然。一正文之互有出入
也。稿本無而官本有者，如二十一卷賀德倫傳全缺，六十三卷缺贊，六十七卷趙
鳳缺兩節，七十一卷淳于晏傳全缺，七十三卷聶嶼傳缺一節、七十七卷卷尾缺七
十七字，八十七卷晉宗宗〔此疑爲室之誤〕贇傳全缺，九十三卷尹玉羽傳缺兩
節，九十六卷孔崇弼傳缺三節，九十八卷張礪傳缺三節、並缺贊，一百二十八卷
裴羽傳全缺，此必邵氏一人搜采未盡，經館臣覆檢大典補入。稿本有而官本無
者，如九十二卷崔居儉傳、九十六卷鄭元素傳二篇。案居儉傳即歐陽公五代史記
本文，邵氏所誤收，鄭傳則係官本脫漏，此爲薛氏全篇佚文，大典已燬，賴此而
存，可謂至寶。至九十八卷張礪傳，稿本復據冊府元龜補八十二字，官本脫去。
案邵氏於大典所缺薛史，均采元龜補之，例見一卷梁太祖紀下，官本取彼舍此，
未喻其故。若九十一卷安重威傳、九十二卷裴皞傳，稿本下半均同歐陽史，官本
則否，此又邵氏一時有未照處，經館臣復撿大典改正者也。一卷數考證及所采各
書，經官本刪削也。以稿本百四十卷，注大典卷一萬七千五十二三頁至四頁諸條
揣之，意邵氏初典卷數、頁數，以便覆檢，定本方去頁數，此則刪除之未盡者，
官本則於卷數及元龜卷數，全行不取。其考證異同語，稿本則隨文列入，官本另
編致證爲卷，所收十之五六，其餘則出他手，非邵氏原文。邵氏略仿裴松之三國
志注法，收史部、說部等至七八十種之多，附注正文下，以備參考。官本或采或
刪，不甚明其去取之故，楊凝式及馬希範傳兩注，則刪去殆將萬字，若邵氏所采
五代通錄、東都事略、文苑英華、古今事類、楊文公談苑、儒林公議、石林燕
語、厚德錄、張方平集、花蕊宮詞，則全行刪去，失邵氏本意。南昌彭氏注歐陽
史，蒐采富有，爲史注佳本，實邵氏之引其端也。惟孔戶部校此書時，尚非據邵
氏原稿，故第一卷校語云，按語有脫凡兩見，二十五卷注案新考舊四字顯有脫
文，孔校亦未校補，邵位西批注四庫目，云見廠肆鈔本，有讀易樓印記，是孔校
外尚有傳鈔，恨無從蹤跡也。孝先舉債收書，以巨金得於日下，攜歸津上，未三
日即借余校錄，竭兩日之力始克竣事，研說所得，撮陳大概如此。孝先邇將有遼
海之遊，瀕行又出宋本兩漢書，借江安傅沅叔、保山吳偶能及余分校，通懷樂
善，視流通古書之約，抑又過之，附書於後，用銘嘉貺。是年臘八，長洲章鈺
記。

　　余自耽典籍，即知大典本薛五代史稿本，每條皆注所出，及武英殿刊行，始

悉去之，惟聚珍版尚存眞面，又惜其不易得也，夢想累年，未嘗一見。壬子之春，鬱華閣遺書盡出，其佳者大半爲完顏樸孫景賢所攫，餘則書友譚篤生錫慶與其友趙姓以賤價收之，厐廠肆一近巷中，邀余往觀。余時已貧，不能自存，然結習故在，入叢殘中抽得此冊，喜不忍釋，因與之約留三月，不能，然後與他人，篤生竟慨許我，荏苒未幾，篤生病將死矣，則語其家封存以待，勿失信也。余自津沽鬻借，如約贖之。篤生在書估中，號爲精覈，然獨於此書守皦日之盟，世之負然諾者，對之殆有媿矣！既歸，茗理立持去借校，觀其跋語，勘正之功，亦盡於是，而吾乃不得先一校讎，思之亦殊失笑，特記得此書之艱，與篤生之信、茗理之勤，爲藏書家一段故實，後千百年必有能談之者。甲寅三月檢此，正闇永寶，記於六坡三穎之居。

　　書有孔葒谷圖記，又有黃小松司馬印，及其所得漢印鈐冊中亦不少，小松與葒谷同時，或爲小松故物，未可知也，戊午端陽，群碧主人再記。

──────────

五代史記七十四卷二十四冊　宋歐陽修撰　徐無黨注　宋慶元五年曾三異校刊元明修補本　題清黃丕烈手跋　又清韓應陛手書題記　（01562）

　　元刊本五代史七十四卷，曾經潤蘋先生校閱一過，較明監本互有異也。舊藏虞山錢氏，以二十金購之，藏弆百宋一廛之末云。時嘉慶壬申仲夏，古吳黃丕烈記。

　　五代史記，宋歐陽修譔，徐無黨注，七十四卷，二十四本。缺廿八卷第五葉、第九葉、四十二卷第六葉。末有黃蕘圃跋語，細審筆跡，恐不然，但此書當係元翻宋刻本，不必以黃跋爲憑也。補鈔極多，但亦非本朝人手筆，其所據本蓋同此板。十八卷後空行另條，有慶元五年魯郡曾三異校定十一字，廿三卷末葉係鈔補，亦有魯郡曾三異校定十一字，廿三卷末葉係鈔補，亦有魯郡曾三異校定七字，廿四、卅四、五十七卷末葉，俱係原刊本，另條字俱同。書板口下方往往有丁亥字，陰陽文不定，按寶慶三年、元至元廿四年，至正七年俱係丁亥。寶慶三年上距慶元五年凡廿八年。去年十一月廿四日得之，書鋪人陳姓。丁巳二月三日記。

────────────

五代史記七十四卷二十冊　宋歐陽修撰　徐無黨注　宋慶元五年曾三異校刊元明修補本　近人瑞誥手書題記　（01563）

　　謹按：欽定四庫提要載新五代史七十五卷，季滄葦書目載七十四卷。此書大旨，以春秋書法爲宗，譬之三傳，舊五代史近左氏，而此書近公穀，惟徐無黨注至爲淺陋，爲全書之玷。悔公識。

　　此書凡七十五卷，半頁十行，行十八字，注行二十一字，略如王刻史記之式，而字尤完好，不載刊書年月，實元覆宋本也。

────────────

五代史記七十四卷十冊　宋歐陽修撰　徐無黨注　明萬曆四至五年南京國子監刊本　清嘉慶間應叔雅手校並跋兼過錄沈巖跋　又道光七年仲寶氏手跋　（01571）

　　〔過錄〕先生自記，云康熙甲申冬日，從虞山錢遵王先生長子楚殷借得宗伯東澗翁所閱五代史記，因而傳之。此書乃宗伯壯年閱本，未爲精密，然視他人則眉目井然具矣，余亦少有增損，殊以妄作自懼云。

　　毛氏所刻十七史，此書最多譌，宗伯所閱，則萬曆四年祭酒周子義南雍刊本，毛本不逮也。余舊曾閱汪文盛刊本；亦有誤脫，在南雍本下。

　　鈍吟先生云，但觀司馬溫公之通鑑，頗疑歐公傷於略。吾師義門又云，近閱五代，頗疑歐公尚有刪削未盡處。

　　閱五代新史，必得薛本參攷，乃悉其詳略，猶讀新唐書，不可無舊唐書互證也，惜薛史久爲亡書，當年倦圃、竹垞兩先生博訪數十年而不可得，每以爲歎云。沈巖記。

　　義門先生五代史批本後沈跋四則，應叔雅手錄，時嘉慶丁巳夏六月既望。〔應跋〕

　　按高廟開四庫館，收藏家有以薛史進者，又經儒臣詳校付刊，與北監廿一史

並行，惜孫慰祖、梁履繩兩君不及見也。嘉慶甲子秋社日，應叔雅記。

　　澗泉日記：歐陽公與徐無黨書，云五代史昨見曾子固之議，今卻重頭改換，未有了期。又與梅聖俞書，云閒中不曾作文字，祇整頓了五代史，成七十四卷，不敢多令人知，深思吾兄一看，如何可得極有義類，須要好人商量，此書不可使俗人見，不可使好人不見，奈何！奈何！澗泉日記一編，宋韓淲撰。淲字仲止，號澗泉，許昌人，吏部尚書韓元吉之子。多識舊聞，遭逢亂世，退居著書，謂史記、五代史有微意，又謂歐陽公五代史卻甚與人辯白，儘有工夫，又謂胡德輝記尹和靖語，五代史本是永叔□□祖分作，其間亦有指名，然歐陽公嘗云，河東一傳乃大奇，自此當以爲法，不知謂作何傳爾。殿本按：祖分上疑脫與從二字，尹洙焞之從祖也。道光丁亥二月十日，久晴得雨，客窗錄此，仲寶識于湄水。

五代史記七十四卷八冊　宋歐陽修撰　徐無黨注　明萬曆四至五年南京國子監刊本　民國二十五年陶紹萊手跋　（01572）

　　明萬曆四年信陽胡氏刻本五代史記，七十四卷，曾經潯陽陶氏收藏，今歸丹徒陶氏所有，緬仰宗風，神馳栗里，而廬陵文章可謂與吾陶氏淵源有自矣！蓬仙，廿五年六月。

南唐書三十卷六冊　宋馬令撰　明嘉靖庚戌（二十九年）顧汝達刊本　清徐康手跋　（01582）

　　南唐書世傳惟馬、陸之家，胡恢本，王文簡云赤岸李應昇家有藏本，國初徵索當有傳本，乾嘉時開四庫，求書已失傳矣。陸本翦裁有法，峻潔得歐陽五代史遺意，惟失之太簡略，索索無生氣。馬本雖詳贍，又雜糅類俳，無史才。此係嘉靖年間翻宋刻本，校〔較〕嘉慶年間馬令、陸游合刊本，相去懸殊。三十年前初購史部，得一明末翻刻本，旋又失之，今於上海旅次，得汪氏藏本，校〔較〕舊藏遠勝，不僅爲還舊觀也。越一年，復避兵陳墓，晴窗試筆記此。壬戌正月，寥

天子。

————————

南唐書三十卷二冊　宋馬令撰　清嘉慶間黃丕烈門僕鈔本　清嘉慶十五年黃丕烈
手校並跋　又沈欽韓手跋　（01585）

　　余向收得馮氏藏本南唐書二冊，因家有舊刻，轉歸於周丈香嚴，後余適以舊
刻歸他所，而案頭反無馬書舊本，遂從香嚴假歸，命門僕影錄一本，錄畢，久未
取對。日來梅雨淹旬，閒居少客，先用硃筆校錄誤之字一過，次臨硃筆校閱語于
上方及行間，又次臨硃筆句讀，蓋重其爲馮氏藏本也。馮氏名舒，字己蒼，卷三
十後墨筆所錄跋語，亦舊時己蒼用硃筆識之者也。分本亦照原本，冊首冊尾各有
上黨長方印、馮氏藏本方印，茲不能摹其篆文，以楷書記其款式而已。嘉慶庚年
夏至後一日，黃丕烈識。

　　卷中尚有顯然訛字，句讀亦有舛錯。沈欽韓記。

————————

南唐書十八卷二冊　宋陸游撰　明崇禎庚午（三年）海虞毛氏汲古閣刊陸放翁全
集本　清黃丕烈及顧廣圻各手書題跋　（01588）

　　南唐書馬陸並稱，余家舊藏元本馬書，較時本頗善，陸書向無舊刻，頃從澗
薲易得傳錄陸敕先校本，雖非舊刻，而可與馬書並稱善本矣！毛刻附於劍渭南集
以行。余所藏放翁之詩文，皆有宋刻，惟此與老學菴筆記皆無宋刻，今得此校
本，差可與老學菴筆記校本並藏，日後倘得舊本，不可取以相參證乎！嘉慶己未
夏五月中澣九日，梅雨連朝，陰霾積悶，書此以破岑寂。棘人黃丕烈識。
　　乙丑冬十月，得陸敕先手校錢遵王抄本，復取此參一過，目錄校改悉如敏求
記中云云矣。向時澗薲跋云，特未審遵王所藏、敕先所校者，是一是二，今乃豁
然頓悟矣！蓋錢遵王抄本較善也。蕘翁。
　　丁卯歲，取得穴研齋鈔本，卷末一葉格旁，有虞山錢遵王藏書七字一行，審
是遵王手書，則陸所校者必此書矣。頃取出略爲對勘，時有歧異，未知其故，或

遵王尚有別本邪？抑敕先校時有脫誤邪？張訒菴、吳枚菴各借此臨校，余記憶不
清，謂已從遵王原本手校一過，今出穴研齋鈔本證之，知未校過也，恐疑誤良
友，書此自訟。己亥五月二日，廿止醒人識。

　　汲古閣初刻陸氏南唐書，舛誤特甚，此再刻者已多所改正，然如讀書敏求記
所云，卷例俱遵史漢體，首行書某紀某傳卷第幾，而注南唐書于下，今流俗抄本
竟稱南唐書本紀卷第一，卷二、三列傳亦如之，開卷便見其謬者，尚未改去，其
他沿襲舊訛，可知其不少矣。陸敕先校本藏小讀書堆，傳臨一過，頗多神益，弆
諸篋中久矣，今蕘圃話及此書未得佳本，而予適欲得其重本之野客叢書，因舉以
相易，蕘圃其姑儲此以俟，特未審遵王所藏、敕先所見，是一是二？惜敏求記不
言其詳也，他時庶乎遇而辨之。嘉慶己未五月，顧廣圻記。

──────────

唐餘紀傳十八卷四冊　明陳霆撰　明嘉靖二十三年吳興刊本　近人吳重熹手書題
跋　（01590）

　　齊東野語云，唐餘錄者，直集賢院王皥子融所撰，寶元二年上之，時惟有薛
居正五代史，歐陽書未出也。此書有紀、志、傳，又博采諸家之說，倣裴松之三
國志注，附見下方，表韓通于忠義傳，且冠之以國初褒贈之典，新舊史皆不及。
皥乃王沂公曾之弟，後以元昊叛，乞以字爲名云。陳霆書似祖述其意，特闕志
耳。癸丑除夕，七十六叟石蓮記。
　　陳霆字水南，吳興人，著兩山墨談，甚有義理，閱金陵瑣事，始詳其本末。
霆字震伯，僦居白下，又著唐餘紀傳，渚山詞話。嘗作詞弔張麗華云：麗華死于
青溪，後人哀之，爲立小祠，祠像二女郎，其一則孔貴嬪也，今祠亦不〔此不字
據傳本補〕復存。（香祖筆記）
　　見只編言，陳水南霆以南唐李昇宜繼唐後，改馬令書爲唐餘紀傳，猶蕭常改
三國蜀志爲續後漢書也。讀吳越備史，昇本吉安呰將潘某之子，姓實潘也。水南
特以五代篡祚短促，不足繼統，不若南唐聲名文物，雄擅江左，不愧唐後也云
云。予按：吳越與南唐世世爲仇，備史之言未可遽信，詎可據以爲實錄，以駁水
南邪。（同上）

　　容齋續筆云，偶閱大中祥符間太常博士許載著吳唐拾遺錄，其勸農桑一篇，正云吳順義年中，差官興版簿，定租稅，厥田上上者，每一頃稅錢二貫一百文，中田一頃稅錢一貫八百文，下田一頃千五百，皆足陌見〔此字，據傳本補〕錢，如見錢不足，許依市〔此作世，誤，據傳本改〕價折以金銀算計。丁口課調亦科錢。宋齊邱時爲員外郎，上策乞虛抬時價而折紬絹綿本色，曰江淮之地，唐季以來戰爭之所，今兵革戶息，黎甿始安，而必率以見錢折以金銀，此非民耕鑿可得也，無興販以求之，是爲教〔此字據傳本補〕民棄本逐末耳。是時絹每匹市價五百文、紬六百文、綿每兩十五文，齊邱請絹每匹抬爲一貫七百、紬爲二貫四百、綿爲四十文，皆足錢。丁口課調亦請蠲除。朝議喧然沮之，謂虧損官錢萬數不少。齊邱致書于徐知誥，曰明公總百官，理大國，督民見錢與金銀，求國富庶，所謂擁彗救火、撓水求清，欲火滅水清，可得乎？知誥得書，曰此勸農上策也，即行之，自是不十年間，野無閒田，桑無隙地，自吳變唐，自唐歸宋，民到于今受其賜。齊邱之事美矣！徐知誥亟聽而行之，可謂賢輔相！而九國志齊邱傳中略不書，資治通鑑亦佚此事。今之君子爲國，唯知浚民以益利，豈不有靦於偏閏之臣乎？齊邱平生在所不論也〔此作齊邱生平所不論也，據傳本改〕！何義門批曰，後來爲編年之書者，□□取之。吳唐拾遺錄今不得見，姑錄洪書于齊邱傳後。甲寅三月初四日，七十七叟石蓮手錄。

東都事略一百三十卷二十四冊　宋王稱撰　宋紹熙間眉山程舍人宅刊本　近人張乃熊手書題記　（01596）

　　絳雲樓牙籤萬軸，獨缺此書，述古主人所引以自豪者也。此怡邸舊藏，初印精絕，爲宋槧中無上上品。董授經得自東瀛，以千金歸余家，會囑趙硯香重裝，因識如右。戊午冬日，吳興張乃熊呵凍書。

宋史記凡例一卷一冊　明王惟儉撰　朱格鈔本　過錄清季錫疇、瞿秉淵題跋　（01603）

〔過錄〕昔賢多以宋史蕪雜，擬重修而未成，其已成書者，柯氏新編外，有湯若士、王損仲兩家，入國朝，其稿俱歸吳興潘昭度所。後石門呂無黨得王本，攜以入都，王漁洋、朱竹垞皆見之，竹垞曾鈔其副，見明詩綜王維儉小傳，漁洋錄存凡例一卷，跋見蠶尾集。乾隆間，湯本藏文瑞樓，金氏出以求售，全謝山嘗與李穆堂書，屬其購以開雕，今不知流落何所矣。此舊鈔王本全書二百五十卷，今藏太倉閔少谷學博家。今年春，余與少谷學博同寓崑山北鄉斜塘袁氏宅，行篋中攜是書，出以相賞，余叩以所自，云乾隆中其曾祖書岩公爲江寧教授，有某大令罷官歸，匱資斧，貸三百金，以此書爲質，惜已忘其姓氏矣。其書目錄上有朱筆塗乙，并別標卷數，蓋當時潘氏以湯本相較而附注之，書中有增刪者，亦依湯本。世有大手筆者，重編付刻，能取兩本異同處參覈求是，固可折衷盡善，否則，但取王氏原本刻之，以見一家之說，毋以意增損其間，庶不失原書面目也。咸豐四年涂月十日，太倉季錫疇跋於昭文瞿氏鐵琴銅劍樓。

〔過錄〕王損仲宋史記二百五十卷，東澗老人、漁洋山人俱見其書，跋載集中。又東澗跋東都事略有云，損仲于天啟中起廢籍爲寺丞。移日夜分必商宋史，則此書體例，東澗相與酌定可知。又云時李九如藏宋宰輔編年錄及東都事略，並搆求李燾續通鑑長編，損仲援據諸編，信筆成書，與余商榷史事，輒揚眉抵掌，時捫腹自歎，揮斥柯氏新編陳俗腐讕徒亂人。東澗之言如此。乃竹垞跋李氏長編謂，王氏惟儉、柯氏維騏目未見是書而改修宋史，如夏蟲之不可語以冰，松柏之鼠不可語以堂密之有美樅。何其言之不同也，豈爲此跋時猶未見王氏全書而縱言及之，迨於潘氏借得鈔副而其集已刻，不及追改耶？汴梁水災，王氏原稿已亡，幸苕上潘昭度錄得其本，展轉藏於太倉閔氏，歷二百餘年而完善無闕，今年春季菘耘世丈館余家，向少谷學博假得，攜以見示，略誌數語於後。咸豐甲寅冬十二月，菰里瞿秉淵識於恬裕齋。

遼史拾遺不分卷附拾遺補四冊　清厲鶚撰　舊鈔本　清吳騫、楊復吉各手書題記（01610）

吳江楊慧樓進士，既從予借鈔遼史拾遺，又作遼史拾遺補，凡數百條，惜予

卒卒未及傳錄。庚午夏日記。

　　鮑綠飲此書向爲樊榭姪繡洲所藏，人有借抄者，繡洲撤出一卷以借之，故外間傳本多不全，惟此爲足本也。越日又識于小緱雲軒，兔床，時年七十七八。

　　樊榭先生著述等身，而援引精博，則推遼史拾遺爲冠，四十年前，廣陵馬氏曾擬剞劂而未果，海內鈔藏者，寥寥數家而已。客秋，海寧吳丈槎客慨舉知不足齋贈本假鈔，以數年願見不可得之書，一旦得繕錄全帙，登諸篋衍，快何如之！庚戌夏六月校畢，因識數語于後以誌幸。至董浦先生金史補闕，卷帙更鉅，身後散佚罕存，欲謀璧合，而竟無自矣，惜夫！松陵楊復吉識。

契丹國志二十七卷三冊　宋葉隆禮撰　舊鈔本　清王禮培手書題記　（01611）

　　盧紹弓手校本，第一頁抱經堂印，第二頁武林盧文弨手校印，目錄文弨之印、盧紹弓，巷末抱經堂藏。

　　席氏刻本，謬訛不可勝紀，此本朱筆碻爲抱經老人手筆，墨筆在抱經之前，未詳何人，其依據係善本。湘鄉王氏埽塵齋檢記。

兩漢博聞十二卷十二冊　宋楊侃撰　明嘉靖戊午（三十七年）黃魯曾刊本　清同治四年寶珣手書題記　（01665）

　　宋晁公武郡齋讀書後志史評類，兩漢博聞十二卷，楊侃纂。景德中，侃讀兩漢書，取其中名數前儒解釋爲此書，以資涉獵者，侃嘗編職林矣，此亦其類也。侃，錢唐人，端拱中進士，官至集賢院學士，晚知制誥，避眞宗諱，易名大雅。是本明黃魯曾嘉靖三十七年刊本，有魯曾序，而書中未標撰人名氏，何疏漏之甚也。同治乙丑三月十六日，東山誌于奉天軍府。

兩漢刊誤補遺十卷四冊　宋吳仁傑撰　舊鈔本　清鮑廷博手跋兼過錄朱彝尊、盧文弨題記　（01679）

〔過錄〕兩漢刊誤補遺十卷，題曰河南吳仁傑撰，前有曾縉序，後有林瀛疏，章邱李氏藏書也。歲在丙寅，亡兒昆田客濟南，借得之，抄以奉予。按：唐以前讀兩漢書者，第有集解、音義而已，其後李善作辨惑，顏游著決疑，見於新書藝文志。至於宋作刊誤者四家，張泌、余靖、劉攽，其一亡其名氏矣。劉氏之書，因宋仁宗讀後漢書，見墾田字皆作懇，於是使侍中傳詔中書，俾刊正之，攽爲學官，遂刊其誤。宋志劉氏書凡四卷，趙希弁讀書附志，云止二卷，西漢、東漢各一卷，當得其寔。今吳氏是編，本以補劉氏之遺，而文多於劉，足以徵其博洽也已。仁傑字斗南，別號蠹隱居士，本昆山人，其稱河南者，舉郡望而然，登淳熙進士，歷官國子學錄。所著樂舞新書、鹽石新論，及縉序所稱漢通鑑，輯編年紀傳之書，而去其短者，多不傳，予所見者，古周易論、易圖說、離騷草木蟲魚疏，及此書焉爾。秀水朱彝尊。

乙未正月十九日燈下錄。〔鮑跋〕

〔過錄〕跋。曩余讀漢書，見監本所載宋人校勘語，大率淺陋居多，甚有鹵莽滅裂，不考原委，不究體勢，於本無可疑者而亦疑之，刪改憑臆，傳布至今，館閣有考證之作，余又私作續考證，於其誤者駁而正之。既又思前人豈無見及此者，今得吳斗南兩漢刊誤補遺，讀之而不勝躍然喜也，吳氏自以後進，不欲斥言前輩名公之失，而曰補遺，不曰糾繆，此其用意良厚，於劉氏離句之誤，則曰或傳錄使然，蓋雖辨駁之中，而仍不失謙退之意，其所徵引，鑿鑿皆有據依，又可通于他書，蓋不僅史漢之功臣、三劉之爭友也。惜重校經籍刊刻時，未及見是書，故所載一仍監本之舊，而于此書未嘗稱引及之，世之知此書者絕鮮，余乃今見之，始知後人果不可輕量前輩也。所借本多譌字，余稍爲正之，而後錄之，倘與我有同好者欲爲傳鈔，余不敢靳。至斗南出處，已見秀水朱氏跋中，茲不復及云。乾隆三十九年仲冬月望日，東里盧文弨抱經氏識。

明年乙未收燈日，錄于知不足齋。〔鮑跋〕

兩漢刊誤補遺卷第一。乾隆四十年，歲次乙未，正月十六日，從盧侍講文弨

校本勘過。是日雪，沈君效曾招飲，歸已二鼓，剪燭畢此卷。

————————

南北史碎錄不分卷十冊　不著編人　舊鈔本　近人吳重熹手書題記　（01708）

　　李本寧維楨嘗欲作南北史小識，亦未及緒正，且佚其草，見其爲錢汝瞻作兩晉南北史合纂序，此書不知在其先後？

　　容齋續筆按：唐登科記，會昌四年及第進士有孫玉汝，李景讓爲御史大夫，劾罷侍御史孫玉汝。會稽大慶寺碑，咸通十一年所立，云衢州刺史孫玉汝記。滎王宗綽書目有南北史選練十八卷，云孫玉汝撰。蓋其人也。錢書尚可見，孫書不得見矣。癸丑冬日。

　　四庫書目有南史識小錄八卷，北史識小錄八卷，國朝沈名蓀、朱昆田同編。仿兩漢博聞之例，取南北史字句鮮華、事跡新異者，摘錄成編，不分門類，仍以原書卷目爲次。與此碎錄體例略同，惜不得檢閱一證。乙卯六月立秋前三日。

　　十冊不分卷，目錄有南史，缺北史，無撰輯人姓氏。開卷僞申耆三印，庸劣刺目，當剪去。甲辰歲暮，蘇估持來滬上得之。

————————

二十二史紀傳節要不分卷存四冊　清李廷敬等編　清雲翰樓鈔本　清趙烈文手書題記　（01710）

　　此書光緒乙亥得於保定。原題二十二史節要，坊估恐以孤種見擯，塗改二十二字爲五代史字，余夙稔收菴君脩書事，以昂直取之，但未定爲何人筆，且不知全書散落何處，是一不適耳。丙子孟冬，能靜題記。

編　年　類

資治通鑑二百九十四卷八十冊　宋司馬光撰　明嘉靖二十四年孔天胤等杭州刊萬曆十四年修補本　近人羅振常手書題記　（01722）

此明嘉靖中，孔天胤翻刻宋本，萬曆初，蘇濬又取漫漶者補刻之，其精整不亞原刻，蓋萬曆初年刻書，猶未改嘉靖面目也。南海康氏有初印未補本，乃孔氏嶽雪樓故物，原有之孔天胤題辭已抽去，康氏因其宋諱缺筆，遂目爲北宋本，嘗出以見示，有沈子培方伯題識，亦定爲北宋本。康託余介紹購者，詢其值，則四萬金，余笑而漫應之，後見方伯，詢其何以題爲北宋本，則曰彼定欲我題，不得不然，眞趣聞也。偶檢此本，憶及記之。

―――――――

資治通鑑目錄三十卷十二冊　宋司馬光撰　南宋初期刊宋元遞修本　清同治四年莫友芝手書題記　（01731）

同治丁丑五月，獨山莫友芝借上海郁氏宜稼堂藏本讀過。

―――――――

資治通鑑綱目五十九卷六十冊　宋朱熹撰　宋嘉定己卯（十二年）眞德秀溫陵郡齋刊宋末元明初遞修本　明弘治元年無名氏題記　（01756）

史書多新刊，惟綱目艱得善本，蓋苦於書法發明之雜也，孫文貴持此售我，喜識歲月。弘治改元七月。

―――――――

資治通鑑綱目五十九卷一百二十六冊　宋朱熹撰　明萬曆庚子（二十八年）蘇州知府朱燮元刊本　無名氏手書題記　（01764）

粵自嘉靖中，王元美創不讀漢以後書之說，而宋元盛明先儒理學之文，皆束而不讀。萬曆中有賊人李贄者，肆其淫詖狂謬之學，簧鼓一世，天下士大夫樂於恣睢苟且，廉恥道盡，而先儒理學之微脈，遂反爲後生所揶揄，而天下大亂，不減晉代竹林諸人致五胡亂華之禍之烈矣！余少不敏，囿於習氣，不克振拔，唯于朱子小學一書，頗深篤信，今流離萬狀，而此身此志尚能稍自植立者，皆是書之

功也。今余已向衰，諸子頗能讀古人書，謹將朱子綱目諸書，爲其訓誘，俾知古人忠孝節義，其人之可重如此，背逆邪佞，其人之可賤如彼，庶幾得不愧先儒之餘意，而亦可以無忝於祖先，是則不肖之深願也夫，否則，雖才華麗日，浮名蓋世，如范曄、沈約之徒，吾何取焉！閱成附記。

————————

蜀檮杌二卷一冊　宋張唐英撰　舊鈔本　清嘉慶丁卯（十二年）黃丕烈手跋　（15435）

　　蜀檮杌，余家藏本較此殊遜，此本陳仲魚所藏，分卷二，雖非十卷之舊，然前後序俱存，且自序中語與宋人著錄合，是可信矣！手校異同於余本而歸之。此冊間亦有訛謬處，未敢以彼改此，故不加校勘也。丁卯夏五月，復翁記。

————————

中興小紀四十卷六冊　宋熊克撰　清蕭山汪氏環碧山房鈔本　清徐時棟手書題記　（01854）

　　中興小紀四十卷，六本，蕭山汪氏抄本。同治乙丑二月二十有七日，城西草堂徐氏收藏，十一月十四日重補斷線。此書當從文瀾閣借鈔，閣本必有提要，而此無之，何也？去年小除，余嘗購小紀殘本二十卷，謄寫較此本爲精工，而每遇脫誤，試讎對之，兩本皆同，蓋是同出一本者耳，十七日午，時棟記。

————————

續資治通鑑長編存四十五卷六冊　宋李燾撰　舊鈔本　清王研臣題記　（01857）

　　余舅氏柳樹芳先生，日昨從吳興歸里，篋中有舊抄續資治通鑑長編六本，佚存十九卷至廿九、四十六卷至六十三卷、九十四至一百另八完畢，爲桐鄉汪氏舊藏，硃筆悉照宋本校錄，洵善本也。松陵後學王研臣識。

中興兩朝編年綱目十八卷十冊　宋陳均撰　舊鈔本　清道光十七年張蓉鏡手
跋　（01864）

　　宋史編年、九朝備要偶見抄本，中興兩朝編年綱目，自來藏書家皆未著錄，
惟明代文淵閣書目載此書，邑中如錢、毛藏書家，皆未傳抄也。宋孝宗一朝除續
資治通鑑及宋史全文外，未見專書，若南宋鑑，曾見絳雲樓書目所載，覓之二十
餘年未得，是冊前二本尚是明人所抄，余得之邗上，欣喜過望，即倣愛日精廬所
藏影宋本補全校正。用染色紙者，蓋取其與舊抄一色也。今愛日書已星散，展閱
之彌深感慨，更當珍重耳。道光丁酉仲秋，虞山張蓉鏡誌。

孝慈淵聖皇帝要錄二卷六冊　宋不著撰人　明藍格鈔本　清道光十二年錢綺手書
題記　（01873）

　　是書不著撰人名氏，觀卷末有今上即位之語，稱高宗爲今上，則書當作於高
宗時。又按：東都事略欽宗紀，康王即位，遙上尊號曰孝慈淵聖皇帝，紹興三十
一年，金使告帝崩，謚曰恭文順德仁孝皇帝，廟號欽宗，今卷首稱尊號而不稱廟
謚，則斷爲紹興三十一年以前所作矣。其書起靖康元年正月，迄二年四月，分日
排纂，爲日歷體，朝政、軍情、制詔、章奏，無不備載。按：欽宗實錄四十卷，
成於乾道初，當高宗時尚未脩定，此蓋即稿本，撮舉節目，故以要錄爲名，四庫
簡明目錄稱其敘述詳悉，不似草野傳聞之語，洵然。攷北宋編年史，惟李燾續通
鑑長編最爲賅博，然已殘缺，近從永樂大典搜輯，尚軼徽欽兩朝，是錄亦足補其
闕，以世無刻本，藏弆者絶少，觀此本字蹟紙料，的是前明舊鈔，眞可寶貴。書
分上下二編，而簡明目作十六卷，蓋係後人所析，此則尚存宋人眞面，惟鈔胥不
識文義，頗多訛字，當博訪藏書家，借本參校，以俟後之刊刻者。道光壬辰季冬
呵凍書，錢綺。

孝慈淵聖皇帝要錄十六卷五冊　宋不著撰人　鈔本　清光緒六年玉璹手跋　（
01876）

　　刻本題靖康要錄，分卷不同，此本篇首題孝慈淵聖皇帝要錄，顯爲南宋舊題
也，惜乎七百年來，祇此抄本流傳，亥豕魯魚，觸目皆是。此卷從陸氏十萬卷樓
抄出，又得別本互校，改補不少，然其中尚有錯誤字句，不敢率意刪改，俟得善
本再行細校。光緒六年十二月初三日，識於倉署。

宋季三朝政要六卷四冊　宋不著撰人　舊抄本　近人鄧邦述朱藍二色手校並題記
（01878）

　　宋季三朝政要，歷來厪見鈔本，此本雖屬舊鈔，而訛謬太多，不可卒讀，旋
南後，見君閎內兄藏有元刻本，爲世罕有，因乞歸校之。連年飢驅，時時閣筆，
迄今始得卒業。其足以爲此書之益者，每葉可得十餘處，校者愈勞，而心愈喜，
然此書寫手雖劣，亦有勝於元本者，不知昔日據何本迻錄也。理度兩朝，皆誤于
權姦柄國，一史一賈，遂致亡國，君子小人於國家之關繫，可云鉅矣。篇終紀文
信國、陸秀夫事獨詳，嗚呼，雖有善者，亦無如之何矣！癸亥十二月初二日燈
下，正闇居士校畢記。
　　前用藍筆，繼因行篋無藍，乃改用朱，前後兩歧，非兩本也，正闇又記。
　　趙晉齋得元刻本，以校鈔本，其鈔本之訛奪，與此本正同，而其所增出者亦
同，是知從前抄本面本，皆如此也。錢氏據趙校本刻入守山閣，致〔至〕爲矜
愼，而仍不免有訛漏之處，蔣生沐東湖叢記已舉出之，是知校刻古書之非易也。
其尤錯迕者，如趙昂發死于池州，後乃改趙爲李，前之昂發，元刻作昂，抄本作
昂，錢刻於第五卷則不依元而作昂，於卷末又改趙而爲李，前後遂爲兩人矣！錫
之刻此叢書，海內所推重者，尚不免有不檢之處，後之操鉛槧者，固不當草率從
事矣！甲子五月，群碧。

元史節要二卷二冊　明張九韶撰　明洪武丁丑（三十年）建安書堂刊本　清光緒

丁未（三十三年）葉德輝手書題記　（01884）

　　明張美和元史節要二卷，洪武丁丑建安書堂刻本，板式字體猶承元刻之舊，而傳本頗少。嘉慶時，黃蕘圃以家藏書四種，換書估王徵麟知非堂抄本，中有此一種，載價值十三洋，可知彼時舊書之貴，而此書價亦不廉云。蕘圃藏書皆有手跋，光緒甲申，吳縣潘文勤從藏書家搜輯，刻士禮居題跋記，此事載卷六知非堂稿六卷下。光緒丁未四月初上弦，燈下題記，麗廔主人葉德輝。

————————

皇明資治通紀三十卷十冊　明陳建撰　岳元聲重編　明萬曆間刊本　清光緒十八年宗廷輔手書題記　（01895）

　　按此係坊人刪刻之本，考明史藝文志，陳建皇明通紀二十七卷、續通紀十卷，前止正德，續訖隆慶，茲則削爲三十卷，標目增資治二字，又每卷題東莞臣陳建輯著，檇李臣岳元聲訂合，庠生沈國元校正，夫書未進呈，稱臣已贅，輯著訂合，亦甚不辭，此皆坊人影附溫公以炫售，故有是署題耳。嘗攷撰集本朝事實以成一書，莫盛于宋人，至明則已尟，且述及邊防，勢不能無觸犯，乾隆中四庫收書時，槪加摧燬，益復失傳，計予平生所見，一海鹽鄭曉吾學編、一溫陵李贄續藏書，及此爲三，皆禁書也。建字清瀾，嘗撰學蔀通辨，掊王翼朱，號稱正學，以是得名廁洛閩源流錄，然亦莫詳其履歷，止錄得通辨一序而已。此十冊爲親家黃偉菴學博所藏，余向女婿達甫假得之。原缺兩葉，一爲二十五卷第三十葉，從舊藏不全本抽補，一爲二十二卷第五十葉，係摘錄李夢陽疏稿，從崆峒集抄補，原文大冠至心寡，當有一千三百單四字，茲如數削存，隨付學福堂書坊重裝之。學博秉性最恡，雖殘編亦不肯餉人，茲編讀過，當仍令達夫寶守，以綿先人手澤。光緒十有八年，歲次壬辰，十月初六日，宗月鋤記。

————————

國榷不分卷存六冊　明談遷撰　舊鈔本　清光緒乙未（二十一年）葉德輝手跋　（01929）

此殘本談遷國榷五冊，朱氏潛采堂故物也。按：明史藝文志，談遷國榷壹百卷，則此僅百分之五，惜不得竹垞藏書目一考之。竹垞以鴻詞入史館，撰修明史，全史體例皆一手裁成，觀曝書亭集史館上總裁七書，可以知其大略矣，是書蓋即其時修撰之史料。第二冊、第四冊首葉，有朱印彝尊四字白文方印，又有秀水朱氏潛采堂圖書九字朱文方印，不知幾經厄劫，始得留貽至于今日，書不足貴，手澤可貴，故重加裝池以插架，子孫其永寶之。乙未臘月，葉德輝記。

是書各家書目罕著錄，惟豐順丁氏持靜齋書目史部編年內有國榷二十卷，注云舊抄本，明史載此書一百卷，後失其大半。丁氏爲咸同年間一藏書家，不以殘本見棄，則其書之珍貴可知矣。書友李強之持舊書一單求售，余收得數種，此書亦在內，去大泉肆千，近時書籍之貴，可謂至極，同日燈下又記。是日梓兒入蒙塾，邀粟谷青孝廉揆授句讀，內弟勞勉丞解元送入塾，并邀同年汪頌年編修詒書、胡眉壽吉士矩賢、友人鄭叔靜探花沅，在書齋共飲，至二鼓始散，時臘月十九日也。

臨安旬制紀二卷附錄一卷一冊　清張道撰　清同治丙寅（五年）非見齋鈔本　清傅以禮手校並題識　又周星詒手跋　（01938）

此書未經剞劂，原稿藏張氏後人。丙寅夏日，魏稼孫齮尹爲傳鈔此本，計酬鈔胥青蚨五百。長恩閣主人識。

張氏旬制紀二卷，排比論議，不爲無識，且亦善于尋題，惟閱書不多，搜采甚陋，紀中間雜論斷，卷末忽附佚事，非紀非傳，不倫不類，于史家條例直是全無會心者，長恩閣中藏書，此爲下駟矣。季貺記。

宋太宗皇帝實錄存十二卷　宋錢若水、楊億等撰　宋理宗時館閣寫本　清錢大昕、吳大澂、翁同龢、費念慈、戴傳賢、沈尹默、張宗祥等各手書題跋　（01944）

宋太宗實錄本八十卷，今僅存十二卷，每卷後有書寫人，及初對、覆對姓名。字畫精妙，紙墨亦古，遇宋諱皆缺筆，即慎、惇、廓、筠諸字亦然，決爲南宋館閣鈔本，以避諱證之，當在理宗朝也。前朝實錄唯唐順宗一代，附昌黎集以傳，宋元絕無存者，蓋正史修於易姓之後，汗青甫畢，實錄遂成廢紙，豈有過而問焉者矣。頃蕘圃孝廉出此見示，雖寸縑斷壁，猶是五百年前舊物，銘心絕品，正不在多許耳。丙辰臘月十二日，竹汀居士錢大昕書於吳門寓館。

余嘗得宋時玉押、銅押，以癸辛雜識所載十五帝御押證之，一爲宋太祖玉押，一爲太宗銅押，寶藏之數年矣。今次侯先生出示宋鈔閣本太宗實錄十二卷，有汪〔黃〕氏士禮居圖章，知係黃氏蕘圃先生舊藏，每卷後有書寫人，及初對、覆對姓名，卷中缺筆字，如慎、貞、署、筠、朗、構、樹、玄、徵、讓、敦、廓、胸、詬、巡、柏等十餘字，竹汀居士審爲理宗朝寫本，今世藏古家得宋刻印本書數卷，珍如拱璧，況墨本官書乎，況次侯爲趙王孫，數典而不忘其祖，不尤可寶乎！余所得銅押，爲太宗舊物，亦當與是書同歸趙氏，附記於此，以爲券。光緒己未臘月，吳大澂題。

光緒乙未冬十二月，吳縣吳大澂、江寧相國治，同觀于虛郭園。

光緒己丑八月廿八日，翁同龢獲觀敬題記。

光緒乙未十一月六日，常熟曾之撰、武進費念慈，同觀於舊山樓。念慈題記。

中華民國三十二年十月，吳興戴傳賢敬觀於重慶陪都行院之蹇蹇齋。

卷中旭字、樹字亦缺筆，作旭、作樹，皆嫌名也，避之可謂嚴矣。歐陽永叔嘗謂，當時官文書所用紙，多峽州產，以其耐久之故，今觀此冊，紙極堅細，歷歲數百猶不渝敗，或其類也。民國三十三年二月十六日，觀畢題記。尹默。

昔在王館，見天潢玉牒，亦宋寫本，乃元代大庫所存書，今復得見此冊。古人每恨宋時書家不能作小楷，惟宋刻時見精品，以此二書證之，良不誣矣！癸未

秋，張宗祥記。

　　此開化紙也，今得重見且跋其上，快事快事。

────────────

大明孝宗敬皇帝實錄二百二十四卷四十冊　明李東陽等撰　明四明范氏天一閣鈔
本配補愛日館鈔本　近人徐鈞過錄葉德輝題跋並手書題識　（01960）

　　〔過錄〕前明祖宗實錄，自來藏書家皆尠著錄，惟毛扆汲古閣珍藏秘本書目
有之，目中書當時將售之潘稼堂太史未，以議價不合，後歸季滄葦侍御振宜，季
書散後，即不見於江南藏書家目，殆散失久矣！曩在都門，見有明鈔舊本全者，
始洪武、訖崇禎，爲盧召弓文弨抱經堂物，以索價甚巨，置之。頃有持墨格明抄
本世宗一朝見示者，審其紙色裝釘，似是四明范氏天一閣中物，不知何時散落在
外，明史世宗本紀大抵即本此撰修，諸臣奏議其重要者亦多採入列傳。明時內璫
權相互起用事，亦積習使然，一祖宗臨御之初，無不渙汗疊頒，貌似振作，先朝
奄黨奸孽，一經科臣參劾，無不殛竄隨之，乃不轉瞬，此去彼來，依然蹈其覆
轍，迨至思陵亡國，亦若心法相傳，明政不綱，良可浩歎。實錄本多曲筆，然有
掩之無可掩者，欲知一朝得失之林，則此等書固不可不存之插架矣！時在癸丑夏
五中旬二日，朱亭山民葉德輝識于滬上旅寓。

　　右朱亭山民跋天一閣藏明抄本世宗實錄，茲由書賈持以見示，索價甚昂（須
八百金），無從議值，乃將跋語過錄於此，以備參考。余藏孝宗實錄，藍絲闌明
抄本，亦係天一閣故物，舉以相較，修廣皆同。海內藏書家，四明天一閣范氏其
尤著也，其藏之久而不散者，蓋堯卿大司馬歿後，取例嚴密，而其子孫恪遵祖
訓，各房相約永以爲例，此所以能久也，自嘉靖迄今，殆已三百餘年矣，乃其後
裔不能守，聞仍散佚，可感亦復可歎！愛日館主曉籟氏識，時戊午四月。

　　是實錄原闕卷首之八卷、百二之百七，綜十四卷，凡三冊，賴劉氏嘉業堂有
抱經堂盧氏召弓藏舊抄本，據以抄補，以成完書，提行空格，一遵原式，此亦爲
館中秘笈之一，喜而識此。癸亥冬月，愛日館主誌。

紀 事 本 末 類

華陽國志十二卷二冊　晉常璩撰　明萬曆間新安吳氏刊古今逸史本　清乾隆間吳
翌鳳手校並跋　（01974）

　　世傳國志俱闕十卷上中。此本雖出自錢叔寶氏，然舛錯訛脫，幾不成書，聊
用錄出，以俟善本校之。七月廿又六日，漫士翌鳳又書。

————————

三朝北盟會編二百五十卷三十二冊　宋徐夢莘撰　清仁和趙氏小山堂鈔本　清章
鈺手跋　（01997）

　　此書藏書家目錄皆屬鈔本，無言刊本者，朱竹垞諸人列入徵刻唐宋秘本書
目，蓋宋以後，從無刻本審矣。此本爲小山堂趙氏所鈔，不言所自出，硃筆校
補，亦不知何人，惟凡涉及宋帝，則一律空格，應避字或注廟諱，或注御名，嫌
名亦然（如英宗諱曙，嫌名爲署；高宗諱構，嫌名爲勾，爲彀之類），其從宋本
傳錄，確然無疑。惇字注御名，擴字亦注御名，則書成於淳熙，刊行則在慶元以
後之證也。以光緒己卯活字本對勘，活字本誠多脫誤，亦有此本脫落，活字本仍
在者，脫每數十字，如卷二百四十二則多至十八行，異同處則文義每可兩通，活
字本亦不詳所自出，疑本出兩本也。從群碧樓借讀，竭四十五日之力，全校入活
字本，附書所見，質諸正盦。壬子七月，長洲章鈺，同辟地津門。

————————

皇朝通鑑長編紀事本末存一百四十二卷二十四冊　宋楊仲良撰　清乾隆四十年至
四十一年太倉王氏鈔本　清王鳴韶、周星詒各手書題跋　（02004）

　　乾隆四十年九月，囑表弟朱象乾抄完首本，計八十八頁。俟抄成全書，當校
其譌誤處，此時固無暇晷也。鶴谿王鳴韶書。
　　乾隆四十一年五月□二日寫畢。鶴谿王鳴韶記。

　　本書缺卷，排纂大典本長編，及彭氏太平治跡統類，當可十得七八。詒于庚午夏日，以寫本長編（一百八卷缺治平四年閏月以下）及此校勘統類脫誤，粗已可讀，自謂雖未能盡復舊觀，較勝世間傳本。暇當命小胥寫出太祖聖政諸篇，復爲補其闕略，以附此書，他日再得張氏擺本，再加校勘，便可付有力者刻行矣！星詒識。

　　是書以裕陵中葉始出，故未收入四庫全書，及嘉慶間，阮文達始以進御，詳揅經室別集，外間僅傳鈔本，脫誤甚衆。此是譚仲儀爲購之陳氏帶經堂者，有鶴谿居士王鳴韶題記，卷首以朱描竹汀詹事名印，其本蓋出自錢氏，惟不知王君爲何人也。書中校語多引本書改正，無證據者，雖明知其誤，不輒更改，是自顧、黃諸家校書宗派然。大典輯錄五百六十卷本，愛日精廬以活字印行李氏本書具在，其原進呈一百六十卷之本，世亦間有流傳，更佐以徐氏宰輔編年錄諸書，不難盡復舊觀，當陸續求訪以成此也。乙丑三月廿六日，星詒記。

　　潛研堂集卷四十八有鶴溪子墓誌，云鳴韶字鸜起，有田在太倉之鶴瀝圍，自號鶴溪子，西莊光祿之弟也。好爲詩古文，兼善書畫，西莊選其詩入江左十二家詩中。生平喜鈔書，所收多善本，每有所得，就予評泊，尤專元明人書畫，入手眞贋立辨，家貧不能多蓄，有心賞者，解衣購之勿惜。補新陽縣學生員，子嗣學嘉定縣學生云云。鶴溪爲西莊之弟，與竹汀少詹爲姻戚，淵源有自，宜其爲學謹愼如此。少詹又稱其眞書似裴柳，行書似李北海，今觀題字，醇謹有法，手跡所在，益堪珍重也。丙寅臘月大除日，季眲又記。

　　此書晁、陳二家均未著錄，玉海有楊仲良長編紀事本末一百五十卷，與此正合，阮氏失考，故爲識之。

雜　史　類

北虜事蹟一卷西番事蹟一卷一冊　明王瓊撰　明淡泉書屋藍格鈔本　清桂生氏手跋　（02026）

　　此書格版心刻曰獨癗園、淡泉書屋。查獨癗、百可兩圍，在海鹽城北，爲明□□鄭端簡公讀書處也。公字室甫，諱曉。嘉靖癸未進士，授兵部主事。世宗時

考功郎中，忤嚴嵩子世蕃，求遷官，不允，怒貶和州判官，屢平大□有功，擢鳳陽巡撫，陞刑部尚書。治獄平反，議論□直，嵩深憾之，踰年報罷。穆宗時追贈太子太□，賜謚予葬。著有吾學編、古言今言、奏議、文集傳世。今以此版格錄此四種，必是鄭門子弟抄備□□諸史集纂之稽考也，竹垞藏此，眞好古云。桂生。

逸周書十卷二冊　晉孔晁注　明新安程榮校刊漢魏叢書本　清袁廷檮及龔橙各手校並跋　又黃丕烈手跋　（02033）

丙辰冬，偕黃蕘圃所藏元刻本校，并補抄王會脫簡周書序一篇，徐丁黼跋亦錄於後。廷檮。

余所藏元刻周書，失去黃玢序，故壽階借校時未錄，余藏本已於去冬歸琴川友人家，唯惠松崖先生手校本矣。偶過坊間，見此本，遂攜歸，而適又見一元刊有序本，遂手補于卷端。案是刻原有序，壽翁未省，而復補之，又丁黼上衍徐字，蓋東徐地名也。蕘夫記。

同治元年，在上海購得此袁校元刻本，五年冬，書賈以黃藏元刻本來，無泉得之，因復校一過，知袁校有遺誤，或袁所據又一元本，元本誤缺甚多，惜不獲見惠定宇所見宋本也。橙志。

國語存八卷二冊　吳韋昭注　影鈔宋明道二年刊本　清乾隆乙卯（六十年）顧廣圻手書題跋　（02038）

此蕘圃所收影鈔本，即據之重雕者，予別得首三卷，較之寫手尤精，故用以上版，而仍留此，他時倘別得之本以下復出，遂可轉爲補全，竹頭木屑，正未必無用也。己未冬至前一日，澗薲書。

第六、第十、第十九、廿、廿一，共五卷，此類予以爲寫手不佳，故重摹付

刊，而此遂剩，合釘爲一本存之，俾他日有攷焉。澗薲書。

　　明道二年所刊國語，印本不可得見，此影寫者，時章獻明肅劉后臨政，諱其父名，故通字每缺一筆，今所寫尚然，精審可知矣。傳校本外間多有，予亦屢見之，錯誤漏落，均所不免。近陳氏名樹華曾著外傳攷正，所據亦傳校本，故終不得其要領，如周語「欲城周」注「欲城周者，欲城成周也」，今本正文衍「成」字，并添注作甚蕪累之語；魯語「魯夫人辭而復之」，今本「夫人」作「大夫」；「若是則敬姜何以爲別于男女之禮乎？又笑吾子之大也」，注「謂驕滿也」，蓋大即驕泰字爾，今本於正文加「滿」字，遂改注「謂」爲「滿」以就之，此類往往未經攷正，乃知眞本誠可寶也。往者惠松崖先生假陸敕先所校於沈寶硯，寶硯秘不肯出，今蕘圃黃君乃以眞本見借，所獲何其奢與？爰悉心讎勘，兩踰月始克歸之，自今而後，宋公序以後本，當以覆瓿矣！乾隆乙卯六月四日，澗薲顧廣圻書。

────────────

國語二十一卷八冊　吳韋昭注　明嘉靖戊子（七年）吳郡金李澤遠堂覆宋刊本
清嘉慶十五年浦塘手校並題記　（02044）

　　余得校本國語，暇時宋本覆校，一一精榷，昔〔惜〕乎圖章刓去矣。絳雲樓書目載之校宋本明刻國語二十一卷，未識即此是〔此是二字疑倒〕本。大抵雍乾之間，虞山錢牧齋之圖記，諸君以爲惡之而剔去，然則牧齋之才，天下名重一時，晚入內典佛老之學紛紛，故而晚年之□〔疑爲過或遇〕耳。但書畫之圖記盡去，彼名跡不没于天下，如得絳雲樓書畫而藏之，何必割除眉目，愛其才求之不可得，惡其名而拙矣，實謂無關藏之。時嘉慶十五年，歲次庚午，暮春之下旬。

────────────

國語二十一卷五冊　吳韋昭注　宋宋庠補音　明新建李克家校刊本　近人張元濟
手書題記　（02051）

　　錢遵王舉天聖本周語「昔我先王世后稷」，及「左右皆免胄而下拜」二語，謂公序本脫「王」字、「拜」字爲遜。此亦爲公序本，檢二字故脫，然汪遠孫撰

明道本攷異，謂二本亦互有優劣。明代所刻有張一鯤本，有金李本，有許宗魯本，有葛端調本，有盧之頤本，此爲新建李克家所刊，極罕見，舊藏拜經樓吳氏，兼有兔床先生手校之字，可珍也。公魯仁世兄命題，張元濟識。

————————

國語二十一卷二冊　吳韋昭注　宋宋庠補音　明新建李克家校刊本　清顧廣圻朱墨合校并跋　（02052）

　　國語韋昭注，宋明道二年刻本校，癸丑五月，從段懋堂先生借得傳錄，宋本訛字反較此本爲多，悉仍其舊，存之異日，尚當參稽他書，審定去取也。初九日燈下校畢因記，顧廣圻。

　　懋堂先生校語，錄上方爲別。又記。

　　凡墨筆乙去處皆不用宋本，十一月，圻重閱又記。

　　乙卯六月影宋本重勘，凡補段君校所遺，又若干字，多記于上方。向謂宋本多訛乃惑于宋公序補音耳。廿一日記。

————————

奉天錄四卷一冊　唐趙元一撰　傳鈔永樂大典本　清祁寯藻、金蓉鏡、葉德輝各手書題跋　（02131）

　　奉天錄四卷，唐趙元一撰，自建中四年十月，至興元元年七月，紀德宗如奉天，再奔梁州，收復京師還長安事甚悉，訂新唐書誤二條。乾隆間，顧千里爲秦敦夫作序，云得之龍爕堂，龍得之徐星伯家，蓋永樂大典中摘錄本也，此張石州鈔本，手識云在大典唐字韻。石州爲楊墨林刻叢書，未竟而卒，此蓋未經校勘本也。寯藻記。丁巳三月。

　　奉天錄校語。此奉天錄四卷，爲張石州先生從永樂大典唐字韻摘錄本。甲辰秋，改官赴都，得於壽陽祁氏。按：此書新唐書採摭其說最多，哥舒曜傳、韓滉傳、陳少遊傳、朱泚傳，皆用其說，亦有新書略而舊書詳者（韓滉築石頭五城設防事，舊書全用其說）。惟牴牾之處亦或時見，如陳少遊傳「包佶以錢八百萬緡

將輸京師」，此作「以財帛一百八十萬疋」。朱泚傳「泚至涇州，餘范陽卒三
千，北走驛馬關」，舊書云「奔涇州才百餘騎」，此云「奔西戎至寧州官屯」稍
有異同。考廣德神異錄，云朱泚奔涇州，收騎兵，才餘一二百人，及去涇州，墜
馬被獲，是泚初抵涇州，諸書皆同，此獨言西戎，但略言之耳。太平興國中，輯
廣記五百卷，引摭唐人說部極廣，而不及奉天錄，豈宋初輯書時，偶未檢照？抑
傳本未出，至歐公脩史時始見歟？乙巳攜至長沙，郋園吏部謂爲善本，亟欲繡
梓，爰略加校理，以諗讀是書者。秀水潛廬居士蓉鏡跋。

　　跋。此奉天錄四卷，爲金匊丞太守所贈。余有龍萬育敷文閣校刻本，又有秦
恩復石研齋刻本，其書原委已詳秦刻本序跋中，此不復贅。此爲張石洲家抄本，
舊爲祁文端所藏，書面題字爲石洲手書，中夾文端手跋一紙，名賢手蹟，一字千
金，後有得此書者，幸珍襲之。乙巳冬至，葉德輝。

————————————

釣磯立談一卷一冊　舊題宋史虛白撰　清揚州使院（清）重刻楝亭十二種本　清
何焯、黃丕烈各手校並跋　又韓應陛手書題記　（02138）

　　康熙丙申正月二日，義門老民何焯手校，前三葉從子錦官補寫，心友得汲古
閣舊鈔善本，從資研齋寄至都下者也。

　　己巳初冬，至五硯樓爲袁婿仲和整理其先人壽階親翁遺書，因得見影宋鈔是
書，雖無毛氏圖章，當是汲古物，與義門所云汲古閣舊鈔者異，或即小山所云崑
山徐氏宋本而影鈔者，蓋卷後臨安府云云，實宋本面目也。因校如右，以周抄參
之。小雪日，復翁識。

　　余友顧澗蒼客揚州，歸舟攜得舊書幾種贈余，此何校釣磯立談亦其一也。是
書已刻入知不足齋叢書中，雖已校補，究非原書面目，惟此校汲古閣舊鈔本，又
出義門先生手，眞善本矣，因珍之重爲裝池，蓋何氏書多經水濕，紙有霉爛痕，
遂致破損，非重裝不足以耐久。前附墨經仍之。得此書時，曾借香屋〔嚴〕書屋
別一鈔本勘之，稍有異字，用別紙籤之。乙丑冬十月十又七日，蕘翁識。

　　丁卯春三月十八日午後，試步至元妙觀前，遍歷書肆，無一當意者，偶至帶

經堂，見架底有不全揚州十七種，內有釣磯立談，與糖霜譜、都城紀勝同裝一冊，謂可取校何校本，因抽視之，及展卷，喜之不勝，蓋爲何小山校本也，遂袖歸，與義門校本對，乃知義門之校，出小山校本。攷諸歲月，此爲康熙丙申正月二日，彼爲康熙乙未十月五日，從資研齋寄至都下，宜有先後矣，且小山跋并載曾見過崑山徐氏大字宋本，尤爲古書添一公案，可見書多一本，即有一本佳處，見聞之不可不廣也，信然！以余病後艱于步履，至今日始得步至觀前購書，而即獲此書從出之本，兩書不知分於何時，今日方得重合，抑何幸歟！顧余獨惜小山所云斧季不能借校，不知與宋刻相去又何如爾？復翁。

咸豐丁巳十二月十七日，得之書友席楚白，席取之蘇州于湘山家友人沈錫堂手，價白金二兩四錢。檢知不足齋本，與何校大同小異，所據蓋各一本，知不足齋本每遇曹本異文必註明，然亦仍有遺漏。復翁己丑一條，香屋之字當係嚴字之訛，己巳一條，所云周抄是也，蓋始時籤之，已而并寫入耳。十八日鐙下記，應陛。

按：何朱筆據汲古舊鈔校，起三葉屬人寫補，而不言所據之本，余以鮑本對校，祇有序四行境物之境，鮑本作景，當以音近致訛，餘俱無異，竊疑何所據寫補者，蓋即鮑本，而汲古舊鈔亦缺此三葉，不然曹刻自起至終，每葉必有一二十字與汲古不同，而此三葉者，竟無一字異，於理難言之也。向校似亦有不及鮑本處，而黃校又似有勝鮑本處，狂瞽之見，未知當否？以俟智者定之耳。應陛又記。

————————

九國志十二卷六冊　宋路振撰　張唐英補　舊鈔本　清道光三十年伍崇曜手書題記　（02141）

右九國志十二卷，宋路振撰，張唐英補。按：振字子發，祁陽人，洵美子，事蹟具見宋史文苑傳，邵經邦宏簡錄稱其文詞溫麗，牋奏填委，應答敏贍，使契丹，獻乘軺錄，有集二十卷，雅言系述載其伍彬歸隱詩，有庭樹鳥頻啄，山房人尚眠語。錢士升南宋書亦稱其作詩有唐人風，又嘗采五代九國君臣事作世家列

傳，行於世，即是書也。唐英字次公，新津人，商英兄，事蹟附宋史商英傳中。南宋書稱其有史材，嘗著仁宗政要、宋名臣傳、蜀檮杌行於世。楊升菴丹鉛總錄屢及其論姚璹、論王威高雅等語，又譏晁公武誤以爲張君房，殆頗重其人矣。考五代諸霸國事蹟，惟南唐頗詳，其他著撰遺佚已多，我朝吳任臣十國春秋，亦後來補作，是書久無傳本，曹溶絳雲樓書目跋，謂牧翁嘗云有劉恕十國紀年及是書，而書目無之，甚可疑也。道光庚戌小寒節，南海伍崇曜。

————————

建炎時政記三卷一冊　宋李綱撰　怡顔堂烏絲欄鈔本　清黃丕烈朱黃二色手校並跋　（02146）

甲戌季冬，余新知陳仲遵爲余言，遺經堂近有舊書一單，大半皆抄本，曾見之乎？余曰未也，蓋時迫歲除，無暇爲此冷淡生活，故久不至書坊，即坊友亦久不來也。大除偶過元妙觀前，遂至是坊蹤跡之，檢及是冊，苦不知其載於何書目，偶與仲遵談及，謂是書係李忠定公所著，載在郡齋讀書志第五卷上廿二葉，并借余鮑氏知不足齋鈔本，因手校一過。鮑本實有可正是本誤處，然每卷脫去起止一行，又每日多接連空格，多作某字，且改赤爲尺，皆非古書面目，究不如此怡顔堂鈔書之爲舊也。乙亥正月十日記，復翁。

————————

靖康孤臣泣血錄二卷二冊　舊題宋丁特起撰　明萬曆丙午（三十四年）長洲張豫誠刊本　清黃丕烈硃筆手校並跋　又王貢忱手書題識　（02150）

此明刻本靖康孤臣泣血錄，因是葉石君、孫慶增兩家藏本，故收之。歲辛酉，得郡中青芝山堂所儲鈔本，遂手校一過于此刻上，覺勝此遠甚，命工重裝，藏諸篋衍，今日坐雨無聊，偶檢及此，爰題數語于後。壬戌立冬後二日甲寅，黃丕烈識。

自東郡楊氏藏書散佚後，其發見於濟南市者，以敬古齋所得爲多，該肆主王某善價而沽，據余所見聞，已不下四五十種矣！庚午冬得此，亦該肆經售者，計

頁論值，窮措大竟悍然爲之，可見一時好尚，固足以顛倒人如此。辛未夏五，止適齋主人識。

————————

南爐紀聞錄一卷一冊　舊題宋辛棄疾撰　舊鈔本　清翁同龢手書題記　（02155）

此僞書也，卷末李清一跋詳辨之。

余收得舊鈔四種，曰北狩見聞、曰南遷、曰南爐紀聞、曰竊憤，皆竹垞藏書也，惟北狩一種差可援據，其他皆僞託不足信。瓶生記。

————————

南爐紀聞錄一卷一冊　舊題宋辛棄疾撰　清嘉慶二十年駱光啟手鈔本　駱光啟及近人鄧邦述各手校並題跋　又清李璋煜手書題記　（02161）

此書按原本抄錄，中間語誤處、落處皆仍舊，今于顯然之處定正之，特用朱筆著出，以爲分別也。乙亥新秋日，開甫志。〔駱光啟〕

道光元年辛巳中秋前六日，於集賢堂書坊得之，觀其跋語，知是讀書者之藏書也。顧氏彙刻書目載是書曾刊於學海類編史部，紀爲宋人所作而缺其名，瓶花齋以爲宋淮海周煇撰，俟參攷焉。小陽春十三日，志于文無寓館之南窗。〔李璋煜〕

余向有南爐紀聞一本，云爲黃冀之撰，其自敘署阜昌丁巳，則劉豫僭位之七年也。此編後云，黃氏集予作此南爐紀聞錄，本用胡語，尋乃改用漢語云云，又有余之父得此書以下云云，豈此編果爲黃氏所作？黃氏入金久，故用阜昌紀年耳！正闓又記。

此兩種爲駱開甫傳鈔者，書中譌字頗多，暇當糾正之。駱氏所舉二宗北行，紀載之書甚多，尚有未見者，他日擬蒐輯匯觀而互攷焉，亦一代掌故也。群碧樓主人記。

　　五國城即寧古塔地，昔吳季子以吳江詩人謫戍其地，遂有秋笳之集，梁汾營救於納蘭公子，因而生還，是我朝發祥雖在白山，猶以其地爲遷客所居，今則設官分職，儼然爲郡縣矣。滄桑易變，不獨秋笳之曲將譜春溫，並邊塞之防亦成口岸，此豈二宗俘虜時夢及耶！

　　余友褚禮堂孝廉，昔藏一石刻，記二宗時金人犯闕，何桌用妖人術拒敵事，何桌正爲開封府尹，今南燼紀聞亦載金人執桌，官位相同。石刻余于光緒壬寅在鄂中見之，時感庚子之禍，奮筆爲跋，不覺言之痛切。頃閱北狩見聞錄，又有四金甲執弓擁衞，及夜深四十拜各語，國危主辱，無不欲託佑神明者，千載之下亦爲同慨。夫二聖爲俘，身死異域，此誠趙宋臣民之不幸也，然吾於庚子之役，亦有不忍言者，卒荷昊天祐保，翠華還京，數年之間，憲政鞏固，去康王之中興遠矣，雖然，觀此冊也不亦危哉！邦述。

　　二宗歸櫬，內實非也，今有自寧古塔來者，謂二宗之藁葬存焉，其信然歟！正闓記於吉林。

　　此書不知爲誰氏撰，終未書名，且素無刊本，藏書家多不及著錄。原本爲棟亭曹氏所藏，後歸長白敷槎氏，余于嘉慶二十年夏五月十日見于琉璃廠東江西張氏集賢書坊，首頁朱印宛然，固知爲此二家物也，問及此書所從得，曰得於英夢禪家，蓋自敷槎氏又轉出也。余即假歸，抄之三日而畢，行數字數悉照原本，欲得舊觀，其間誤字闕字亦仍之，未敢增改，惟于省筆誤筆正之而已。此書舊稿已焚，人間尚不知有善本否？若得一本校補無訛，可爲藏書家一秘本也。

　　集中無俱作无，從古也，而繕者皆作旡，此古既字，非無字，此一字皆爲改正。與、於二字皆作与、于，亦從古，非省筆也，今所抄本有偶作與、於者，非故作今體，一時筆誤。

　　燼，說文無此字，火餘之焦作此，方言「盡餘也」，蓋盡、焦本一字，古皆用之，燼則後人之所作也。

　　抄時凡有誤處落處，皆爲更頁另書，並書跋語，考定年號年數于後，至十五日而畢。

　　原本首頁有棟亭曹氏藏書朱文長印、長白敷槎氏堇齋昌齡圖書印朱文方印。

　　日下則古精廬學人駱光啟霽卿手抄記。正文七十三葉、跋語四，共成七十七葉。

是書舊有瓶花齋寫本，著宋淮海周煇撰，見採遺書目。秋九月十五日，霽卿又記。

〔附宋曹勛北狩見聞錄之卷後〕既得南燼紀聞抄而藏之，此錄亦紀二宗北行事，雖僅止于眞定府，然到眞定以前，較南燼紀聞更詳。如入圍場毬場，彼則未載，夢四日並出，彼亦未載，至于金甲擁衛、黃羅貼將，亦彼所未載者也。蓋彼專主金人說，故人名地名一一詳之，此則專就二宗說，如牛車破羊一一詳之，二者各自立意，彼此相須，正未可執一而廢一也。惟領中九字，此爲付臣勛，彼作付宰相何㮚，以召康王共載，而各異者耳。至眞定府，則一入一不入之迥殊也。

是錄爲知聖道齋所藏鈔本，中間落字誤字皆用朱筆點定補入，先輩之勤學如此。原本每行二十一字，此以十七字爲行，與南燼紀聞歸一律也，與原本較閱無訛。

二宗北行，散見於書者，如李心傳三朝朝野彙編、徐夢莘三朝北盟會編、趙甡之中興遺史、汪伯彥建炎中興日記、王叔晦戴斗奉使錄、無名氏三朝政要、三朝野史、元好問野史（此書惟載金君臣言行，金史多採入）、葉紹翁四朝聞見錄、蔡絛北狩行錄、趙子砥燕雲錄（二書多載金遼時事）、曾無媿南北邊籌、范石湖攬轡錄、章得象三朝國朝會要、梁克家中興會要、連南夫宣和使金錄、何鑄奉使雜錄、姚令則乾道奉使錄、鄭儼奉使執禮錄、樓大防北行日錄、無名氏館伴日錄，并金國聞見錄、靖康僉言、紹興正人論、中興記事本末。載紀不同，彼此互異，有史家諱之者，賴筆錄可以詳盡，是當彙而觀之，庶可備悉一時之事。噫！二宗崇信姦回，不知正道，至上鞍時，太后聽幼女之言，謂金甲人執弓劍擁衛，尚懼必有陰助，此後雖夜深四十拜，而陰助何在也！當日者，金門羽客出入禁垣，優隆視執政，如張虛白者，在流輩中最爲錚矯，所云海上築宮室以待陛下，待陛下則有之，築宮室則未也。至靖康失守，徽宗出青城，撫虛白之背，尚曰吾恨不聽汝言。揮淚對黃冠，一段淒涼景象，曾不解聽其言何益也，不聽其言致損耶？所可惜者，慶歷、元祐兩朝，韓魏公父子出帥定武，國家賴無北顧之憂，至此時，君臣帝后不學無術如此，金人之來，固不足謂天討有罪，而宋家亦實自取之也。至紹興三十年，始設皇太子宮小學教授，而趙模進東宮備覽，蓋亦晚矣！

嘉慶二十年，太遂在乙亥，參見月養日，日下駱光啟霽卿抄於則古精廬，一

日而畢。正文十六葉，原跋一葉、自跋三葉，共得二十葉。〔以上駱光啟〕

此書舊有瓶花齋寫本，素無刊者，近已刻入學津討源矣。篇首曹勛之銜，編書時勛正爲是官，故列銜如此。昭信軍或爲保信，恐傳寫之誤，俟攷。〔李璋煜〕

────────

南燼紀聞錄一卷附竊憤錄一卷竊憤續錄一卷阿計替傳一卷一冊　舊題宋辛棄疾撰　清順德李氏鈔本　清李文田手批並跋　（02163）

〔南燼紀聞錄〕此曹倦圃所輯學海類編本，核以齊東野語所見本，頗不相應，蓋周公謹所見本，無辛棄疾所撰之說，此條殆明朝人妄加之耳。既題辛幼安，則舊序不相應，故刪之矣，然非原本矣！

────────

皇朝太平治迹統類前集三十卷二十四冊　宋彭百川撰　清龔氏　玉玲瓏閣鈔本　清錢大昕手書題記　（02168）

竹垞太史得此書于焦弱侯家，原本爲裝治者顚亂卷帙，傳鈔本別用格紙繕寫，先後舛錯，文義難尋，嘗自爲跋，苦其難讀，四庫全書提要亦云校勘未能盡通，是世無善本久矣！此爲龔蘅圃先生翔麟玉玲瓏閣舊藏，先生與太史同里契交，書籍傳抄，有無通假，屢見集中，此當即自曝書亭本所出，故其舛誤亦如太史所云，不知何時流轉入吳，爲五硯樓所得。又愷先生手錄陳、趙兩目識語，并編總目，裝入卷端，後經竹汀學士借觀，手識數行，云世傳本大略相似，卷中有朱筆校訂，僅十數葉而止，當亦爲又愷先生同時人筆，想以尋檢貫串，致力甚難，方始端發，畏難中輟也。夫以博通淹雅如太史、學士，藏弆美富如蘅圃、又愷，而此書卒未能一還舊觀，則學者快讀之望，正無日也。乙丑之冬，購之陳氏帶經堂，久置篋衍，今年曝書檢出，欲合李氏長編、江氏事實類苑、長編紀事本末、燕翼貽謀錄、杜氏琬琰錄，及所藏宋編年諸史、寫本太常政和禮書、諸家地志、雜家小說文集，統爲勘校，默計諸書不下二百餘部，卷帙繁重，檢讀非易，

計非四五年不能一周，屢嬰苦病，又累簿書，僅閱此一過而止。夫以□二十年心力搜聚諸書，兩宋之有關史學者，僅少靖康小錄、丙丁錄殘本、北盟會編〔以上書名標點暫定〕、中興兩朝聖政、學士院紀事本末數書而已，而卒以冗病不能育校，後此欲校此者，又苦無書，盛業難成，徒爲長慨耳，□兒他日能就□所聚發憤爲之，使供暮年遣日，當勝于甘肥之養也！末卷脫落殘損，當求他本補完之。庚午四月十三日，已翁在汀州記。

　　此書數經傳寫，魯魚亥豕，觸目都是，不僅如太史所云錯簡而已。諸家著錄絕無道及宋板者，又愾同時藏書巨家，如抱經、千里、菉飲、仲魚、蕘圃、夢華、疏雨、漪塘、□道、文游、沖之、枚庵諸先生，皆以秘籍善本互相轉錄，諸亦無道及此書善本者，今世碌碌，并不能舉其書名，善本之求，斷已絕望，欲拂榛蕪，惟有彙校，若但就本書尋檢錯簡，徒費日夕，必無益也！

　　宋史藝文志，彭百川治跡統類四十卷、中興治跡統類三十卷，與陳趙二氏所言卷數小異，今中興書久不傳，無從決其然否，即此編亦未□卷第，文義多不相屬，秀水朱氏於此□病其難讀，蓋世所傳本大略相似耳。壬子長夏，假吳門袁又愾所，讀畢漫記。竹汀居士錢大昕。

————————————

焚椒錄一卷一冊　遼王鼎撰　明虞山毛氏汲古閣刊津逮秘書本　清同治八年李文田手批並題記　（02173）

　　焚椒錄一卷，明人陳繼儒寶顏堂秘笈、徐一夔藝圃搜奇、毛晉津逮秘書均有之，以遼史考之，無一不合，然所撰詩詞不載一字，核其語意，淫豔異常，若遼氏臣子以此明謗，適以實其惡耳，恐非情理。序文云王鼎得之乳媼之女蒙哥，此與趙飛燕傳伶元得之其妾樊通德者相類，殆明人好爲無稽之言，以儗此耳。此與雜事秘辛皆有姚士粦跋，手筆亦復相類，或皆士粦所爲。胡應麟甲乙剩言云，家有搜神記二十卷，士粦見而詫曰，今尚有此書乎云云，今漢魏叢書中有僞搜神記，與二十卷本不符，核以太平廣記，皆荒唐謬悠實甚，即士粦之一詫，足證即其所僞。此錄與秘辛殆皆士粦所僞，士粦能文章，又以遼史紀傳事實組織之，不知者反以此爲遼史根柢，是爲所欺而不悟。前二跋似皆士粦一手所爲，識此以諗高明之士。同治己巳九月十二日，李文田記。

松漠記聞二卷補遺一卷一冊　宋洪皓撰　明陽山顧氏文房刊本　清黃丕烈手校並題跋　（02177）

　　松漠紀聞本，所見以此刻爲最古，吳琯逸史中本，較此爲遜。余與他種得諸冷攤，皆陽山顧氏文房本，因別置全者，而此殘零各種，取可珍者裝之，以備流覽。是書較爲有用，俾登諸雜史部云。丙子季夏裝成。復翁記。

　　女眞之改爲女直，蓋避契丹之諱也。惟見于此書。又記。

　　洪皓字光弼，鄱陽人，少有奇節，登政和五年進士第，爲司錄，惠遍下民，號洪佛子，遷徽猷閣待制，假尚書，使金不屈，流冷山，即陳王悟室聚落，苦寒，四月草生，八月雨雪，書機事數萬言。及得太后書，藏故絮中，因人達帝，不堪狼狽幾死。十五年間，使虜者凡十三人，惟皓與邵弁得生歸，見于內殿，帝稱忠貫日月，雖蘇武不能過也。聲聞下，進學士，與秦檜不合，出知饒州，徙袁州，卒，年六十八，諡忠宣。皓博學強記，使歸，以留虜中雜事撰松漠記聞、金國文具錄，并文集五十卷、帝王通要、姓氏指南諸書行于世。子适、遵、邁，紹興間俱中宏詞科，文名滿天下。右錄國史傳略，在卷首者，借戴本手校，復補此。

　　丁丑十月初八日，訪戴松門於嘉興郡之吳涇橋，時已昏夜，主人赴席他出，待其歸，促膝話舊，意甚懽也，因出書畫磁銅等物，相與欣賞，余皆未之識，蓋所好不存焉。最後出一書相質，爲松漠紀聞二冊，上下卷，補遺亦三種，惟版刻似出專刻，非叢書中本，其書爲每葉二十行，每行十六字，前有松漠記聞四字標題，次行低一格，曰國史傳略，第三行頂格起，洪皓字先弼，鄱陽人云云，共十三行又三字，爲一葉，別一葉起標題曰松漠記聞上，次一行空七格起，宋徽猷閣學士贈太師魏國公諡忠宣洪皓撰，計十八字爲一行，擠七格有半，此結銜也。下卷及補遺皆同。卷中文字異同，瑕多瑜少，擡頭行款皆殊，脫文尤多，遇宋諱不缺筆，而抬頭有不止空格者，似出宋刻，然不敢定也。余遇古書異本必收，此書向藏止有陽山顧氏文房本，又有古今逸史本，他無聞，此專刻舊本，目所未見，因丐歸與顧本一勘，歧異如右。倘松門不以宋刻視之，當兼蓄之，且俟寓書詢之，而誌其顛末如此。二十日記，復翁。

南遷錄一卷一冊　舊題金張師顏撰　明鈔本　近人蔣祖詒、吳湖帆各手書題記
過錄元浦梅隱跋　（02180）

〔過錄〕大德丙午，繕寫南遷錄五十餘年，藏之家塾。至正丙申，松城遭值
兵火，家藏之書七百餘本，與此錄俱爲灰燼，每思念之不忘。戊戌春仲，移居泖
西，忽於腐紙之中得其錄之舊抄本，紙將朽焉，字將滅焉，於是復寫成帙，以供
老眼觀焉，後之子孫見之，庶知好書之難得也！四月一日，浦梅隱識。

明鈔本金國南遷錄，金耿菴先生手校者，得之雲間韓氏讀有用書齋。吳縣吳
氏雙林巷老屋，即先生故居，因檢贈湖帆道長，以儷其所藏詩稿焉。丁丑元宵，
祖詒記。

明鈔金國南遷錄，爲吾鄉金耿菴先生舊藏書，有先生手校十餘處，昔藏華亭
韓氏，去年韓氏書散，遂爲密韻樓主所得，樓主以吾家老屋爲先生故居，曩先祖
所收耿菴先生書畫數事，今皆藏余處，因舉相贈，以符先志也。丁丑殘冬，兵事
正亟，讀此錄知古今似一轍也，曷勝慨歎，漫志書後，擲筆惘然。吳湖帆。

南遷錄一卷一冊　舊題金張師顏撰　舊鈔本　清光緒二十三年翁同龢過錄彭元瑞
讀書跋尾并手跋　（02182）

〔過錄〕彭芸楣讀書跋尾云，謙牧堂鈔本金張師顏南遷錄一卷，以金源文字
傳者甚少，亟錄之，點校既畢，證以金史，則此書怪甚。按金史，世宗諸子顯王
璹輩、越王斜魯、鄗王允中、越王允恭、鄭王允蹈、衛紹王允濟、潞王允德、豫
王允誠、夔王允升。顯宗早卒，追諡宣孝太子，而書以爲元悼，其妃徒單氏生章
宗，而書以爲趙氏。允蹈母元妃李氏，而書以爲宋徽宗之女。允升至宣宗時始
薨，而書以爲世宗時。誅愛王乃宣宗時，反者劉全詭稱指爲允中之子石古乃，而
書以爲允蹈之子。所稱磁王、濰王、淄王三朝，不知當金何帝，名封位系無一合

者，甚至以章宗爲不正其終，以世宗小堯舜而妄加以新臺之恥。竊怪師顏身列秘省，隨其主遭難播遷，何敢於巇肆至此，又怪元脩三史，於金史極爲謹嚴，滋溪、曼碩、圭齋諸大儒，豈未見此書？無惑浦元玠敘而疑之也，惟所紀元圍中都，三番拒守，尚得當時事狀。大抵圍城中人心離散之際，草野道聽橫說，而嫁名於搢紳文士，所謂亡國之妖言，不足存也。又云，書中年號，金代所無，諸人多金史及中州集、歸潛志所無，以元爲北國，而又別出蒙國，欲藉以撓元，不知其何所指？書錄解題謂非北人語，有曉然傅會者，歲月皆牴牾不合。四庫全書總目謂出宋人儳巇之口，然葉隆禮、宇文懋昭何嘗若此？蓋草野無知者所爲，亦南燼、竊憤二錄之流而已。

按車若水腳氣集、王應麟困學紀聞，皆引南遷錄中孫大鼎疏，深著秦檜之奸，謂金人自言之如此，然則此書亦宋人所採矣。光緒廿有三年八月初六日，翁同龢錄，時園居文幄蔽日極黑。

───────────

大金弔伐錄四卷四冊　金不著撰人　清光緒六年傳鈔金山錢氏守山閣本　是閒氏、千禾氏等題記　（02186）

壬戌仲春，宿菰里瞿氏，以其所藏明長沙李文正公手校兩卷本對勘一過。按：是書不著撰人名氏，四庫提要謂原本久佚，僅從永樂大典中錄出，嗣嘉慶十七年，昭文張氏據吳氏本刊入墨海，道光中金山錢氏得其殘板，復依四庫本校刻於守山閣，即此本是也。李本於天輔七年二月答宋主書上，朱批據宋本三字，其詳載瞿氏書目中。夫此書既錄自金人，而名之曰弔伐，則宋人斷無代爲鋟版之理，而靖康痛史見於直齋書錄者，種類至夥，意或別有紀載，如北盟會編之例，而公遂據以校之歟？觀書中於公文體裁及擡頭空格處，多循舊式，其人名官名亦悉依當時原譯，則是從舊本錄出，殆無疑義。書經傳鈔，顛倒舛誤之處，固所不免，然較之錢本，其佳處已不可勝言矣。是閒記於瞿氏木筆花館南窗下。

光緒六年三月，倩鈔胥從守山閣本錄出，本家茀君爲予校正。千禾記。

————————

黑韃事略一卷一冊　宋彭大雅撰　徐霆注　明錫山姚咨手鈔本　清黃丕烈手書題記　（0 2188）

　郡城閶門外上津橋，有骨董舖，目不識書者也，其附近有故家書散出，多歸之，惜無舊刻名鈔，惟此尚是姚舜咨藏本，書共四種，黑韃事略、籌邊一得，乃其手跡，有跋語可證，余舊藏其鈔本甚多，此可並儲矣。戊辰閏五月，復翁。

————————

欽定蒙古源流八卷一冊　蒙古小徹辰薩囊台吉撰　清四庫館譯　傳鈔四庫全書本　清李文田手校並跋　（02193）

　右蒙古源流八卷，係從閣本鈔出，第八卷多空格處，蓋蒙古語稱頌世祖章皇帝之處，猶用汗字，漠北字義如此，未便以大皇帝三字還音，使蒙古文體間斷，而繙繹漢文不敢仍用蒙古稱頌，致鄰不莊，所以一切恭用貼黃也，今恐學者一時未悟，故明其義於此焉，校訖恭跋，臣謹跋。

————————

元秘史潤文十五卷八冊　元忙豁侖紐察、脫察安撰　清李文田註　王樹榮潤文　清光緒末年王氏清稿本　過錄清顧廣圻跋　（02200）

　〔過錄〕元朝秘史載永樂大典中，錢竹汀少詹家所有即從之出，凡首十五卷，後少詹聞桐鄉金主事德輿有殘元槧本，分卷不同，囑彼記出，據以著錄於元史藝文志者是也。殘本主事嘗攜至吳門，予首見之率率未得寫就，近不知歸何處，頗用爲憾。去年授徒廬州府晉江張太守許，見所收影元槧舊鈔本通體完善，今年至揚州，遂慫恿古餘先生借來覆影此部，仍命校勘，乃知異於錢少詹本，不特分元朝秘史十卷、續集二卷一事也，即如卷首標題下分注二行，右忙豁侖紐察五字，左脫察安三字，必是所署撰書人名銜，而少詹本無之，當依此補正，其餘字句行段亦往往較勝，可稱佳本矣。較勘畢，記其顛末如此，若夫所以訂明修元

史之疏略，少詹題跋泊考異中見其大概，引而伸之，唯善讀之君子，茲不及詳論云。元和顧廣圻撰。

————————

哈密事蹟一卷附趙全讞牘一卷一冊　明不著撰人　清光緒間順德李氏讀五千卷書室傳錄明鈔本　清李文田手校並跋　（02211）

右土魯番侵掠哈密事蹟一卷，蓋係明抄本，每半頁十一行，每行二十字。後附趙全讞牘，在翰林院清秘堂據原本鈔出，原本即乾隆中館臣據以序錄者也。光緒丁亥臘月除夕前三日，五千卷室主人記。

————————

姜氏秘史一卷二冊　明姜清撰　舊鈔本　清周末、楊保彝各手跋　又清楊紹和手錄午風堂叢談一則　（02220）

外祖父云，是書爲姜清所輯。清，江寧人，或云姜寶。康熙庚辰冬十一月十九日雪夜閱一過。吳江周末象益書於六峰閣中。

姜氏秘史所載建文帝時事實，較有可據。余於京師購得鈔本二冊，不分卷帙，爲谿南李氏所藏。姜氏不著其名，卷末有吳江周末跋，云是書姜清所輯，清，江寧人，或云姜寶。恐非。而朱竹坨跋秘史，則以清爲弋陽人，字源甫，正德辛未進士，官尚寶少卿。

右無錫鄒曉屏先生午風堂叢談一則，是書即先生藏本也，因錄之簡末，以資考云。壬戌嘉平東郡楊紹和識。

右姜氏秘史二冊，先端勤公獲之無錫鄒氏，先大夫跋內已詳言之，抄手頗舊，惜少刻本可校。今夏偶于書友處獲見一冊，假校一過，方知此本之妙，書無其刊，惟舊抄可寶，此類是也。光緒乙酉冬至日保彝記。

————————

兩朝平攘錄五卷六冊　明諸葛元聲撰　明萬曆丙午（三十四年）原刊本　清光緒戊申（三十四年）羅振玉手書題記（02273）

　　隆萬兩朝平攘錄五卷，明萬曆丙午刻本。此書會稽諸葛元聲撰，前有萬曆丙午王泮及商濬兩序。書中第一卷記順義王事，第二卷記都蠻，第三卷記寧夏，第四卷記日本，第五卷記播州，敍述頗詳，足資參考。明史藝文志及文瑞樓書目等並著錄作五卷，與此本同，澹生堂目錄誤作九卷，又不載撰人名。此書傳本甚少，此本卷首有日本人印，乃得之日本者。光緒戊申正月，上虞羅振玉題記。

──────────

頌天臚筆二十四卷二十冊　明金日升撰　明崇禎己巳（二年）原刊本　清光緒間周星詒、莫棠各手書題記　（02285）

　　詒知有此書五十許年，訪求不得，今年三月十四日莫楚生太守爲假之坊友，凡歷三日夕，繙閱一周，摘大凡于日札中，足慰積慕矣！惜舊藏寫本酌中志餘不可踪跡，無從對勘耳。光緒壬寅穀雨後二日，祥符周星詒季貺在蘇州記，時年七十。

　　予在蘇州初見此書殘寫本，述諸季貺先生，以爲罕祕，未幾遂獲此全刻，示先生，詫爲五十年一遇。嗣予來嶺表，先生以此還吾山廬，昨歲復從山中致粵，而先生已早物故，偶一展卷，興懷往事，流連手跡，不覺涕泗橫臆也。光緒丁未八日，棠記于韶州郡齋。

──────────

海寧倭寇始末一卷一冊　明不著撰人　舊鈔本　清吳騫手筆批校並題記　（02297）

　　注：許志，四月癸未，倭寇至，誤。騫按：善道死倭事，他書多有作五月者，竊攷陳方伯仕賢所撰忠烈祠碑記，謂善道之死，實在癸丑四月八日。善道爲仕賢門人，且閱時未久，所記不應不實。又按崔鳴吾紀事，云嘉靖癸丑四月二

日，有倭舟二，泊海鹽演武場北，既與官軍戰，敗去。又有號八大王者，率衆至
乍浦梁莊，六日，指揮馬呈圖、采煉等禦戰，皆遇害，賊遂踰乍浦，直抵海寧
界，杭州把總陳善道率兵禦之，兵潰而死。據此，則與碑記時日亦不相遠，附記
以備參攷。

　　注：許志，四月癸未，倭寇至，誤。騫按：陳善道死倭事，據他書多有作五
月者，竊按陳方伯仕賢所撰忠烈祠碑記，謂善道之死，實四月八日。善道爲仕賢
門人，況閱時未久，不應不實，附錄以備參攷。又按崔鳴吾紀事，云嘉靖癸丑四
月二日，有倭舟二，泊海鹽演武場北，與官軍戰敗，逸。又有稱八大王者，率餘
人至乍浦梁莊，六日，指揮馬呈圖、采煉與戰，皆遇害，賊遂逾乍浦，直抵海寧
界，杭州把總陳善道率兵禦之，兵潰而死。

　　陳大言曰，至遇賊即陷伏中。騫按：忠烈祠碑云，率民兵三百，徒步七十里
赴賊營，不遠詰明，與賊遇，盛氣而前，射殺六人，梟級一人，猶轉戰，陷潯灅
被害。竊謂其忼慨赴難，亦可云壯士矣，而舊志之語，似深有不滿于善道者，敢
于大雅質之。　有倭嘗掠陳中漸家，舉火欲爇其舍，俄反風滅火，再舉再滅，卒
自爇其鬚而止。（陳氏宗譜）

────────────

子遺錄一卷一冊　清戴名世撰　清道光重刊本　清道光間汪芝湘手校並跋　（
02322）

　　道光丁亥小春望日，過徐芸士茂才齋，得假原刊本以歸。越六日，校於淬江
寓館之愛吾廬，是夜適聞好友徐秋澗茂才訃音，爲之淒然輟筆，又二日始竣業
也。淳溪漁隱誌。

　　是書原刊本，連序文共三十六頁，每頁凡十八行，行二十字，後有附錄災
異，有關於桐者凡數十條，此重刊本所無，因散錄於上幅，所有脫誤處，亦細加
校正，庶無魯魚之誚矣。二十八日重審定後記於末。

　　桐城戴田有以叛書正法，同里一前輩言，其集未奉禁時，曾一見之，名憂患
集偶鈔，其門人尤雲鶚編次，宿松朱字書綠序之。內紀略四首、傳二十四首、記
二十一首、序四十二首、書十首、論三首、說五首、書事二首，附子遺錄一卷。
北平王或菴源、同里方葆羽正玉評點而序之。集中雖無甚大逆語，而激昂太過

者，閱者每爲不平云。右錄陳萊孝談暇一則。丙申正月記。宿松朱字書綠序之，此句小誤，當作朱字綠書。戊戌七月，綠溪漁隱。

傳 記 類

高士傳三卷一冊　晉皇甫謐撰　明黃省曾撰頌　明彭龍池手鈔本　明毛晉手跋　（02367）

　　高士傳三卷，爲有明黃省曾所撰頌言，一時爲之紙貴，鈔胥寫首卷至中卷兩翻而止，彭龍池先生急於謄錄，鈔胥不及終卷，遂自爲書之，藏於家，後余收得，以爲汲古長物，先賢著述已可寶貴，況又加以鄉賢之澤邪？毛晉識。

廣卓異記二十卷二冊　宋樂史撰　清初虞山錢氏述古堂鈔本　近人劉之泗手跋（02369）

　　此樂史廣卓異記二十卷，虞山錢遵王藏書，讀書敏求記著錄，述古堂藏書目注鈔字，即此本也，先大夫得之常熟翁相國家。黑格紙鈔本，半葉十三行，行二十字，左右雙欄，中縫無魚尾，有上下格，上橫格下書廣卓異記卷幾，下橫格上書葉數，下刻述古堂三字，惟每卷前後葉則多無書名卷數，屢記葉數，殆因卷首尾已有之耳。嘗以活字本校之，知此從宋本出。序前有放情山水之間白文方印，曩見宋書棚本李群玉集，中亦有此印，疑是季氏藏印也；又季印振宜、滄葦朱文小方印二。目錄前有吳壽子冕半白半朱文小長方印，卷一前有虞山錢曾遵王藏書朱文長方印。乙亥五月，上海涵芬樓欲假景印，乞拔可年丈紹介索之，余因花近樓主開八秩壽來祝，攜之行笈，午節夜五鼓，逆旅客散，信筆識此，并倩內子錄敏求記一則於後，時東方既白久矣。貴池劉之泗。

伊洛淵源錄十四卷六冊　宋朱熹撰　明崇禎己巳（二年）廬江知縣楊墀刊本　清

姚詮章手書題記　（02384）

伊洛淵源錄乃朱子考亭所撰，寔一書而非二書，而楊方二序卻誤以一書爲二書，故標之曰合刻，而不知初未嘗分，更無須合也，甲午季春，惕齋識。

———————

昭忠錄一卷一冊　不著撰人　清南昌彭氏知聖道齋鈔本　清嘉慶二年彭元瑞手書題記　又薊邱布衣手校並題記　（02402）

是錄爲宋遺民入元後所作，出於聞見，中有忠義傳所未載，足補宋史之闕。至所紀文山脫身京口，從者十二人事則未核。考指南錄：公夜渡揚子江，至眞州，閉門見逐。又至揚州城下，而余元慶、李茂、吳亮、蕭發攜金竄去，其偕至通州者，杜滸、金應、張慶、夏仲、呂武、王青、鄒捷，而金應病卒於通，今其墓尚存，予持節屢過碑下。然則同逃者，并公爲十二人耳。錄中姓名無一合，雖皆幕府英賢，然不預鎭江之役，至劉洙即公所託名，而尹玉前死於五木之之戰，錄中已載之，更自相予盾矣。嘉慶丁已夏五廿日，身雲居士校識。

此錄爲彭文勤公知聖道齋中寫本，惜多譌脫，爲改補十六字，須詳校之。道光二年夏五，薊邱布衣誌。道光壬辰，得之北平謝氏。

———————

青樓集一卷一冊　元夏文彥撰　清嘉慶己巳（十四年）丁竹浯手鈔本　過錄清趙魏題記　清黃丕烈手校並跋　（02405）

〔過錄〕此樊榭山房校本，爲樊榭先生手錄，云照小玲瓏館舊抄本補入。嘉慶七年閏二月十九日，借錄于何子夢華。趙魏識。

嘉慶己巳中秋十有三日，友人招飲于山塘，便道過訪陳仲魚，見案頭有鈔本青樓集，遂攜歸，屬內姪丁竹浯傳錄，以備間居流覽云。是日席上侑酒者，有張氏素芳，一時色藝冠絕流輩，并記。

十月初旬，臥病樓居，偶起坐檢樓所貯書，尋得向藏舊抄本，因手校一過，多所異，想□兩本，不得據彼改此，亦不得據此改彼，各存之可也。復翁記。

————————

國朝名臣事略十五卷六冊　元蘇天爵撰　清道光間琴川張氏小琅嬛閣影鈔元元統乙亥（三年）建安余氏勤有書堂刊本　清張金吾、張蓉鏡、孫原湘、孫鋆、邵淵耀、黃丕烈各手跋　陶廷杰觀款　（02408）

元蘇氏伯脩國朝名臣事略十五卷，成書於天曆己巳，越四歲，至順壬申刊板于湖北憲司，又三歲，元統乙亥再刊于崇化余氏，當時之風行海宇，爭先快覩，可想見矣！至於今，年更五百，湖北本不可得見，余氏本僅有存者，惟摹印較多，板本不無斷爛，據之傳鈔者，闕之可也，迺有刪改字句，意爲補綴者，噫！竄亂舊籍，其誤非魯魚帝虎比也。卷九引王文蕭公家傳，述許衡之言云，人心猶印板，然板本不差，雖摹千萬紙不差，本既差矣，摹之於紙，無不差者，嗚呼，是可爲踵謬襲誤苟且刻木者戒矣！金吾舊藏余氏刊本，首尾完善，字畫清朗，間有模糊處，倩友人程君某，依淡生堂影寫元刊初印本補之，家芙川從余影寫一分，即此本也，行款點畫，一依原書，毫髮不少矣，且詳校三四通，十五卷無一誤字，可謂愼之又愼者，視流俗鈔帙，不可同日語矣！予家藏書，旋遭豪奪，原書不知流落何所，芙川此本，不益珍貴哉？道光七年立秋後三日，張金吾書于愛日精廬之南窗。

蘇伯脩名臣事略十五卷，元槧絕少，鈔帙流傳，脫誤宏多，聚珍本校訂精審，洵稱善本。案：汲古閣祕本書目，載有元刻本，求之數年，卒未得見。壬午冬，愛日廬以銀六十餅，易元鋟本於黃氏士禮居，古香可挹，洵爲僅見之物。今春向愛日假歸，以聚珍本校之，卷二之五，丞相楚國武定公牧菴姚公撰神道碑條，內「由此子大」下脫去八條，計元刻二葉，五十三行；卷九之二，太史郭公行狀條，內「且緩其信」下脫元刻一頁；卷十一之三，樞密趙文正公神道碑條，內「師取四川」下脫元板六葉。其餘每條內脫數句、或一行半行、誤十字五字者，未易悉數，蓋所據非元本耳。因乞舅氏孫秋山先生摹元刻字體，影寫一帙，并倩能畫者仿畫烏欄，手自校勘，視元刻始毫髮無恨矣。元刻本間有模糊處，愛

日主人於甲申歲復向士禮居澹生堂抄本校補，亦悉一一遵照，蓋下元刻一等善本也。是書裁取精審，與朱子名臣言行錄、杜大珪名臣碑傳集體例相仿，足以考正元史者不少，又不獨以影元精鈔爲可貴也。道光丙戌秋七月望後，琴川張蓉鏡芙川氏跋。

　　此書於丙戌春仲影鈔，閱三月始將元本還瓿，而愛日藏書旋如雲散，今元刻爲古里村瞿氏所得，不一載而數易其所，書難久聚，蕘翁慨之矣，然於書固無損也。是冊影寫逼肖元刊，字畫轉益清朗，紙光瑩潔，墨采秀潤，令人寶愛不忍手觸。去秋曾別寫一帙，爲蕘翁令孫賦孫大兄以蜀大字宋本月令一冊易去，蓋蕘翁以元刻贈愛日後，他覓驟難再得，嘗悔匆匆未錄副本，易之以補遺恨云。丁亥花朝日，蓉鏡又識。

　　蘇伯脩元朝名臣事略十五卷，纔四十七人，略仿宋杜大珪名臣碑傳集，將所取碑誌、行狀、家傳逐數刪節，其有他文與本文異同者，雙行夾注於下，其用心之勤密，較之大珪全錄原文者體製稍異，其所取謹嚴，亦與考亭名臣言行錄有間。張生伯元從詒經張氏元刊本影鈔，又遵吳門黃氏所藏淡生堂抄本校勘印證，可謂毫髮無遺憾矣！開卷第一人爲木華黎，今四庫全書更正作穆呼哩，此則本朝繙譯之精，有裨於前人著作者不淺也！道光七年正月十五日燈下，心青孫原湘識。

　　芙川賢甥續學嗜古，不以余固陋，每得奇秘典籍，必共欣賞，間見友人處宋元刊刻，及前人精鈔本，則假歸屬余影寫，以備小琅嬛福地珍藏，宋元刊名臣事略其一也。是書三閱月始寫竟，芙川既裝池是書，余過，出共披覽，如悟前世，如溫舊夢，時正花韻午晴，韶光盈几，相與怡悅古香，流連往哲，爰欣然點筆識數語於卷尾。道光丁亥春日，秋山孫鋆書。

　　嘗讀潛研堂集，謂明初脩史諸臣，於實錄之外，惟奉蘇氏名臣事略爲護身符。夫作史而僅取材事略，誠史臣之陋也，抑事略足爲脩史者據依，則其書之信而有徵，即此可見矣！是本影元精鈔，又以善本校補，無復殘闕失次之憾，且名言懿行，仍有未盡見於正史，允爲究心乙部者所宜紬繹，扶川之珍賞不虛耳。道光十年六月五日，隅山邵淵耀跋。

　　向余收得紅豆書屋藏鈔本名臣事略，中多闕失，因見吳伊仲藏元刊本，借歸手校，知鈔本所少者，不僅在字句之間，元刊固可寶也。後爲執經堂張氏所有，時張猶與余未甚熟識，故托坊友轉商之，出重直購此，而以手校本贈之，既而別從他所獲見又一本，與此刻同，索直五十餅金，力不能兼蓄，取對影鈔補者，纖悉都合，方信前人重書，必得刻本影鈔，方非不知妄作。所補葉有伊仲圖記，當即其所補。伊仲作客楚中，將書存貯友人處，竟致遺失，幸爲張君所收，張又因余之愛而轉歸余，蓋以余爲書知己耳。曾幾何時，而已三易其所，甚哉書之難久聚也！薲夫記。

　　道光乙未秋七月，合江陶廷杰觀。

———————

元朝名臣事略十五卷四冊　元蘇天爵撰　清乾隆甲午（三十九年）武英殿聚珍本清陸心源手校並跋　又翁之廉手書題記（02409）

　　右武英殿活字本蘇天爵名臣事略十五卷，今夏從昭文瞿氏借得元刊本校一過，補許有壬序一篇、王伯誠跋一首，卷二補阿里海牙事略三葉，卷九補郭守敬事略一葉，卷十一補趙良弼、賈居貞事略六葉，行款均依元刻影寫，其餘譌奪亦不下千餘字，均照改正。元本有模糊處，則以墨方圓記之，俟得元刊元印本再爲訂正，譯語不同亦註于旁，以存元刊之舊，蓋四庫所收，據河間紀文達所進，文達之書原缺十頁，故誤連之耳。同治庚午冬十月既旁生霸，歸安陸心源識。
　　余于同治庚午，既借元本校正譌奪，近得嘉興馬笏齋漢唐齋元刊元印本，凡瞿本糊模處，元印本皆明晰，因以硃筆補正之。光緒九年仲夏之月，潛園居士識于□石草堂。

　　乙未六月，常熟翁之廉借錄一過。

———————

宋遺民錄十五卷二冊　明程敏政撰　明嘉靖甲申（三年）至乙酉（四年）休寧程士儀等集貲刊本　近人葉德輝手書題識　（02425）

　　宋遺民錄十五卷，明程敏政撰。四庫全書總目史部傳記類存目卷數同，浙江
採集遺書總錄有寫本十二卷，蓋不全本也。此爲原刻初印，爲鮑氏知不足齋刊本
之祖，四百年來之舊本，至今猶完好如新，殆天水孤臣在天之靈默爲呵護耶？光
緒丙申新正人日書此，憶姜白石定王臺詞，亦有興盡悲來之意。麗廔主人偶書。

　　此書世所傳爲鮑氏知不足齋叢書本，鮑本所據爲毛抄，後有錄補諸篇，已非
程本之舊，常取以校此本，不合處甚多。如卷一沁春園詞，鮑本無撰人，此本注
王炎午；卷二謝翱傳，鮑本有贊，此本無；又宋濂謝翱傳，下接鄧心牧贈翱詩，
鮑本下有方鳳謝皋羽行狀，及詠霜葉寄謝皋羽一首、呈皋羽一首，凡三篇；卷四
清明日，鮑本注唐玨，此本注孔希普；卷八寄韶卿，鮑本注謝翱，此本無撰人；
卷十二梁先生詩集叙，鮑本注胡遁，此本無撰人；大茅峰，鮑本無撰人，此本注
梁棟；春日郊遊和友人韻下，鮑本有登鎭海樓聞角聲賦一首，此本無；卷十三鄭
所南先生傳，鮑本脫五十一字，此本有鄭所南宅一首，鮑本注王賓，此本無撰
人；卷十四書白石樵唱，鮑本以篇末有撰人不重注，此本前仍注鄭僖。大抵互有
得失。初不知毛抄所從出爲何本，黃丕烈士禮居題跋記有校舊抄本，云古書日就
湮沒，即如明初本已不可得，矧前于此乎？此宋遺民錄，猶是照明初刻本寫本，
藏篋久矣，頃得毛子晉藏本，于此刻似影摹，故明人題語多有，此稍脫略矣；全
書經斧季用朱墨兩筆手校，又末有別一人墨校，余悉臨之，以備參考。據黃氏所
云，則毛抄即出此本。然鮑本卷三末有嘉靖乙酉冬十月吉日程思柔書西臺痛哭
記，後略言刻書緣起，此本無；卷十首葉二行，此本有陽湖孫道甫鋟梓一行，鮑
本不載；又末有嘉靖甲申春三月孫志道甫識語，略云程篁齋校刊宋遺民錄，予助
梓龔聖予一卷，鮑本亦不載；又卷六末有小字木記，載休寧戴勉識語，略云唐義
士事行，程公編入宋遺民錄中，愚刻此卷，蓋亦竊慕前人而爲之役耳云云，鮑木
升爲大字，低程書一格。凡此皆不合之甚者。至諸卷缺字，鮑有而此無者，意此
爲初刻待補之字，故有二三處猶存墨塊，鮑本有字當是據別書校補，斷非原式
也。此書四庫存目未知是寫是刻，其餘私家目錄著錄甚少，蓋在毛黃季兩〔三〕
家已極珍貴，故有抄無刻。鮑黃生乾嘉盛時，所見亦復如此，則其傳本之少，固
可知矣！此本余以番錢四餅得之長沙冷書攤中，審爲初刻初印至精之本，不必佞
宋，且將傲毛，使蕘翁見之，不知如何稱快，後有得者，以宋元舊本視之可也。
時在戊戌新正四月，麗廔主人葉德輝再記。

吳下冢墓遺文三卷續編一卷二冊　明都穆編　葉恭煥續編　清康熙間東吳王氏龍
池山房鈔本　清王聞遠、黃丕烈各手校並跋　又瞿中溶、默菴氏等觀款　（
02444）

　　歲己丑秋仲之七日，偕西賓翼暉汪兄、中表張禹嘉弟校讐一過。蓮涇王聞遠
識。

　　吳塚遺文三卷，又續遺文一卷，崑山葉文莊公家所藏秘本也。己丑歲凶，葉
遂粥書於書賈，予介沈君寅若借觀，如獲球貝，因倩工鈔錄之。裝潢成帙，即偕
西賓翼暉汪兄、中表張禹嘉弟校讐於孝慈堂，其中謬誤特多，不敢臆改者，仍其
舊也。時己丑歲中秋日，蓮涇王聞遠識。

　　吳塚遺文二冊，正三卷、續一卷，王蓮涇所藏本也。余與蓮涇族孫秋濤交
好，故所得較多，此冊亦係孝慈堂故物，然卻於他處得之，知其散佚者久矣。閱
蓮涇後跋，謂是葉文莊公家藏秘本，而倩公傳錄者，則此書流布絕少，得此猶足
以考見我吳碑刻文字，不致與荒煙蔓草同零落於墟墓間也。乾隆乙卯十二月望前
一日，雪霽窗明，檢書及此，因記數語於卷端。棘人黃丕烈。

　　嘉慶乙丑元夕後一日，孫壽之以別本屬校，取其字句之彼善于此，而此反可
賴彼是正者，略著于上下方、蕘翁識。

　　道光五年七月，嘉定木居士瞿中溶借讀。

　　道光壬辰春，長洲顧雨疇介家孝廉鳳藻，得讀半月而趙。〔鈐有「默菴」朱
文葫蘆形印〕

————————

醫史五卷一冊　明李濂撰　明姚咨手鈔本　清韓應陛手跋　（02460）

　　自書目至四卷甄權傳止，爲錫山姚舜咨手鈔，餘當亦姚屬人寫者。姚亦嘉靖
時人。應陛。

────────────

碩輔寶鑑存十七卷十五冊　明不著撰人　明藍格鈔本　清道光二十一年黃安濤手
書題記　（2476.11）

　　澹生堂書目載有碩輔寶鑑四卷，無撰人名氏。四庫全書史部傳記類有碩輔寶
鑑要覽四卷，明耿定向撰。此二十卷，各家書目都不載，亦無撰人名氏及首尾序
跋。黃虞稷千頃堂書目載耿定向著有掾史芳規二十卷、國士懿範二十卷、觀生記
一卷、二孝子傳一卷，而無碩輔寶鑑要覽一書。明史列傳，耿定向字在倫，黃安
人，嘉靖二十五年進士，歷官至戶部尚書，諡恭簡，不載有著錄；明史藝文志則
載有先進遺風二卷、二孝子傳一卷，皆耿定向著。列傳又云，定向與弟定理，講
學專主禪機，然此書中所載，如唐中宗時因姚崇之奏，而令有司隱括僧徒以僞濫
還俗者二千餘人；又載明李賢上疏，言國家建都北京以來，所廢弛者莫甚於太
學，所創新者莫多於佛寺，舉措如是，可謂舛矣，後數年詔新太學，實自賢發
之。統觀全書，采錄諸臣嘉言懿行、偉烈豐功，體例謹嚴，絕無駁雜，其載姚李
兩奏疏，尤無乖於崇正黜邪之旨，豈專主禪機者之所能爲歟？此二十卷，其爲前
明中葉人撰述無疑，未敢遽斷爲定向著也，若以四庫著錄爲據，則書名既微有差
別，而卷數亦甚懸殊。上海泰峰郁君博古劬學，家藏多人世未見書，出此見眎，
爲志數行質之，并俟後之知人論世者。道光辛丑初夏，嘉善黃安濤。

────────────

貧士傳二卷二冊　明黃姬水撰　清初刊說郛本　清道光二十一年梅益徵手書題
記　（2476.24）

　　噫，予讀黃氏是編，而歎其爲異書也，然亦贅書也。尊貧而抑富，爲人所不
爲，豈非異乎？前已高士傳諸編，又何必爲此牀上牀、屋上屋之事，豈非贅乎？
余觀黃氏之意，殆以高之爲稱，猶間有人慕，宜有爲之傳者，貧則人所憎也，人
所遠也，更誰爲之傳歟？乃爲人所不爲而爲是傳歟？然高士傳也，貧士傳也，名
異而實同者也，既異其名，自不妨重爲去取，別成一編，補文苑中未備之作，雖
輯錄非艱，而屬詞系贊以發幽光，意甚偉矣。且高士之中，有貧有富，而是編之

中，富者卒不得列焉，人世間一切事，皆爲富者所占盡，乃此獨遺棄不與，當有爲富者扼腕者矣。道光辛丑冬仲，復齋氏補寫前後序及目，并爲之跋。

────────────

宋詩鈔小傳不分卷二冊　清吳之振等撰　不著輯人　烏絲闌舊鈔本　近人邵瑞彭手書題識　（02592）

　　此二冊是吳孟舉等所輯宋詩鈔各家集前之小傳，版式行格均與刊本同，其爲吳氏稿本，或後人仿感舊集、國朝詩鈔之例，抽錄單行者，皆不可知。滄海集鈔第一行缺梓州銅山四字，或是吳氏編撰時未經稽攷，留待塡補者。今姑署爲宋詩鈔小傳稿本。瑞彭記。

────────────

逸民傳八卷四冊　清華渚撰　舊鈔本　清陳長孺手書題記　（02593）

　　勾吳華先生著述，中有長洲韓先生評校，首次兩冊鈐以印記。兩先生皆逸民也，高風亮節，氣誼相孚，詎俗傳淺學所能夢見邪？按目錄，河汾第五陳覬前有江聿修、沈筠陽，鍾山第八末有文彥可、顧麐士，而傳則皆軼闕，何邪？孫太初傳前書方太古三字，而傳亦闕，目錄並不載，又何邪？當是先生未竟之稿，有待補傳者也。案：蘇州府志藝文傳記門載先生是書爲吳逸民傳，殊誤，不知是書初非專傳吳人也，可見此是當時底稿，并少傳鈔之本，世間但知有書名，而無從得見其書矣，百數十年間遺事，尚多譌誤，徵文考獻不綦難哉！先生載蘇志隱逸門，韓先生載儒林門，先生師程先生載流寓門，特爲手錄于後，庶閱是書者識所原本焉。

　　華渚字方雷，其先自無錫徙吳。渚少穎悟，弱冠補諸生，有名。時張溥、張采、楊廷樞方主盟文社，渚皆遊其門。鼎革後，棄諸生屏居，六經子史及醫卜種植之書，靡不蒐討，文筆古峭，兼工書法。康熙初嘗預修府志。所著有逸民傳、勾吳華氏本書、復社紀事。年六十九卒。（李奕拓傳）

　　程智字子尚，號雲莊，休寧人。少學舉子業，不喜。弱冠後讀易有省，徒步至河南，謁伏羲陵，歸入山中，晝夜窮究。天啟中來吳，與浮屠法藏講論，深相

契合，以其終非正學，復還入山，精研易理，遂大悟，作易原流，深明極數辨物之道。崇禎間復來吳，從遊者甚衆。順治八年，年五十卒，葬於易山。其所著有論孝書、大學詳說、大學定序、中庸旨、易學要語。十六年，吳人請之巡撫，配享二程夫子祠。弟子傳其學者，湯祖祐字耿遙、袁徵字公白、俞槃字授子、何正榘字剛中、華渚字方雷、蔡方熹字涵之，皆有名於時（本湯祖祐易師年譜）。長孺案：是書目錄後列湯袁何俞四子，想即其同學，書成後當在參攷列與。

韓洽字君望，長洲人。爲郡學生，深潛篤學，於書無所不窺，性簡亢絶俗，晚歲隱居羊山，自稱羊山畸人，足跡不入城市，藜藿不充，晏如也。所著有四書因註、儀禮因註、禮記因註、羊山誌、寄庵集，尤深於字學，所譔篆學測解、釋訓攷源，論者謂足證說文長箋之誤，朱彝尊又稱其□爲明季以來吳中第一。（通志參舊府志、明詩綜）

又錄蘇州府志雜記一則。長邑諸生韓洽，字君望，號寄庵，甲申之變自溺於泮池，家人屢救止之，乃築室于易山講易，終身不入城市。康熙甲子，湯文正公撫吳，三造其廬不見，其高潔類如此。生平一介不取，竟以窮餓死。（顧丹五筆記）

樂潛居士陳長孺，書於雪上之蓬蒿不剪齋，時年政五十。丁巳二月二日籌鐙記。

此鮑氏知不足齋藏本也，丁巳正月，淥飲老人三世孫希齋來郡城，因得獲之。書川野叟長孺手記。

————————

明史列傳九十三卷六十五冊　舊題清徐乾學撰　舊鈔本　清韓方卓、鄒福保各手書題記　（ 02600 ）

明史九十三卷，司寇健菴徐公乾學所手輯也。公鍾海岱之靈，憑詩禮之澤，弱冠登甲科，入詞館，姿貌魁梧，文章爾雅，人以公輔期之。時館所儲，俱南北名流，余幸濫竽，每相聚則議論嘻笑，筆舌縱橫，公獨晝常闔扉靜哦，埋鋒發穎，人莫測其淺深，而材譽日起。無何余以疾放歸，不預散館，又三年出補史局，齒於十人者，與公周旋益親，余歲視公十年以長，館中稱公才爲最，而公之才名蘊藉，深沈博大，余又何敢望其萬一。共事一年，余遭艱歸，尋及史議，家

食有年，公與儕偶復不惜齒牙強起之，不久而余復歸臥。斯時公位大司寇，公復以手書慰存余者再，余自度不材，宜引退，而望公大拜甚亟，非私公也，以公嫻經濟，能紓國家之急，而公病渴日甚，屢疏乞歸，未幾遂薨。嗚呼！公沈敏端亮，遇事鎮靜，策成敗多驗，有經濟實用，卓然台鼎之望，文筆特其餘事，然嘗衡文湖會，出公門者甚多名世士，表策諸作出公手筆，允足以上追班馬，而非時手所能及。公歿未幾，是書出於公弟果亭先生，蓋上自洪武，下迄啟禎，井井鱗鱗靡不畢備，誠一代之良史哉！因憶在館時，闔扉靜哦，是書實托始矣，公真有心人也。第公用世早而早世，即是書亦公未竟之緒，其時爲之整齊釐次，以存公手澤者，則公門狀元韓菼，實有功焉。夫公之大經濟，見於用者不能百一，而其用心之概略見於是書，今者公不可作矣，覩是書者，若身履石渠金馬之間，如見公精誠所結在帝左右，可謂不朽者矣！余幸以湖山備魯靈光，則序是書者非余而誰，乃受果亭先生之簡，而引其端如此，何敢謂是書爲公未竟之書也！時康熙甲辰春，吳門韓方卓撰。

　　光緒丁酉九秋，坊友侯念椿以明史列傳示予，共六十五冊，曰此徐健庵手輯未刻稿也。予留閱旬日，取對刻本，大有增損，其首頁有鄉先賢韓太史方卓手跋，詳載是書源流。按：公于康熙壬子充明史館總裁，後因伐異黨同，彼此傾軋，未竟而卒，上命張廷玉輩入京輯刻，兩書相較，遠勝張本，至其嘉處，不可枚舉，誠明代之良史，亦公不朽之業也。是書紙墨精良，古香古色，令人愛不忍釋，奈索值奇昂，非吾儕寒士所得問津，然秘笈難遇，余亦斷不肯舍，商之至三，竟以銀餅千枚易之，謹藏篋笥，今日坐而無聊，爰題數語，告我子孫，世世寶之。丙申五月二十又三日，元和鄒福保書。時身衣薄棉，幾忘爲夏至節，故能燒燭揮毫，不至蚊蚋交集，并記。

————————

伊尹事錄一卷一冊　清文廷式撰　民國三十一年南皮張氏鈔本　近人張仁蠡手跋　（02652）

　　跋。右伊尹事錄一卷，爲萍鄉文道希先生遵修經史諸子舊文以成之者，要爲乙部之鴻著也。卷端題知過軒著書之一，殆爲寫定稿原本，夾有象山陳伯弢漢章

先生校語數紙，說極精審。仁蠡曩承雙照樓主人屬訪文氏書稿，得於武昌徐行可想先生家獲見純常子枝語四十冊，越數日，復承徐君出眎此編，及黃帝政教攷，求一得三，遇合之際，有非偶然者，因亟假迻副本，奉陳清覽，藉留藝林之佳話，俾廣秘籍之流傳，仁蠡何幸參與有榮焉。壬午春日，南皮張仁蠡跋於漢口落伽碑路寓齋。

―――――――――

安祿山事迹三卷三冊　唐姚汝能撰　舊鈔本　清咸豐七年翁心存及其子同書各手書題記　咸豐九年翁曾源手校並跋　（02682）

安祿山事迹三卷，吳枚庵藏本，長男同書得之，以寄其猶子曾榮，惜多譌誤，幾不可讀。憶吾友陳子準稽瑞樓中亦有是書，尚是舊鈔本，子準歾後，樓中圖籍散在人間，無緣取以是正矣，爲之憮然。咸豐丁巳七月廿三日，海虞翁心存識。時年六十有七。

安祿山事跡三卷，唐姚汝能纂，嘗刻入學海類編史參中，暴書亭集題跋中有劉豫事跡，蓋仿此而作也。此冊係吳枚庵舊物，第一卷書法清峭，蓋枚庵手鈔。丁巳五月五日，翁同書志。

此冊嚴親自邗上寄鹿卿弟者也。其明年新正，予得抄本於廠肆書攤，爲北平謝氏藏本，爰以兩本互勘，互有得失，不免雙管齊下，世有善本，願爲一鴟之借，以證三豕之譌耳。咸豐己未初秋，翁曾源跋於宣南寓舍。

―――――――――

編類運使復齋郭公敏行錄不分卷言行錄一卷三冊　元不著撰人　影鈔元至順間刊本　清康熙間林佶手跋　（02734）

辛未秋，晤吳江徐虹亭先生，述所攜有元復齋郭公言行錄、敏行錄，爲元史所未載，急假讀一過，殊切景行之慕，因嘆人品著作，得傳於後，良非易易，如郭公足傳矣。而此書傳之者鮮，世莫之知，彼負高才絕學者，并不知其名，不更

可慨也夫。十一月朔，林佶讀畢漫記。

────────

周忠愍公傳疏五卷補遺一卷一冊　清鄭郊編　清康熙間長存堂刊本　清四庫館臣
塗改　咸豐壬子（二年）劉喜海手書題記　（02774）

　　周忠愍奏疏五卷，明周起元撰。四庫館著錄，福建采進本，首葉有翰林院官
印。燕庭得于文英堂，咸豐壬子秋日。

────────

人嶽萃編存一卷一冊　清繆思勃編　清道光辛卯（十一年）海虞吳氏鈔本　吳景
煦手跋　（02777）

　　孟子曰，君子之澤，五世而斬。以其歲久而漸滅也，若夫忠臣烈士，大節彰
彰，固已炳諸史冊，百世猶芳，正不得以概論也。至於詩文詞翰，雖事之細者，
然言以人重，使後之人讀其書，想見其爲人，有足發人忠義之氣者，其與尋常文
字爲何如？且是編紀諸忠被難之由，迄聖明表揚之典，長途拈韻，罔非正氣之
歌，伏闕陳書，竭盡忠誠之悃，遭逢不偶，碧血灑于當年，名譽長流，丹心昭乎
後世，此足與國史想〔相〕表裡，而宜爲後裔之所什襲也。文貞裔孫秋田，余之
姑丈也，初授是編，讀而愛之，既又從而手錄之，非敢謂嚮慕之誠，亦以見余之
癖好云爾。時道光辛卯嘉平月，海虞吳景煦雲亭氏謹錄并識。

────────

息園日記不分卷二冊　清祁寯藻撰　清咸同間著者手稿本　近人陳含光手跋　（
02811）

　　祁文端公予告於髮捻猖獗之時，出都於木蘭秋獮之日，復召於三凶既誅之
後，此其歸居家園六閱月中日記也。公官京朝數十年，始倡宋詩，尤研漢學，顧
此記中於學問掌故，皆不甚言及，偶一見之而已，觀其從容居處，天眞簡樸，愛

君憂國之志，時流露楮墨間；國之將興也，其君子必以儉素眞誠率先天下，其將
衰也，則浮誕繁侈常始於貴人，公此記雖文字無多，意度乃頗與聰訓齋語相近，
同治中興之兆，於此卜之矣。公孫字孳敏者，居揚州，與先君爲僚，聟於卞氏，
其家人甘食美服，口皆燕語，非復文端之風。孳敏死數年，劫後家藏書籍蕩盡，
此二冊吾友張君嘉禾購得之云。己卯孟夏之月，儀徵陳含光謹跋。

――――――――

癸未日記四卷四冊　清綠杉野屋主人撰　手稿本　民國三十二年許宗誠手書題記
（02819）

此記成於前清光緒九年，去今適一週甲，偶得之於縣屬書肆中，雖爲私人記
載，無當典刑，然古色古香，猶堪寓目。民國三十二年癸未重陽日，許宗誠識於
博羅縣政府。

――――――――

劉忠介公年譜二卷六冊　清劉汋撰　清乾隆四十一年山陰劉氏證人堂原刊本　清
方宗誠手跋　（02835）

忠介公清德正行、精忠偉節，洵足以廉頑立懦，爲有明一代大人物。其學不
及方正學之正，而醇德過之，即黃石唐先生亦似不及也。往見湯文瑞公曾刻此
本，藏家中，俟歸再校之。方宗誠識于棗強縣署。

光緒十五年六月，重玩于安慶寓舍，伯繩先生此書，楊園張先生極稱之，謂
文集之外，可以單行。反復研究，念云先生之學行性情、經綸大節，無不合于聖
賢之大道，學問專致力于本原，出處去就，時措從宜，誠不愧孔孟程朱之正統，
惟其講大學誠意，則不可爲世法，以及所著定經籍考、古學經、古小學集記、古
小學通記，則未盡允當，若其奏疏，雖列之古伊傅周召中，不爲過也。誠識，六
月廿三日。

――――――――

餘冬璨錄二卷二冊　清徐堅撰　清乾隆四十年著者手定底稿本　清沈欽韓手批
民國十三年丁福保手書題記　（02842）

　　日前在古書攤以墨銀卅枚，購得餘冬璨錄二卷，閱一日而畢，知著者姓徐，
名堅，號友竹，吳縣人，善畫山水，得黃公望筆意，工隸書，善篆刻，挾術遊公
卿間，無不倒屣下之，著有緹園詩鈔、西京職官印譜。湖海詩傳曰，友竹襟情高
曠，所居光福里，是梅花最深處，工隸書，善篆刻，尤長山水，幾入麓臺之室。
此即友竹先生自著之年譜也，歷序一生遭際頗詳贍，讀之令人忘倦。書中塗改處
甚多，則沈景韓先生筆也，細玩改筆，可悟修詞之法。民國十三年四月一號，無
錫丁福保識。

宋胡忠簡公經筵玉音問答一卷一冊　宋胡銓撰　清初商丘宋氏藍格鈔本　近人鄧
邦述手書題記　（02853）

　　此爲商邱宋氏鈔本，丙午之歲得之京師。頃與知不足齋刻本校閱，鮑氏所據
與此稍有異同，他不足論，只自稱處，鮑本均作予，此皆作某，對君之詞，以某
爲愜，予則失敬畏之忱矣，是此本應較以文所見爲善，斷可知也！又此本後曾皋
跋語，鮑本無之，亦可補其闕云。宣統庚戌長夏，正闇居士記。
　　紹興戊午封事，眞本其後爲太上之所批抹云云，鮑本作秦檜之所批抹，未知
孰是，但以意論之，太上爲是，蓋當時批抹之詞，必有不當，此時裁去裝裯，正
爲尊親而諱，孝宗之所以爲孝也，若目爲秦檜所抹，則權柄下移，雖爲高宗迴護
前非，而適以彰親之不德，宜非孝宗之志歟。正闇又記。
　　世傳天澤之嚴，自宋太祖杯酒釋權始，漢高佐命皆同時儕侶，其時脫略彌
甚，箕踞跣足，即能相見，使無叔孫定立朝儀，尚不知天子之尊也，然所謂朝
儀，亦用之於朝會大典耳。自是以後，君臣常通牋問，賦詩燕飲，比於家人，即
觀此篇所記問答之辭，樽酒獻酬、妃御唱答，迥非情意不屬者所有事。邦衡感息
抃舞，宜其對梅谿而大笑也，宋雖號爲尊嚴，抑豈後世專講拜跪之節者哉？明代
虐視臣下，廷杖幾無虛日，懷宗臨軒之日，對輔臣則稱先生，及策免也，廠衛法
司，打問相繼，淫刑以逞，非復使臣以禮之遺意矣。國之安危謂不繫乎此哉？因

讀是冊，用特慨歎書之。宣統庚戌六月六日，北窗再記，正闇學人。

————————

餘生錄一卷一冊　明邊大綬撰　清順治間刊本　近人葉德輝手跋　（02870）

　　餘生錄跋。此餘生錄一卷，明末米脂令邊大綬自記其掘闖賊祖墓及陷賊中
事。莫楚生觀察偶於冷書攤頭得之，謂余此雖小書，與鮑氏知不足齋叢書刻本竟
有異，余取鮑本校之果然。鮑本名虎口餘生記，此名餘生錄，鮑本塘報稿一，此
塘報稿有二，文句亦互有異同，疑鮑本所據爲流傳原稿，此則自刻之刪潤本也。
風水之說，世誠有之。湘人李爕和，安化諸生，辛亥國變之長江僞總司令也，其
人殊謹厚，並非不軌者，因爲某學堂教習，其課本轉錄別本陳文，中有指斥不敬
語，爕和未細檢，按學者舉報巡撫，下令捕之，遂孑身走上海，旋之日本，遇黃
興，邀其入革命黨，君不與，又之南洋，識章炳麟，服其學問，從之入光復黨，
以授徒糊口，轉徙南洋群島間。辛亥武昌變起，黨人促其歸國，至上海，擁之爲
長江僞司令，適浙中變軍攻南京，爕和欲假其名乘間遁歸長沙，不欲與衆烏合
也，時南京官軍開城迎敵，部下鼓噪入，官軍驚潰，城破，推爕和首功，于是東
南諸省無不知有長江總司令李爕和矣。余素不相知，甲寅至京，爕和干余一門生
介紹求見，則恂恂君子也。余問其逋逃始末，悉如上所云云，余戲語之曰，君家
安化衆山之中，余曾至其地，山勢頑獷險惡，意必祖塋有如米脂金田者乎，今眞
反正矣，宜急歸改遷。爕和韙余言，既馳歸改葬畢，相見于長沙，云各祖墓棺木
完好，尸骨遍生白毛，長或一二寸許不等，究不知其吉凶。余曰，此先世誤葬山
地，應出寇盜，以祖澤厚，一洩于君，君固儒者，展轉曲折，迫而出此，天不欲
以安化流毒天下，如米脂金田故轍，故一洩即止，不至爲人掘發也。因檢鮑本此
記示之，相與怃然。此事余親所聞見，故并記之，亦見天下將亂，必先有生亂天
下之人之地，蘊蓄鬱積，遲之三五十年，一旦暴發，與四方凶戾之氣翕合成事，
久而由剝而復，至于天清地靈，觀于往事，證以今聞，其故歷歷不爽矣。己未閏
七月廿二日，葉德輝。

————————

紹興十八年同年小錄一卷附錄一卷一冊　宋不著編人　明刊藍印本　清道光十五年程春祺手書題跋　（02891）

　　右紹興十八年登科錄一袟，乃明宏治間人所刊。是科狀元爲王佐，佐曾奏奪奸相秦檜妻王氏，先生號風節，亦有可稱。朱元晦先生名在五甲第九十人，先生繫道統之絕續，爲理學之正宗，是錄之傳，以先生傳也，佐特因以附見耳，以是知科目之重，乃人之能重科目，非科目之能重人也。余祖得是書，藏弆於篋中者已久？余得而讀之，焚香起敬，重儒宗，亦懷祖法也。道光乙未，新安程春祺謹識於敬一書屋。

————————

天順元年進士登科錄一卷四冊　明天順間刊本　近人李哲明、周樹模、左紹佐各手書題識　（02896）

　　世恆謂科舉不盡得人才，然自宋以來更數百歲，名臣哲士往往出其中，科舉何遽不得士，而闒冗小人亦往往出焉，薰蕕雜糅，近古類然，事勢所無如何也。嘗論君子小人之消長，視運會之否泰爲轉移，時際其泰，君子多而小人少，時丁其否，一君子不敵衆小人，拔茅連茹，易二卦爻詞竝取之，所繫顧不重歟？吾觀天順元年進士登科錄，不能無慨然也，時讀卷大臣，總其事者徐有貞，有貞故小人，其貳王驥等，率附寵希榮一流，惟李賢庶幾乎君子。是科一甲第一人黎淳，淳躋顯仕名，能文章，然官庶子時，與高瑤爭郕王廟號，蒙訾清議，誠哉爲有貞之徒。其間獨彭韶最賢，韶任職昌言正色，秉節無私，史稱孝宗朝多君子，寔居其一。是科庸盡不得士哉？取士之賢不肖，主者固無容心，要之鑒衡精愼，匪他人責也。今世運亦否極矣，科目廢除久矣，人才宜何道之出，而可使斯世化否爲泰乎？抑吾不敢知已。筱麓觀察寄示茲錄索題，懷有感切，爲推論如此。甲子七月之晦，漢陽李哲明識。

　　克庵觀察新得明天順元年進士登科錄，裝竟屬題。錄中首玉音，次讀卷、執事人銜名，次新進士籍貫，而終之以皇帝策問，及一甲三人策對。所載編甲賜出身、送狀元歸第等事，與國朝舊制略同一二。三甲都凡二百九十四人，中額亦復

相等，惟清時鄉會試，例有進呈錄，而殿試無之，不知變置何時。是錄爲英宗復位初元，徐有貞以華蓋殿大學士讀卷居首，有貞小人，改名希進，奪門攘功，原不足道，是科所得士自黎淳以下，有名蹟可稱述者殊鮮，茅茹以彙，豈不然耶？不可與寶祐登科錄同語矣！抑其制策有云，求賢必得眞才，不知所謂眞才者，爲涂有貞乎？爲于忠肅乎？是又可發一唱也！歲在閼逢困敦孟秋既望，天門周樹模記於京寓泊園。

英宗復辟，改元天順，于時歲在丁丑，太祖頒科舉條，會試以辰戌丑未年舉行，蓋正科也。奪門之事，曹吉祥、石亨、徐有貞爲之，當即下于忠肅公於獄，以謀逆定擬，英宗猶豫未忍也，有貞曰，不殺之，此舉爲無名。有貞以副都御史超進華蓋殿大學士，是科讀卷官遂居首席，景泰之廢，詔書醜詆，皆有貞筆，天惘恢恢，六月下獄，八月放金齒爲民矣，小人恣睢，一時亦何爲哉！是科知名者少，憲宗乙未，議復景泰帝號，時榜首黎淳官左庶子，上言沮之，乃以昌邑更始爲說，帝雖切責，而事幾中止，賴商文毅極言乃成耳。在黎淳爲別有肺腸，在有貞則流傳謬種也。小麓觀察以此冊屬題，瀏覽一過，其中有富戶籍，又有上姓一人，皆稀見，亦足以廣異聞焉式。甲子孟秋廿三日，應山左紹佐志。

————————

弘治九年進士登科錄一卷一冊　明不著編人　明弘治間刊本　近人徐鈞手書題記（02904）

右弘治登科錄，世罕傳本，去夏有賈人携以見眎，審是弘治刊本，即授值而購藏焉，惜中有缺葉，輒以覓抄不得爲憾，偶與孟萍談及，悉其鄴架藏有是錄，亟向假歸，抄補完善，喜而識此。壬戌七夕，愛日館主曉椵氏識。

————————

嘉靖七年浙江鄉試錄一卷二冊　明陸粲等編　明嘉靖七年刊本　近人羅振常手書題記　（02912）

明嘉靖戊子浙江鄉試錄，四明范氏天一閣藏書，見薛氏天一閣現存書目史部

傳記類。戊子即閣主范司馬欽舉鄉之年，是科獲雋者九十人，范名列第七十。書眉人名上各標其會榜中式某科，范氏所藏他錄未見有此，因諸人皆同榜，故一一考之。范爲壬辰科即嘉靖十一年，其餘尚有四十七人，九十人中意有四十八人成進士，可謂盛矣！其標學正，知縣、同知、運使、知州、通判、教諭者，又廿一人。據試官陸粲序，就試者二千八百有奇，預選九十，不過三十取一。近代光緒中，吾省就試者每有八九千人，而中式不過百名，難于明代多矣！范氏藏科舉題名錄最多，某年幾全散出，而庋涵芬樓中，同付一炬，此錄獨因其爲范司馬之同年錄，余自留之，因而獲全，亦云幸矣！羅振常記。

嘉靖十九年應天府鄉試錄一卷四冊　明張治等編　明嘉靖間刊本　近人羅振常手跋　（02921）

原書脫去半頁，致缺跋者姓名，然明時鄉試錄，例是正考官作序，副考官作跋，故據卷前所列衘名補之。振常記。

萬曆八年進士登科錄一卷四冊　明潘晟等編　明萬曆間刊本　近人羅振常手書題記　（02946）

萬曆八年登科錄，四明范氏藏書，見天一閣現存書目卷二傳記類。是科二甲第二名爲東林黨魁顧憲成，其一甲一名張懋修，二甲十三名張敬修，皆大學士居正子也，江陵當國，最遭訾議者，厥爲親表奪情，而諸子之登巍科，亦復人言嘖嘖，當時言官囁口不敢言，其後乃以三子躐取上第，爲參劾罪疑之一，顧史但言敬修等先後登第，不云試官爲何人，今觀此錄，則讀卷第一人即爲江陵，父讀卷而兩子皆前列，宜乎招議。然二甲四名之張泰徵，亦大學士四維子，四維同爲讀卷官，無人議之，蓋江陵專權，四維則伴食宰相，人不之忌，乃置而不言，可見言官指摘，無非藉題，正不必兩子之不稱列前茅也。案奪情之舉，江陵必有不得已之苦衷，人倫所關，清議斯在，賢明如江陵，豈不知之？特慮一退居，朝政將改，遂公而忘私，甘冒不韙，觀其後江陵甫歿，政綱旋弛，可以證之。江陵受穆

宗顧命，導幼子以正，神宗憚其嚴，銜忌于心，江陵甫歿，朝臣希上旨，群起攻擊，由是而削官，而籍家，敬修以不勝拷掠，竟誣服受贓自縊，可云奇慘。史言江陵馭子弟嚴，必有義方之訓，故朝廷相待雖薄，子孫仍知效忠，敬修孫同敞于國亡時抗節不屈死，可見祖孫濟美，當日之上第，固非倖致之也。今以此錄與史書互證，頗多參差。史言居正江陵人，觀此知為荆州衞籍；史載江陵父喪在萬曆五年九月，此錄為八年三月；二人皆曰「重慶下」，似其祖尚存，豈祖父歿祖母存，亦可云重慶耶？史言敬修為長子，據此乃次子，但其上無兄，殆長子早殤；史言五子允修，以懋修行四推之，允修實為第八子。此雖瑣細，亦以見史書之不盡可憑也，故並識之。羅振常記。

————————

萬曆二十七年壬辰科進士歷履便覽一卷一冊　不著編人　清淄川畢岱燈手鈔本
畢岱燈手書題記　（02952）

萬曆壬辰科歷履小引。爵以馭貴，祿以馭富，王制也，亦天秩也。王者奉三無私以臨萬國，德懋懋官，功懋懋賞，官不必備，惟其人，典綦重矣。迨及後世，鄉舉里選之法，一變而為科舉之學，暨宋王荆公，復立八股之制，至明而大備，其間英奇犖落之下，炳耀人寰者，指不勝屈，誰謂科舉一途，不可以得真士乎哉？士生斯世，欲奮白屋，取青紫，使澤被當時，聲施後日，卓然為一代偉人，非學富五車，未易才敵八面矣！余始祖石塘翁，遷於淄之西鄙，累世積德行仁，至黃髮公而吾族始大，至白陽公以壬辰名進士，歷任至大司農，加宮保，際勝國之末造，奄官弄權，而憂國奉公，夙夜匪懈，為啟禎兩朝所倚重，迨告歸，不數年卒，而玉步亦改矣。其一生忠孝大節、文章政事，具載明史，固彰彰可攷也，凡屬後世子孫，孰不當繩祖武而勿替引者。余偶于舊書簏，檢及同榜歷履一冊，頗興栢梘之思，因敬錄裝潢，什襲珍之，以貽我子孫，俾後之賢者，歷歷指數，感發興起，不至數典而忘其祖，是亦愛屋及烏之意也。冊末微有缺略，當俟異日補之。噫！事有無關緊要，而所係為至重者，此類是也，後之人，亦可以鑒予之心也已。丙戌仲春，淄邑後學畢岱燈孟輝甫敬錄于寒碧齋。

————————

天啟七年江西鄉試錄一卷三冊　明倪元璐等編　明天啟間刊本　近人羅振常手書題記　（02956）

　　天啟七年丁卯科江西鄉試錄，亦天一閣藏書，而薛氏現存書目未載，豈以其破蛀而遺之歟？不知是科試官爲倪文正公元璐，亦甚可寶，文正爲吾紹上虞人，乃鄉先賢，尤可寶也，因裝治之，什襲珍藏。羅振常謹誌。

　　范氏藏科舉錄，止于萬曆中葉，天啟時范司馬已没，殆後人所續藏，天一書中亦有順康間刻本，故非司馬原藏也。

　　是科策問第四題，乃問禦建酋方法，應當列入禁書，而禁書目錄中無之，可見此錄傳世之少，搜求禁書者未得寓目也。

觀海書院出案底簿一卷一冊　清潘德輿編　清道光十七年著者手稿本　近人羅振常手書題記　（02991）

　　山陽潘四農先生德輿，道光某科鄉舉第一人（據丁傳，爲道光八年戊子科），與同邑丁柘唐宴、魯通甫一同齊名，姚石甫、張亨甫、毛生甫皆論詩契友也，嘗指摘亨甫所作，亨甫極傾倒之。所著有養一齋詩文集廿五卷、詩話十卷、李杜詩話三卷、詞三卷，嘗主講阜寧之觀海書院，此爲其手書課文出案之簿冊。書院本爲學中生童肄業之所，所謂內課生童，皆肄業院中者，外課則僅與課而不居院，要皆實有其人也。其後規制漸弛，至光緒中已無人居院，每開課則赴學領卷，居家作文，次日又赴學繳卷，一人往往作數卷，其名多僞，意在得獎，非勤業也，獎金則增加，冠軍往往有數千，最末亦得四五百，一二百者無之矣，特月只一行，而不再試，于是書院乃爲學中庇寒之所。窮秀才爲人家塾師，日得三餐，年脩不過二十千，益以附學者二三人，又可得十千，其餘即恃書院課獎，一家數口勉得溫飽。及其末流，閱卷者受親友請托，不復論文，其並不貧寒者，亦起而與寒士爭，遂並庇寒之意而亦失之，後與科舉同廢。今觀此冊，規制尚嚴，衡文應課者，均循規矩，未至名存實亡，猶可見書院制度之一斑也。余生也晚，猶及見其末流，因閱四農之書而並識之。上虞羅振常。

　　頤志齋文集中，有潘君傳，邑志中亦有傳。

———————————

石浦衞族考不分卷二冊　明葉盛撰　明天順間著者手定底稿本　民國三十三年葉
恭綽手書題記　（03004）

　　此書雖爲衞氏家乘，然遺文逸事，網羅不尠，當是葉文莊公所自輯，觀其題
署可知也。書既無傳，當是未刊之本，此冊即其稿本，卷中硃筆數處、墨記二
處，當係文莊手書，余舊藏文莊宋元祐幸學詩跋卷，凡二十九則，筆意正與此
同，可證也。卷中按語，當文莊手筆，墨記袁清容一則、程氏家塾讀書分年日程
一則，則係鈔正後，始親筆補入者。自序作于景泰四年，各按語多在其後，蓋經
累年增補，迄未定稿也。墨記署天順七年在廣州，而鈔本中文莊按語，有署天順
二、三、四、五、六年者，足徵斯卷乃天順七年在廣州所鈔錄，亦文莊在吾粵一
小因緣也。王君蔭嘉博雅好古，既獲此卷，出以見示，因題。民國三十三年一月
九日，葉恭綽。
　　文莊墓在崑山溢瀆村，規模頗宏，蓋賜塋也，歲久子孫式微，爲常熟之同姓
者盜賣，將掘棄矣，余適見之，爲言于縣政府，且訪得其遺族，僅十餘齡之姊弟
二人，幸其名赫然在吳中葉氏族譜（即葉君煥彬所脩者），而盜賣者之名，亦具
在常熟支派中，可反證其非文莊之派，絕無出售之權，于是胥吏不得爲奸，然迄
未肯斷歸原主，余與楚傖乃以葉氏族人資格，嚴詞詰之，結果出資贖回五畝，並
脩治墓門及碑石等，其餘地數畝，及已毀棄之祔葬數墓，則不可得復矣。今經亂
事，文莊墓有無傷損，亦不之知，城中半繭園，聞在榛莽中，菉竹堂故址更不可
問，念之惘然。

———————————

休寧縣市吳氏本宗譜十卷四冊　明吳津撰　明嘉靖戊子（七年）休寧吳氏刊本
清乾隆癸丑（五十八年）吳騫手書題記　（03008）

　　右宗譜四冊，爲吾族休寧縣市忠孝支裔太學澂天兄舊藏也。予自甲申乙酉
間，即有志重輯本支厚田東里宗譜，時時假此譜校其同異，迨丁未之秋，剞劂甫
竟。此譜爲明嘉靖七年，左臺三十二世裔孫津重脩本，其間雖不無紕繆，然較諸

傳抄者猶爲可徵。甲午之春，予省墓歸休寧，賞謁忠孝支宗祠于北門外，見其規制極宏敞，心竊慕之，以爲支下之裔，敬宗收族者，尚不乏其人也。按：忠孝支與吾東里支同出于左臺公。左臺公十一傳爲七公，諱翊，生二子：長諱景誠、次諱景安。澂天兄爲景誠公子諱進之後，而予乃景安公子諱潛之後，自支分以來，又二十餘世矣！然吾二家先世，皆從休寧徙于小桐溪，百年以來，昏慶相關，死喪相恤，其族誼實與近支之有服屬者無異。昔淵明與長沙昭穆既遠，以爲路人，至於臨別贈言，慨焉寤歎，猶致念于厥初，矧吾二家居同邑，而徙同鄉，其能漠然相視乎？今澂天兄下世已九易寒暑，每展閱斯譜，不禁爲之淒咽。斯譜自嘉靖迄今，屈指二百六十餘年，雖久未脩續，然澂天兄後嗣皆能讀書，世其業爲博士弟子員，有聲庠序間，繼是必有振興而昌大之者，爰識數語，以爲他日左驗云。乾隆五十有八年，歲次癸丑，暮春之初，左臺三十七世休寧厚田東里支騫謹識。

――――――――

嘉定周氏宗譜不分卷二冊　清周鼎調撰　清康熙間著者手定底稿本　近人羅振常手書題記　（03022）

　　家譜之舊者，余見有天一閣范氏宗譜，范司馬猶子大湻手稿；會稽陳氏宗譜，裔孫某手稿，皆明代所纂。此嘉定周氏宗譜，爲周鼎調纂稿，時代略後，然仍在康熙以前，惟藝文一門則雜有後人之作，殆是續增，非鼎調手錄也。哀逝一百韻，爲朱右曾稿，並附粘朱之原相；右曾道光時人。自康熙初以迄道光，仍有續增，可見此稿並未付刊，其後是否續纂刊行，不可知矣！右曾字亮甫，亦嘉定人，進士，累官至遵義知府，著有周書集訓校釋、詩春秋地理徵、左氏傳解誼、春暉軒詩文集等。蟫隱記。

譜　表　類

歷代帝王曆祚考八冊附明代紹統年表一卷音釋一卷九冊　明吳繼安撰　明萬曆辛丑（二十九年）新安吳氏季園原刊抄配本　清道光七年朱錫庚手書題記　（03072）

　　是編余家藏有兩本，版片字數毫髮無異，一爲新安吳繼安康侯甫編輯，即此本也；一卷端題新安程揚季宣甫編輯，前有劉餘祐序，末署崇禎己卯，又陳繼儒序，稱其所纂輯者，上塵乙夜之觀。按萬曆二十九年辛丑、崇禎十一年己卯，相去三十七年，殆程與吳俱新安人，故攘其鄉人之書，以圖進取與？道光七年丁亥年夏十有八日，大興朱錫庚識。

史　鈔　類

史纂存十三卷六冊　明屏石氏編　明藍格鈔本　清□鑄手書題記　（03114）

　　此書乃屏石公退居林下所成，子孫世世寶藏，未曾出以問世，鑄他日積有微貲，當謹付剞劂，以垂不朽。咸豐九年歲在己未孟秋望日，十一世孫鑄謹識。

外　國　史　類

東國史略六卷二冊　朝鮮不著撰人　舊鈔本　清乾隆間孔繼涵手校並跋　又乾隆五十年戚學標手跋　（03126）

　　〔卷四末〕乾隆丁酉二月廿九日午後雷雨校，翌日丙寅晦朝晴校竟。〔朱筆〕

　　丙申八月廿七日校，次日微寒小雨。〔墨筆〕

　　〔後序末〕乾隆丙申八月廿九晦新晴校，是日戊辰。〔墨筆〕

　　書東國史略後。右東國史略六卷，蓋乾隆三十八年間兩江總督所進汲古閣抄本，曲阜孔農部蓀谷從歷下周太史林汲處假錄，藏於壽雲簃者也。東國者，今高麗，即古朝鮮暨三韓等地。其書始檀君，繼箕子，及漢初燕人衛滿迫逐箕準，據有其國，年代遼遠，祇存大略，至朴氏、昔氏、金氏之代興，新羅、百濟、高麗之分合，計王五十五，得年九百九十二，興衰治亂之故，具著於篇，并隋唐兩代

親征，遣將渡遼攻伐，亦得與中國史寇互考其蹟焉。而編纂尤詳于王氏，自梁末帝貞明三年，王建破弓裔有國，迄明洪武廿五年恭讓王被篡奪，上下四百七十餘歲、卅二王之事，若建官、若分道、若立政、若制科、若使中國禦外寇，下逮山川謠俗、草木魚鳥之屬，莫不備紀，而論列其是非失得，一一斷之于理。蓋其國本箕子之教，有三代遺風，在漢武時爲元菟、樂浪等郡，唐雖不能卒有，曾于其地置都護府，厥後世臣中夏，或入覲、或遣侍子、或選俊秀就學，是以人知禮義、俗尚衣冠，賢才輩出，就王氏一代言之，如徐弼、徐熙父子，世爲名臣；金富軾、富轍兄弟，並懋文學，至若蔡文之忠義、鄭沆之清節、崔沖之經術，幾幾乎與諸夏名賢比盛，所謂由來者久，非一朝夕故，其著之于史者，較他國獨可觀，乃予尤深有取于作者，後世史作，于本朝必盛稱興王功德，而於易代之際，興王所誅戮之人，必痛斥其過惡，不以爲扇誘亡主，即以爲媒孽大臣，蓋明知盡忠所事，第不加之罪，則興王誅之爲無名，故凡亡國之忠臣，在新朝紀之，未有能得其實者也！今李成桂父子親弒恭讓而有之，鄭夢周、李穡皆王氏舊臣，爲成桂所誅戮，作者身仕李氏，不惟于二人無貶詞，反盛稱其忠孝大節，始終同心不變，則成桂須臾不忘二人，必欲剪除可知，而其得國之非正，抑不待言而著矣。至稱成桂爲太祖，芳遠爲太宗，此臣子之體宜然，而亦無妄陳功德，及附會天人順應之說，得不謂海外遺□哉！噫，其可貴也已。乾隆乙巳七夕甲寅立秋後三日，平泉戚學標翰芳氏識。

東國史略六卷六冊　朝鮮不著撰人　清光緒十年豐順丁氏鈔本　清李文田手校並跋　（03128）

　　右東國史略，敘高麗事，至明洪武間王瑤爲李成桂所篡而止，嗣是改稱朝鮮。傳李芳遠，芳遠老，請以裪嗣，裪景春元年卒，珦嗣，三年卒，子弘暐嗣，遜其叔瑈，成化四年瑈卒，子晄嗣，六年晄卒，從子娎嗣，弘治八年娎卒，子懌嗣，懌病風，遜其弟懌，嘉靖二十三年卒，子岹嗣，未踰年卒，子岠嗣，隆慶元年卒，從子昖嗣。葉向高四夷攷引明祖訓，謂其父子先後弒王氏四王，此書述成桂篡弒，有類典午，蓋高麗史官之筆不加貶斥，而亡國之痛自在言外矣。光緒十年從揭陽丁氏藏本鈔出，校訛附記。李文田記。

———————

高麗史一百三十七卷四十册　朝鮮鄭麟趾等撰　清初葉舊鈔光緒間錢塘丁氏補鈔
本　清吳重熹手書題記　（03130）

　　四庫全書存目：高麗史二卷，舊本題正獻大夫工曹判書、集賢殿大提學、知
經筵春秋館事、兼成均大司成、臣鄭麟趾奉敕撰。考明實錄，景泰二年高麗使臣
鄭麟趾，表進是書于朝，凡世家四十六卷、志三十九卷、表二卷、列傳五十卷、
目錄一卷。朱彝尊曝書亭集有是書題跋，稱爲體例可觀，有條不紊；此本僅世系
一卷、后妃列傳一卷，蓋偶存之殘帙，非完書矣云云。是開館時未見全本也。此
鈔爲吳槎客舊存，缺卷朱記于首，光緒甲辰予得之嘉興唐氏，乙巳夏，錢塘丁君
和甫爲鈔成全帙。

　　按：是書昭文張氏有足鈔本，蔣生沐光煦有朝鮮舊刻本，均不得見，今得丁
君爲完成全本，洵足喜也。七月初十日訂成，志其顚末。

———————

安南志略二十卷二册　元黎山則撰　清乾隆庚戌（五十五年）錢大昕父子手鈔本
錢氏手校并跋　又同治五年張文虎手跋　（15449）

　　庚戌六月北行，舟中無事，與兒子東壁分鈔此書，凡四十日而畢。元本譌舛
特甚，手自校讎，頗費日力，邢子才云日思誤書，更是一適，竊有味乎其言。竹
汀居士錢大昕記。

　　黎爲安南大姓，此帙著錄四庫，而向未之見，劍人老兄出示錢少詹父子手鈔
本，洵可寶貴，惜終日鹿鹿〔碌碌〕，未能細讀也。同治五年仲夏，張文虎倚裝
識。

地 理 類

興地廣記三十八卷四冊　宋歐陽忞撰　清嘉慶間王士和手鈔本　清周錫瓚手跋兼過錄黃丕烈題記　（03186）

〔過錄〕竹垞藏本，序及首二卷從內閣本鈔補，並未明言閣本之爲刻與鈔也，茲獲見竹垞舊藏，校此二卷于舊鈔本上。有彼此原鈔異者，但載其字；有本同而校補或校改者，悉以硃校識之，蓋原用硃校，未知以意校，抑有所據，不可得而知矣。閣本似出宋刻重修本，據卷一末有淳祐庚戌郡守朱申重修一行，知非宋時原刻。此舊鈔似即從竹垞藏本鈔出，磨滅缺失多同，特前二卷或在宋刻未失時鈔出，或別本鈔補，俱不可知，茲與從閣本鈔出者相較，實非一本，行款改易處時見，恐反據閣本以失其面目，故前二卷擬存此舊鈔，補宋刻所缺，或當日鈔在未失之先，則宋刻二卷不反藉舊鈔以傳乎？區區佞宋之心苦爲分明，雖竹垞復生，宜有以諒我耳！己巳清明後一日，書於百宋一廛之北窗。復翁黃丕烈。

初余借抱沖藏殘宋本二十一卷校勘于聚珍板本上，苦彼此不對，因借香嚴家舊鈔本相證，知舊鈔與宋刊甚近，特稍有差誤耳。時海寧陳仲魚見而假歸，遂錄其副，自後還香嚴，香嚴手校刊于上，余復覆之，此戊午年事也。今乙丑冬，香嚴令鈔胥別寫清本，以此爲筆資，易余四金去，持贈鈔手。余前所校聚珍本，已轉歸廬江張太守矣。嘉慶丙寅立春後十日，蕘翁黃丕烈記。

考曝書亭集宋本興地廣記跋，知竹垞所藏仁和吳志伊藏本闕首二卷，後從文淵閣本補寫。庚申春，余與海鹽友談及，云此本已於昨冬買〔賣〕出，歸乍浦韓配基，即竹垞舊物也。壬戌春，余計偕北行，配基亦以辛酉選拔朝考入都，把晤于京邸，許以十八卷已前鈔寫寄余，後余被黜還南，配基亦未得高等，聞亦回浙，然彼此音聞不通，余未悉配基住居何處，至今不能補全顧本所缺者，可慨也。古書難得，即得矣而不全，同時，雖訪得他本可補者，又以兩地阻隔，造物何不作美如是耶！丙寅穀日，挑燈書，蕘翁。

韓本所藏帶于行篋（應京兆試入都，中丁卯科舉人），近年五柳主人以伊弟京邸來札示余，知在京邸求售，索直朱提百金，久而未有覆音，蓋余托過五柳也。去年主人進京師，首以此書爲屬，今始帶回，已爲余出百二十金購之（蓋因京師風行宋刻之故），喜甚，展卷一過，知竹垞藏本爲確，而宋刻則未經淳祐重修者也。周藏鈔本即出是刻，故殘缺並同，所勝于顧藏宋刻者，不第有三至十八卷爲可貴，即顧本之誤字，茲可悉正矣。見韓本，方信周本之鈔尚出宋刻，并悉

顧本之誤已屬重修，由此以觀，非合諸本，竟不可定何本爲最勝。今有宋刻之僅缺二卷本，以爲主，此所磨滅損失處，以顧本十九至卅八卷爲之補，又以周本照未經重修宋刻鈔出之本爲之證，庶幾乎其盡善矣。若韓本爲竹垞舊藏，竹垞所補二卷云出于內閣本，今觀卷一末亦有淳祐庚戌郡守朱申重修一條，知出于重修本，似與宋刻原本非一，至所據以校宋刻者盡屬閣本，恐不足據矣。蕘圃記，己巳二月望日。

中春下澣七日，破幾日工夫，粗校一過，其前十八卷，第一第二卷仍缺，三卷至十八卷固得其眞矣，十九卷至三十八卷，宋刻面目，此鈔本悉具，第三十二卷多缺少，鈔刻並同，幸顧本有可以補之，雖重修本，勝于無也，剠究爲宋刻乎！唯是朱藏宋刻所補硃筆及墨筆，盡出俗手，竟無一處可據，明明有字跡可辨，而校者已亂爲塡改，實爲白玉之瑕，茲幸有顧藏宋刻可證，又有周藏舊鈔可較，尚能得什之一二。擬將重付裝潢，獨留宋刻之眞者，一概硃墨之校，據二本正之，豈不快乎！至內有閣本夾籤，其不可信，前跋已及之，可勿復論。復翁校畢記。

此本鈔手惡劣，一依宋刊行款，尚爲善本，余從顧明經抱沖處，假得季侍御滄葦所藏宋本二十一卷，校勘一過，其第十八卷改曰建雄軍以上全缺，當再訪善本補校，以成完璧。嘉慶戊午十一月長至後四日，香嚴居士周錫瓚識。

舊鈔本已歸於黃主政復翁，此本係倩友王士和重鈔出，復翁新購朱竹垞先生家藏宋本，因將舊鈔補校完，余復假其書來臨校，以成再訪善本補校完璧之識。嘉慶己巳五月小暑前三日，周錫瓚又記。

————————————

聖朝混一方輿勝覽三卷三冊　元不著撰人　明刊黑口巾箱本　清同治間劉履芬手書題記　（03194）

同治丁卯，需次吳門，購得拜經吳氏所藏元刻方輿勝覽。次歲戊辰，復從常買〔賈〕處見精印本，借歸鈔補闕頁，是一快事。中卷後十餘頁，乃係舊鈔，惜行款少異，校勘一周，記于眉首，或能得殘本補足，亦未可知。正月十九日燈下記。

————————

大明一統賦四卷二冊　明莫旦撰　明萬曆間錢塘胡氏刊格致叢書本　近人王蒼虬
手書題記　（03217）

　　萬曆間，胡文煥刻格致叢書，著錄家罕見全帙，蓋當時隨刻隨印，分合不
常，固無定本（詳見叢書舉要。皕宋樓藏書志所載多種亦不得全），而書多有用
秘籍，後人無不珍之，與其以爲叢書本，無寧視之爲單行本焉可也。余最不喜叢
書本，胡氏所刻，遇之屢矣，然有捨胡刻外不得別本者如此。吳江莫旦大明一統
賦，弘治初刊，世久不存，乾隆間禁書書目著錄，而後即胡刻亦久湮没，余藏天
順大字本明一統志，雅意並儲其賦，而數十年尋訪無遇，即欲借錄，人且不知其
名，至十九年北平圖書館珍本展覽目中，始有是書名目，方慶隻本幸存，而南北
睽隔，珍本遷迻，錄副之願，忽忽未遂，良稱憾事。前日言伶菊朋來吳演劇，初
次登場，適有崑山估人送書一巨裹，流覽則有是書，迫於顧曲，未遑議值，爲之
耿耿，次日遂踪跡焉，如值易歸。今日略讀一過，果屬貫穿博洽、詳略有法，尊
中國而攘夷狄，著書自宜其體，乃橫遭禁錮至數百年之久，幾使一代鉅製漸滅失
傳，不亦危哉！書凡四卷，中分二十二節，前序低二格，尊明處皆提行空格，小
注雙行，行字皆二十。賦後有莫氏自跋（亦作雙行），設與諸生問答之詞，以明
著書體例，大旨以仕元來歸者爲逃夷歸華，用華夏變夷，得春秋之法，而深貶夫
與盜共謀之徒，又以元之亡也，胡人之仕者死之可，華人則不當死，而深愧夫趙
孟頫、吳澄輩之忘宋仕元。凡賦一統之事，巨細畢備，而仙釋寺觀則不錄焉，亦
可以得作者之志已。注中時事有至萬曆間者，當爲胡氏校刻時所續增，非盡莫氏
之舊。莫又於成化間纂修新昌縣志（十六卷，北平館有刊本），蓋與賦同爲訓導
時所撰述，其他所著容再考之。丙子三月晦日，殷泉王蒼虬記。

　　書面爲近人方氏回所署。舊本雖多，愜意者尠，是書而外，僅選劉須溪記
鈔，吳枚菴藏本，一冊。

————————

肇域志存五十卷五十冊　清顧炎武撰　清同治間鈔本　清同治間汪士鐸手校並跋
又同治八年成蓉鏡手跋　又過錄梁同書、阮元、程瑤田、梁章鉅、吳鍾駿、吳榮

光、趙光、鹿澤長、羅文俊、劉喜海、張青選、孫爾準、李宗傳、姚樟、張允
垂、鄭祖琛、胡虔、孫承勳、姚椿、呂璜、譚祖同、趙樸庭、許慶宗、劉韻珂、
楊象濟、高學沅、張曜孫諸家題記及觀款　　（03233）

〔過錄〕按先生郡國利病書序，同時尚有輿地記一編，此志疑即初名輿地記
者也。其薈萃諸史，首尾蠶頭數十餘萬言，細行密注，非他人所能傳寫，宜此志
不甚傳於世，今為許君周生得之，可寶也。昔王晉卿藏蓮花經七卷如箸粗，東坡
題云，卷之盈握，沙界已周，讀未終篇，目力可廢，彼或疑鬼工幻客所為，而是
書廿冊，出自大儒手跡，豈不尤奇絕哉？嘉慶五年庚申冬十一月，錢唐後學梁同
書觀，并補錄先生自序而識其後，時年七十有九。

〔過錄〕明末諸儒，多留心經世之務，顧君亭林所著有天下郡國利病書及肇
域志，故世之推亭林者，以為經濟勝於經史，然天下政治，隨時制宜，史志縣
志，可參核而不可拘泥，觀日知錄所論，已間有矯枉過中之處，若其見於設施，
果百利無一弊歟？四庫書提要論亭林之學，經史為長，此至論，未可為淺人道
也。此肇域志稿本，未成之書，其志願所規畫者甚大，而方輿紀要實能成其志。
亭林生長離亂之後，奔走戎馬間，閱書數萬卷，手不輟錄，此帙密行細書，無一
筆率略，始歎古人學力過人，志趣遠大，世之習科條而無學術，及守章句而無經
世之具者，皆未足語於此也。德清許積卿同年持此相示，因識數語歸之。嘉慶三
年正月十日，儀徵阮元書於揅經室。

〔過錄〕亭林先生之學，有體有用，觀其集中論生員郡縣諸篇，洞悉時務，
蓋通經足用之才也，惜乎以勝國諸生，嶓嶓遺老，隱居沒世已耳，使其大用，佐
王者以致太平，綽乎其有餘裕，即出而旬宣四國，以經術飾吏事，安知今之必異
於古所云也。著書甚多，詳載蘇州府志中。卷帙多者，有天下郡國利病書，然藏
書家間有鈔本。肇域志若干卷，外間流傳轉寫者，止山東布政司一屬，往在都
門，曾鈔一冊，餘書遍訪無之，今許君積卿得其手錄稿本二十冊，蠅頭細書，闕
者北直隸及江西、四川兩布政司耳，此書未經脫稿，世間當無第二本。積卿好學
深思，不為俗儒記誦之學，宜此書為積卿得之。余觀顧祖禹方輿紀要，每方必有
專序，大致言其形勝扼塞，論宜都宜據宜守，及用兵制敵得失之故，而是書之言

疆域建制，殆與方輿紀要相表裏，至於體國經野，理財治安之道，至纖至悉，詳其沿革，陳其利害，亦經世之寶書也，積卿得之，豈偶然耶？余因念物之聚散離合，離散之久，必聚而合之一人。吾鄉程自邑，在明中葉，遜華山，作古詩四十首，王弇洲稱之，謂元人王安道有華山圖四十幅，詩如其數，今圖失而詩存刻本，然子詩勝安道遠矣，於是爲長歌贈之，同時有朱子价，作序詳其事，越二百餘年，余偶收得朱序，已又得弇洲所贈詩，今年復得自邑詩長卷，三事皆所自書墨蹟，其尤異者，安道之圖與詩，弇洲時所久失者，今尚存二十幅，余得及見之，此豈非離者之必合耶？余疑亭林此書，所闕三屬，或尚在人間，寶物終當合并，異日仍爲積卿所得，亦事之未可知者耳。嘉慶三年六月二十四日，歙程瑤田書後，時年七十有四。

〔過錄〕此書爲許周生駕部所藏，駕部與曼雲先兄同嘉慶己未進士，余因得晤教，嗣讀鑑止水齋集，益深景仰，己未榜中人多碩學名流，以駕部爲最，惜此稿當時駕部不及編校而行，此後恐無人能問津者，但屬其家珍守而已。道光丙午暮春，小住武林題記，福州梁章鉅。

〔過錄〕吾鄉耆碩顧亭林先生，著述最富，於地理之學尤所究心，此志乃未定稿本，大約與郡國利病書等，而世所罕見，德清許氏得之，歷三世矣。夫前朝遺老，若金孝章、徐俟齋手蹟，雖片楮殘縑，人知寶貴，矧此之粲然者歟？道光丙午，後學吳鍾駿識。

〔過錄〕余與周生訂忘年交，博學好古，購善書不惜價，收藏甚富。此肇域志，世所希有，癸未菊秋望後，余至武林，寓陔華堂，嗣君君脩出此乞跋，因得重觀。不見周生，已三年矣，走筆之次，爲之慨然，□定識，時七十又六。

〔過錄〕此書專記地域形勢沿革，每篇之末，間及時事，如論漕耗備倭寇之類，與郡國利病書同義。郡國利病書傳鈔頗衆，此則先生手錄初稿，采取尤富，安得好學深思者排類而傳刻之，以竟先生用世之志也。道光癸未春二月，南海吳榮光借觀於浙江按察使署之懷清堂，並識卷端。

〔過錄〕道光二十九年己酉十月二十日，昆明趙光觀。

〔過錄〕福山鹿澤長觀。

〔過錄〕後學南海羅文俊敬觀。

〔過錄〕道光丁未嘉平望日，東武劉喜海觀於藩署之蓬巒軒。

〔過錄〕道光癸未二月花朝後二日，順德張青選觀於柏署之懷清堂。

〔過錄〕金匱孫爾準觀。

〔過錄〕桐城李宗傳觀。

〔過錄〕甲申冬月，歸安姚樟觀。

〔過錄〕丙戌秋八月，沈益觀於五三精舍。高塏同觀。

〔過錄〕丁亥八月，婁張允垂觀。

〔過錄〕乙未冬十月，烏程鄭祖琛觀。

〔過錄〕右亭林先生肇域志手稿二十本，吾友德清許君周生所藏也。此書自崇禎己卯起，先取一統志，後取各省府州縣志，後取二十一史，參互書之，凡閱志書一千餘部，本行不盡，則注之旁，旁又不盡，則別爲一集，曰備錄，先生之自序如是。蓋先生己卯秋闈放後，慨然負經世之志，作天下郡國利病書，凡古今治亂得失之原，民生疾苦樂利之故，犛然畢具，而是書則專紀輿地，與利病書殊義，然所詳者，郡縣沿革、山川阨塞、兵事成敗，以及賦稅戶口之多寡、官職驛鋪之省置，而名勝人物不與焉，是當與利病書相輔而行，非元和志以下之僅爲地志者可擬也。虔生平篤嗜先生書，嘗作顧氏遺書錄敘，復采其事蹟，作年譜一

卷，先生書無刻本者，必訪求之，若宅京記、求古錄、營平地名記，見之於文瀾閣；菰中隨筆，見於歸安丁氏；杭州書肆，則得見利病書；至肇域志，竹垞歎其繁富，而惜其散佚矣。乾隆癸丑正月，周生公車過桐城，告虔曰，予得肇域於廣南。予聞之，欣喜忘寢食，閱四年，乃得借其書讀之。其格式與序所言正合，知此本爲手稿無疑，惟缺北直隸與江西、四川兩布政司，備錄一集，當在此部內，而無從區擇之，又前無序目，蓋亦不全之稿，然其宏博浩衍，拾其餘剩，足以自雄，況部帙之豐若是乎！是書每本計四十餘葉，葉三十行，行五十餘字，小如蠅頭，雅健無一率筆，每行夾縫旁注之字尤精妙，昔人見王荆公周禮義，筆跡如斜風細雨，嗟乎！觀是書者，可以知先生之人與學矣。先生著書至富，其最盛者，曰日知錄、下學指南，今日知錄既家有其書矣，獨下學指南僅著錄於傳是樓，求之十餘年不可得。又聞有北平古今記八卷，仿三輔黃圖之例而作者。吳越爲藏書淵藪，以周生博聞好古，倘求而得之，其不遠千里而告我也。周生以虔習於顧氏，故屬爲之跋，希世之寶，非其人不能畜，乃率書數語以歸之。嘉慶丁巳三月，桐城胡虔識於浙江藩署之四照樓。

此跋當時別書于紙，道光丁亥四月，君脩屬補錄卷首，海陽孫承勳記。

〔過錄〕德清許周生駕部所藏顧亭林先生肇域志手稿，凡廿冊，駕部子延敬出以示椿，其本末詳委，具載梁學士同書、阮督部元、程教諭瑤田、胡徵士虔，及駕部自作諸跋中。椿嘗收得吳江吳兆宜所輯本朝一統志案說，爲出亭林稿本，兆宜鄉人顧我錡作序，謂徐尚書乾學奉勑著書時，多采用其說。今按：案說雖引此志中語，然甚希略，語意又不類其書，蓋不盡本亭林，吳氏題爲亭林者誤也，予向以案說示張鑑使青選，未及改正，而鑑使以活字板印行於邗上，今當據此以證前誤。或謂亭林經濟之學不如經史，其說發自紀河間，經濟誠不可以空言議，然天下容有能言而行之未盡善者，未有不能言而所行乃與古合，且謂經濟不出於經史，則正昔人所謂歧而二之者也，嚮者之言，得無有可思者乎？胡君謂備錄一集當在此部內，而無從區擇，今按首冊後所列，自山水以下諸子目，疑即所謂備錄者矣。道光丁亥八月，婁姚椿跋。

此書目力精審，尚可細眵，若得通博勤敏者數人，當不難排纂成書，惜乎阮公官浙撫時，不以屬詁經精舍諸人士一編校也。椿又識。

〔過錄〕道光丁亥中秋日，桂林呂璜觀。

〔過錄〕道光丁亥九月，南豐譚祖同錫洪觀，並識於錢塘清平山麓之江鴻閣。

〔過錄〕己酉仲春朔越三日，陽湖趙樸庭敬觀於寶研齋。

〔過錄〕亭林先生講求經世之學，纂天下郡國利病書，又爲帝王宅京記，及肇域志；宅京記、利病書有傳本，惟肇域志不多見。乾隆五十八年，歲在癸丑，慶宗得先生手書稿本於粵東李氏，蓋李之先自吳門購歸者。中闕北直隸、江西、四川三省，存者凡二十冊，冊或四十餘翻，或三十餘翻，無卷帙之分。每郡縣記沿革形勢，先後錯見，蓋先生流覽諸書，隨手劄記之初稿也，後來或有所增損，別爲定本與否，不可得知。所引書自史傳地志外，文集說部各百餘種，蠅頭細楷，無一誤筆，深謹之氣溢於行間，使觀者神爲之歛。書雖未成，體例略具，大要主於謹嚴，不矜考據，不泛援引，所詳者皆利弊中之事，先生蓋有慨於志輿地者之華而鮮實，故作此以爲將來之法則，慶宗學識不足輔翼先生書，當以視四方君子共表揚之，庶先生苦心不至歸於泯沒耳。後學德清許慶宗跋。

〔過錄〕嘗論古今輿地之書，或繁或簡，各眡其體裁之宜，以傳爲不朽之作，簡至澉水武功朝邑三書，當矣，然祇一邑一區，未足以綜輯方輿之大在，至如太平寰宇記，採掇詳備，至一百九十三卷之多，允足資釐訂而溯源流，倘令常康韓三君執筆爲之，能終安於罣漏乎？顧簡則一於精審之法，而繁則務爲淹博之觀，自非薈萃群書，殫數十年之心力爲之，未易出一編，以證今垂後，故或書成未半，而天不假年，即哀然成書矣，或且兵燹風霜，輒多散佚，昔賢所謂傳不傳未可知者，良可興慨。雖然，孤詣獨造，積久彌彰，如亭林先生肇域志手稿二十冊，世無副本，原稿亦疑其闕如，乃自吳中流入於粵，復自粵還藏於澗，高陽世守，墨蹟如新，讀之覺先生自序所云廿年苦心不終泯沒，於茲愈信，惟念躬遭亂離，著書終老，而耄年細楷，結體謹嚴，亦可見學養既粹，神明不衰，其詣力之堅定、心志之優閒，較之邠卿複壁注孟，尤爲夐卓，又豈得於繁簡之間沾沾論其文字云爾哉！時道光癸卯閏七月既望，劉韻珂謹識於浙江撫署之靜舫。

〔過錄〕亭林先生此書始末，見梁學士同書、阮太傅元、程教授瑤田、胡徵士虔，及先師春木先生諸跋中。亭林之學，講求實是，不持門戶，其所欲爲者，思破去涯岸，爲一王之法。而阮氏跋中，因及日知錄，謂所論不能無弊，不知先生立論救時，使生於今時，任大枋，其所設施者，亦必別有變通之術，阮氏晰於文義，恃其考訂之長，蓋亦拘於章句之見，用相訾謷，乃欲掩而上之，侈矣。獨先師謂此書非顧氏原本，疑不盡然，今細按手跡與先生他書無稍異，即稿首學士補錄原序，繹以書中體例，亦無不合。昔山谷見溫公通鑑手稿數百卷，皆蠅頭細楷，顛倒塗抹，而無一筆作草，此稿亦與相等，人皆苦其難閱，故先師惜阮氏宦浙撫日未及編校爲恨。先生書之大者，爲郡國利病書，而此稿實與爲表裏，利病書近時有以活字板擺行者，象濟嘗於元和韓氏借讀之，此書人憚其難辨，向無副本，適吾友蔣寅昉評事君屬代爲訪求，乃介高中翰丈學沅，請於其主許季仁明經，集鈔胥十餘人，即高氏之靜拙軒，分帙部錄，會天大暑，窮日夜力揮汗手校，凡兩閱月畢功，而象濟實總其事，其前後參錯塗抹之處，皆區而秩之，於是先生之書，始可卒讀。評事之篤好古籍、中翰之力任表章、明經之不私所寶，其事皆可風者。書凡二十冊，其後半多有玉峰小印，而一統志中，采用其說甚稀，疑前半諸帙，徐氏所未見也。先是先師閱是稿時，嘗錄其山水子目，而張齮使雲巢嘗爲印行，是爲道光丁亥，乃閱二十八年之久，而象濟以兵戈戎馬之餘，得錄此清本，以遂先師未竟之志，而顧以限於日力，欲僅取吾浙一帙，先爲纂錄，謀刊行之，先生有靈，其亦引爲知己也歟？咸豐甲寅孟秋，秀水楊象濟記，仁和吳恒書。

按春翁疑非顧氏原本者，係指一統志按說而言，非謂此書在，原跋具在，利叔特未細讀耳。燕識。

〔過錄〕甲寅伏日繕此本，炎歊爲厲，同人筆不停綴，若忘其汗之浹背也。利叔朱墨在手，窮數十晝夜之力，反復勘之。余以目眵，不能辨細字，命兒子碩麐從利叔斠對，匝月訖工。此後討論修飾潤色，不知更屬何人，余謂非亭林復生不辦。閏秋中元，高學沅跋。

〔過錄〕亭林先生肇域志，德清許積卿駕部所藏，余少遊北地，浙中僅一至，未得見也，亡友劉廉方曾見之，爲余言。咸豐辛酉，秀水楊利叔又言海寧蔣

寅昉評事鈔錄一本，是年臘月，寅昉避寇亂，由滬上來鄂，賃宅武昌城中，與寓
館望楹，乃得識寅昉，出是書讀之。書凡百餘萬言，其體例目錄未及編定，又闕
北直隸及江西、四川兩布政司，則自序所云，未遑刪定成一家之書，歎精力之已
衰，懼韋編之莫就，冀後之同志續而傳之者也。又云，取各省府州縣志，後取二
十一史，參互書之，凡閱志一千餘部，本行不盡，則注之旁，旁又不盡，則別爲
一集，曰備錄。今按書中旁行夾注，細密繁衍，據梁學士、阮相國、胡徵士諸
跋，咸以爲先生手書，工整雅健，無一率筆，而所謂備錄者，不知已并錄此書內
耶？抑尚另爲卷帙耶？若已并錄書內，則自序所云，當在未經并錄之先，否則備
錄當另爲一集也。梁學士曰，按先生郡國利病書序，同時尚有輿地記一編，此志
疑即初名輿地記，據此則與郡國利病書同時纂集，一究生民之利病、治亂之得
失，一考建置沿革之規、山川形勢兵事成敗之要，意各有所主也。昔先大夫嘗以
顧氏方輿紀要不能無訛誤，思有以正之，乃爲直省建置議，并爲分合諸圖，李先
生兆洛嘆爲精確，留讀久不歸，李先生歿，遂失之。余嘗欲繼先志，取方輿紀要
校其訛誤，少苦衣食奔走，長復浮下吏，寇亂頻鬠，鋒鏑倉皇，所志迄未能遂，
忽忽老將至矣，今獲讀此書，益歎古人於流離戎馬之間，著書不輟，其志趣之遠
大、精力之過人，斷非薄劣下學所能仰企者也。寅昉篤志勤學，多交海內讀書好
古之士，請合同志數人，取方輿紀要、郡國利病書，與此書相勘，擷其英華，去
其繁衍，彌其闕佚，校其訛誤，勒爲一書，以終亭林先生之志，爲撥亂致治者取
法。余雖日即衰邁，亦欲挾鉛槧以從事其間，寅昉倘以爲然，願奮力以成之，夫
亦海內學者所禱祀而樂觀其成，先生必將默助於九京也。同治元年春正月，陽湖
張曜孫識。

　　亭林先生遭時離亂，傳食四方，會萃群書，以便行篋觀覽，此與郡國利病書
同屬稿本，惟賢而有力者，合二書采之芟之，以成先生一家之學，不必繩以吉甫
王存之體，亦不必繩以樂史之體，猶近日朱谷說文，不容以二徐本相繩，亦不必
以嚴段之說相繩也。同治元年，寅昉主政出以相眎，較諸跋又闕廣西布政司一
省，然葉已千三百八十八翻，爲字約二百六十餘萬，與駕部原跋不差池，何以獨
缺耶？道光丁未，平定張石洲方爲山西楊墨林刊未刊書，是時顧祠落成，先生年
譜亦印就，如見是書，必爲校刊，惜乎其不之見也，豈物之顯晦有時耶？余嗜好
與先生同，而遭亂無子亦同，行將泝沔，由少習道藍田入秦中，又與先生同。寅

眆亦罷兵戈，必無刊此書力矣，借觀數日，而識其向慕之意如此。江寧汪士鐸。

　　桂氏書今日照許印林刊之，別有許雲虬方輿紀要考證，楊至堂侍郎謀刊之未果，今存濟寧李氏，與此同寶書也。士鐸又記。

　　士鐸又案：此先生未成稿本，必條理使各秩如，方可授梓，亦不必補所闕四省也。原鈔本字如蟻足，行至數十字，目眊不能諦視，然惜其爲輿地類苑，且無統志廣載人物之繁，所引書今多未之見，茲幸鈔成清本，故欲理之，使各歸其郡縣，免前後錯出雜沓之弊，然後以聚珍板印行，以惠後之修志者，先生當亦首肯也。同治八年九月，識於无不悔齋。

　　顧氏原書二十冊，據歙程易疇先生跋，已闕北直隸及四川、江西兩布政司，此冊爲餘姚朱久香閣學所藏，即蔣寅眆評事所鈔之本，江寧汪梅村先生跋所言又闕廣西者也。湘鄉相國欲以活字板行之，爰依其式，凡上下方及旁注均攙入，而略以意分，爲卷凡江南十一、浙江二、山東八、山西五、河南四、湖廣三、陝西十、雲南二、貴州一、廣東二、福建二，共五十卷。同治己巳秋八月，寶應成蓉鏡謹識。

天下郡國利病書一百二十卷一百二十冊　清顧炎武撰　清乾嘉間樹藼草堂烏絲闌鈔本　清光緒丙申（二十二年）沈景修題記　（03235）

　　舊抄天下郡國利病書，計一百廿冊，系崑山顧炎武先生所著，其于郡縣志、一代名公文集，採錄詳盡。書之有裨實學，如輿地、利病等，尤爲學者所珍聞，矧抄錄之功，頗費時日，更屬不可多得之佳本也。光緒丙申秋日，寒柯老人沈景修。

吳郡圖經續記三卷三冊　宋朱長文撰　宋紹興四年孫佑蘇州刊本　明錢穀鈔補清黃丕烈、胡珽、沈秉成、翁同龢各手跋　（03243）

　　余向聞任蔣橋顧氏有宋刻吳郡志，倩人訪求，得諸華陽橋顧聽玉家，蓋華陽

即任蔣之分支也。聽玉之祖雨時先生，喜蓄異書，手自讎勘，余從其裔孫處得舊鈔本續圖經，有跋，云雍正十二年夏五月既望，于崑山徐氏購得葉文莊所藏宋刻本，校勘一過，始知顧氏所蓄宋刻地志之書，范成大吳郡志而外，又有朱長文吳郡圖經續記。一日觀書華陽，適睹是書，楮墨精良，實勝范志，爰詢其直，需白鏹六十金，心愛甚，而未之得也。閱載餘，以他事故至聽玉家，聽玉云，此書於子爲雙璧之合，吾且非子不售矣，子盍歸之，以比延平劍乎？余重其書之不易覯，遂以五十金得之。卷中有鈔補處，皆明人錢罄室手跡，余嘗見錢氏有刻本，云是從宋本校勘者，今取宋本對之，不特行款弗同，且訛舛誠復不少，則宋本之可珍益信。卷中又有新刻以僞亂眞者兩半葉，亦後人過於求全，固無損宋刻面目。今而後，搜輯吾郡故實者，得此益徵詳備焉。乾隆六十年十二月醉司命日，郡中棘人黃丕烈書于讀未見書齋之北窗。

吳郡朱樂圃先生續大中祥符圖經爲是記，三卷。元符二年，祝公安上曾爲鏤板，旋遭兵燹。紹興四年，孫公佑復刊行，此其是也。明錢罄室有翻宋刻本，摹印亦稀，據黃氏後跋所云，已不能如是本之善。此刊至再三，而流傳於世者，即鈔本亦非易有。伏讀四庫全書總目，云州郡志書，五代以前無聞，北宋以來，未有古於長安志及是記者。朱彝尊跋咸淳臨安志，歷數南北宋地志，不及是記，知彝尊未見其書，爲希覯之本，徵引博而敘述簡，文章爾雅，猶有古人之風。其推重此書若是。近時張氏學津討原嘗經收刊，而竄改特多，如寺院門第六條，十六羅漢改爲十八，不知二尊者乃後代增入，宋時未有是數也；山門第三條，橫山在吳縣西南下句引十道誌以證之，改爲在吳縣西南十里，不知十道四番誌乃古書之名；園第門第十一條，范文正公少長於北，及還吳云云，其所謂北者，即應天府也，改爲少長於此，不特未明范公出處，且與下句不相屬。凡此皆未審考，趁臆改之。全帙謬誤甚多，不能備指。此外尚有得月簃叢書刻本，亦非完帙。惟此確係宋槧，靈光巋然，余以番銀七十餅得自山塘汪氏，始有以證僞刻之謬。念吳郡地志，唐陸廣微書已經後人重輯，宋時官撰圖經，又久佚不傳，三吳文獻幸而僅存，可不奉爲至寶也哉！咸豐二年十月，仁和胡珽書後。

光緒五年己卯冬十月十三日，新建勒方錡、吳縣潘遵祁、中江李鴻裔、元龢顧文彬、長州彭慰高、吳縣潘曾瑋、歸安沈秉成，集吳氏聽楓山館同觀，因記。

　　宋刊吳郡圖經續記三卷，海內孤本也，自菉竹堂葉氏、傳是樓徐氏，流轉至黃氏百宋一廛，今歸郘亭汪侍郎萬宜樓。侍郎錢唐籍，而世居於吳，則亦吳人也，其得此書爲宜。余有舊鈔半部，欲假以鈔補，忽聞北方兵警，遂至中輟。余邑距郡九十里，欲遣一力齎還，則山中皆農夫，欲付航船，船人又未可恃也，因留案頭久之。按：樂圃著是書在元豐七年，閱十六年而始鏤板，蓋沈薶於郡閣者久矣，豈亦如石湖志，爲人所譖而未之刻耶？抑是時太守章公者，固無意於斯耶？章公健吏也，與前守范公、晏公之禮賢士、獎儒術、勤水事者異矣，宜其憪然自足，不知文章著述爲何事也。近年以來風氣迭變，余與郘亭伏處家衖，未嘗通賓客，而客亦莫之顧，郘亭文望重一世，又熟於故事，庶幾無愧樂圃，而余則頹然老矣！光緒二十六年五月七日，常熟翁同龢記。

————————

嚴州圖經三卷二冊　宋劉文富撰　鈔本　清光緒十年陸心源手跋　（03244）

　　嚴州圖經，宋刊殘本，道光初藏姑蘇布商汪閬原家，道光末歸于上海洋商郁泰峰，今歸皕宋樓。此本爲同邑章紫伯明經舊藏，抄自金陵朱述之先生，即從宋刊傳錄者，行款皆仍宋刻之舊。相傳汪氏宋本出售，索值奇昂，述之先生力不能得，倩衆手錄副，一夕而就，故譌奪頗多，余既得宋刻，因命兒輩校勘一過，改正數百字，俾成善本。光緒十年秋九月，歸安陸心源識。

————————

乾道臨安志存三卷一冊　宋周淙撰　清乾隆四十四年吳翌鳳手鈔本　吳翌鳳手跋（03245）

　　右乾道臨安志三卷，宋知府事周淙撰，原十五卷，宋本殘闕亦同，知世無全書矣。予既從抱經盧氏借鈔咸淳潛志，復于滋蘭朱氏傳此本，合之夢粱錄、武林舊事等書，南宋遺聞佚事略備矣。謄寫既畢，識于末簡，好事如予，知不值達人一哂耳。時乾隆己亥小春下浣四日，棘人吳翌鳳記。

乾道臨安志存三卷二冊　宋周淙撰　舊鈔本　清錢泰吉手校並跋　又鄧邦述手書
題記　（03246）

　　周淙彥廣乾道臨安志十五卷，今僅存三卷，四庫所錄，即杭州孫仰曾家藏本
也。道光戊戌三月，海昌蔣生光煦以舊鈔本見贈，六月初旬，假蔣生所藏陸香圃
三間草堂鈔本，及吳氏拜經樓鈔藏本，謹校一過。拜經藏本與此大略相同，三間
草堂本似稍勝，疏其異同以俟裁定。海寧州學訓導錢泰吉謹校上。

　　此二冊嘉興錢警石先生所手校也。警石兄衎石先生，爲先曾祖嘉慶戊辰分校
禮闈所得士。兩先生學問淹貫，有嘉興錢氏二石之譽，而警石先生尤精校讎之
學，湘鄉曾文正公於其墓石志之綦詳。先生爲海寧校官最久，幾三十年，此書即
校於海寧學署者，所據之本固善，即蔣氏所贈原本，亦愛日精廬藏書，蓋蔣氏在
道光中本收藏家，固宜有此祕冊，得先生校而存之，尤藝圃之瓌寶矣！戊午花朝
病起，江寧鄧邦述。

淳熙三山志四十二卷二十冊　宋梁克家撰　明晉安謝氏小草齋鈔本　清楊用霖手
跋　過錄錢大昕跋（03250）

　　淳熙三山志四十二卷。四庫目錄云，宋梁克家撰，凡分九門，朱彝尊跋，謂
其附山川於寺觀，未免失倫，今觀其人物惟收科第，土俗特出謠讖，亦皆非法，
然大旨在攷求掌故，不在述鄉賢、誇名勝也，未可以常例繩也（以上目錄語）。
予案：此本爲謝在杭家鈔本，而歷經徐興公，何岐海校勘；其硃書者，徐筆也，
墨補者，何筆也。舊分爲十巨冊，不便於觀覽，又無力爲之裝池，因草茇貼求少
阮師釘線焉；分爲二十冊者，霖所定也。辛酉上冬晦前一日，福州楊用霖記。

　　〔過錄〕跋三山志。梁克家三山志四十卷，宋史藝文志謂之長樂志，其實一
書也。今本作四十二卷，其第卅一、第卅二兩卷進士題名，乃淳祐中福州教授朱

貔孫續入，攷目錄本附於第卅之後，但云第卅中、第卅下，未嘗輒更舊志卷第，後人析爲四十二者，又非貔孫之舊矣。志成於淳熙九年五月，而知府題名增至嘉定十五年，它卷間有闌入淳祐中事者，皆後人隨時儳入也。宋史本傳，於乾道罷相，以觀文殿大學士知建康府之後，即云淳熙八年起知福州，據志，克家於淳熙六年三月，以資政殿大學士宣奉大夫知福州，則傳稱八年者誤。志又書八年五月復觀文殿學士，此即史所載趙雄奏欲令再任，降旨仍知福州事，是時克家莅任已滿二年，故有再任之旨，因復其職名，史誤以再任之年爲初任之年，則甫經到任，不當云再任矣，且克家於罷相時已除觀文殿大學士，越數年，起知福州，止舉資政殿大學士，又二年，始復觀文殿學士，仍無大字，則知建康以後必有落職奉祠之事，而傳皆闕之。世人讀宋史者多病其繁蕪，予獨病其缺略，缺略之患甚於繁蕪，即有范蔚宗、歐陽永叔其人，繁者可省，缺者不能補也，因讀此志，爲之喟然。嘉定錢大昕。

新安志十卷附錄一卷六冊　宋羅願撰　清嘉慶間歸安丁杰等刊本　清嘉慶元年鄭德修手校並跋　（03257）

　　右新安志十卷，汪師叔辰先生用六書字依黃氏本繕寫，而丁進士小疋偕同邑胡氏、吳氏之所刊也。內汪王故實一則，宋本、黃本皆小字附一卷，先生伸作大字附於後，以爲便觀覽焉。當時胡氏欲爲正字，卒不果。今年夏，同研汪甥並劉購得影鈔宋本，先生見之，命修合校，然其中譌字脫誤亦多，茲特取其足據者，用尖硃圈識，其所無字、異同字則識之上方，足依校補者悉依訂正，又有據它書者，即於本科上標明，豈敢以爲精本，聊以免夫傳不習之誚云爾。嘉慶元年初冬日，鄭德修識。

　　是本今亦不可多得，其所鋟版片，今□三人分持而去。丁歸湖州歸安，而胡氏又去人世間五六年矣，藏是本者，可弗珍歟！又識。

新定續志十卷四冊　宋方仁榮、鄭珤撰　宋景定三年序刊咸淳間增修本　清嘉慶五年黃丕烈、顧廣圻、錢大昕、瞿中溶及光緒五年沈秉成各手書題記或觀款　（

03267）

　　往余從書友包中，見殘宋本嚴州圖經，因徧閱諸家書目，以究其書原委。恭
讀四庫全書總目，僅於景定嚴州續志條下，載有紹興舊志今佚之語，而所收者爲
新定續志，然民間未有是書也。歲庚申，聞浙省書坊從故家買得舊志書，幾至充
棟，相傳有影宋鈔寶慶四明志，因屬書友之往浙省者，贈以盤纏，爲余代訪。越
半月，僅以一種來，啟包見版口闊而黑，視之則新定續志也，心疑爲非宋刻，即
持示同人，賣書人如錢聽默、藏書家如周香嚴，雖皆素稱識書者，然但詫爲未見
書，而宋刻與否，初不敢以意定也，惟西賓顧澗蘋與余賞析，謂非宋刻而何？因
思余所藏中興館閣錄續錄，有咸淳時補板，皆似此紙墨款式，間有闊黑口者，可
知宋刻書非必定白口或細黑口也！蓋古藉〔籍〕甚富，人所見未必能盡，欲執一
二種以定之，何能無誤耶？是書前有方逢辰序，存三、四、五葉，然其中序述志
成之由，謂出於錢君可則之守嚴，而志中書籍門，載有新定續志，知郡華文錢寺
丞任內刊云云，此爲向所未經表明者，故特著之。至于編纂，爲浙漕進士州學學
錄方仁榮、迪功郎差充嚴州州學教授兼釣臺書院山長鄭瑤，目錄後及卷十終皆兩
載之，亦可以得其始末矣。書凡十卷，目錄完好，惟序闕三葉前，前或別有序，
皆不可知，顧余獨有奇焉者，序第五葉末餘紙，有字跡反印者，當是水濕所致，
驗之爲前志所載太宗皇帝詔勅文，爰憶曩所見嚴州圖經中有之，且版刻楮墨與圖
經無二者，或二書本藏一處，相爲比附而行，不知何時散佚，令人區而二之，留
此以待他日延平之合。蓋嚴州圖經僅載於宋史藝文志，謂是董棻撰，八卷，解題
及通考皆云新定志八卷，董棻令升撰，紹興己未也，淳熙甲辰武義陳公亮重
修。不知宋之志藝文者，何以稱爲嚴州圖經，而不云新定志？抑或淳熙重修，故
改是名歟（按：方序中亦有淳熙後闕而不修之語）？安得圖經並列，一一相爲證
明也（嚴州圖經爲嚴姓物，嚴於數年前得之於崑山書集街，價止青蚨三兩二錢，
藏經紙面，裝四冊，止存三卷，一百十九葉，云是太倉金元功家物。余檢葉文莊
菉竹堂書目，載有嚴州圖經，無卷數冊數，當是葉傳諸金，而金又散出者也。先
是書友攜是書來，索直百千文，余未及還價，而即取去。後嚴持示錢竹汀先生，
先生以爲秘籍，世無二本，當寶愛之，故近日欲請觀，每託言爲友人借去，不能
再見。然屬書友及與嚴素識者往探消息，總以議價定妥然後索歸，則是書猶非不
可復合者，惜余買書金盡，未能如數與之，以致書不復合，司書鬼與司錢神其能

爲我一爭勝耶？可歎可恨）。余既收得此未見書，因坐齋中讀之，而誌其顛末如
此。嘉慶五年閏四月芒種後三日，雨牕書，黃丕烈。

　　是書之來，湖人施錦章爲我向伊親陶士秀處訪來，所云故家，未知誰何？卷
中有吳焯、尺鳧，西泠吳氏圖章，當是瓶花齋物也。先是士秀以番錢四枚，買得
宋刊司馬溫公集，易余六十金而去，今聞其得故家書，有三間屋，價止青錢二十
四兩，令人可歎可笑，此書以白金三十金相易，則其他之直錢不從可推乎？然余
謂書友之以書賺錢，原爲貿易常態，而此人頗不俗，蓋書友得書，總以完善爲
妙，若此書自目錄後俱全，且有圖章鈐于首，倘欲求盡善，何不可以破爛不全之
序文而去之乎？即此以見其有識，爲誌其姓氏云。

　　宋本新定續志，闕序之一二葉，蛟峯集有其文，茲從錄出，依後葉款式而縮
於一紙，以備讀而已，倘天壤間有原刻出，幸勿執而求其合也。嘉慶庚申五月十
有七日，澗薲居士記。

　　此志刱于董弅，本題嚴州圖經，陳公亮重修，亦仍其舊，而直齋書錄、馬氏
文獻通攷，皆作新定志，即志所載書籍，亦但有新定志，初無圖經之目，蓋宋人
州志，多以郡名標題，不妨一書兼有二名，此所續者，即董陳兩家之志耳。志成
于錢可則苴郡之日，當在景定間，而卷首載咸淳元年升建德府省劄，其知州題
名，可則後續列郭自中等八人，此後來次第增入，宋時志乘大率如此。庚申中
伏，大昕書於紫陽寓館。

　　此書當刻於咸淳七八間，堯圃定爲宋槧，自無可疑，咸淳終於十年，又二載
而疆域全入於元矣，轉瞬之間，便隔兩朝，何怪乎板式之相類耶！大昕又記。

　　庚申五月，瞿中溶藉觀。

　　光緒五年己卯冬十月十三日，新建勒方錡、吳縣潘遵祁、中江李鴻裔、元和
顧文彬、長州彭慰高、吳縣潘曾瑋、歸安沈秉成，集吳氏聽楓山館同觀，因記。

————————————

玉峯志三卷續志一卷二冊　宋凌萬頃、邊實同撰　清嘉慶二十年吳縣吳翌鳳手鈔

本　吳翌鳳手跋　過錄錢大昕跋　（03269）

右玉峯志三卷，宋凌萬頃、邊實撰；續志一卷，邊實撰。儲藏家無有著於錄
者，惟明方鵬崑山人物志，歸熙甫三江圖敘說中曾一及之，眞祕冊也。嘉慶二十
年乙亥，借黃復翁所藏舊鈔本錄一部。往者白隄書友錢聽默多識古書源流，并吳
下舊家儲藏善本，嘗言東城顧氏有祝枝山手鈔志書一種，復翁此本正得於顧，余
審其書法渾厚寬展，無一懈筆，但覺古氣襲人，其爲京兆親筆無疑。卷中凡遇列
宗及朝廷等字，俱空格書寫，知其出自宋本，惟行款高下不齊，字數多寡不一，
蓋隨手書寫，非必盡同宋槧面目也。六月二十四日，七十四叟枚庵氏錄畢書。
中卷之末，有七言長句一首，但云單閼歲冬十月，而不著年號姓名，未審即
出京兆否，當覓祝集攷之。七月廿六日，裝訖又記。

〔過錄〕予先世自常熟雙鳳里徙家嘉定西鄉，逮予八傳矣。嘉定本崑山地，
宋南渡始析爲縣，徵吾鄉掌故者，沂而上之，當求諸崑山，而宋元志乘訪尋終不
可得，意常恨之。今春聞袁又愷購得凌萬頃、邊實玉峯志，及實續志，亟假歸讀
之。志成於淳祐壬中，皆在析縣以後，不叙嘉定事，然徧覽近代藏書家目錄，均
未之及，乃知天壤間奇祕之物，固自不乏，特未遇波斯，不免埋没于瓦礫耳！宋
世士大夫宦成之後，往往不歸故鄉，而舉子亦多就寄居求解，此志所載人物如王
絢、劉過、吳仁傑、陳宗召、敖陶孫、張匯、趙監、樂備輩，皆寓公也。王葆傳
稱崑山自孫載登第，甲子一周而葆繼登第，邑人美之，今檢進士題名，則孫後王
前尚有龔程、龔況、唐輝、黃偉、衛閎、張德本六人，殆皆由寄居登第，而不由
本縣申送者乎？凌萬頃字叔度，景定三年進士，本陽羨人，其父爲顏氏壻，因家
焉。邊實本開封府人，樞密直學士肅七世孫，自高祖以下始居於此，志既爲其曾
祖惇德立傳，而續志復爲自序一篇，追本得姓之始，遙遙華冑，敷衍於所言，難
免汰哉叔氏之譏矣！嘉定錢大昕。

————————

玉峯志三卷續志一卷二册　宋凌萬頃、邊實同撰　清道光二十年崑山吳以淳手鈔
本　吳以淳手跋　近人鄧邦述手校並題記　（03270）

　　邑有山名馬鞍，以其靈秀鮮潤，號爲玉山，故志崑山而標以玉峯焉。此玉峯志三卷，邑人凌萬頃、邊實同譔；續志一卷，邊實譔。凌，字叔度，登景定三年進士第，見志中進士題名；邊，則略見其所自序，又以謝公應跋語考之，知其嘗爲邑直學，歸太僕三江圖叙說引此志以爲直學邊實者也。郡縣志之作，始盛於宋，是志即在宋理宗淳祐之末，而續於度宗咸淳八年，其時典型未泯，載筆者咸得有所依據，故其條理貫串，雖寥寥百餘紙，而邑之山水風俗，以迄朝庭官府政治綱理之盛衰得失，俛仰如繪，昔人之記郡邑，蓋皆能然，非特見於是志已也。後之作者務取多於篇牘，雖百里小邑，志必盈尺，何以志郡國、何以志天下乎？如明永樂中詔修一統志，而其書勦襲舛謬，蕪雜不成文理之處，至無可爲句讀，非以失前人之體要故與？余家向藏是書，歲久侵蝕，長夏繙閱，稍稍補其損壞而手爲繕寫如右，邑中想無別本可校對矣！國朝乾隆間所修縣志，亦嘗辨此書一二，乃僅從明人他著販鬻而得，實未嘗見宋人舊帙也。凌與邊既皆邑人，題曰陽羨、曰陳留者，蓋志其舊郡望。志中所云雜詠，即龔立道名昱者所編次崑山雜詠也，與此可以相輔，惜其不傳久矣！時道光二十年七月己丑朔十日戊戌，邑人吳以淳跋，是日立秋。

　　此崑山吳雲甫手寫本也。讀其跋語，知宋刻希見，亦無明版，惟昭文張氏有一鈔本，稱其理該文核，綱舉目張，考崑山文獻者，以是二書爲最古。且云原書闕文頗多，從陳子準藏舊鈔本訂誤補缺，始稱完善。此書凌序中缺十餘字，想由侵蝕後無可綴補，因就張志補十八字，改正三字，中惟邑人改松朧及增叔度書三字，或非宋刻之舊，餘則遂爲完善，可一快也！己巳春仲，正闇。

――――――――

咸淳臨安志存九十六卷二十四冊　宋潛說友撰　清星溪書屋烏絲闌鈔本　清乾隆五十二年錢東壁手跋　（03274）

　　此甫上盧氏抱經樓所藏本，凡九十六卷，尚闕其四，近人著目錄一書，竟稱九十三卷，不言其缺，蓋未見此本也。予從書舲主人借觀累月，將理歸棹，爲題歲月以還之。時乾隆五十二年七月朔，嘉定錢東壁書于菫江寓舍。

重修琴川志十五卷四冊　元盧鎮撰　明末海虞毛氏汲古閣刊本　清康熙五十五年
孫爵昌手跋兼附錄龔立本跋　近人鄧邦述手書題記　（03275）

　　吾邑桑鄧管錢曾五志，去夏迄今，余以次購藏，近又得此盧志，邑乘于是大
備，會借毛斧季所藏陸勑先手勘元本，因詳加是正，并補失葉八張。又攷龔刑部
私誌兩跋語，亦附錄于序後。康熙丙申中元日，酉山。

　　附錄龔立本跋：按鮑公修志在淳祐，丘序作於寶祐，褚序歲月無攷，詳其語
意，似亦序鮑志者，總存之以明書之權輿可耳。
　　附錄龔立本跋：按琴川志曰重修，即宋志也，刻本偶得之古寺中，此亦載籍
之魯靈光矣。條理秩如，筆亦不俗。獨續志湮洗，有元百年間，人材事實茫無可
攷，惜哉！

　　琴川在吳中爲劇縣，明清之際藏書家最富，此四冊爲孫二酉手校，又有彬侯
藏印，其祖本亦勑先所勘，皆一邑之儁也。余弱冠贄於靜圃，嗣後來往頻仍，劍
門山色、當湖水光，每縈抱於懷而不能去。己酉二月，都門閱肆見此，因亟存
之，不獨存名人手校之本，亦不能忘壻鄉之景物云。羣碧。

重修琴川志十五卷三冊　元盧鎮撰　清昭文張氏影鈔元刊本　清同治十年楊沂孫
手跋　（03277）

　　元刊盧知州琴川志，世無二本，嘉慶初，言耐思丈購得之，蓋瞿留守忠宣公
家故物也，粵寇之難，竟付劫灰。此乃張芙川倩人摹寫，悉存元刊眞面，校勘精
確，尤足寶貴。同治辛未花朝，次侯招飲觀梅，吳門徐君子晉携以見示，余向慕
此書，細讀一過，是夜留宿次公齋中，就枕已嚮晨矣！三月十二日，濠叟書。

嘉禾志三十二卷六冊　元徐碩撰　清袁氏貞節堂鈔本　清嘉慶庚申（五年）黃丕
烈手跋兼過錄錢大昕題記　　（03278）

　　嘉慶庚申秋七月，借錢少詹本手校訖。〔黃丕烈〕

　　〔過錄〕嘉禾志修於前至元甲申，至戊子歲刊行，其時江南初入版圖，惟沿
革、城社、戶口、賦稅、學校、廨舍、郵置數門稍有增改，其餘大率沿宋志之舊
文耳。卷凡三十有二，碑誌題詠居其大半，而守令題名闕焉。據唐天麟序，當有
四十五門，今數之止四十有三，疑非足本也。志載吳越靜海鎭遏使朱府君碑，云
寶大元年秋七月，終於靜海官舍，以其年歲次甲申十一月六日，厝於開元府海鹽
縣德政鄉通福里澉墅村之原。甲申即後唐同光二年也，吳越雖自改元，而碑文但
稱天下都元帥吳越國王，未嘗私立名號，其紀元亦但行於國中，此所以異於吳蜀
南漢，而終得保其家邦歟！壬子歲二月十九日，潛守居士錢大昕書。

　　此鈔本至元嘉禾志六冊，三十二卷，貞節堂袁氏借錢少詹本傳錄者，頃與嘉
泰會稽志並歸於余。余雖未借少詹本，時已惜其鈔寫不精，及假原本手校，知鈔
胥遇筆誤處，往往脫寫上一字而重下一字以足一行，且有無故而空一葉半葉者，
向非余之借原本手爲校勘，安知後之人不信爲本書面目固如是乎？雖原本亦屬抄
寫，較諸此本頗整齊，至於闕失訛謬，亦復不少，任讀者自領之。七月十五中元
節，黃丕烈識。

———————

嘉禾志三十二卷十二冊　元徐碩撰　舊鈔本　清咸豐戊午（八年）唐仁壽墨筆手
校並題記　又李文杏朱筆過錄管庭芬跋並手書題記　　（03279）

　　咸豐戊午二月，以馮孟亭先生校本勘過，其標京本者，其家所藏京中抄本
也。十四日北窗下記。端甫。

　　〔過錄〕至元嘉禾志刊本流傳絕少，近日抄藏者脫誤甚多，張丈叔未、錢丈
味根假戴氏、辛氏、沈氏諸本互爲補校，已稱善本。甲午秋，學師錢深廬夫子屬

爲校臨，閱三月而竣。今年客生沐茂才別下齋中，偶讀藏書，凡古志專集中，於是書有所補益者，復得數十條，因注明原書以正諸本所未及，并爲生沐另校一本，以待付梓，然其中尚多缺誤，是非明眼者莫能厘定焉，始信校書之非易云。時道光己亥十二月既望，海昌管庭芬芷湘氏記。

是書丙辰秋日鏡香茂才端甫得之吾禾書友沈秋泉者，脫訛幾不可讀，丁巳正月假硤川蔣氏別下齋藏本，屬爲傳錄校正諸條。兩本審對，復得異同數百字，二月十二日讀畢，因并錄管君芷湘原跋於卷末。梅會里實盦李文杏誌於海昌陳氏之雙清草堂。

————————

至元嘉禾志三十二卷十冊　元徐碩撰　清乾隆間鈔本　清嘉慶十九年趙泰手校並題記　又道光二十一年孫承輝手書題記　（03280）

右嘉禾志三十二卷，十峰沈君近從吳門購得，即于黃蕘圃先生處借歸藏本，屬爲參校，黃本後有跋語，云舊蓄袁氏貞節堂鈔本，嘗借嘉定錢宮詹家藏本手校一過，後又見吳枚庵家藏本，與錢本多同，間有一二勝錢本處，爰復覆勘一過，據蕘翁自識如此。今對勘之際，此本亦□錢本寫出，雖訛處頗多，視黃氏原本較勝之□□□覆校之本譌謬者曾□不少，總之俱非完本也，若欲付〔闕文〕善本子〔仔〕細覆閱□庶幾耳。嘉慶甲戌孟冬□□後四日，芸圃趙泰校畢手識。

右至元嘉禾志三十二卷，裝成拾本，予得自禾城書買，其中校勘極爲細密，應是好學深思之士，然其間錯字失句猶半之，而無從校正，殊以爲憾。此書著錄四庫，予特錄於卷首，冀異時有通知古今、博洽多聞之彥，深心攷訂者，予將就而是正焉，爰略記數行於後。時道光辛丑六月二十有四日，畊士孫承輝識。

————————

齊乘六卷六冊　元于欽撰　舊抄本　清黃丕烈手跋　（03283）

按此是明刻，然未究其爲何時所刻，頃從潤耷借得乾隆辛丑胡德琳序本，載

有嘉靖甲子杜子睿序，乃補錄之，此刻殆所謂嘉靖本歟？嘉慶庚申立春前一日挑燈書此，黄蕘圃氏。

周丈香嚴取余明刻本覆校，知第三卷末脫去五葉，擬轉從抄本補入，適五硯樓書目出，見有是書，遂假歸閱之，與余本並同，然卷端題銜與抄本合，其闕字俱有，誤字略去，驗其所有所去之跡，修改顯然，始知明刻亦有原板修板之別，余本爲原板，袁本爲修板，此所抄者時與袁本同，當據修板本爾。至結銜，原板反多前兵部侍郎云云，及後學四明薛晨子熙訂正一條，蓋修板時或去之，以偽爲元刻爾。書有一印本，即有一種不同處，至今益信，若此本蘇序及釋音皆闕者，當是所見之本失之，如袁本蘇序闕前半葉，釋音弁於卷一前，安知抄本所見非如是，而前俱闕失乎？周丈不以余言爲謬，已將拙跋附錄於此本，故敢覼縷述之如此云。閏月廿四日，自楓江五硯樓携修板本歸，順道持示周丈，既即翻閱一過，挑燈書。蕘圃丕烈。

金陵新志十五卷十六冊　元張鉉撰　元至正四年集慶路刊明正德十五年修補本
近人潘承弼箋識　（03286）

張鉉金陵新志十五卷，繼周應合景定建康志而作，其間有戚光之集慶續志，蓋竄亂不足以昭前業，宜廢棄不傳。斯志刊成於至正四年，以集慶學糧銷用不敷，分派溧陽州學刊雕五卷，溧水州學、明道書院各刊三卷，本路儒學刊造二卷，爲書千二百二十餘葉，板物價錢合中統鈔一百四十三定二十九兩有奇。明初板入南雍。至嘉靖時，南雍志載存書板千一百六十四面，蓋所失不及什一焉。此本亦明代所印，閒有正德十五年補刊之葉，元刻亦多漫漶，審爲嘉靖時印本無疑。全書版廣字疏，前有索元岱序，次鈔錄修志文，次臺府提調官掾職名，次修志本末，次引用書目，次總目，每半葉九行，行十八字，版心上註字數，下記刻工姓名。分卷十五，各系一類、曰圖攷、曰通紀、曰年表、曰疆域、曰山川、曰官守、曰田賦、曰民俗、曰學校、曰兵防、曰祠祀、曰古蹟、曰人物、曰摭遺、曰論辨，其體例略遵周志，謹嚴有法，蓋宋元志乘中之上駟也。至所引舊志，如史正志之乾道建康志、朱舜庸吳琚之慶元建康志、周成之方遜之咸淳溧水志、張侃之句曲志、趙廓夫之溧陽志，今無一傳，獨此志於數百年後得藏家抱殘守闕，

存一二於千百之中，非其幸歟？今周志得平津重雕不墜，而斯志於存亡絕續之
際，未有傳布之業，安得好古之士，發憤及之，俾與景定志同垂不朽，斯亦千載
一時之盛業耳。是本每卷前有海虞蔣養庵氏藏印。養庵何人，未詳，暇當撿邑乘
以攷之。戊寅八月六日，吳縣潘承弼讀於滬濱潤康邨寓廬，時金陵淪後之十月，
都城繁華盡付劫灰，展對斯志，不禁東京夢華之感。

────────────

蘇州府志五十卷附圖一卷二十冊　明盧熊撰　明洪武間刊本　清道光庚子（二十
年）黃廷鑑手跋　　（03329）

　　吳郡圖經自宋已亡，溯地志者，今惟范文穆吳郡志，及王文恪姑蘇志存而
已，顧范志刊于宋紹定，王志成于明正德中，惟盧克州熊曾于明洪武初撰有府志
五十卷，網羅散失，紀載翔實，當時絕重其書，國朝乾隆間修府志尚見之，厥後
三十年詔修四庫時，館中已佚，故于明初惟收無錫縣一志，蓋爾時藏書家已罕著
錄矣！緣范志經吾邑毛氏重刊，而是書自明初鏤版，至今時幾五百年，宜其傳本
之垂絕也。其書自宋端平後以訖洪武，歷百三十年，朝經再易，其間州縣疆域之
沿革，農田賦役之利害，與夫官師人物之廢置盛衰，非有是書，則宋元之之際紀
載中絕，故攷三吳輿記者，較范志爲尤重，宋文獻序稱，吳中地記向無完文，此
書損益舊典，遂爲一郡成書，非溢美也。此本錢唐何上舍元錫得之浙中，以贈稽
瑞樓陳氏，後歸恬裕齋。今秋子雍明經出以屬題，余爲詳其源委、著其存佚，見
此本爲佚而幸存之書，允爲鎮庫重寶，異日郡志重修，徵吳中文獻者，舍是編將
奚以槖筆從事哉！道光庚子秋九月朔，七十九叟黃廷鑑謹跋。
　　余昔撰三志補記，中有元州城攷，係友人屈偘甫軼借刻，以環山爲城，斷自
明嘉靖間築城始，余向亦竊疑之，今讀盧志，而知其說之果非也。據志中常熟縣
城圖，西有秋報、景瞻二門。由景瞻而西，環山而北至宣化門，界畫清析，城內
城隍廟、三皇殿皆在山麓，山上並無寺宇。其景瞻門無水門，元時爲小西門，度
其城址是從今城隍廟西，由嚴王弄循石梅白衣庵，環半山辛峰亭址，下包三元堂
而至平地。蓋茲山之勢，自西趨東南而止，乾元宮、極目亭踞山之巔，元城不過
從山腰環入一角，明宏治間山上城址已夷，無界域可憑，桑志城圖遂統山頭繪
入，故乾元宮、極目亭如今日之盡在城中矣。然按圖中秋報門即元時景瞻門故

址，與今之皁成門在西北隅者相遠，而城外南境山圖，以讀書臺爲始，益可證元城在山惟石梅至三元堂而已，其乾元宮、極目亭及致道觀嶽廟，本在城外。屈氏說據張永嘉吳文恪詩李氏印貼爲證，亦自非謬，而不知環山而城實始于士誠，特不若嘉靖時築大拓基址，包有全嶺耳，姚少師詩句「城半在山高」，李文安序云「倚山爲城」，皆切證也。今得據盧志城圖，復詳攷其實，以釋前疑，亦一快事也！是月重九前三日，拙經叟又書。

————————

常熟私志存三卷二冊　明姚宗儀撰　舊鈔本　清翁同龢手書題記　（03345）

此書爲邱曼如所藏，光緒庚辰曾榮購得，寄予京師。同龢記。

————————

吳江縣志二十八卷十二冊　明沈啟等修　明嘉靖戊午（三十七年）刊本　清光緒戊申（三十四年）羅振玉手書題記　（03351）

嘉靖吳江縣志二十八卷，嘉靖戊午刻本。此書湖廣等處提刑按察司副使邑人沈啟修，兵科給事中邑人徐師曾總修，前有嘉靖戊午邑令安邱曹一麟序，及洪武六年竇德□松陵志序、正統七年吳本增輯松陵志序、天順元年莫旦松陵志序、弘志元年莫周吳江志序、孫顯刻莫志序、正德二年吳江續志序、嘉靖戊申徐師曾續陳氏志序。蓋有明嘉靖以前邑志凡七修，此第七次修本也。然據莫序，洪武以來雖有志，然皆未刊，刊之實自弘治元年莫志始。此志以莫志爲藍本，而參以陳志，並增水利、戎政二門，紀述頗爾雅，亦詳贍有法，明代方志之佳者。明史藝文志方志著錄者不少，乃獨遺此，天一閣所藏明代方志亦夥，亦不之及，惟澹生堂書目有吳江縣志二十八卷，不署撰人姓氏及時代，然卷數與此合，殆即此志也。光緒丁未冬得于蘇州舊家，戊申正月八日題記，上虞羅振玉叔韻父。

————————

浙江通志七十二卷四十冊　明薛應旂撰　明嘉靖辛酉（四十年）刊本　清同治十

三年方濬師手書題記 （03388）

薛方山編浙江通志，自序十年間凡七謄稿，可謂勤矣。朱竹垞詩話曰，方山以帖括見長，所續通鑑孤陋寡聞，如王偁、李燾、楊仲良、徐夢莘、劉時舉、彭百川、李心傳、葉紹翁、陳均、徐自明諸家書多未寓目，并遼金二史亦削而不書，惟道學宗派特詳爾；憲章錄似未睹實錄而成者；若浙江通志簡略太甚，後之欲知前事，漫無考稽，文獻不足徵，是誰之過云云，然以明代百數十年來未輯之書，方山銳意成之，亦不可謂無功也。紀倭亂頗詳，獨載嚴嵩四絕句，歸美蓉江，是時嵩焰方張，方山屈意諂諛之，王門講學之徒，竟不畏千秋公論乎？竹垞但譏其簡略，失之淺矣！明儒學案載方山爲考功時，實王龍溪於察典，逢迎貴溪，則當時固有深非之者。方山紀述謂薛文清佐大理，引自王振，若辭而不往，豈不愈於抗而得禍等語，何明於責人而昧於立己哉？同治甲戌三月廿七日，退一步齋手記。

徐文貞序，盛推胡梅林禦倭，如云勳庸之盛，播諸聲歌、刻諸金石者，具載卷中，亦屬媚筆，梅林功過自有定論，特怪文貞未讀分宜詩耳，有明輔臣，文貞實非純一無偏者。雨聲不止，頗憂西漲，案頭閱此冊，再記數語。廿七日申刻。

───────────

海寧縣誌九卷二冊 明蔡完等修 明嘉靖丁巳（三十六年）刊本 清乾隆四十七年吳騫手跋，又清唐翰題手跋 （03393）

蔡古亭明府海寧縣志，在談孺木先生輯海昌外志時，云其板尚藏庫中，迄今百數十年，即印本且不多見，比予訪購有年，昨歲聞梅里李氏有是書，屬苕上吳良輔物色之，今夏始得，卷帙完整，洵足珍也。方良輔之得也，中途有人欲邀之，良輔曰息壤在彼，卒以遺予，竟不持一錢去，是亦估而有士行者與！乾隆四十七年立秋前三日，槎客吳騫誌。

苕上吳良輔不渝初諾，槎翁特書于跋尾，曰估而有士行以表之，所謂觀人必于其微也，彼士而爲估行者，覽之能無內愧？戊辰四月十八日，鷦安手記。

凡例首列一條，與余昔日之議論相符，吾郡趙圖記正坐是病。志乘體例自有

一定，頒自朝廷，尤應遵守，何秉筆者每自逞臆見，以炫才華，若勝國諸志皆能一遵定式，如蔡明府之卓識，古本流傳何至刪汰罕存耶？然以余所見，尤莫甚于姑蘇志之于盧志，趙圖記之于至元嘉禾志，書此以諗有識之君子。次日又記。

────────────

海昌外志八卷八冊　清談遷撰　清康雍間鈔本　清同治九年唐翰題手書題記　（03394）

　　海昌外志，舊鈔本，向爲朱氏潛采堂、龔氏玉玲瓏館藏本，後歸拜經樓，與嘉靖海甯縣蔡志，均費數十年搜求而得者，見槎翁跋蔡志後。今兩書幸並落吾手，當益念前人得之之難，而慎寶之，是亦讀書好古之志存心之一節也。余自幼有書癖，而深知得書之不易，因記于卷首，以告後人之能讀是書者。時在同治庚午八月二十二日，重整拜經遺書記，是本與蔡志同錄入題記卷三地志目中。

────────────

海寧志略一卷補遺一卷附錄一卷一冊　清范驤撰　清道光甲辰（二十四年）管廷芬手抄本　管廷芬手跋　（03396）

　　道光甲辰小暑後一日，從范默菴先生手稿校錄甫畢，時距始抄已匝月矣。邑後學管庭芬謹誌於別下齋。

────────────

修川小志一卷一冊　清鄒存淦撰　清同治三年著者手定底稿本　著者手書題記　（03398）

　　長安鎮志。予成此書，頗費心機，惜藝文二卷稿本不存，故僅得十四類云。予家自長一公遷長安，凡十四世，而粵匪擾浙，梓里爲墟，當吾身而避居山陰之斗門鎮。奈故鄉立錐無地，烏可復居，聊作此書以消悶懷，亦藉以寄故鄉一時文獻，後之人其鑒諸。同治甲子題饒節後一日，海昌鄒淦偶題。

道光會稽縣志稿二十五卷五冊　清沈元泰、王藩合編　舊鈔本　近人王世裕手書
題記　（03430）

　　道光會稽志稿，爲父執沈墨莊先生元泰暨族伯蓉坡先生藩所輯，尚未成書，
原稿藏墨莊先生哲嗣履生先生祖憲家，履生先生彌留，遺命後人以稿付裕亟錄副
藏之，原書仍返其後人。履生先生相期之意至深，裕受此書，深懼弗克負荷，已
而邑中有修志之舉，裕復謬廁其役，乃商諸同人，先以是稿付刊，今國立中央圖
書館下徵此稿，遂以所藏副本獻，並誌緣起，不敢没諸先生苦心也。中華民國二
十六年六月紹興王世裕子餘甫謹識。

日下舊聞四十二卷六冊　清朱彝尊撰　葛繼常刪節　清嘉慶甲戌（十九年）海昌
葛氏手鈔本　清鴻叟氏手書題記　（03543）

　　錢警石先生曝書雜記云，近時海昌喜鈔舊籍，而端楷不苟者，莫如郭溪葛洴
南繼常，余嘗於管芷湘庭芬處，見其手鈔談孺木海昌外志、周松靄海昌勝覽，因
至郭溪訪之，相與訂交，洴南誠淳篤君子也。按：雜志又云，洴南與芷湘同留心
掌故之書，而芷湘尤精目錄之學，此摭抄竹垞原書，摘要探元，致爲精善，書法
雖非端楷，而自有一種淳朴古茂之氣，洵可寶也。鴻叟記。

張秋志十二卷四冊　清林芃重修　馬之驪補　傳鈔清康熙九年重修本　清王家騏
手書題記　（03608）

　　吾邑乾隆刊本縣志迄已流傳不多，自今未有續刊，余爲攷察邑之掌故，一切
風化人物，欲搜尋久矣，昨于張孝廉鴻儒處得獲觀閱，多年素志，一旦得償，樂
何如之，因張公家藏之物，未便割愛，乃假錄一過，裝訂成帙，特誌。後學王家
騏題。

絳州志七卷五冊　明王珂撰　明正德十六年刊嘉靖間修補本　清黃丕烈手書題跋
（03677）

　　是書得於攜千金方來之書友，其意不在此絳州志，余因無所交易，聊以家刻
小種易之，書載內閣藏書目錄，可寶也。

　　乙亥夏五月二十七日，梅雨曉晴，有書船估人從胥門訪余於縣橋，蓋其囊中
攜有元本千金方在也。千金方元本，余所見不下四五部，皆索重直，卒未之買，
而此本目錄後有碑牌，可知翻刻之由，蓋因近得前宋金匱官本故也，余雖不能買
此書，而此一語可證錢遵王「閣宋本鈔」之說，即出是刻也，因附識之。

　　余往聞杭州瓶花齋吳氏，有舊地志幾楹，大半爲余同年張子和買歸。子和本
昭文人，癸丑成進士，授庶常，告假歸，掌教紹興之蕺山，故於杭獲之也。今人
已故，而物之存否未可知。今明刻絳州志亦出瓶花齋，卷中吳城字敦復一印，即
其主人，余故樂有是書，并藏書者而表出之。乙亥仲夏，復翁偶記。

口北三廳志十六卷三冊　清金志章撰　清乾隆二十三年刊本　清光緒二十年李文
田手校並題記　（03769）

　　口北三廳志，十六卷，錢塘金志章官口北道時所撰，刊板後剷削其忌諱字
句，此據〔闕文〕本補錄之，以存原本。光緒甲午〔闕文〕。

秦邊紀略四卷一冊　清不著撰人　李培輯　清末刊畿輔叢書本　清李文田手批並
過錄跋語　（03806）

　　此書提要存目作四卷，不著撰人名氏，以首卷河州注有康熙年號，定爲康熙
間人作。按：章實齋劉湘煃傳云，寧都梁懷葛著秦邊紀略，有書無圖，湘煃得
圖，以校其書匝合，疑即梁圖，而與方輿紀要頗有齟齬，湘煃合訂爲秦邊紀略異

同考六卷。知此書爲梁著。又案：劉繼莊廣陽雜記云梁質人留心邊事已久，遼人王定山燕□爲河西靖逆侯張勇中軍，與質人相與甚深，因之徧歷河西地，故得悉其山川險要、部落游牧，暨其彊弱多寡離合之情，著爲一書，曰西陲今略，歷六年之久，寒暑無間，其書始成。書凡五冊，冊各百餘紙。蓋即此書，初名西陲今略，後改曰秦邊紀略耳。又按：存目有梁份懷葛堂集十五卷，提要云份字質人，南豐人，嘗學於寧都魏禧，實齋云寧都梁懷葛，亦誤也。此本五冊，與廣陽雜記所云相同。前有印曰石匏，朱文，後有印曰張開福印，四字白文。石匏爲海鹽明經，嘗就諸城劉燕亭喜海之聘，燕亭觀察延綏，石匏在其幕中，此蓋行篋中物也。惜劉君異同攷已久佚，無從校證耳。

右一條從繆小山編修所藏謄入之。編修本凡五卷，與劉說相應。

吳地記一卷一冊　唐陸廣微撰　舊鈔本　清袁廷檮手跋兼過錄錢大昕題記　（03809）

〔過錄〕陸廣微事跡無可攷，據其書云，自周敬王六年至今唐乾符三年，則是唐僖宗朝人，而唐書藝文志不載是書，至宋志始著於錄，若夫吳江一縣置於吳越有國之日，卷內有續添吳江縣云云，殆後人羼入耳。壬子春二月庚子朔，錢大昕記。

丙辰秋九月六日戊申，借潛研堂鹽邑志林本校，并錄此跋。案：吳郡志所注出於吳地記者，今書中不載者多，則此本已非全書，乃後人採輯之本也，而范氏所見者，猶是未損之趙璧與？袁廷檮識。

雍錄十卷五冊　宋程大昌撰　明新安吳琯校刊古今逸史本　清道光二十八年章綬銜手跋　（03810）

程大昌是編考訂關中古蹟，以三輔黃圖、唐六典、宋敏求長安志、呂大防長安圖記，及紹興秘書省圖（案書中稱閣圖即秘書省圖）諸書互相考證，於宮殿、

山川、都邑皆有圖有說。謂三輔黃圖由唐人增續，初非親生漢時目覩漢事，故隨事立辨，不以其名古而不敢置議；長安志最爲明晰，然亦時有駁複；呂大防圖凡唐世邑屋宮苑已自不存，特其山川地望，悉是親見者，故本而言之，若與古記不合，亦復訂正。其參校亦可謂勤矣！今考其書，如函谷關參都邑之中，太子宮序職官之次，地圖之後忽立書目數條，都邑之前突出山名一處，驟然尋之，不得端緒，體例稍爲叢雜。又集古諸錄所列碑刻，自獵碣以外，罕登紀載，考古圖有簞□宮，亦不著其名，蓋但憑圖籍，而不考金石之文，故未免于疎漏，然其蒐羅既富，辨證亦詳，在輿記之中，固爲最善之本也。明代陝西諸志，皆號有法，其亦以是數書者在前歟？考大昌之時，關中已爲金土，而隔越江表爲隣國著書，殊爲無謂，蓋孝宗銳意恢復，有志中原，大昌所作北邊備對一書，即隱寓經略西北之意，此書猶此志焉。于第五卷中，特捌漢唐用兵攻取守備要地一圖，其圖說多舉由蜀入秦之迹，與郭允韜蜀鑑所謂由漢中取關陝者，大旨相合，其微意固可見矣！道光戊申中秋前二日，瓜纑外史章愫書於讀騷如齋。

洞霄圖志六卷附洞霄詩集六卷一冊　舊題元鄧牧、孟宗寶等撰　舊鈔本　吳岫手跋　（03812）

　　洞霄宮乃宋大臣休養之所，其勝可觀。洞霄圖志六卷，元人鄧牧所編；洞霄詩六卷，本山孟宗寶編。此元刻本也，後人續刻八卷並行于世。吳岫識。

重修厓山新志五卷八冊　明黃淳等修　明萬曆辛亥（三十九年）刊本　清金武祥手跋　（03815）

　　厓山志跋。厓山志五卷，明張詡撰。詡字廷實，番禺人，進士，通政司參議。詡書成於弘治十六年癸亥，自序稱十有八卷，僉事晉陵徐紘實贊成之。萬曆丁未黃淳、許炯重脩之，許序稱定爲十類，然約計其目，曰像贊、曰帝紀、曰詔勅附奏疏、曰三忠傳、曰列忠紀、曰宋遺民紀、曰形勝、曰陵墓、曰紀異、曰奏請祠祭儀注公移祭文、曰碑文、曰雜著、曰題詠詩賦前冊後冊，不止十類，分編

五卷，無舊志十八卷之多，疑黃許所脩者，多所刪并耳。今所見黃許重脩本，計三百四十七頁，蠹蝕破損、殘缺不完，然各體俱備，亦可考祥興之大略矣！丙辰五月，江陰金武祥。

———————

直隸名勝志四卷三冊　明曹學佺撰　明萬曆間侯官曹氏刊本　清光緒二年吳門寒叟題記　（03817）

直隸名勝志四卷、山西名勝志三卷，乃明閩中曹學佺著，此尚係萬曆原刻，雖序目均皆闕去，然吉光片羽，固可珍也。光緒丙子夏五月六日，吳門寒叟付裝并識。

———————

白鹿書院志十七卷四冊　明李應昇重訂　明天啟壬戌（二年）南昌官刊本　清光緒元年陳其榮手跋　（03871）

盧山名勝甲於東南諸省，尚有佛寺不下數百處，代遠年湮，大半廢棄，獨此白鹿洞係唐時李渤隱居舊址，至南唐時建立書院，聚徒講學，今書院雖亡，而此志猶存，亦足爲後學之考證也。光緒元年乙亥正月，嘉興陳其榮誌于吳門客次。

———————

昌平山水記二卷一冊　清顧炎武撰　清虞山錢氏述古堂鈔本　清錢曾、韓應陛各手書題記　（03885）

細按記中所載，與圖小異，俟另考。

圖左下有「細按記中所載，與圖小異，俟另攷」十三字，審係遵王手書。咸豐八年十月一日，應陛。

———————

虎丘山志不分卷二冊　明王賓撰　茹昂重編　清吳氏古歡堂傳鈔明成化丙午（二十二年）刊本　清嘉慶二十三年吳翌鳳手跋　（03896）

　　余舊藏文肇祉虎丘山志四卷，已佚，此王賓元本，茹昂重修者，係山志祖本，成化刊板，字法圓美，不讓宋槧，流傳絕少，士禮居主人向以二十金購之白隄錢聽默，嘉慶乙亥秋七月假歸展玩，恐傷元紙，不敢映摹，但遵其行款，用別格謄寫云。七十四叟句吳枚庵氏并識。

　　茹昂此志本於王高士賓，是爲祖本，士禮居黃氏藏有明初刊本，字跡渾厚，紙墨古雅，不異宋槧，蓋以兼金一鎰購於白隄錢聽默者。予借以傳鈔，既逾半，目力昏眊，不能復作，屬黃氏之戚丁生足成之。前此，甲戌秋嘗借錄王仲光所輯虎丘詩集，計四十九番，係天籟閣項氏藏本，朱竹垞跋之，見曝書亭集中，顧闕其卷首，今閱此志，前後增多詩五十六番，知竹垞當日亦未見是書，則吳越藏書家無二本可知矣。集中詩不盡佳，并有絕可笑者，而虎丘築城，吳中地志略不之及，非得是書，何從知之邪？其有補于掌故非淺也！嘉慶二十三年六月廿九日，枚庵鈍叟吳翌鳳書於古歡堂，時年七十有七。

────────────

牛首山志二卷四冊　明盛時泰撰　明萬曆七年刊本　明崇禎十一年徐𤊟手書題記　（03918）

　　金陵天闕山，其名肇自晉王丞相，盛仲交輯山志二卷，但採近代詩文，而先朝著作概未及收，至於仲交自言，國初袁景文、高季廸、劉子高皆有刻集，亦不見傳，又楊東里、解春雨、吳匏菴集俱不能獲，是知仲交家鮮藏書，草草據目前所見者而錄之，譬之三家村設賽□大會，動輒弗備，甚矣，著書必資於博雅，□必資於載籍耳。予兒有書癖，行經吳市，見而購之，正在除夕之前，客邸闃寂，細爲披閱漫識。崇禎戊寅，七十翁徐興公書。

────────────

橫山志略六卷四冊　清顧嘉譽撰　清稿本　清王芑孫及無名氏各手書題記　（03949）

甲子年，楞伽山民子長觀。

此横山志略六卷，顧嘉譽撰，寫本整潔，首尾完具，似將登版而未果者。嘉慶甲子之冬，余自揚州還家，扁舟往視蒲褐老人於泖上，老人有僕曰張福者，以錢百五十得此於閶門市中，以示余，余以其中多吾家故事，因從索得。志雖雜集府縣志，稍益近人譔作，於吾鄉文獻無大關繫，要是一方考鏡，宜藏余楞伽山房者耳。乙丑正月二十日，惕甫識。

横山志無刻本，庚戌年得之於譚篤生，部首有圖不全，是夏酷暑無聊，因補之。存有王惕甫跋，眞跡也。篇首圖章多有挖痕，或爲名家存物，臨售去之，畏人知也，聚散無常，不僅書也，何必如此？以余所思，倘後世子孫不能讀，有人購而讀之，不徒書之幸，是亦存者之幸耳，奚用畏爲？宣統二年七月廿五日，早朝歸來偶記。

東山志十九卷六冊　清謝鍾和重編　清乾隆三十五年餘姚謝廷輔手鈔本　謝廷輔手書題記　（03951）

東山舊誌自晉太傅文靖公相傳，而書內貴賤隱顯井井有條，毫無舛錯。至今康熙年間，舊誌零落不全，中憲公鍾和重叙世系，刻板刷印以來百有餘年，而今刻板殘缺無完，難于刷印，故特薰沐手錄，使後裔展卷瞭然，得覩歷代先賢之德。再者，我房叔姪兄弟輩切記珍藏，則可自讀，不可輕借別人觀看，尤恐被人餘〔遺〕失，倘有不省悟者，即爲不孝，尤宜謹之愼之。乾隆三十六年，歲在辛卯仲冬，四門後裔孫廷輔謹識。

公鍾和原名亮垣，字薇居，太傅文正公七世孫秉适公字伯韜之長子。四任至四川龍安府知府，初任山東青州府經歷，貳任福建福州府都司經歷，三任直隸大名府清軍同知。

水經注四十卷六冊　漢桑欽撰　後魏酈道元注　明嘉靖甲午（十三年）吳郡黃省

曾刊本　近人王國維、沈曾植各手校並跋　（03955）

　　烏程蔣氏傳書堂藏永樂大典四冊，自卷一萬一千一百二十七至卷一萬一千一百三十四，凡八卷，皆八賄中水字注，乃水經注之卷一迄卷二十也。余取以校武英殿聚珍版本，知聚珍本雖云出自大典，然大經東原改定，除改正經注、釐定錯簡外，改字極多，然皆不注所本，而但注近刻異文，一若大典本必與近刻異，而與所改定者同，然核之大典，則什九同於近刻，而大典佳處，戴校亦未能盡，戴校誠爲近世第一善本，然若以爲大典本如是，則未免誣大典，并誣戴校矣！校聚珍本畢，乙庵先生復出此黃勉之刊本，屬校大典，復以大典及校聚珍本檢校一過。此本原出宋刊，觀其錯葉，實與宋刊殘本行款全同，蓋與大典所據之本同出一源，而文字頗以大典本爲勝，蓋大典從宋刊錄出，而此或據影鈔本也。此本世頗罕見，今又得大典正之，欲求酈注善本，當以此爲荆山之璞矣！壬戌上巳，海甯王國維記於海上寓居之永觀堂。

　　宋本十一行二十字，此本半葉增一行，又記。

　　宋本每半頁十一行，行二十字，亦有廿一字、廿二字者。避諱敬、殷、朗、鏡等，皆北宋，不及南宋。存十六至十九，又三十九、四十兩卷，上角大半殘闕。十七卷末有東坡居士白文印。

──────────

古今遊名山記十七卷附總錄三卷十二冊　明何鏜編　明嘉靖四十四年括蒼何氏原刊萬曆丁酉（二十五年）何應乾修補本　芥菴老人手書題記　（04023）

　　人生隙駒耳，不一舉足，安能萬里？生平雅慕岳游，乃乙酉初秋寓衡，久之，有曹總戎及朱鄭諸郡倅爲地主，而不得一攬祝融之勝，時戎事交錯，人有戒心，至今恨之。名山遊記近已有刻本，而不及此刻之精好，又字畫無一缺誤，足可傳也！丁酉初夏，早起披閱，因題以貽厥后。芥菴老人書，時正七旬。

──────────

遊名山記不分卷　明徐宏祖撰　舊抄本　清碧岑氏題記　（04028）

遊山記三卷，閱係前明徐子霞客遊歷之筆也，書不多見，知爲外祖海峯公珍
藏，傳之裏手，經數十年，暇則閱讀，如歷勝境，是以什襲而藏，俾傳之子孫，
永當珍重善藏者矣。辛丑三月，碧岑拜誌。

———————

出塞紀略一卷一冊　清錢良擇撰　舊鈔本　清光緒庚寅（十六年）劉毓家手書題
記　（04032）

王東漵柳南隨筆云，吾邑錢玉友良擇詩十卷，名撫雲集，古體規昌黎，今體
橅昭諫，氣雄調響，見者率震而矜之，然如米氏作字，祇知險絕爲工，而赳赳自
雄，去鍾情王態遠矣！光緒庚寅孟秋，江山劉毓家須泉甫錄，時在江蘇書局之謨
觴深處。

———————

北戶錄三卷一冊　唐段公路撰　鈔本　近人張步瀛手校並跋　（04041）

此本譌字特多（未的者不敢注字），未知所據何本，有注原闕者，當爲所據
本之舊闕也。所引賈思勰書，一二處作齊人要術，尚是唐人原本，餘皆爲後人改
作齊民矣。中引司馬相如凡將篇薾菁當門，注引證俗音音冥，檢字書都無薾字，
惟類篇艸部有薾，謨奔切；薾冬，艸名，更無他解，則爲天門冬，俗加偏旁之
字，與說薾菁無涉；詩、爾雅、方言所詳薾菁諸名，若葑菲、若菲芴、若葑蓯、
若蕡菜、若薲蘾、若葑之類，其字亦與冥之一音不合，惟爾雅釋文，引中山經條
谷之山其草多芍藥薲冬，薲與薲形頗相近，或薲譌薲，又轉俗爲薾乎？然與音冥
又隔，未知究係何字也？又引說文有芺字，今竹部無此字，據類篇芺引字林無節
笝（今本譌作笝），則其字似出字林，不出說文，或季公肮記之誤。丙辰十二月
初十日，燈下讀畢記，張步瀛。

———————

東京夢華錄十卷一冊　宋孟元老撰　舊鈔本　近人王蒼虬手書題記　（04049）

　　我國無社會史以紀民間生活之常、風俗之異，竊嘗憾之，欲就歷代錢幣之行用及制度之良窳、斗米尺布之值，以證各地民生之豐嗇，以補從來史氏所未備，茲事體大，有志未逮。夢華、夢粱二錄，抑趙宋社會之專書也，吳自牧書故無舊刻，孟元老書惟汲古閣祕本書目載有宋刻，黃蕘翁以弘治本、元槧本校而疑之。近人影印毛鈔，名爲影宋，實則板大字細，惟祖宗二字空格，仍不外元本耳。士禮居之元本久離中土，余往年遘弘治甲子重新刊行本（十六行字）已爲最古，字大紙潔，均用弘治正德（十二年止）公庫字紙，古香斑斕，別饒奇趣，酷愛好之，然以所藏吳書爲鈔本，頗思再得孟書鈔本以作延津之合。前日偶坐書坊，示余二鈔，一蟋蟀經僞書，而不舊，一此本，則三百年前物也，更舊於向藏之吳書，草裝無損，歷劫不磨，遂諧價得之，補錄趙跋於後，以校新印毛鈔本前多一序，居然完美。每葉二十行，每行二十一字，逐卷連接，款式亦古，但與刻本不符（疑亦從鈔本出），不無譌處，容精神稍旺，再校以弘治本，然蕘翁跋此書，云不必定以刻本爲勝也，姑記得書之歲月。時中華二十五年六月二日，即丙子四月十三日，雨窗，殷泉。

東京夢華錄十卷一冊　宋孟元老撰　清道光十二年大梁常茂徠手鈔本　常茂徠手校並題跋　近人鄧邦述手書題記　（04051）

　　全部皆極寫東京之富麗，故不惜委瑣詳細，必使毫髮無遺，此作者本意也，乃艮嶽爲一時巨觀，且以萃天下之名勝，獨缺而不書，何也？謝樸園序云，僅於獨木舟句下，有皆進花石，朱勔所進一語，指以爲爲宣和諱，以余觀之，諱誠是矣，而爲宣和諱則非，何則？花石之進，專其事者爲太守朱勔，艮岳之築，專其事者爲戶部侍郎孟揆，揆非異人，即元老也，元老其號，而揆其名者也，藉使元老非揆，艮嶽之成，徽宗且有記矣，且係言其盛矣，元老亦何所忌諱而憚而不之書哉？推元老之意，亦知其負罪與朱勔等，必爲天下後世所共指責，故隱其名而但著其號，使後之讀是書者，咸知爲元老作，不復知其爲揆，此蓋其巧於自匿，竊玩愚後之讀其書者，而觀者不察，反以爲爲宣和諱，誠如是也，非獨元老所深幸，抑亦元老所竊笑矣！秋厓書。

　　夢華錄久刻于叢書中，此鈔本爲大梁常秋厓所校錄，後跋以元老爲孟揆，謂
書中不載艮嶽事實，元老自諱其罪，言至深刻，爲前人所未道，惜揆字元老，別
無左證，然前人讀書，細心處不可掩也。徽宗以文采自矜，窮極奢靡，余讀南燼
紀聞、北狩見聞錄諸編，未嘗不傷其前後之遇，視明皇馬嵬之行又加甚焉。嗚
呼！明皇初政，上媲貞觀，一楊國忠遂搆安史之亂，況於道君，乃用蔡京、童
貫、朱勔諸人，而又不度國勢，輕啟邊釁，豈非自貽伊戚耶？近世盛言責任內
閣，而皇室經費又別有規定，使足用而民不擾，此制果善，則艮嶽之作、花石綱
之運，其亦不至於亡宋歟？世運變遷，吾願謀國者之有鑒於古也！正闇學人。

────────────

中吳紀聞六卷四冊　宋龔明之撰　明末海虞毛氏汲古閣刊本　清光緒間鄧邦述手
書題記又過錄毛扆、陸貽典、鮑廷博、劉喜海諸家題記　（04056）

　　中吳紀聞一書，余往在吉林，曾假呂溉生過錄之本一校，前年居京師，坊友
告余，南中得此校本，索價極昂，因亟觀之，乃毛氏原本，遞經淥飮、燕庭藏勔
者，宜其貴抵兼金也。與前所校出入甚少，蓋溉生傳錄之本，即臨義門轉錄毛
校，仍是崑山葉氏本，唯迻寫有先後耳。余前十年校書殊不工，後與亡友吳佩伯
交，見其讎事精能，奄有蟬隱之長，始加功力勉隨其後，故續校差勝，又備錄諸
家藏跋，書經兩次詳校，或可無憾。既錄竟，付工重裝，會裝者有家事，直至今
歲始得裝成，因記其次第如此。近世毛氏刻書亦貴於往日，況經斠酌讎校，後人
勿輕視也。距斧季校書後第四己未九月，五星聯珠之夕，正闇寫記。

　　〔過錄〕世傳中吳紀聞，大約嘉靖以前刻本，其式雖古雅，而字句紕繆甚
多，後有若墅堂本亦然。丁巳秋，先兄華伯歿，檢其遺籍，得家刻樣本，方知先
君子曾付剞劂，但未流通耳，遍搜其板，惜十缺其三矣！今年自春徂夏，鳩工重
整，缺者補之，譌者正之，始復爲完書。中元前四日，訪崑山葉九來，以一冊贈
之，九來爲文莊公後人，文莊藏書甲天下，天下所傳菉竹堂書目者也，因訪其藏
本，答云此書尚屬文莊故物，未〔惟〕目前未遑遽檢，時余將詣金陵，叮嚀再三
而別。秦淮返棹後，造九來申前請，則已檢得矣，並指示是正者一百三十餘處，
且多補錄一則，不覺狂喜叫絶，遂與借歸，窮一日夜之功，乃校畢焉。菉竹藏本

係棉紙舊抄，行數字數俱無定準，每卷首尾間一行連寫，開卷有文莊名字官銜三印，卷末一行云，洪武八年從盧公武假本錄傳，蓋是書賴公武搜訪之力，表章至今，此從其借錄者，焉得不善。余獨念先君藏書自經分析，廿年之內散爲雲煙，葉文莊子孫不啻數世，尚能守而弗失，健羨之餘，感慨係之矣！讀吾書者，亦將有感于斯焉！己未重陽前四日，毛扆識。

七月間，余游金陵，訪書于黃俞邰，携一冊贈之，次日，俞邰造余曰，昨惠紀聞，序文有一譌字應改。余問何字，俞邰曰，「文人行」應是「丈人行」，余曰，恐「行」下有脫字耳，愈邰不以爲然。及歸，借菉竹堂鈔本，「行」字下果有「士」字。因思昔年抄李燾長編，中載翰林之選甚難其人，有「詔畫出人盡哂之」七字，馮寶伯語余，「畫」字應改「誥」字，余反覆詳玩，乃「詔書一出人盡哂之」，傳寫之誤，乃合「書」「一」兩字爲「畫」耳。因知校書以決疑爲第一要義，不可妄加塗乙，吾子孫其善佩之哉。汲古后人扆。

〔過錄〕葉抄舊本重校。己未九月十七日，覯菴陸貽典記。

〔過錄〕乾隆己酉十二月廿七日，購於吳郡紫陽居書肆。知不足齋記。

〔過錄〕義門先生跋語，云毛斧季從崑山葉九來借得舊錄本，乃其先文莊公菉竹堂所藏故物，開卷有文莊名字三印，卷末一行云，洪武八年從盧公武假本錄傳，此書始自公武訪求校定，復出於世，此同邑錄傳之本，宜其可從是正也。
越三日再讀浙藩公廨蓬巒軒。燕庭。
道光戊申五月二十八日，得此本於杭郡吳山積書堂，距鮑淥飮得此書時花甲一周矣！燕庭志。

————————

夢粱錄二十卷四冊　宋吳自牧撰　清乾隆庚辰（二十五年）東里龔雪江手鈔本
無名氏題記　（04065）

夢粱錄二十卷，龔雪江據徐紫山本繕錄，而參以郁潛亭、鮑淥飮諸本，故較鮑刻遠勝，溢出文字至數千之多，乃其跋語猶坎然不自足，且如是巨編，密行精

楷，始終不懈，古人功力之勤，安得不令人驚歎耶？辛亥菊秋，據校知不齋刊本
畢，記之。山陰沈氏樊香閣一印或云即沈霞西，然余僅知其爲鳴野山房也。

————————

武林舊事六卷二冊　宋周密撰　明正德戊寅（十三年）杭州知府留志淑刊本　清
□銓手書題記　（04067）

　　四水潛夫，宋周公謹號也。公謹名密，烏程人，烏程有雪溪四水交流，故以
自號。寶祐間嘗知義烏縣，咸淳中又爲豐儲倉，宋亡不仕，寓居錢塘癸辛街，以
著述自娛，是書亦其寓居時所輯也。舊傳爲十二卷，茲刻已逸其半。余所知若高
宗幸張府節略，及齊東野語所稱約齋賞心樂事數則，當補抄增入。甲午八月銓
記。

————————

武林舊事六卷後集四卷二冊　宋周密撰　清乾隆丁酉（四十二年）杭州汪日葵夙
夜齋刊本　清嘉慶間黃丕烈、陸拙生各手校並題識　（04069）

　　舊刻止有宋廷佐六卷本，祕笈所刻有後武林舊事，未之見也。近日知不足齋
叢書謂參酌於宋陳〔原作商，後改爲陳〕兩家刻本，然非其舊矣，詞句尚多佳
處，讀者可以鮑本爲據。余喜蓄古書，宋廷佐本向亦有之，時以明刻未之珍惜，
已易去，今但存影抄本矣！復翁記，辛未仲冬。
　　鮑叢書據陳祕笈本校後武林舊事，余誤陳爲商。壬申春覆勘記。
　　舊鈔補叙一篇，係遵王手書者。此本今在周香嚴令似漱六居，余於夏間借歸
手校，其墨校者，余悉據改，其朱校屬西賓陸拙生臨之。復翁記。

　　嘉慶辛未冬，重錄錢遵王所藏舊鈔本朱校。陸拙生記。

　　辛未大除，偶過五柳居，主人出祕笈相示，因從彼借武林舊事歸，祕笈以綦
待詔已下爲一卷，後分二、三、四、五卷爲後武林舊事，總成五卷，余取校于此
本。壬申正月廿一日校訖記。復翁。

卷五、卷十末有此標題：「錢遵王述古堂藏書」。

平江記事一卷一冊　元高德基撰　影鈔元刊本　清道光十七年李兆洛題記　（04073）

是書舊聞筆錄之流，寥寥四十餘則，而疏證方志，頗見明通，隨□軼聞亦間有足裨元史之漏者。四庫書收附存目中，邇時常熟張海鵬刻之墨海金壺中，此本則尚是元刊元印，楮墨精雅可愛，生甫以賤估獲之廢書肆，裝以示予，喜而識之。道光十有七年，萬壽祝釐之辰，在揚州都轉署，李兆洛。

金陵瑣事四卷續瑣事二卷二續瑣事二卷八冊　明周暉撰　明萬曆庚戌（三十八年）原刊本　近人劉之泗手書題識（04080）

丁卯六月，奉先大夫之喪，營葬於小丹陽，歸過金陵，訪得宋紹興丁丑劉季高題名於鳴羊街胡氏愚園中，嗣檢白下愚園集六朝石題詠，中有上元孫澄之先生攷一首，云讀周吉甫金陵瑣事，知季高題石即張乖崖之醉石，余因從蔣蘇龕學兄假得此書，檢其言，與澄之先生合。

中州雜俎三十五卷八冊　清汪价撰　清陳氏德星堂烏絲欄鈔本　清道光十五年方載豫、民國二十八年張繼各手書題記　（04087）

寫本中州雜俎三十五卷，三儂外史汪价介人撰述，無序，德星堂陳氏舊藏本。道光十五年七月，以錢二千文買自考棚書肆。考虞初新志中，載有三儂贅史汪价廣自序一篇，內有余行李半天下，言兩河者前後十數年，始於李御史察荒幕，後爲買大中丞召脩省志；又曰，庚子脩豫志，午日中丞邀飲，令草葛王優劣論；又曰，豫遊最久，作中州雜俎二十四卷云云。據此，是書或其脩志時芟落之

稿，未可知也。以時考之，庚子則順治十六年也，唯廣自叙云二十四卷，今寫本
乃三十五卷，又知不誰氏所分。書極辯博，不無龐雜，如以金龍四大王爲洛口大
王，楊應龍非楊行祥辯之類，存之以備考核可也。道光十五年九月初五日，松槃
方載豫書識。

　　民國十三年居汴，偶於小書店購得此鈔本，價廿五元。張鳳臺曾刻行，缺天
函二卷，此則全璧也。當時借於允丞，十四年國民軍敗，允丞倉卒携至晉，嗣乃
還余。倭寇陷蘭都，藏書遺失殆盡，而此本仍隨余行，撫之慨然。民國廿八年二
月二日，張繼識於重慶廋田灣。

黔書二卷二冊　清田雯撰　清乾隆二十八年魚元傅手鈔本　魚元傅手跋　（
04089）

　　是書爲田先輩雯所譔，曾于陸子鶴倫齋見之，每欲假閱，輒因循未果。陸子
名梅，喜讀書，得秘本必手自鈔寫，丹黄校勘不倦，於雍正壬子、癸丑間，下榻
予外家太原氏，過從更數，析疑問難，相洽甚歡，迨歿後，長物幾不可復問。歲
壬午，訪許唅亭於古石屋，復見之，詢所自，知從陸本鈔出，即假歸，閱兩月，
繕錄此帙。噫！三十年往來胸臆，而一旦得之，慰何如也。雖然，追思舊雨，漸
化晨星，而余髮種種，殆將老矣，覩物捫懷，曷勝根觸！唅亭爲吾先友巨源先生
孫；淳，其名也。能古文詞、畫竹。由是觀之，一書之微，遇合有數，況其他
乎！書此以告後之讀者。
　　乾隆二十有八年，歲在癸未秋九月既望，東川主人魚元傅重讀一過漫識。

西藏紀述一卷一冊　清張海撰　鈔本　清光緒二十年李文田手批並跋　（
04103）

　　右西藏紀述一卷，門人汪穰卿進士所藏。其撰人自稱曰海，不著其姓，穰卿
刻入叢書，題曰張海，知爲姓張，亦未知其籍何郡縣也。官敘永廳照磨，撰成此

書。光緒甲午十月，順德李文田記。

————————

回疆志八卷一冊　清永貴撰　清光緒十九年順德李氏鈔本　清李文田手批並題記
（04104）

　　光緒十九年，從繆小山編修借鈔此本，無書名、撰人，尋喀什噶爾條原目自
稱曰地理圖說，故題曰西域地理圖說耳！
　　光緒癸巳年，假鈔此冊於繆小山編修，及秋冬間，按試定州訖，觀定州王氏
藏書，借得回疆志四卷鈔之，方知此書乃蘇爾德回疆志之藍本，本亦名回疆志，
乃禮部尚書永貴參贊彼土時所撰也，書作於乾隆己卯，草創未成，及蘇爾德同副
都統福森布駐護喀什噶爾，乃據此本重改定之，仍名回疆志，共四卷云。光緒甲
午二月十九日，李文田記於□□試院。

————————

吉林外紀十卷一冊　清薩英額撰　清光緒間順德李氏鈔本　清李文田手筆批校並
題記　（04105）

　　吉林外紀十卷，薩英額撰。光緒己丑從曹彝卿大令借鈔。大令名廷杰，以刺
探俄地形保舉知縣，戊子引見，今年選授山西和順縣知縣也。文田記。

————————

大唐西域記十二卷二冊　唐釋玄奘記　辯機編　清乾隆間鈔校本　清道光七年黃
振堃手書題記　（04119）

　　余向讀王子安釋迦如來成道記，偉其文辭，惜未嘗研究釋典，莫悉其出處本
末，及購得玄奘西域記，覽觀再三，而始豁然也。是書中有大半用硃筆點者，係
明經馮赤夒先生所手抄，故於第十二卷中永樂三年太監鄭和一條，亦削去不錄，
頗為有識，餘則不知為何人所抄矣。因書其簡端而藏之。道光七年丁亥重九日，

厚齋黃振堃題。

────────

宣和奉使高麗圖經四十卷二冊　宋徐兢撰　清康雍間鈔本　清嘉慶十年陳鱣手校
並題記　（04122）

　　宣和奉使高麗圖經四十卷，宋徐兢譔。靖康之變，圖亡經存，乾道三年，從
子蕆刻于澂江郡齋，明末海鹽鄭休仲重刊，近吾友歙鮑君以文復以家藏繕本刻入
知不足齋叢書，校補鄭本脫字凡數千，又正二十七卷錯簡數條，允推善本。嘉慶
九年冬十二月，同里吳槎客先生以所購鈔本見示，蓋即從鄭刊本錄出者，因携至
吳門，從黃君紹甫借得舊鈔本，并取鮑刻本互爲校訂，補其闕字，惟錯簡尚須重
錄。聞吾郡趙氏小山堂藏有高麗本，不知刻于何時，前在京師遇高麗使臣朴君修
其，詢及是書，云彼國刻本尚多，惜行笈中未曾携帶耳。嘉慶十年春二月望日，
書于江陰縣署地，即澂江也。海寧陳鱣。

────────

赤雅一卷一冊　明鄺露撰　舊鈔本　清黃丕烈手書題記　（04139）

　　鄺湛若赤雅，知不足齋叢書中有刻本，近坊間收海昌許士杰家書，有舊抄
本，取對鮑刻，惟卷首有總論標題一行、夷風論略一篇，爲鮑刻所少，因急購
之。許爲海昌著娃，與查氏同稱，故其所蓄多查氏著述，并其家手錄者，皆詩集
與傳錄古人詩集，惜索直過昂，未能盡得，止留靖節古詩、子美律詩選本，係查
岐昌藥師編輯，留作案頭清玩已耳。復翁。
　　許氏所藏之書，間有謨觴山房一印，余却不知其典實，舉以問榕皋丈，云似
記有所出，復詢獨學翁，并云謨觴地名，是藏書之處，似出穆傳，隨檢之，止有
群玉策府，若謨觴未有也，獨學許爲查示，余不及待，仍問諸榕皋丈，伊哲嗣理
齋札復，云謨觴出記事珠，嵩高山下有石室名謨觴，內有仙書無數，方回讀書于
內，玉女進以飲食（佩文韵府有此條）。蓋獨學翁之言爲不謬也，附記備考。復
翁。

柬埔寨以北探路記十五卷十五冊　法國晃西士加尼撰　不著譯人　清光緒間鈔本
清李文田手批並手寫序文　（04151）

序。光緒辛巳秋仲，薄游潮郡，寓揭陽絜園中，圖史紛羅，宋槧尤富，此皆
豐順丁撫部移居後所藏也。坐臥百城之中，案其目以索之，一覽便止，不能讀
也，欲丐園主人鈔數十種相餉，庶光敝篋，撫部許焉。又出示目錄外之書，中有
近日翻譯西人所著，厥有兩種，爲今日士夫不可不讀，一日礮臺圖說若干卷，一
即此書也。此書作於同治中，乃法人侵踞越南海壖之後，復銳意蠶食，遣船主特
拉格來，探測西路險易，此地名柬埔治，顧氏利病書所謂甘孛智者也（今粵人趁
安南者，名之曰金邊。金即甘之對音，邊即埔之轉聲，治則尾聲也），瀛環志略
稱東埔寨，東、柬爲傳寫之誤矣。其地在越南之西、暹羅之東，曩者介兩大之
間，甚被侵削，既而越暹卒有邊患，蕞爾小國巋然尚存。其境有湄南江，北通西
藏，既逕暹柬之界，遂入越南，漢之九眞郡、唐之水眞臘、明之占城、今越南嘉
定等省，皆此地也。漢書有麊泠縣，此湄南或即麊泠之音轉，源流長遠，爲南服
繁富之區，蠢茲西戎，乃欲懷望蜀之思，謀鑿空之舉乎？此書爲法人刊刻，舊用
夷言，自撫部命人譯成華文，於是釐然可曉，曩見撫部駕馭儵休，游刃有餘，蓋
能知其情狀故矣。前數十年，士夫不熟邊情，輕視致敗，近則深知其長技，而不
識其用心，以今視昔，其弊相等，至有謂犬羊之性，但知牟利者，誠哉燕爵處堂
之智，不亦悲乎？曩歲曾請撫部刊刻以遺知好，而撫部殂謝，遂乖夙願。去歲公
子惠衡始鈔一部，獻之制府宮保，近在廣州都會，傳寫尤便，因復從乞借，并日
寫得，擬集同志排字印之，俾共觀覽，庶使衛青陳湯之流，掃穴犁庭，稍助發
略，其諸計三長而規五餌者，將無嚮壁之論焉！光緒十年六月鈔校稍訖。此書舊
無名目，撫部所藏亦有書無錄，今名曰柬埔治以北探路記云，書爲法國晃西士加
尼所撰，其稱爲特拉格來，似非其實，今徑題晃名云。泰華樓居士漫題於五千卷
室。

闕衛新編七卷八冊　朝鮮尹宗儀撰　清稿本　近人康有爲手書題記　（04157）

闕衛新編爲高麗人尹宗儀所輯，皆鈔中土各文以考證之，尚在海國圖志、寰瀛志略未出以前，苦心搜索，既詳且博，其圖鈔寫精細，出之爾時，又在僻遠之高麗，亦甚雅矣。今雖無用，高麗又亡，而吾國人之不學且國危，滋可懼矣！如其持義之嚴，自衛之憂，高麗未嘗無人，而無救于亡，嗚呼，一薛居州其如何？孔子二千四百六十五年甲寅五月，南海康有爲記。

輿 圖 類

廣輿圖二卷六冊　元朱思本撰　明羅洪先等增補　明萬曆己卯（七年）海虞錢岱刊本　任氏手書題記　（04163）

廣輿圖二卷，明嘉靖間用元朱思本原本刻成，世稱精審，今觀其書詳於丁漕財賦，而略於形勢，殆吏書也，錢曾敏求記稱其精工細緻，寶護此書，便可壓倒海內藏書家，由今視昔，猶爲物質文明所限，然以骨董眼光觀之，固不失爲鄴架清供也。辛未四月，將趣白下，倚裝并書於長阿那室。

新疆地輿總圖一冊　清光緒間紙本墨繪　近人笑幻道人手書題記　（04221）

此本余得之姻弟龐培之，借鈔後隨以散頁置於故紙堆中，自塞入關，屈指春秋五易，因整理殘編，裝訂成帙，亦覩物思人之意也。時庚戌巧月廿三日，笑幻道人誌於洗淨萬古愁黃河之東任運軒中。

東南進取輿地通鑑存三十卷六冊　宋趙善譽撰　南宋末年建刊本　清黃丕烈手跋（04424）

嘉慶十三四年間，各省大僚購辦備貢書籍，一時故家盡出其所藏，以求善價，余得見所未見書，亦頗不少，其中或大價未售，或價大而書殘者尤不售，以

此余間得一二焉，此殘宋刻本東南進取輿地通鑑三十卷，其一也。初，是書之名，余友周丈香嚴爲余言之，香嚴見諸伊戚所，謂欲消白鏹三百金，特就香嚴一決書之宋刻與否，而價之直不直，本所弗計，香嚴知其爲宋刻，并詫以爲向所未見，故爲余言之，余則性喜讀未見書者也，遂蹤跡之，而書已他往矣。蓋書爲無錫故家物，持來，無與論價者，即持去，余深以未見爲恨。昨歲有鐫碑人王震初，丐余助刊趙碑費，余稍有以贈之，且爲之轉告一二友人，王頗德余，余素稔其與無錫故家某某熟，託其物色此書，久而果以書來，謂伊友人轉訪而得之者，索直如前，余懇其留閱者累月，議價再三未諧，仍取去，此己巳季冬事也。今茲春王公偕書主人之甥孫君持書來，云主人姓顧，係涇陽先生八世孫，家世業儒，此書尚是涇陽先生從都中寄歸者，有手札藏在家中，故累代寶之，迄今欲贈人者，因族人有廿一史一部質在他所，以此書之價贖歸耳。余重其書，并重其藏書之人，且其去書之意，仍在乎得書，是不可交臂失之也，許以五十金，議遂成，爲誌其顚末如此。庚午夏四月十三日，佞宋主人黃丕烈識。

　　東南進取輿地通鑑，自來藏書家惟傳是樓著錄，然止云二十卷一本，亦不詳刻鈔字樣，則徐氏之書非即是本矣。此書名目在宋已非一定，檢宋史藝文志史鈔類，云趙善譽讀史輿地考六十三卷（一名輿地通鑑），陳氏書錄解題云南北攻守類考（監進奏院趙善譽撰進，以三國六朝攻守之變，鑒古事以效今地，每事爲之圖），亦作六十三卷。茲所存者，殆一半差弱，序全目佚，三十卷後割補之痕宛然。三國六朝之總圖總論具存，其每事爲一圖，至晉而止。書之殘毀僅存者，正賴此宋刻祖本，豈非天壤間奇物乎？復翁記。

政　書　類

五代會要三十卷十二冊　宋王溥撰　清福建覆刊武英殿聚珍本　清嘉慶十九年陳鱣手校並跋　（04461）

　　五代會要三十卷，宋宰相王溥譔，建隆二年與所著唐會要一百卷同進，慶歷六年文樞密彥博刻于蜀郡，乾道七年施學士元之刻于衢州，今其本皆罕得見。康熙中，秀水朱竹垞檢討鈔自古林曹氏，復從商邱宋氏借觀江西舊鈔本，勘對無

異，所缺數紙，兩本亦同。近時所行官本，乃從兩江總督所進著錄者。余收是本，又係江西書坊從官本翻刻，舛繆更多。頃假得吳楓周氏珍藏明人舊鈔本，詳勘一過，補正其脫誤，乙識其段落，且于第十六、第二十二卷內錯亂數條，一一標記。舊鈔每卷皆列子目，是古本款式，各史皆然，今于首卷照寫，以例其餘，又補錄慶歷、乾道二跋，庶幾完善。舊鈔行款似從宋出，然終以未得見宋刊爲恨耳。書非讎校不可，舊本且然，而況于時刻乎！嘉慶十九年九月，勃海陳鱣書于紫微講舍。

————————

文獻通考三百四十八卷一百冊　元馬端臨撰　明正德己卯（十四年）建陽劉氏愼獨齋刊本　近人沈曾植手書題記　（04475）

　　愼獨齋刻本，池北書庫舊藏，光緒丙午乙盦得之京師隆福寺。

————————

文獻通考存九卷二冊　元馬端臨撰　明正德己卯（十四年）建陽劉氏愼獨齋刊本陳允文手書題記　（04477）

　　庚辰冬，偶遊湖上，得此殘本，見者以爲元刻，蓋明大德覆刊本也。謹奉先生賞存。陳允文。

————————

大元聖政國朝典章不分卷存一冊　明鈔本　清嘉慶乙丑（十年）黃丕烈手書題記（04490）

　　此書無標題，據書中夾籤云大元聖政國朝典章，其書根又號曰元至治綱目，未知其究爲何書，余從故家收得，藏諸篋中久矣。頃書友以精抄大元聖政國朝典章全部求售，因略知梗概。其書凡六十卷，首詔令、次聖政、次朝綱、次臺綱、次六部。書成於至治之初，以其稱英宗爲今上皇帝，故知之。今案：此書係不全

本，開卷有兵部字樣，當是後半部。考潛研堂跋元聖政典章云，其後又有至治二年新集條例三冊，仍冠以大元聖政典章之名，前後體例俱準舊式，而不分卷第。據此則是書爲至治條例，確然可信矣！余向未目驗大元聖政國朝典章，疑此即是，今目驗六十卷本，而又證諸潛研所言，方知此書之名大元聖政國朝典章，徒襲其名而非其實也！爰書數語于卷首，以告來者。時嘉慶乙丑春三月下弦後一日，坐雨百宋一廛書。蕘翁黃丕烈。

────────────

大唐開元禮校勘記一百五十卷附校勘撮要一卷八冊　清朱紹頤撰　清宣統元年溧水朱氏清稿本　清朱紹亭手跋　（04536）

大唐開元禮，係蕭學士嵩、王舍人仲邱等奉勅撰。周益公謂爲可定朝廷之大疑，可行國家之盛舉；朱竹垞謂爲百世率由，奚不可之有，即是書也。惟自唐迄今，時歷千禩，傳鈔屢易，譌誤滋多，以故海內藏書家卒鮮善本。洪琴西都轉憫古籍之就湮，思爲重刻，謀諸子期先兄，因畀以校勘之任，先兄搜羅諸本，考析異同，覃精研思，昕夕靡間，凡所引證諸書，及間參以己意者，皆細字排註，籤貼書眉，不下數千百條，閱歲始獲斷手。迨光緒丙戌刊棗成書，而先兄已不及見矣！中更多故，未遑審視，適於戊申冬仲，謁幼琴觀察於金陵，縱談往事，欷歔久之，因發篋得原稿，挈以畀亭，命錄清本。亭自惟學殖久荒，曷足以窺是書之體要，顧念先兄捐館垂三十年，墓草雖宿，手澤猶新，曷敢以朽鈍辭，爰即携歸，命兒孫輩分冊繕寫，都爲百五十卷，附以校勘撮要一卷。從此零縑斷簡，不至有剝蝕脫落之虞。然則觀察之善承先德，嘉惠後學，用意良厚，而其微顯闡幽，不忘故舊之盛懷，尤亭所感佩弗諼，而不能已於言也夫。時在宣統元年，歲次己酉，陽生之月，溧水朱紹亭謹跋。

────────────

太常因革禮存八十三卷六冊　宋歐陽修等撰　舊鈔本　清道光二十一年羅以智手書題記　（04540）

太常因革禮一百卷，四庫全書未著錄；讀書後志收入經類，題姚闢、蘇洵

撰。按洵傳，以霸州文安縣主簿，與陳州項城令姚闢同編纂，書方成，奏未報而洵率〔卒〕。闢字子張，金壇人，少從胡安定學，皇祐元年進士，後官通州通判，時爲太常博士。嘉祐間，歐陽修以禮閣新編、太常新禮多遺略，二書之外，存於簡牘者，日以殘脫，奏請編纂，又從秘閣校理張洞奏請，六年七月己丑，命闢、洵專領其局，修爲參政，又命之提舉。治平二年九月辛酉書成，修與禮官李東之、呂公著、宋敏求、周孟陽、呂夏卿、李育、陳繹，及闢、洵等上之，得賜名。其書卷首題歐陽修等奉勅編，故宋史藝文志但著修名。紹興元年復上於劉儆，詔付太常。今傳抄本僅存八十三卷，多訛脫處，五十一至六十七，凡十七卷全闕。百卷中，總例二十八卷、目二十有九，吉禮二十三卷、目三十有八，嘉禮九卷、目十有七，軍禮三卷、目六，凶禮三卷、目二十有五，慶禮一卷、目九，新禮二十一卷、目三十有六，廟議十二卷、目二十有五。當日李清臣云，繁簡失中，訛缺不補。有宋一代之禮書，今鮮存者，無可取證矣。考開寶通禮等，下逮臣庶，是書惟輿服及羣臣之制，餘悉詳朝廟儀法，而視學、養老、賜酺諸與禮，皆不載。祥符元年封禪禮后土，不載玉冊玉牒文；建隆元年上帝后謚號，亦不載冊文；后妃下輿服，略輿而詳服；指南、記里、黃鉞車制，輿服與鹵簿相複，信有如清臣之所議者。然以宋史志考之，如皇祐二年大享明堂儀法，通禮與明堂記互異，史志依明堂記，脫每方山林川澤屬樽各二之文；汾陰記加上五嶽帝號在祥符四年，史志但書五月乙未，而脫書年；禮閣新編董溫其奏霍山之祭在祥符元年，王欽若奏先蠶之祀在章德三年，史志並脫書年；國朝會要和峴蜡臘之議在建隆四年，史志在二年；通禮王欽若天帝叔龕之奉在景德二年，史志在三年；太常新禮加封四瀆在康定二年，史志在元年；會要皇后之服三等：一曰褘衣、二曰鞠衣、三曰襢衣，史志后妃之服：一曰褘衣、二曰朱衣、三曰禮衣、四曰鞠衣，其文互異；會要祥符二年，進封文宣王廟十哲爲公、六十二弟子爲侯，其封鄆城侯者爲秦祖，史志脫載所封爵號，又誤書封侯者七十二弟子，文獻通考不誤，而誤作祥符元年，鄆城侯誤屬之秦商。是書僅存，尚足以補正史志耳，若劉詵纂續因革禮，葛勝仲續增三百卷，此二書恐不可復得矣！道光辛丑初秋，錢唐羅以智跋。

太常因革禮存六十九卷五冊　宋歐陽修等撰　清山陰杜氏知聖教齋烏絲闌鈔本

清同治八年徐時棟手書題記　（04541）

　　太常因革禮本一百卷，今自二十九至四十二、又五十一至六十七，凡三十一卷，並有錄無書，惟存六十九卷，五本。同治三年十二月二十七日，城西草堂徐氏收藏。杜氏鈔此書別刻絲闌，可謂好事，而其書皆知鈔而不知校，何也？是書傳本蓋稀少，四庫亦未之見，謂已不傳。今此本雖叢殘，而總例二十八卷、新禮二十一卷、廟議十二卷，首尾俱各完具，以人間希覯之笈，而尚得此數，亦可寶也。八年七月十四日下午大雨，徐時棟記。

────────────

景藩之國事宜一卷一冊　明景府長史司編　明嘉靖四十年順天府刊藍印本　近人羅振常手書題記　（04557）

　　明景藩之國事宜，天一閣藏書。阮目政書類，有景王供應事實一卷，即此書。薛目無之，因原無書名，遂略之耳。案：明史諸王列傳，景藩爲世宗第四子，名載圳。嘉靖十八年冊立太子，同日封穆宗爲裕王，載圳爲景王。其後太子薨，裕王以次當立，帝以前太子不永年，遲之，載圳年少，左右慫恿陰懷窺覬，有奪嫡之志，四十年乃令就藩德安，居四年薨，無子國除。此供應冊籍，即嘉靖四十年就國時所頒也，振常記。

────────────

海運詳考二卷二冊　明王宗沐撰　明隆慶壬申（六年）廬州知府張大忠刊本　清光緒戊申（三十四年）羅振玉手書題識　（04592）

　　海運志二卷，明善堂藏隆慶刊本。此書明史藝文志、澹生堂書目並作二卷，與此本同。四庫存目作海運詳考一卷海運志二卷。今撿之此本，則書口題海運志上、下卷，而上卷書題則作海運詳考；卷首王世貞序，卷末張大忠跋，題作海運志；李春芳、陳堯二序，及陳耀文跋，則又題海運詳考，頗似一書而二名者，與四庫本之截然爲二書者，殊不合，不可解也。此爲隆慶刻本，豈再版時析爲二耶？上卷所載海運在先朝及在本朝始末二篇，記海運沿革至詳，可補明史河渠志

及食貨志之略。此書傳本甚稀，此本卷端有明善堂覽書畫印記，及安樂堂藏書記二印，乃怡邸舊藏，光緒甲辰得于南海孔氏。戊申正月，上虞羅振玉窮鐙記。

────────

海運新考三卷二冊　明梁夢龍等撰　明萬曆六年眞定知府錢普刊本　清光緒戊申（三十四年）羅振玉手書題識　（04593）

　　海運新考三卷，明萬曆刊本。此書梁夢龍撰。明史藝文志及四庫存目並著錄，絳雲樓書目亦有之。夢龍與王宗沐奏行海運已成而敗，故各爲一書，王氏海運志詳于章奏，此書詳于事實，此書似即補王書之略者；王宗沐海運志亦稱海運詳考，故此稱新考。夢龍與宗沐創議改運道，乃當時既爲言官所泥，即後世持論且以爲妄誕，興利改政，其難如此，古今有同慨矣！光緒戊申正月二十五日，上虞羅振玉題記。

────────

糧船起運事宜不分卷一冊　清不著編人　清道光間鈔本　清道光間董少峯手跋（04614）

　　以上自湖北漢口至京，水程計四千三百九十六里半。余奉委庚子廿年湖北總運糧船赴通，於今正廿八日自省開行，計三幫，一百廿八隻。糧道係署事查瑤圃觀察，昨月朔往謁，得覯此水程一書，借得囑五兒文絨照錄一本，以備檢閱。行程萬里如在掌中，大可以供宦遊之助，故喜爲之記。時道光庚子夏六月上澣三日，漫識於山左安山運河舟次。

　　今夏屬間壁林二相公，名仰皋，號堯臣，照所存總運事宜彙鈔一冊，以備撿閱，庶幾一覽而知，不啻又有此行也。時道光乙巳二十五年中秋前二日，書於宜昌新灘分署悟雲山房，鐵嶺少峯氏筆。

────────

故唐律疏議三十卷五冊　唐長孫無忌等撰　清乾隆丁卯（十二年）曲阜孔氏傳鈔

元至正本　清孔繼涵手書題記　（04661）

　　乾隆丁卯，借陸耳山學士本，爲魚門同年抄副，凡字廿六萬四千五百八十，寫工錢五千二百九十一。時八月之望，曲阜孔繼涵題記。

————————

律音義一卷一冊　宋孫奭等撰　清咸豐間常熟王振聲影宋鈔本　清王振聲手書題記　（04665）

　　孫宣公律音義，近世始出，詳見顧千翁思適齋集。律文十二篇，即唐律也，〔闕文〕律有長孫無忌義疏，亦附釋文，然非宣公之作，蘭陵孫氏以宋本覆刊之，而宣公〔闕文〕流傳其少，瞿氏恬裕齋藏有影寫本，予假讀之，見其區別動靜、訓釋文〔闕文〕極精確，足與宣公孟子音義並重。攷孟子音義於魯平公將出章乘輿〔闕文〕有闕，觀此名例篇乘輿音食陵切，乃知宣公於孟子乘輿，本讀平聲，二書〔闕文〕相發明，豈容偏廢哉？因亦影寫一帙，婁東季菘翁見而愛之，乃復錄此本以贈，不錄律文，以有孫氏刻本，且仿士禮居刻孟子音義也。中間〔闕文〕意改，讀書不多，恐不免金根之謬，則俟菘翁有以是正焉！咸豐〔闕文〕上旬，琴川王振聲書於守一處和室。

————————

經進新註唐陸宣公奏議存十一卷四冊　唐陸贄撰　宋郎曄注　宋紹熙間刊本　民國三十五年王承眞手跋　又劉文興過錄傅增湘題記并手跋　（04690）

　　往見陸存齋十萬卷樓刻本郎曄註陸宣公奏議，一時嗜學之士，皆詫爲得未曾有。今歲表弟劉詩孫携示所藏宋刻殘本，始知陸本乃元刻，其註刪削已多，非此本無由知之。昔士禮黃氏、思適顧氏、香巖周氏往往得一異書，互相矜詡，至今學林傳爲佳話，余仰希前哲，頗亦染有蒐奇之癖。郎氏所註柳州集，曾見影印本，茲與詩孫過從，又獲見此希世驚人秘笈，一展卷間，古色古香，殆無其匹。唐人詩文之集，求一宋刻，稀如星鳳，江甯鄧氏得羣玉、碧雲兩集，世已驚異不置，然亦祇書棚本耳，若此編之瑰奇，海源楊氏、眳里瞿氏，皆未獲見，余之眼

福良不淺矣！丙戌冬日，知止叟王承眞書。

　　〔過錄〕郎晦之陸宣公奏議，世所傳者，皆元至正翠巖精舍本，分爲十五卷，行間有點擲，眉上有評語，明覆本因之，近時陸氏心源刻入十萬卷樓叢書，其行格悉依元刻，此書流傳遂廣，獨宋代刻本不特世所未睹，即遍檢諸藏書家目錄，亦未見標稱，意其亡佚久矣。新歲元日，世好劉詩孫來謁賀衍，袖出古書數帙，咸爲宋元殘本，而是書居其一焉，展卷披觀，精采煥發，詳審終編，視元刻乃大相逕庭。每半葉十二行，行二十一字，細黑口，左右雙欄。存卷十至二十，凡十一卷。雖祇得太半，然取校元本，其大端差殊者有三：元本題註陸宣公奏議，宋本則有經進二字，一也；元本各卷不署進書姓名，僅存進書表於卷首，稱臣曄而不著姓，致後人考之清波雜志，始知之，宋本則每卷題廸功郎新紹興府嵊縣主簿臣郎曄上進一行，二也；元本分十五卷，宋本則分二十卷，析卷既殊，文之次第亦異，三也。至詳勘文字，尤多違異。眉上所加爲謝疊山評論（陸氏誤認爲劉須溪），其人晚出，宋本固宜不載，惟郎氏原註，元本乃多刪落，如諸道宣慰使狀中，「夏禹泣辜，殷湯行罪」，元本於注下祇載說苑、湯誥二書名，宋本固具全文；若其「獸窮則攫搏」句，下有引家語二十一字，元本竟全行刊落；「無我負人」句，下引曹操語，其下尚有郎氏語十八字，文義乃完，元本亦刪去焉。此姑舉一篇言之，而譌奪已至如此，其餘類此者正多，不能悉舉。至文涉宋諱，宋本改避極謹，如恒易作常、弘易作洪、愼易作謹、敦易作崇、煦嫗易作撫字，勾當易作管當、殷繁易作富繁，匡輔易作裨補、尊讓易作相遜，元本悉爲復其舊，此爲宣公奏議則可，然以云郎注本則非也。設非親見宋刊，又安知翠巖重刻，其變易郎本面目如是其甚耶？余異日當以覆元本較其同異以明之。其宋本各卷目錄寫附於後，俾學者知其次第，與元本迥不相合云。戊寅二月朔，藏園老人識。（各卷目錄未錄）

　　右江安傅沅叔老人原跋，向有手寫本，余藏之篋衍者累年，不幸逸去，遍檢不獲。茲謹據藏園羣書題記續編卷六，錄之如右，並識其緣起於此。寶應劉文興詩孫謹識，時丙戌冬日，距傅氏跋時已越八年矣！

註陸宣公奏議十五卷四冊　唐陸贄撰　宋郎曄注　元至正甲午（十四年）翠巖精舍刊本　清周星詒過錄阮元、張穆題識並手跋　　（04691）

〔過錄〕唐陸宣公奏議註十五卷，唐陸贄撰。贄有翰苑集，四庫全書已著錄。是編惟有奏議，宋郎煜註，煜事蹟無考，卷首載經進奏議表，銜題廸功郎紹興府嵊縣主簿，煜又註東坡文集事略，題銜與此相同。此編所註，惟采經史爲多，無泛搜博引之失，不特選擇得當，節錄亦多精審，使讀者〔此字據揅經室外集補〕易見端倪。茲從元至正甲午翠巖精舍重刊宋本影寫，亦讀史者所不廢也。

右阮文達揅經室外集提要。案文達于嘉慶十二年進呈四庫未收書六十餘種，仁廟命庋于天壇前殿之西廊，御題額曰宛委別藏，此其一也。乙丑正月榖日，燈下，星詒謹錄并誌。（郎名敬避廟諱改）

〔過錄〕平定張泗州佩芳翰苑集注自序曰：宋紹興二年嵊縣主簿名煜者，進奏議注十五卷，今獨其表存而注不傳，亦不載其姓。泗州孫穆所撰事略載之，并案曰：阮太傅進呈各書原本，悉奔之文選樓，穆于道光癸卯九月至楊州，親造樓下，欲迻寫此注，出與府君書兼行，徧檢不獲，則以太傅內書是年夏適被回祿，生平所蓄宋元舊帙，灰燼無餘，于是樓中書凡爲人盜竊隱匿者，一委之火，此注遂無由即顯于世。又案：張金吾藏書志所收郎氏注奏議十五卷，即翠巖精舍刻本，與選樓本同，不知即一本流傳？抑兩家各有一本？又案：翠巖精舍刻郎氏注本，穆于戊申七月從浙中藏書家借得之，卷帙圖記與阮氏題要、張氏藏書志注皆合。所謂注者，止各題下節錄唐書數語，亦復寥寥不詳；書眉有坊賈所託謝疊山評語，而文中無註，與阮氏所言采引經史云云仍不合，因檢舊藏道光四年宜賓令公裔孫成本刻本制誥十卷，無注，奏草奏議十二卷，題下文中皆爲注，題下注與至正本無異，然則文中之註，其必即郎註無疑矣，太傅所見當是郎注翠微〔微字疑衍〕巖精舍足本耳。又案：己酉三月，得元胡元節刻宣公集，制誥十卷，奏草奏議各六卷，標題都數與宜賓本同。又案：宋元間注宣公集者，有唐仲友詳解十卷，見浙江通志；有鍾士益增注，見劉岳申申齋集、吳澄草廬集，無卷數，增註者即因郎注而加詳也；有蘄春潘仁彥賓纂注，無卷數，見許有壬至正集，皆佚不傳。

後二日錄舟齋集，穆所著也。

_____

註陸宣公奏議十五卷制誥十卷四冊　唐陸贄撰　宋郎曄注　明嘉靖乙卯（三十四年）江西巡撫汪氏刊本　清同治元年莫友芝手書題記　（04693）

　　世行陸宣公奏議本皆十二卷，無注，此獨十五卷，有注，雖文無增損，而卷帙次序小有異同，其注略具史事，亦不繁冗，當是宋元舊帙。明嘉靖時翻刻而遺其注，人以書式皆宋樣，而東坡等所進劄子，猶用當時提行格式，故知非明人注也。同治元年三月，繩收獲重裝，書以俟攷。郘亭眲叟。

　　是歲七月既望，在洪琴西許，見昭文張氏愛日精廬藏書志，載有注陸宣公奏議十五卷，云元至正刊本，宋郎曄注，前有紹興二年曄進書表（興當作熙），題銜稱迪功郎紹興府嵊縣主簿臣曄，不著姓。案清波雜志曰：煇友人郎曄晦之，杭人，嘗注三蘇文及陸宣公奏議投進；元吳文正公集，陸宣公奏議增注序曰：因郎氏舊注而加詳；劉岳申申齋集曰：宋紹興中，有郎曄嘗注宣公奏議，以此知爲郎曄也。表後云：紹興二年八月初七日進呈，案表中有云：恭惟至尊壽皇聖帝，攷淳熙十六年，光宗受內禪，尊孝宗爲至尊壽皇聖帝，次年改元紹熙，則興爲熙字之誤無疑。卷一後有至元甲午仲夏，翠巖精舍重刊本〔木〕記。脉望館書目著錄。據此，則此本當即據元刻郎本翻雕，而失載其進書一表，愈不可了耳，當錄入卷中，以俟再攷。

_____

疊山批點陸宣公奏議十五卷四冊　唐陸贄撰　宋謝枋得批點　明嘉靖間刊本　清張穆朱墨批點並題記　（04695）

　　先大父泗州府君爲宣公翰苑集注，以未見郎注爲憾。穆讀阮太傅續進書目，及張氏愛日精廬書目，知此注世尚有行本，而十餘年來展轉覯訪，迄不可得。今年七月，乃從位西同年所見之，急假歸校讀，擬錄其題下細注，別爲一卷，附先注以行，并校得文字異同若干條，采入穆所作補注云。道光二十八年立秋日，平定張穆讀並識。

又案：此本惟題下有注，而阮相題要云：所采惟經史爲多，不特選擇得當，節錄亦多精審。似文中亦有注，且采及經語，與此本不符。余家藏道光初宜賓縣刻宣公集本，前制誥十卷無注，奏議十二卷題下注，一一與此本脗合，而文中采錄經史（文字異同與此本同）頗具，疑亦出於郎注，然則阮所見翠巖精舍本，又非此本矣。疑不能明，附識於此，以諗世之藏書者。七月二十一日早起，雨窗又記。

煜進書表不著姓，阮據煜所注東坡文集事略題銜知之。

———————————

范文正公政府奏議二卷一冊　宋范仲淹撰　元元統二年范氏歲寒堂刊本　清初文從簡及錢天樹各手跋　又程恩澤觀款　（04699）

此元槧中之寶本也，字法絶似趙文敏公，秀勁而多風韻，仍不失古雅之致，且傳本絶稀，爲董玄宰舊物，宜珍秘之。文從簡識。

文正公政府奏議兩卷，分六門，共計文七十九篇。敷陳條奏，剴切詳明，忠君愛國之忱，讀之使人起敬起慕，想見當日君臣魚水，一德交敷，以成一時至治。此係元時公八世孫文英，屬錢良右手書刊刻，尤不易得。良右擅書，名於元代，亞於松雪，其書法結體，亦復相似，遺跡較松雪更稀，芙川寶之，定不同尋常秘笈也。夢廬錢天樹。

按：公於慶曆三年拜參知政事，五年罷爲陝西四路宣撫使，在政府三年，公子仁純輯爲兩卷。簡明作八十五篇，此本只七十九篇，豈有缺佚耶？天樹。

道光庚寅，暮春下浣，左歙程恩澤借觀。

———————————

宋丞相李忠定公奏議六十九卷附錄九卷二十四冊　宋李綱撰　明正德丙子（十一年）邵武知縣蕭泮刊本　近人莫棠手書題記　（04710）

四庫著錄梁溪集一百八十卷附錄六卷。世傳皆係抄本，此明代舊刊，正錄奏

議六十九卷、附錄五種十六卷，當爲原編八十卷本之舊，而後來略有增改者。梁溪集所增，自專屬詩文，其奏疏未必能溢出此本之外。昔年在吳，曾收左光斗評刊本，殊不佳，此刻頗希，吳下嘗一遇，價昂難得。丁未四月將之韶州，適南海孔氏書散出，遂購之。莫棠廣州倚裝記。

吏部考功司題稿不分卷十冊　明吏部考功司撰　明藍格鈔本　清盛昱手書題記　（048 08）

　　起嘉靖二十年十一月，訖嘉靖廿二年五月，吏部考功司題稿，篇内結銜（偶見）稱尚書許者，許文簡公讚也。文簡在吏部有年，爲時所稱，篇内硃點，疑其手迹（有塗乙處，是司中定稿呈堂，而堂官改定者也）。

國朝諸臣奏議存二十七卷十一冊　宋趙汝愚編　宋淳祐庚戌（十年）福州路提舉史季溫刊本　無名氏題記　（04828）

　　國朝諸臣奏議。宋刊殘本。存三十二卷，存十一至廿一卷，廿七至三一卷，四十九至六十四卷。據瞿氏書影爲宋淳祐刊本，每半頁十一行，每行廿三字。察其刊法古老、墨色紙紋，宋刻極爲明鮮。閱瞿氏宋元本書影，及故宮書影，又天一閣最近書目中亦有書影，互對絲毫不錯，各家所藏均是殘本，或爲一部之書而散失，雖係殘本，誠難得之珍籍。

會通館印正宋諸臣奏議一百五十卷六十四冊　宋趙汝愚編　明弘治三年錫山華氏會通館銅活字印小字本　清道光十五年馬玉堂手跋　（04829）

　　宋諸臣奏議一百五十卷，宋趙汝愚撰。是書初名經國集，後改名臣奏議，今題諸臣奏議者，殆以中有丁謂、呂惠卿諸人故耳。此本係會通館活字本，明弘治

三年印行，傳世頗希，近人過于佞宋，遂極詆此本，至有不如不刻之歎。夫宋本之佳妙，固不待言，然以過尊宋本之故，竟視此本爲陋板惡抄，任意抑揚，未爲定論。況奏議自淳祐刊刻以來，七百有餘歲矣，必盡得宋刊而後可，是猶課漢之司農，行姬公之井田；責宋之大理，讀李悝之法經也，難乎不難？余訪求宋刊，歷有年所，近忽得此本于估船中，係會通館初印細字本，前有華燧序，喜劇，以善價購之。其書行款紙色，悉仿宋槧，與後來所印大字本判然不同，存茲覆本，猶有中郎虎賁之想，所謂買王得羊，亦足以豪矣。裝竟爲綴數言于末。道光十五年歲在旃蒙協洽元月中浣，古鹽後學馬玉堂誌。

秦書疏三卷二冊　明不著編人　明嘉靖戊午（三十七年）武昌吳國倫校刊秦漢書疏本　清錢敬忠手書題記　（04838）

予少而愛書，尤嗜秦漢文，偶遇此刻，渴欲購之，賈人子遵邀予倍價，及留而細閱之，秦書疏不得國策中十之一，兩漢書疏亦掛漏十之三，且中間尚多訛缺字句，予雖閱數過，讀句仍有誤者，聊志予苦心可也。己巳年，錫山誌。

營造法式三十四卷附看詳一卷目錄一卷八冊　宋李誠撰　清嘉道間琴川張氏小琅嬛福地精鈔本　清張蓉鏡、孫原湘、黃丕烈、鄭德懋、張金吾、褚逢椿、邵淵耀、陳巒、錢泳等手書題跋　又王婉蘭手書孫鋆題記　（04883）

營造法式自宋槧既軼，世間傳本絕稀。相傳吾邑錢氏述古堂有影宋鈔本，先祖觀察公求之二十年，卒未得見。庚辰歲，家月霄先生得影寫述古本於郡城陶氏五柳居，重價購歸，出以見示，以先祖想慕未見之書，一旦獲此眼福，欣喜過望，假歸手自影寫，圖像界畫則畢仲愷高弟王君某任其事焉。自來政書考工之屬，能羅括衆說，博洽詳明，深悉夫飭材辨器之義者，無踰此書，陳振孫直齋書錄解題，以爲超越乎喻皓木經者也。謹按：四庫全書本係浙江范懋柱天一閣所進，內缺三十一卷木作制度圖樣，賴有永樂大典所載，以補其缺，則是書之罕覯，益可徵焉。至看詳內稱書凡三十六卷，而此本僅三十四卷，余所藏宋本續談

助，亦載是書，卷數與是本同，蓋自宋時已合併矣。吾邑藏書家自明五川楊氏以
來，遞有繼起，至汲古、述古爲極盛，百餘年來其風寢微，今得月霄之愛素好
古，搜訪秘笈不遺餘力，儲蓄之富，幾與錢、毛兩家抗衡，以蓉有同好，每得奇
籍，必以相示，或假傳鈔，略無吝色，其嘉惠同志之雅，尤世俗所難，錄竣因書
數語，以識欣感，而又以傷先祖之終不獲見也。道光九年辛巳夏六月，琴川張蓉
鏡識於小瑯嬛福地，時年二十歲。

　　從來制器尚象，聖人之道寓焉，規矩準繩之用，所以示人以法天象地、邪正
曲直之辨，故作爲宮室臺榭，使居其中者，寓目無非準則，而匪僻淫蕩之心以
遏，匪直爲示巧適觀而已。宋李明仲營造法式，紹聖中奉敕重修，內四十九篇原
本經傳，講求成法，深合古人飭材庀事之義，其三百八篇亦皆自來工作相傳，經
久可用之法。明仲固博洽之士，故所述雖藝事而不詭於道如此。顧宋槧既不可
得，四庫全書本亦范氏天一閣所進影抄宋本，內缺三十一卷木作制度圖樣，從永
樂大典中補入。至人間傳本絕少，向聞錢遵王家有影宋完本，淵如觀察兄嘗寓書
子和及余，屬爲購求，徧訪不得，事閱二十餘稔矣。今年秋，子和孫伯元以此本
見示，云假之張月霄，月霄蓋新得之郡城陶氏書肆者，伯元手自抄錄，并倩名手
王生爲之圖樣界畫，從此人間秘笈，頓有兩分，爲之歡喜慶幸，惜淵如、子和之
不得見也。述古書目稱趙元度得營造法式，中缺十餘卷，先後搜訪借抄，竭二十
餘年之力，始爲完書，圖樣界畫，費錢五萬，命長安良工，始能措手，前人一書
之艱得如此。今伯元年正少，愛素好古，每得奇籍，輒自抄寫，即此書之圖樣界
畫，費已不貲，故精妙迥出月霄本上，以余與子和積願未見之書，伯元能以勇猛
精進之心成此善舉，子和爲有孫矣！爲識于卷尾，以告後之讀是書者。嘉慶二十
五年七月望後，心青居士孫原湘跋。

　　余同年張子和，有嗜書癖，故與余訂交尤相得，猶憶乾隆癸丑間，在京師琉
璃廠耽讀玩市，一時有兩書淫之目。既子和成進士，由翰林改部曹，出爲觀察，
偶相聚首，必以蒐訪書籍爲分內事，余亦因子和之有同嗜也，乘其乞假及奉諱之
歸里時，輒呼舟過訪，信宿磐桓，蓋我兩人之作合由科名，而訂交則實由書籍
也。子和有二丈夫子，皆能繼其家聲，所謂能讀父書者。今其冢孫伯元，以手鈔
營造法式見示，屬爲跋尾。余謂此書世鮮傳本，而今得此精鈔之本，自娛固爲美

事,然人所難得者,最在世守一語。語云:莫爲之前,雖美弗彰;莫爲之後,雖盛弗傳。今伯元少年勤學,不但世守楹書,而又能搜羅繕寫,以廣先人所未備,得不謂之有後乎!余年已及耆,嗜好漸淡,所有不能自保,安問子孫?茲讀伯元所藏之書,并其題識,知其精進不已,於古書源流及藏弆諸家之始末,明辨以哲,子和爲有文孫矣!他日當續泛琴川之棹,以冀博觀清秘,其樂可何如邪!道光元年正月十有二日,宋廛一翁。

右李誡營造法式三十四卷看詳一卷錄一卷,小瑯嬛福地影宋寫本,小瑯嬛主人之所藏也。周官攷工遺意具見於此,其中援引典籍至爲賅博,頗足以資考訂。即如看詳卷內,引通俗文云:「屋上平曰陠,必孤切。」按茨鏞堂刊輯本通俗文,止舉御覽所引「屋加椽曰橑」一條、廣韵所引「屋平曰屠廡」一條,今當以「屋上平曰陠」一條增入;又看詳卷內,引尚書大傳注云:「賁,大也,言大牆正道直也。」今本尚書大傳注云:「賁,大也;廧謂之廡,大廡,正直之廡。」其文微異,當兩存之;又看詳卷內,引周髀算經云:「矩出於九九八十一,萬物周事而圜方用焉,大匠造制而規矩設焉,或毀方而爲圜,或破圜而爲方,方中爲圜者謂之圜方,圜中爲方者謂之方圜也。」今本周髀算經「矩出于九九八十一」之下,無「萬物周事」至「謂之方圜也」四十九字,是則可補今本周髀之脫佚者矣。以上數端,若無李誡斯編,安所據以證明之?宜小瑯嬛主人之珍秘之也。道光丙戌重陽後三日,聞箏道人識後。

營造法式圖畫、界畫,工細緻密,非良工不易措手,故流傳絶少,同里家子和先生購訪二十年不獲,文孫芙川見金吾藏本,驚爲得未曾有,假歸手自繕錄,畫繪之事王君某任之。既竣事,出以見示,精楷遠出金吾藏本上。語云:莫爲之先,雖美弗彰;莫爲之後,雖盛弗傳。子和先生於是乎有孫矣!夫祖宗之手澤,子孫或不知世守,況能以先人之好爲好乎?且嗜好之不同如其面焉,祖父所好者在是,孫子所好者或不在是,不能強而同也,孝子賢孫愼守先澤,一物之微,罔敢失墜,如是者蓋已不數覯矣,而必責以仰承先志,搜羅未備,其亦嘗一察其所好何如,而強之以素未究心者哉?雖然,曠百世而相感者,同氣之求也;越千里而相通者,同聲之應也,況一體相承,曾無間隔,家學淵源,漸染有素,而必謂繼志述事,不能必之子若孫者,非通論也。芙川好學嗜古,吾邑中蓋不多見,而

金吾所心折者，尤在善成先志哉！時在道光七年八月上澣，張金吾書。

　　右琴川張君芙川所藏影宋槧李明仲營造法式三十四卷目錄看詳二卷，繕寫工正，界畫細密，蓋倩名手從月霄先生借鈔。月霄邃于經學，愛日精廬藏書萬卷，皆手自校勘，經其鑒定必爲善本，而自謂此更精妙出其上，洵希世之珍矣。是書刊于紹興年，明仲紹聖中以通直郎奉勅編修，徽宗朝官至中散大夫，于時艮嶽臺榭之觀，侈靡日甚，戎馬北來，銅駝荆棘，南渡偏安，臨安土木增飾崇麗，再度宏規，洪忠宣謂無意中原，不亦信乎！讀是書者，當與孟元老夢華離黍，有同慨也！若芙川之好學嗜古，善承先志，則尤足欽仰者。道光戊子季冬，長洲褚逢椿題跋。

　　宋李明仲營造法式一書，攷古證今，經營慘淡，允推絕作。宋槧本不可得矣，其影宋傳錄者，在前代已極珍貴，張君芙川善承祖志，不惜重貲，勒成是編，繕寫摹繢，一一精妙，誠藝林盛事也。顧君心尚有嗛者，謂向在都門，見明人抄本十卷至二十四卷，佹得之矣，以議買不諧而罷，至今猶勞夢想。予獨以爲君之所見，雖屬舊抄，而圖樣全闕，未審其工拙若何？即如此書，從愛日精廬傳寫，而工緻轉居其上，夫安知今之不逾於昔耶！書之可貴者無過宋本，亦以校訂之善、雕造之精耳，豈專尚其時代乎？以是解於君，其或非瞽言也。道光八年，春分後一日，隅山邵淵耀跋。

　　疇若予工勤帝咨，宋明仲即虞廷垂，嘉乃營造若繪畫，詔編法式付厥剞，別搆匠巧妙麗盡，悉本古制規矩之，乃知藝能雖小道，平生博洽見設施。芙川公子有書癖，蒐討欲究宛委奇，瑯嬛秘笈富充棟，一朝觸眼驚未窺，謂此傳本久罕覯，當年余祖勞夢思，繕寫願分鄴架寶，感慨恍如范硯遺，嗜古忝同磁引鐵。遺憾忽償喜溢悲，急求善書更善畫，揮毫吮墨交腕疲，飭材鱗萃細箋註，渥飾翬采斑陸離，刻雕物類出崖窾，界畫繩墨爭毫釐，工成字畫詫兩絕，縑酬精妙費不貲，書卅四卷圖樣備，載閱寒暑甫裝池。嗟予陋目偏有福，捧觀炫若古鼎彝，絳雲書目載六冊，遵王氏本流傳斯，喻皓木經未足擬，考工逸記堪補茲。君今續學若營室，矻矻披繹下董帷，沈酣縹素得矩矱，心無近事人豈知。物以罕珍聚所好，善成先志良難期。小琅嬛主人以影宋本李明仲營造法式見示，時在道光戊子

春日，秋山孫鎣題，者香女士王婉蘭書。

　　張君芙川持示其所藏影鈔宋李誡營造法式三十四卷，是書宋槧久亡，舊鈔亦鮮傳本，好古之士一見爲幸。芙川令祖子和觀察嘗購之不獲，芙川借得而手鈔之，摹觀察像于卷首，于此見芙川不惟善讀書，且善繼志也。自昔共工命于虞，攷工記于周，後世設官，工居六部之一，營造之事，君子所當用心。按誡生平，恒領將作，前後晉十六階，咸以營造敘勛，其以吏部年格遷者，七官而已，當時太廟、辟雍、龍德、九成、尚書省、京兆廨，國家大役事，皆出其手，故度材程功，詳審精密，非文人紙上談可比。今讀其經進劄子，有仁儉生知，睿明天縱，淵靜而百姓定，綱舉而衆目張，官得其人，事爲之制，丹楹刻桷，淫巧既除，菲食卑宮，淳風斯復。殆亦有見於徽廟之侈心，而意存規諷乎？誡歿於大觀四年，自後神霄艮嶽之役起，童貫領局製，朱勔運花石，宋亦由是南度，是書之存，足以攷鑒得失，烏得以都料匠視之哉？道光庚寅花朝，鄂州陳鑾跋於琴川之石梅僊館。

　　右影抄宋槧李明仲營造法式三十四卷目錄看詳二卷，吾鄉張上舍芙川所藏也。余嘗論圖書金石諸物，雖聚於所好，而其間廢興得失，亦有關乎世運，世運昌則萬寶畢呈，不僅文籍也。此書海內稀見，尚願芙川付之剞劂氏，以傳不朽，不亦大快事耶！梅華溪居士錢泳記。

――――――

大唐六典三十卷六冊　唐玄宗撰　李林甫等注　明正德乙亥（十年）蘇州刊本
近人王國維手筆校注並題識　（04893）

　　曾子固元豐類稿（卅四）乞賜唐六典狀云：臣向在館閣，嘗見此書，其前有序明皇自撰意，而其篇首皆曰御撰、李林甫注，及近得此書不全本，其前所載序同，然其篇首不曰御撰，其第四一篇，則曰集賢院學士知院事中書令修國史上柱國始興縣開國子臣張等奉勅撰云云。此本題御撰、李林甫注，與館閣本同，但館閣本有序文，此本失之。庚申季夏，國維記。
　　正德重刊紹興本大唐六典，明寒山趙氏藏書，宣統庚戌得于京師。國維記。

　　六典傳世者，以此本爲最古，而訛奪殊甚，板復漫漶，殊不可讀，因取日本
享保甲辰近衞公爵家熙校本，詳加比勘，意所未安，輒檢所引原書，故與近衞本
所校間有異同，中更目疾，時有作輟，凡二閱月而畢事。宋史言神宗將改官制，
摹六典以賜羣臣，不謂紹興刊本已脫誤如此，安得元豐摹本出，一一是正也。辛
亥四月朔，國維再記。

　　辛酉正月，以宋刊殘本校一過，補卷三中闕文數百字，距辛亥十年矣！歲月
如流，爲之太息。國維又識。

────────────

大唐六典存十九卷六冊　唐玄宗撰　李林甫等注　明正德乙亥（十年）蘇州刊本
題清朱彝尊跋　　（04896）

　　唐會要：開元二十七年二月，中書令張九齡等，撰六典三十卷成，上之，百
官稱賀。按開元十年，起居舍人陸堅被旨修是書，帝手寫白麻紙六條：曰理、曰
教、曰禮、曰政、曰刑、曰事，令以類相從，撰錄以進。張說知院，以委徐堅，
堅思之經歲，規制莫定。蕭嵩知院，又引韋述，始以令式入六司，仿周禮六官之
制，沿革並入注中，勅所云「法以周官，作爲唐典」是已。其後九齡知院事，加
陸善經；李林甫代九齡，加苑咸。集賢注記稱二十六年奏章上。考新舊唐書，九
齡以二十四年罷知政事，尋謫荆州，是進書之日，九齡久已去官矣。程泰之撰雍
錄，謂書成于九齡爲相之日，進御當在二十四年，林甫注成或在二十七年，其說
良是。今本卷首直冠林甫之名。若與九齡無預，後學所當考正，去小人之銜名，
而特書文獻所上可也。秀水朱彝尊。

────────────

麟臺故事存三卷一冊　宋程俱撰　清琴川張氏小琅嬛福地影宋抄本　過錄清黃丕
烈、張金吾題記　又近人張鈞衡手書題記　　（04901）

　　〔過錄〕麟臺故事三卷，宋程俱撰。伏讀欽定四庫全書總目，云是書自明以
來，自說郛所載數條外，別無傳本，惟永樂大典所載，頗爲繁夥，排比條貫，猶
可成書。原本五卷，十有二篇，今篇名散見於永樂大典中者，曰沿革、曰省舍、

曰儲藏、曰修纂、曰職掌、曰選任、曰官聯、曰恩榮、曰祿廩，祇存其九，謹依類裒輯，仍爲五卷云云。此本凡三卷，闕四、五兩卷，蓋不完本也。卷一曰官聯、曰選任，卷二曰書籍、御製御書附、曰校讐，卷三曰修纂、曰國史、凡六篇，與武英殿聚珍本命篇叙次多有異同，又篇名見永樂大典者凡九，而此本所載書籍、校讐、國史不與焉，合之恰十有二篇，俱足以資參考。前有紹興元年尚書省劄一通，中如凡十有二篇、及繕寫成二冊等字俱缺，又改分爲〔疑衍〕五卷爲三卷，并於每卷塡上中下字，蓋影寫者欲泯其不全之迹，故不惜多方作僞耳！末頁有錢叔寶題識，云：隆慶元年八月十日，蘇州府前杜氏書鋪收。後附郡城黄蕘圃丕烈先生跋。余蓋從之傳錄云。昭文張金吾識。

〔過錄〕是書爲影宋舊鈔，惜止三卷，蓋未全本也，然實世間希有之書，與聚珍本不同，其中命篇叙次多異。初書買攜來，手校一過，乃知其佳，旋因議價未諧，復攜去。後知歸於西畇草堂，遂倩余友胡葦洲轉假，影錄一冊，積想頓慰，還書之日，敬誌數語，以拜嘉惠。是書陳錄云五卷，爲書十有二篇，今劄云三卷，就不全本影寫時，改五爲三也，於每卷塡上中下字，欲泯不全之迹爲之耳！隆慶云云一行，的係叔寶手蹟，尤可寶貴。書之可珍者在眞本，此種是已，毋以不全忽之。嘉慶甲戌六月十有一日，復翁。

壬子仲夏，適園得於滬上。

────────────

中興館閣錄存九卷續錄十卷十冊　宋陳騤等撰　宋嘉定三年刊嘉定四年至咸淳間遞增補本　清乾隆間黄丕烈、光緒五年沈秉成各手跋　（04903）

中興館閣錄十卷續錄十卷，見于直齋書錄解題及文獻通考。通攷載陳氏之言（陳氏曰：祕書監天台陳騤叔進撰。淳熙中，騤長蓬山，與同僚錄建炎以來事爲此書，李燾仁父爲之序。續錄者，後人因舊文增附之耳），并巽巖李氏之序（巽巖李氏序曰：上世官修其方，故物不坻伏，後世弗安厥官，其方莫修，職業因以放失。夫方云者，書也。究其本原事迹，及朝夕所當思營者，悉書之，法術具焉，使居是官者，奉以周旋，雖百世可攷爾。周官三百六十，官各有書；小行人

適四方，則物爲一書，多至五書，蓋古之人將有行也，舉必及三，惟始衷終，依據審諦，則其設施斯可傳久。六龍駐蹕臨安踰四十年，三省、樞密院制度尚稽復舊，惟三館祕閣歸然傑出，非百司比。自唐開元韋述所集記注，元祐間，宋宣獻之孫匪躬作館閣錄，紹興改元，程俱致道作麟臺故事；宋氏皆祖韋氏，而程氏故事并國初它則多闕，蓋未知其有宋錄也，惜最後四卷俄空焉。余屢蒐采弗獲，欲補又弗暇，每每太息。今所編集第斷自建炎以來，凡物巨細，靡有脫遺，視程氏誠當且密，官修其方，行古道者不當如是耶！昏忘倦游，喜見此書，乃援筆爲之序），亦可謂詳悉矣，而分門有九，始沿革，終職掌，又詳於曝書亭集跋語中（中興錄十卷，分九門：一沿革、二省舍、三儲藏、四修纂、五撰述、六故實、七官聯、八廩祿、九職掌。淳熙四年秋，祕書監天臺陳騤叔進所撰，序之者，丹稜李燾心〔仁〕父也。續錄亦十卷，則嘉定三年館閣重行編次，後人次第補錄，迄於咸淳者。二錄予抄自上元焦氏，惜非完書，然官聯尚存，以之續洪氏羣書，下及王氏、商氏之祕書志、黃氏之翰林記、先正入官之倫序，粗可紀述，無憂文獻之不足徵矣）。然竹垞所藏已爲鈔本，且僅云惜非完書，並未著所缺何處，今予得宋刻本中興館閣錄，缺沿革門，續錄缺廩祿門，其餘缺葉，未可悉誌。李燾之序僅存半葉，其首云「中興館閣錄十卷，淳熙四年秋，天台陳騤叔晉與其僚所共編集也」，此二十六字，通考未載；「上世官修其方」已下，至「斯可傳久」，與通考所載文同；後云「彼狡焉，滅棄典籍，縱意自如，幸能行」，此十四字與通考所載六龍駐蹕云云大異。惜乎宋刻殘闕，不能定其是非也。此書外間傳播多屬抄本，近從顧抱沖家借得影宋鈔本，與宋刻不差毫髮，惟續錄卷七「提舉編修國朝會要」云云，宋刻此葉版心，明係館閣續錄卷第七，誤訂入前錄中卷第七，而影抄者逕改去續錄字樣，混廁前錄中，殊爲謬妄，且續錄中有「提舉編修國朝會要」八字，刻入版心者兩葉，正當接於「提舉編修國朝會要」一葉後，因宋刻誤訂，故失次爾，殊不思慶元以後三人京鏜、余端禮、謝深甫，文本聯屬，而顧改館閣續錄卷第七，爲中興館閣錄卷第七，何耶？且有提舉祕書省、提綱史事兩葉，係續錄卷七之文，因版心無字，混將補前錄中缺葉，而亦填入中興館閣云云，竟似前錄本文，殊不知所引官聯，俱在淳熙四年以後耶！宋刻之妙，即此已足正抄本之訛，後之讀是書者，勿以世有傳錄之本而忽視之。乾隆甲寅歲，五月夏至日，古吳黃丕烈識。

　　宋刻有原刻、補刻之異，故版刻字迹迥別，至每卷排比葉數，原刻數目本可

循序以稽，自有補刻之葉添入，則數目不同，無從稽考矣，矧經妄人點竄，更覺糊塗。今悉據本書文義序次，統補刊空白之葉，於每卷注明每葉數目，塡於旁紙，庶無紊亂之虞焉。若宋刻原本序次顛倒，又得嘉定錢竹汀、海鹽家椒升兩家舊藏鈔本，悉心對勘，俾免舛錯。內有文字同而重出者一葉，未識當時是否錯簡，反致衍文，不敢刪削，仍舊並存，信以傳信，疑以傳疑，吾於古書亦守斯訓爾。蕘圃又識。

光緒五年己卯冬十月十三日，新建勒方錡、吳縣潘遵祁、中江李鴻裔、元和顧文彬、長洲彭慰高、吳縣潘曾瑋、歸安沈秉成，集吳氏聽楓山館，同觀宋本書籍，其爲當世希有者，如朱長文吳郡圖經續記、章衡編年通載、嚴州新定續志、法穎編參寥子集，已各署觀款，後彙注數語于此，以志欣賞。藏書者歸安吳雲，即聽楓山館主人也。

————————

中興館閣錄存九卷續錄十卷四冊　宋陳騤等撰　傳鈔宋嘉定三年刊嘉定四年至咸淳間遞增補本　過錄清黃丕烈校語并跋　又清咸豐六年勞權手校並題記　（04904）

〔過錄〕甲寅二月吳郡黃丕烈以宋本手校。

此吳郡黃氏校宋本，以文瀾閣傳鈔本校，補正閣本脫誤處，凡二千餘字，其兩通及訂正是本者亦多，今悉錄於書之上下方，俟得宋本再勘。前錄官聯門，省官到替年月先後差互，閣本悉行移正；續錄官聯，自嘉熙以後，官階里貫或詳或略，不合前錄體例，當由祇據出身簿鈔錄，未經刪潤，閣本間有更定，較若畫一，弟〔第〕非宋本之舊耳。續錄目錄後識語云，逐卷之末，不題卷數，貴在他日可以旋入，繼今每於歲杪分委省官，取歲中合載事略加刪潤，刊於卷末。今攷沿革止於慶元，省舍止於紹定，儲藏同修纂止於嘉定，撰述故實止於嘉熙，惟官聯職掌載至咸淳，然國史院實錄，院官亦僅至嘉熙而止，是雖有旋入之言，亦未盡能遵守也。提要云：世所傳本譌闕，殆不可讀，惟永樂大典所載，差爲完具，今互相考訂，補其脫漏者三十一條，正其舛錯者一十六條，而其紀載諸人爵里，

有與宋史互異者，並爲爐註以資參考云云。今亦錄於卷端，并盧抱經學士校正麟臺故事一條。黃氏宋本今已歸蘇州胡氏。咸豐丙辰，丹鉛精舍借閱並校，十月廿三日題記。

———————

使職文獻通編正編十卷外編十二卷十八冊　明嚴從簡撰　明嘉靖乙丑（四十四年）刊本　近人章炳麟手書題記　（04924）

　　使職文獻通編二十二卷，正編記行人司故事，外編述四裔事狀。明藝文志史部地理類有嚴從簡殊域周咨錄二十四卷，獨此書闕焉，故清抽毀亦不及，世亦無知是書者。溥泉于浙中坊肆得之，以爲甚奇，余因摭其外編女眞部，參之他書，爲清建國別記。古者稱國史曰寶書，若斯者，非眞寶書歟？儻他日更得殊域周咨錄，其取資當更廣也！民國十三年夏，章炳麟識。

———————

部本簽式不分卷八冊　清不著編人　清鮑康手鈔本配補舊鈔本　清光緒二年鮑康手書題記　（04936）

　　內閣票擬簽式，前後輩以寫本相傳，戲呼爲天書，張玉樵前輩手寫之本爲最善，歷來閣長遵用之，余亦頗有添註，今部本諸君所共寶貴之二冊是也。余初欲合諸家之本，手錄一通，並載本面，未及竣，遽上，通本事遂輟，僅寫得吏、戶、禮三部耳，合之葉調臣前輩所貽全冊，鐙下識數語，以付印亭姪藏之，此余十餘年辛苦，毋輕假與人，致展轉遺失也。光緒二年十有二月，鮑子年識。時年六十有七。

———————

州縣提綱四卷一冊　宋陳襄撰　舊抄本　清吳重憙手書題記　（04943）

　　州縣提綱四卷，宋陳襄著，新昌莊氏曾刻入長恩室叢書乙集。此鈔本爲乾隆

四十九年王莳亭先生通政手校之書，光緒十三年三月得汴梁市上，詎校時已百又六年，亦足珍也。七月中元後一日。

使規一卷使緬附錄一卷一冊　明張洪撰　清咸豐九年鈔本　清纖庵手跋并過錄明崇禎二年王廣題記　（04945）

〔過錄〕止庵先生爲我六世祖可竹府君之師，永宣間名傾四裔，獨其遺文散落無傳，海虞多藏書家，往先司理公亦留心訪求，不可得也。昔年不肖廣讀書虎□，時友人龔孝廉淵孟亦在山中，一日偶坐生公石上，談及先生，淵孟因爲不肖言，先生故有歸田集，藏錢太史受之所，不肖乃請借觀，淵孟後持至山房示余，中載可竹軒序一篇，不肖拜錄以上先公，先公喜甚，曾請少室徵君記其事，并鈔先生之自序入□文苑，當時恨不錄其全稿，然今在太史家，固可更借也，而太史亦嘗許不肖題此序。使規一書，先公不知獲自何所，雖刻本亦罕傳，不可不珍而藏也。崇禎二年上巳後一日，荻谿王廣識於莪齋。

咸豐九年六月，從古里瞿氏假得明刻本，倩人鈔存，原有崇禎二年荻谿王氏跋，并錄之。纖庵記。

季言汲古不分卷一冊　清勞格撰　清咸豐間著者手稿本　清末吳昌綬、袁思亮各手書題跋　（15454）

此季言先生校補翰苑羣書稿本，前輩用心縝密如此，惜尚未卒業，有待董理，綬方輯勞氏碎金，從伯撰我兄假觀。案月湖精舍叢鈔稱季言有小印，曰實事求是，多聞闕疑，今此本所鈐廼作實事是正，據以改入拙著傳中。開卷有益，深志一臽之惠。己酉三月，昌綬。

勞氏家刻初印本爾雅匡名，有甯卿細字斠注，幾倍本書，今歸予家。又獲季言手稿，以洪遵翰苑羣書舊闕中卷，證以直齋書錄，補輯錢惟演金坡遺事、晁逈

別書金坡遺事、李宗諤翰苑雜記三種，并補唐宋翰苑題名。案四庫提要謂，通考有唐張著翰林盛事及李宗諤書，正足十一家之數，蓋以李昉禁林讌會集亦爲一種，其實讌會集原附蘇耆次續翰林志後，今本洪書誤入上卷之末，晁氏郡齋讀書志所引已如此，季言改歸下卷，別補三家，始爲完具。至晁志有翰林雜志一卷，稱不題撰人，或云蘇易簡子者采其父易簡翰林續志所遺附益之，季言謂蘇志見存，與所載不合，當即李宗諤書，其中韋執誼故事，元稹壁記，今見洪書上卷，疑從此析出，惟韋表微新樓記、杜元穎監院使記據文苑英華補入，所述至爲精碻，故詳著之。黃陂陳僉事毅得季言續宋宰輔編年錄二冊於諸家文集，制詞搜摭甚備，惜皆未竟之作，鉤索羣書，洽熟掌故，家學源流，具可攷見，所輯尤延之、洪文安、洪文敏三集，舊在錢塘丁氏，見善本書室藏書志，此外校補之本未有跋尾者尚多，宜別次其目附後。湘潭袁思亮記。

呂公實政錄十卷十冊　明呂坤撰　明萬曆戊戌（二十六年）湖廣巡按趙文炳刊本
清趙永手書題記　（04956）

呂公諱坤，字叔簡，河南寧陵人也。其生平躬行實踐正修治平之功，詳見是書矣，誠寶筏也，而書之板久湮，傳世者又不多見，余得之四十餘年矣，於庚辰歲霪雨連綿，草屋徧漏，隨經雨漬，深爲惋惜，加意修整，寶而藏之。噫！余老矣，不能用也，以待篤學之士留心世道者，神而明之，如序所云爾。乙卯初秋，易水後學趙永子貞氏，書於居易山房，時年七十有一歲。

書目類

萬卷堂書目不分卷一冊　明朱睦㮮撰　清正文齋烏絲闌鈔本　近人張繼手書題記　（04979）

北平圖書館善本書目載有丹鉛精舍抄本，不知與此有出入否。張繼識。

————————

絳雲樓書目二卷二冊　清錢謙益撰　清康熙間藍格鈔本　清康熙六十一年周鴻
歷、嘉慶二十二年王宗炎各手校並跋　又無名氏手書題記　（04988）

　　康熙壬寅五月二十一日，甫里周鴻歷啟元父，校于佳日堂。

　　是書編次無法，複見錯出，蹖駁錯誤，不可勝乙，姑舉所知，略校一二。嘉
慶丁丑七月九日，晚聞手書。

　　王宗炎字以除，號毅膟，蕭山人，生於乾隆二十年，卒於道光六年。性淡
退，通籍後杜門不出，築十萬卷樓，以文自娛，有晚聞居士集。

————————

千頃堂書目三十二卷十六冊　清黃虞稷撰　舊鈔本　清吳騫手校並跋　又杭世
駿、鮑廷博各手書題記　（04990）

　　右千頃堂書目三十有二卷，晉江黃俞邰先生所輯也。先生家多藏書，博聞洽
記，嘗以諸生預修明史，食七品俸。先是其父明立監丞有千頃齋書目六卷，俞邰
稍增廣之，及入史館，乃益加裒集，詳爲注釋，故又有明史藝文志之目，蓋以前
之名，紹承先緒，而後此云者，欲自盡其職志也，雖不必如向、歆之叙述，蘭臺
之授受，要其遐蒐廣攬，亦已勤矣！惜當時不盡見用，惟秀水朱竹垞檢討雅重
之，其輯經義存亡考，多徵引其說；至於明詩綜，則凡爵里、姓氏，以及序次先
後，壹皆依之，其篤信如此。俞邰既没，遺書散失，此稿又未經授梓，是以流傳
絕少，予屬鮑君以文物色之，數年始從苕估購得，審視則菫浦先生道古堂藏本
也，有其手跋，它日面詢之，先生亦不自知其所以然，蓋菫浦晚歲，雙足恒不良
於行，侍史往往竊架上書以賣，不意此本展轉流傳，仍爲我輩所得，洵昔人所稱
有翰墨緣者矣！然菫浦本尚多漏略，疑爲俞邰初稿，復借錢塘盧抱經先生金陵新
校本勘補，書既加詳，且多序目，似是史局增修之本，未幾讀道古堂遺文，又得
黃氏書錄序一篇，遂亟錄之。顧序中言地理一門，黃氏尚多挂漏已，因取內閣書

目爲之增補，而予還閱此書，又不如所云，其理殊不可解，豈此外別有一本耶？竊不自揆，間取諸家書目續爲增補，管窺蠡測，未必有裨萬一，藏之家塾，以俟世有王阮者，重爲印正焉耳。董浦季年復輯歷代藝文志，惜乎卒業未幾，奄捐館舍，每欲從之借鈔，訖以弗果，中郎遺籍散佚殆盡，此書不知終歸誰氏之手，爲之擱筆三歎！乾隆乙未重陽日，兔床吳騫題於拜經樓。

　　温陵黃俞邰先生嘗輯千頃堂書目，于有明一代之書後，復載宋、遼、金、元，其意蓋欲補此四代史家所遺漏之書也。予間從千頃堂目中，單采宋、金、遼、元之書，爲四朝書目經籍志補。厥後餘姚盧弓父學士，及嘉定錢曉徵宮詹，均有是輯，故予此書亦藏之家塾，然其間有俞邰所未及者，附以鄙說，頗爲學士所采，故其自序中，亦備著予姓氏，示不掠美也。嘉慶丙寅中秋日，小善卷北窗書。

　　右千頃堂目，金陵黃俞邰所輯。俞邰徵修明史，爲此書以備藝文志採用，橫雲山人刪去宋、遼、金、元四朝，剌取其中十之六七爲史志，史館重修，仍而不改，失俞邰初旨矣。元脩三史，獨闕藝文，全在明史網羅，如後漢晉不列此志，隋書特補其闕，不必定在一朝也。歲在辛亥，從曝書亭朱氏購得此本，亟錄出以箴史官之失，說者得無笑其迂乎！戊辰六月一日，舊史杭世駿。

　　其中宋人著作，係宋史藝文志所遺，非複出也。

　　乾隆辛卯十月朔，鮑氏知不足齋收藏，其值六金。

────────

千頃堂書目三十二卷十八冊　清黃虞稷撰　鈔本　朱校　清況周頤手跋　（04991）

　　戊午五月，爲先慈營窆多，以是書易買山之資，悅惘臨分，摭抄何益？桃花潭水深千尺，不及汪倫送我情，長恩有靈，殆亦低徊欲絕也。臨桂況周頤，記於淞濱賃廡。

────────

讀書敏求記四卷二冊　清錢曾撰　清乾隆十年東里沈尚傑刊本　清吳騫手跋兼過錄吳焯、吳城、吳玉墀、朱文藻諸家跋語　又章鈺手書題記　（04993）

　　此書未刻之前，最爲難得。錢塘吳尺鳧先生嘗言，竹垞檢討典試江南，與遵王會飲，私囑錢氏侍史竊出一抄，償以美裘一襲、白金十兩，蓋前輩之好古如此，亦可起敬也。此刻視抄本間多舛譌，惜未得一校，姑俟異日求之。壬辰四月，騫記。

　　〔過錄〕十二月十日校畢，并呂氏本參勘，付城南丁敬身。焯記。
　　明年乙巳，再校一過，小年朝石門舟中記。
　　又明年丙午，吳興趙用亨已將此書梓行，惜其譌字過多，與之校正，又對一遍此本，又改正數字。是秋重陽後二日。

　　〔過錄〕右三則見繡谷亭本第二冊卷終。八月三日校畢，錄於此，以見先正校勘之勤如是也。文藻記。

　　此爲友人朱秀才映漘手校本，乃振綺主人（即所稱東軒主人）從家甌亭上舍借瓶花齋藏本，屬映漘校勘者。據諸君跋語，其丹黃已下不四五過，然予細閱之，此本之譌舛脫略固多，而振綺本亦未爲盡善，故二本之互異者，各書之簡端，俾映漘更加覆審，庶幾二本各歸精當耳。乙未六月七日，久旱得雨，今秋可以飽喫飯而校奇書矣！書以志喜。騫識。

　　〔過錄〕絳雲未燼之先，藏書至三千九百餘部，而錢遵王〔闕文〕有一種皆紀宋板元抄，及書之次第完闕、古今不同，手披目覽，類而載之，牧翁畢生之菁華萃于斯矣！書既成，扃置枕中，出入每自携，靈蹤微露，竹垞謀之甚力，終不可見。竹垞既應召，後二年典試江左，遵王會于白下，竹垞故令客置酒高譴，約遵王與偕，私以黃金翠裘予侍書小史啟鑰，預置楷書生數十于密室，半宵寫成，而仍返之。當時所錄并絕妙好詞在焉，詞既刻，函致遵王，漸知竹垞詭得，且恐其流俵于外也，竹垞乃設誓以謝之。竹垞既重違故人之命，而又懼此書之將滅沒也，暮年始一授族子寒中，余聞之久矣，然知其嚴秘勿肯去，近在校讐諸書，寒

中閱余之勞，竟許以贈余，以白金一斤爲壽，再拜受之，亦設誓辭焉。嗟呼！書
乃天地大公之物也，然有可傳有必不可傳，正如修丹者既成，人皆可餌，而烹煉
之方，非堅精凝潔者弗能守，然猶可傳者丹之法，而必不可傳者丹之道，大道在
人，非其人莫與，則斯志也已，書之卷末，□□後人。康熙五十六年三月十八
日，錢塘吳焯。

〔過錄〕此書向惟曝書亭藏有抄本，珍秘不出，先君子以重價購得之，稼翁
晚年力不能守，元鈔宋刻雨散雲飛，而此書遂流落人間。吾友趙君用亨爲刻之吳
興，卷端冠序一首，借先友傅編修玉笥之名，傅不知也，偶于書肆中見之，大
怒，且以舊史官三字爲犯時忌，徧告當事，欲毀其板，尋允所請，賴先子解紛得
寢，然用亨亦因此愧慣，不復刷印示人。其信乎古今典籍傳與不傳，蓋有一定之
數，不可強也。乾隆丁巳小除日，錢唐吳城記于瓶花齋。

〔過錄〕絳雲一炬，秘本不可復見，遵王著敏求記一書，後人賴之以攷證天
水鐫板，行世有功典籍匪淺，當時不乏文人，必借玉笥太史之名以弁其首，較之
題碑祝嘏不猶愈乎？玉笥翁何亟亟於求毀耶？斯亦可謂不愛古名者矣！少谷跋，
時甲申臘月既望，燈下。

右繡谷亭本跋語三則

〔過錄〕此書東軒主人藏本二，一是吳石倉先生鈔本二冊，一即此本，趙谷
林先生藏抄本四冊，從丁龍泓先生手鈔繡谷亭初校本借抄者也，其後繡谷先生覆
校三次，改抹之處，此本未經是正。乾隆丁亥八月一日，主人從甌亭先生借得繡
谷亭本，屬文藻重校，嚮所疑誤者改正凡百餘字，此本洵完善矣。文藻後進末
學，何幸得窺先正□修之秘，而私淑老成嗜學之勤，撫卷沈思，愧喜交集。仁和
後學朱文藻記。

右跋凡四則，從武林汪氏振綺堂所藏小山堂舊鈔本傳錄。予嘗病刊本多誤，
間以硃筆評校，終未能釋然，乾隆甲午從書局中見此本，因亟假歸覆勘，更有數
跋附錄于後，凡綠筆者皆是也。旃蒙協洽六月一日，兔床鮑識。

〔過錄〕遵王撰成此書，祕之笈中，知交罕得見者，竹垞檢討校士江南日，龔方伯遍召諸名士大會秦淮河，遵王與焉，是夕私以黃金、青鼠裘予其侍史，啟篋得是編，命藩署廊吏抄錄，并得絕妙好詞。既而詞先刻，遵王疑之，竹垞爲之設誓，而謝之不輕授人也，晚年稍稍傳出，江南舊家間有之。余從馬寒中得授此本，惜其字多繆誤，蓋當時半宵寫成，未經校對，其間書雖不多，宋版元抄，要皆奇祕，眞書林之寶也。吾友敬身丁君獲此本於石門呂氏者，又從竹垞已亡後，其家竊錄而出，錯誤更多，偶以余所藏本校其大概，尚未盡也。嗟乎！牧翁以十萬金錢購置奇書，而遵王耳聞目見，盡平生之致力，僅載此六百餘種，所謂選其精華，觀〔顧〕不當以尋常書錄視之也。雍正甲辰冬至月廿又六日燈下，焯。

此本爲吳兔床先生手錄朱朗齋校語，而陸續添注者，著錄於拜經樓藏書題跋。管芷湘氏彙校本，根據此本而遺漏尚多。鈺本管例，草讀書敏求記校證一書，已得第一稿，得見此本，匡益宏多。孟蘋道兄通假之惠，至可佩也。己未元夕，長洲章鈺記。

———————

述古堂書目十卷二冊　清錢曾編　清乾隆辛卯（五十年）吳翌鳳手鈔本　清吳翌鳳手校並跋　又嘉慶甲子（九年）吳騫手跋　（04994）

辛卯嘉平二十又一日，枚庵手錄。

吾家枚庵茂才酷嗜書籍，所藏多手鈔精校本，自其客游三楚，幾二十年不歸，藏書什九散佚。今秋仲月，予友簡莊從吳趨以善直收得數種，此其一也。予亦從苔估買得數冊，丹黃圖記，粲然可觀，載展載讀，不無今昔之感。予今年七十有二，計枚庵之年亦相差，未審他時更得握手于滄浪水榭之間，重展各書，相視一笑否也？嘉慶甲子冬十二月，兔床騫漫記。

———————

經義考不分卷存十冊　清朱彝尊撰　稿本　清道光十四年馮登府手跋　（

04998）

　　竹垞經義考十冊，易五、春秋三、禮二，爲手繕本，初名存亡考，後改定。是書得于敬悅齋殘書中，庚寅至甬無事，并曝書亭全集手稿裝治之，藏於勺園，不知我子孫之守而不失與？道光十四年十月，柳東記于四明之八磚花舍。

————————————

繡谷亭薰習錄不分卷存二冊　清吳焯撰　清稿本　清同治八年丁丙及宣統二年吳
昌綬各手書題記　　（15458）

　　吾杭吳尺鳧先生焯家富藏書，手自校讐，仿晁陳二氏之例著繡谷亭薰習錄，後其子玉墀於乾隆時應詔進書百餘種，蒙賞初印佩文韻府，並蒙宸題所進之說文解字篆均譜五卷，當世榮之。是二冊起楚辭，終元明諸集，摘敘源流，旁有改字，疑樊榭老人筆，中有稱家志上者，志上爲吳君允嘉之字，亦多秘笈，則此爲吳氏所輯之薰習錄無疑。書從瞿氏清吟閣劫餘散出，清吟閣書目亦藏余家，中有繡谷亭薰習錄稿本八冊一條更可符證，惟以上之經史子三部六冊不知流落何處，幸此集部一類尚完好，足爲書苑掌故云。同治八年十二月初六日，八千卷樓主人記。

　　昌綬年十四省試還杭州，得舊鈔一帙，首題繡谷亭書錄，朱筆抹去，夾籤曰繡谷亭薰習錄八冊，卷端例言佚其前葉，末云男城、玉墀恭記，蓋族祖尺鳧老人手稿，而甌亭、小谷兩先生重編者。冊中僅易類已百餘種，別有一紙記諸經分卷及部數。三十年來久塵敝区，後見同郡丁氏書目頗引薰習錄語，疑其別有鈔傳之本。昨歲在都，吾友伯夔京卿購八千卷樓遺籍，有薰習錄二冊，紙墨行款悉同，迺知綬所獲者即清吟閣散出之首帙，惜當日未遑持示松老證成其說。首冊多有尺鳧翁手蹟，此二冊校改謂出樊榭筆，亦甚碻。大略刪迻補綴，不出一時，惟祇有別集而無總集，意是原書第六、七冊，即明人集亦疑有未竟也（友石以下七家誤裝次冊之首，當爲移正）。綬書尚在南中，他日携來，當并贈伯夔，爲延津之合。末記所見，先希諟正。宣統庚戌二月，仁和吳昌綬。

四庫全書總目提要不分卷存一冊　清紀昀等撰　清乾隆間四庫館批改底稿本　近
人馮雄題記　（05001）

　　欽定四庫全書總目稿本一冊，朱墨筆改削是紀曉嵐先生手蹟。彊齋題記。
　　舊鈔本欽定四庫全書總目殘本一冊，乃史部第四十五至四十九各卷零葉，共
四十一葉，審是四庫館編纂總目時，改寫撤換訂存者。其中塗乙鈎勒，並夾校
籤，有朱墨兩筆，取刊本校之，多與所改者相同，知即總纂紀氏手蹟也。其全篇
用朱筆勾去者，刊本或改入別卷（如編年類宋元通鑑、成憲錄，別史類季漢書、
晉書別本，俱改入存目；別史類宋史紀事本末、元史紀事本末、明史紀事本末，
繹史，俱改入紀事本末類），或刪削不錄（如鳳洲綱鑑大事記講義、南北史合
註），大約總目初稿編成之時，紀氏詳核，復定去取，并稍改更部類，如紀事本
末類，即自別史類析出是也。而各書進呈以後，經清高宗閱覽，間有意見宣示，
亦須補入提要之中，如契丹國志篇末所論書法顛舛百數十言，寫本無此一段是
也。可見總目成書，蓋屢經易稿矣。首有豐城歐陽恬昉所藏一印，及李振唐所鈐
宜秋館藏書一印。李君名之振，南城人，藏書甚富，校刊宋人別集多種，晚年旅
寓滬上，余與相識，此冊乃其歿後散出者，余藏之行笈，忽已十餘年，今冬在灌
縣，取刊本對勘，成校記一卷，爰撮大要書於冊首。民國二十九年十二月十五
日，南通馮雄記於灌縣東郊寓舍。

鄭堂讀書記七十一卷四十八冊　清周中孚撰　鈔本　清柳翁手書題記兼過錄莫友
芝跋語　（05010）

　　錄莫子偲太史宋元舊本書經眼錄。鄭堂讀書日記稿本，國朝烏程周中孚撰，
蓋嘉道間人，讀一書必爲解題一篇，條其得失議論，頗能持平，亦好學深思之士
也。凡四十餘冊，約存七十卷；經部編十四卷，諸經皆略具，唯缺易及小學雅故
字書；史部二十二卷、子部三十三卷，尚無大缺逸；集部則僅本朝二卷，計亡逸
當十之二三，不知更有副本否？亂後益無從訪求矣！

　　阮文達訂詁經精舍文集，錄中孚文幾十首，孫淵如次詁經精舍題名碑，列中孚於講學之士。劉履芬案：馮登府周鄭堂明經傳，字信之，嘉慶辛酉舉拔萃科，癸酉鄉試副榜，所著有讀書記、金石識小錄、孝經集解、逸周書補註、詞苑叢話、鄭堂文錄、詩錄、題跋、札記、四庫存目附錄、亭林年譜等書，均未刊刻。

　　莫太史所見之稿本，後歸丁禹生中丞持靜齋中，余前歲復蒞潮郡，從丁氏借錄各書，此其一也。因前後無序，特錄太史跋語於卷端，他日如訪得副本，將所缺補全，則更深幸矣。柳翁記。

邵亭知見傳本書目十六卷四冊　清莫友芝撰　藍格鈔本　近人夢莊居士手書題記　（05015）

　　邵亭知見書目，經部。宣統元年，田中慶太郎刻行，此是底冊，內朱筆增注，較刊本所無，研究板本學之資助焉。壬午春季，購於申江書肆，八月初一日，夢莊居士識於密盦。

　　昔莫氏知見各書，隨爲註記成之，好學者爭相傳寫，而原稿則不知流落何方。此東邦書友田中氏以此付印，得傳於世；因差訛殊多，經江安傅氏校正又印行，又適園本，皆排印本也；申江石印本，又小巾箱石印本，等等不一。今書林多宗之稽攷，近訪書記印就，適成武來訪叙此，即爲附題。夢莊。

金 石 類

歷代法帖釋文十卷一冊　宋劉次莊撰　明弘治辛酉（十四年）錫山華氏刊百川學海本　近人文如居士、張左丞題記　（05032）

　　洪武四年本法帖釋文十卷。丁氏善本書屋鈔本即從此錄出。辛酉，文如居士以八餅金得于都門。

余購得淳化大觀閣帖，遍覓釋文不得，後於友人處以十金購得此冊，與藏帖校對，頗多錯字，此雖明刻本，校讐不佳。甲子初春，左丞記于滬寓。

嘯堂集古錄二卷二冊　宋王俅撰　明覆宋刊本　清吳騫手校並跋　又方輔手跋
（ 05044 ）

歗堂集古錄，世傳刊本，首叙即闕文二百四十餘言，而筆畫之訛舛，尤不勝計。昨歲陳君仲魚得舊本，迺新安陳書崖昂所鈔藏者，首序既全，而字畫精好，與刊本有毫釐千里之殊，卷末又有元統改元，吳郡干待制文傳跋，亦刊本所無者，因亟從借歸，補錄於此本，復取歐陽公集古錄、呂氏攷古、宣和博古二圖、薛氏鍾鼎款識等書，參伍校訂，其顯然謬誤者，即爲改正，稍有異同，各注于其上，疑則闕之，蓋恐所據各有不同，未敢臆斷也。聞大興翁學士方綱有影宋抄本，未審何如，俟更訪之。己亥秋日，吳騫記。

丁小疋先生携此書新安，知爲吳君葵里所弆，好古之情，令人欣慕。乙巳冬日，方輔題。

嘯堂集古錄二卷二冊　宋王俅撰　影鈔宋刊本　清翁方綱、陳鱣各手跋　（
05045 ）

辛酉十二月，以宋芝山所得宋槧本校，此蓋亦影宋本寫也。方綱。

乾隆五十五年冬十有二月丁巳，得於海寧。
嘯堂集古錄跋。宋王俅譔嘯堂集古錄。俅字子弁，取詩載弁俅俅意，或作王球，非也。球字夑玉，乃別一人。子弁又作子佌，字書無佌字；弁，說文本作覍，其稱子佌者，蓋亦因其名俅而譌加人旁耳。此書世傳刊本，舛錯甚多，首叙即闕一葉。余于九年前，從苕上書船得舊鈔本，云自吾家春暉堂散出者，繕寫精嚴，賞心說目，中有衡山小印，知爲停雲館故物；又有陳書崖珍藏印，即暴書亭

集所謂澱湖陳氏也。余以刊本校之，叙文增多二百四十五字，後多元統改元吳郡干文傳一跋，文傳官待制，跋稱此書刻畫甚精，不類刊本，在元人當日已云然矣。餘姚盧抱經學士見而愛之，嘗手校一過；同里吳兔床上舍復校而爲之跋。聞大興翁祕閣罩谿有影宋鈔本，心契者久，比來京師，得交于其次君宜泉庶常，因假所藏閱之，楮墨兼善，古香襲人，首叙固全，後叙中欽字闕筆，而無元人一跋，乃影宋本之最精者，眞寶書也。以余本參校，其中如商父貝觶，□形中□乃父貝二字，影宋本作□：案□象貝形，下丌即丌，所以陳之，小篆作□，猶存遺意。商父乙鼎、兄癸卣並作□，周淮父卣作□，蓋從省耳。自摹本于□下加八，遂以丌別爲一字而不能識，其實止一貝字也。周毀敦□，影宋本作□，案釋文明是矦、矢二字，蓋矢亦作小、又作丨，與上不連，後宰辟父敦□可證；古人二字疊寫，如周太師望簠小子作□，鑄鐘小心作□，二百作□，五十作□，聘鐘有二作□，不可勝舉，今本博古圖，□亦誤連，其釋文并無矦字矣。凡此之類，當以余本爲正。又齊矦鎛鐘□，二本釋文均闕，宜從鐘鼎款識釋作衛。案說文，衛，通街也。今京師衚衕，衕字已見周鐘，惟衚字始著于龍龕手鑑，猶未加丁也。錄中釋文，間有失載者，互爲補全，至楚鐘釋文則俱亡之，其他異同之處，及鄙見所及各條，繫于卷內，以返庶常。時祕閣督學江西，余將移書力勸刊布，蓋此書有資攷訂，固非小補耳。庶常善承家學，早歲成名，博覽兼收，而尤篤好古泉，故自號宜泉，嘗出一巨編見示，自夏、商至元、明，幣、布、刀、泉，靡不登載，其蒐討之勤，攷核之當，實出洪景嚴之上，余摹漢泉范「宜泉吉利」四字，作印詒之，以訂金石交云。乾隆五十二年，冬十有二月丁巳，海寧陳鱣識。

————————

金石錄三十卷四冊　宋趙明誠撰　舊鈔本　清吳以淳手校並跋　近人鄧邦述手書題記　（05059）

是書爲同郡顧云美先生藏本。先生勝朝遺隱，著有塔影園稿，生平精究六書，題籤三篆文尚其遺翰，宜所藏之本善也。乙未夏日，偶雅雨堂刻本對校，兼李易安後序亦補寫之，視盧刻有過無不及矣。予之嗜好，竊略同于德父，而賞更勝之，藏此聊博撫卷之一笑云爾。丙申夏日，永安居士識。

吳雲甫好書，其篤嗜不減於吳伊仲、張艮思諸君，此冊用盧本校勘甚勤，後復手鈔易安後序，雅整可喜，讀其自跋，蓋亦貧而樂之者。金石錄余藏鈔本凡三部，皆經名人藏弆。歸來堂上賭茗風流固深入於讀者胸際，趙李誠不朽哉！甲子二月，罩碧。

─────────────

宋王復齋鐘鼎款識一卷一冊　宋王厚之撰　清嘉慶七年揚州阮氏積古齋刊本　清嘉慶十年伊秉綬手書題記　（05061）

嘉慶十年，阮同年元贈。伊秉綬記。

─────────────

歷代鐘鼎彝器款識法帖二十卷五冊　宋薛尚功撰　清康熙庚戌（九年）黃公禾手鈔本　清嘉慶間黃丕烈硃筆手校並跋　康熙間李士賢，袁枋得、黃公禾手書序又清沈梧、百齡、齊彥槐、蔣因培、魏亨逵、張肇辰、孫雲鴻等手書題記或觀款　（05066）

天地間自有一種眞文字，雖埋沒於泥沙，而其光怪陸離，間有發之者，披對之下，能令人目眩神搖，恍遊於數千百年以上，則鐘鼎之文是已。鐘鼎者，古人精魂之所寄也，其器緻而精，其文簡而盡，其字古琢而奇肆，有志好古者，誠不可少此一段學問也！余生也晚，未得盡識古人之遺文，然此搜奇抉秘、居今求古之心，恒耿耿然也，故雖於殘篇斷簡之中，偶有古文詞，即爲之把玩不能釋手，然於鐘鼎之文，蓋瘖寐思之而略無所得，誠恨事也。及而得觀袁氏所藏鐘鼎彝器款識一書，南宋薛尚功之所集，而明宗室朱隱之之所摹也，其墨蹟甚爲精妙，予甚愛之，而計無所出，乃同黃子子成手錄其書，凡歷三月餘而功成，苦心哉！黃子曰：子不可以無言。予曰：是余之願也，予不過自了其嗜古之願耳，何必序，何必不序耶！庚戌蕤賓月，眷教弟李士賢書。

廣鐘鼎文序。文字尚矣，蒼頡而後，殘壞者不知幾人，變更者不知幾人，迄唐宋間，幾絕響矣，賴宋薛尚功氏集考古、博古諸書，採鐘鼎宗彝諸器，原古證今，裨補闕漏，輯而成書，名曰鐘鼎款文識，使學者於先王之遺意、三代之遺，

展卷如晤，其功良多。然而歷宋元明，刀兵水火，不無損失，迨於我朝，十存七八，雖有好古者出，寧不苦時暮乎？孰知人患無志，有志竟成，豈今人之不能爲古人邪？抑今人之不願爲古人邪？余友子成先生，博學大雅，毅然以斯文自任，凡有裨於聖道者，率攘背爲之，故余每有事于先生，輒教誨以導之；先生有志，余每鼓舞以成之，雖學問之不相侔，然雲龍風虎，亦不能無相需也。庚戌春日，先生筆墨之暇，與余徧訪薛氏遺迹，其闕略者五十餘種，悉補之，以楷屬余，余素不嫻篆，然慨然以應之者，實所以作成之也。凡三閱月，儼然大成。嗟乎！人患無志，有志竟成，豈今人之不能爲古人邪？抑今人之不願爲古人邪？後之學者，披圖賞鑒，慎勿失其作者本意云。時庚戌端陽，眷教小弟袁枋得識。

鍾鼎款識序。三代大文，未經祖龍之手，而獨立千載者，何文也哉！汲冢之書，邈焉無聞；岣嶁之碑，疑而未信，況乎渾渾噩噩，聲同雅頌，或望重詩書，或名垂典策，加以良史之芳蹟，不知其人，可乎？當披覽之際，而如晤矣。款識之書，南宋薛尚功所輯也，引用者宣和博古圖、呂大臨考古圖、劉原父先秦古器、楊南仲維揚石本，集諸家之大成，參君意之獨削；字中蝌蚪、鸞翔鳳翥，其態也；筆下蛟龍、珊瑚玉樹，其度也；升之東序，無愧乎天球；置之北面，比美乎丹誥，誠清廟之弘音、明堂之雅韵也。慨自靖康之難，寶器附帝朔巡，今存者，惟岐陽石鼓，照耀星門，其餘者，投之水火、置之兵燹，邇來七百餘年矣，好古者寧不苦晚乎！幸而圖籍尚存，未必不爲尚友之一助，因假袁君之藏，親爲抄冊，不勝晦明風雨之對晤云。時康熙庚戌春正月，瀚海黃公禾子成甫書。

〔陸刻原序之後〕此叙用楊氏虛白堂所藏硃印本校，已多訛謬，然其本不知從何出，釋文節者爲多，想所摹款識，無可信矣。此書自以宋刻爲最佳，精抄次之。明刻有二：一爲硃印本，此陸刻是也；一爲墨印本，余所收朱刻是也。在明刻本，朱又勝於陸矣。余故校朱本於此鈔本上，而陸本之不如各本，已遜此鈔，又何論朱本耶？後之讀是書者，宜知之。癸酉十月十日，蕘翁識。

〔首冊書衣〕嘉慶癸酉秋日，手校明刻朱謀垔本。此抄不知何本，多所節文，朱本皆有之，故余用朱筆校增。此雖出顧云美舊藏，并相傳爲其手書，然未全，故敢動筆校之。復翁。

〔第三冊〕嘉慶癸酉重陽後三日，用明朱謀垔刻本校，此鈔多脫誤，悉據以

改正，唯篆文余非所審，不敢輕動。復翁。

〔末册〕余幼年讀書宏農楊氏，見架上有硃印鍾鼎款識一部，初不知爲何用也，及長而知蒐訪書籍，次第購藏，有抄本鍾鼎款識兩部，一爲此本，一爲精抄本。其時因此部爲顧云美藏，且卷首多序文，歷載刻書原委，故以此爲佳。後閱朱謀垔有刻本，尋常墨印者，偶從他處見之，而未及購。昨歲得石刻殘本，取校此本獨勝，急覓朱本一對，無有也。頃書友從杭州歸，携得朱本，遂用硃筆手校於是，朱本止有謀垔序一篇，而此兼載朱刻以後序，并萬岳山人本序，想最後之本矣！萬岳山人本即硃印本，多所節文，此往往有節文，當即出硃印本。硃印本與朱本，後先不知誰何，約略定之，朱爲勝矣！余藏石刻殘本，少一至六，又十七、十八，共八卷，既無石刻，則朱本可據，因誌原委如右。復翁記。

余曾舊藏商周彝器拓本數十種，並阮氏鐘鼎款識刻本，於庚申年遭紅巾之亂，盡付劫灰矣！素聞朱隱之所刊薛尚功手摹三代鐘鼎彝器款識廿卷，向未及見，今芙川先生携示此部，悉爲黃氏士禮居收藏，顧云美手抄本，其字體有秦篆漢隸遺意，前人博古精詣如此，不獨爲學者臨池之助，使閱者夏鍾商鼎一覽了然，誠奇書也。芙翁亦在兵火中携出，宜其寶之，希勿輕視焉！錫山沈梧誌。時癸亥新秋，在吳陵客舍。

乾隆乙卯長至日，百齡觀。

道光辛卯六月，齊彥槐假抄，因識。

道光丙申正月上元後二日，辛峯蔣因培讀。

道光甲辰七月，芙川大兄携此書，並宋刻黃勉齋先生集、元刻羅豫章集、范德機詩，皆僅見之書，讀之彌深贊美，幸識歲月。魏亨遠。

道光丁未九月，元和退士張肇辰假觀。

道光庚戌九月，龍溪孫雲鴻觀。

歷代鐘鼎彝器款識法帖二十卷四冊　宋薛尚功撰　清嘉慶間烏程嚴可均手寫本
清嘉慶十二年孫星衍及宣統元年曹元忠各手書題記　（05069）

　　薛氏鐘鼎法帖，余在中州節署時，曾見歸觀察朝煦有之，匆匆未及細閱。今
黃氏丕烈藏有不完本，近爲汪氏所得，中多漫漶字。此本嚴孝廉可均爲余影寫舊
寫本，隸式與法帖無二，必是影宋底本，視刻石本反無缺字，惟中有石鼓文，多
出之字與楊氏愼所見李賓之本同，恐是後人增益。五松居士記。

　　曩客中州時，見薛氏鐘鼎款識石刻本於歸河丞朝煦處，未及細閱。後至京
師，得明刻佳本，旋爲友人取去。阮中丞開府浙中，既以宋刻板本校梓行世，視
舊本精善，及余再官東省，得見舊寫本，多元、明人印章，或題爲繭紙薛尚功手
書者，未知是非，然紙色舊而篆文極工，核之阮氏刻本及近時本，篆體審正，釋
文字句增多，可以訂別本誤改篆文、及脫落釋文共若干處，記所見法帖本，式樣
正與此相似，雖不敢定爲薛氏手蹟，其爲宋寫本無疑矣！亟屬嚴孝廉可均影臨古
篆，蔣茂才嗣曾寫附釋文，或有原書筆誤，皆仍其舊，仍付剞劂，以廣流傳。惟
內有石鼓文字完備，此與世傳楊愼所見李東陽處唐搨本，約略相同，即後人疑楊
升菴僞作者。考韓文公作石鼓歌，原有「君從何處得紙本，豪髮盡備無差譌」之
句，是唐時自有完本，如薛氏作書時即見之，不應他本僅據殘字別石收錄，然以
爲後人增補入帙，何以紙色字畫又與全書無異？豈薛氏以後得本追改成書耶？細
核所補石鼓字，如旭旭杲杲之屬，驗今石本作𦥛𦥛鞝鞝，似非無因，疑以存疑，
已足爲升菴辨誣矣！鐘鼎文字自許叔重據以入說文，郭忠恕、夏竦俱有集錄，偏
傍字畫皆足考證小學原流。曾與嚴孝廉約爲說文翼一書，依許氏字例，采集鐘鼎
古篆，條舉件繫而說其六義，以明先秦三代絕學。近世所出諸彝器雖多，此冊尤
爲石文祖石，未可聽其散佚，世有知音者，必能諒予好事之苦心也。嘉慶丁卯正
月，陽湖孫星衍序。

　　皇宋書錄云，薛尚功字用敏，善古篆，尤好鐘鼎書，有鐘鼎彝器款識刻石二
十卷，在九江石刻鋪，敘所謂紹興十四年甲子六月，郡守林師說爲鑴置公庫，石
以片計者二十有四，即世所傳石刻法帖本也。若用敏眞蹟，據鐵網珊瑚稱，史明

古藏薛尚功摹鍾鼎款識眞蹟二十卷，後題嘉熙三年冬十有一月望後二十一日，外孫朝奉郎新知臨江軍事楊伯嵒拜觀於二十四叔外翁書室。後二十年，弁陽周密得之外舅泳齋書房，趙孟頫鑒定，白野不花、周伯琦題名，張伯雨、柯九思跋。此帖舊有吾鄉尤雄仲藏，雄仲名洪，元巨室號萬三之后，善草隸，老而貧，故史氏得之者，當即此本所出，觀卷中柯九思敬仲印，及沈氏雄仲諸印可證，迺知用敏眞蹟，爲楊和王府故物，經草窗、松雪諸老鑒藏，最後爲史西村所得，流傳有緒。五松居士所見，題爲繭紙薛尚功手書者，良非虛語。惜百年之內，載經兵火，未知尚存天壤否也？所幸鐵橋景本，得萇石同年精槧行世，當下眞蹟一等，石刻法帖瞠乎後矣！異時倘再獲楊彥瞻已下諸跋，而并刊之，使煥若神明，頓還舊觀，豈非墨林快事哉！宣統紀元太歲己酉二月十日，吳曹元忠跋於東華直廬。

紹興內府古器評二卷一冊　舊題宋張掄撰　明崇禎庚午（三年）海虞馮氏鈔本明馮彥淵、清黃丕烈手書題跋　（05080）

　　崇禎庚子歲，得秦季公抄本，因命家保錄之，時秋盡日也。海虞馮彥淵識。

　　此書得諸華陽顧氏，已有馮彥淵題識，可謂名書。頃書友携蔣氏賜書樓書一單，中有是書鈔本，即所謂秦季公本也，末有袁表題識，云借抄于吳方山，則此抄之祖本雖得見，而吳本不知又在何所。書籍各有源流，何能盡遇之耶？書此誌幸，兼誌慨焉。嘉慶甲戌秋日，復翁。

金石略不分卷一冊　宋鄭樵撰　清雍正乙巳（三年）吳玉搢手鈔通志本　吳玉搢手跋　（05081）

　　鄭漁潒通志金石略，羅列古今金石刻殆盡，六朝以後尤爲詳備；歐陽諸公所錄，皆有跋尾，鄭氏無之，但或注地名及年代而已，宜其名略也。夫昔人之好此者，或以證史傳之錯誤，或以攷古人之佚事，非徒論其文章，美其字畫也，然而

翰墨之樂，亦無逾此。余考古金石書數種，皆手錄而藏之，此編燈下所抄，小字密行，可知余之癖嗜矣。雍正乙巳四月抄畢書，滁江吳玉搢識。

　　編中所載，今已十無二三。凡鍾鼎諸文，則博古、考古，及薛氏款識錄，尚有可攷。漢碑惟散見於隸釋、隸續、漢隸字源，及搨本之僅存者。晉宋而後，惟見墨刻於收藏家，無輯爲成書者，苟非前人羅而列之，晚學何所攷證乎？哀輯之功，前人固不可没哉！滁江又書。

————————————

名蹟錄七卷一冊　明朱珪撰　清乾隆辛巳（二十六年）歙縣鮑氏知不足齋鈔本鮑廷博手校并跋　（05093）

　　右名蹟錄七卷，從樊榭山房借錄元本，雖經勘定，然几塵凤葉，仍有掃除未盡者，錄畢又爲改正數字，中間脫落一葉，并有缺佚處，再得善本補完，斯無遺憾矣！乾隆辛巳二月十三日，知不足齋識。

　　此書按目尋之，凡佚六十一篇，所存者僅十之三四耳！樊榭、龍泓兩先生校勘，或未經細檢目錄，而朱性甫手鈔時，何亦疎忽乃爾，未爲指出耶？丁亥三月十有二日，蘆渚寓舍識。

————————————

名蹟錄六卷附錄一卷二冊　明朱珪撰　民國甲寅（三年）趙光楣鈔本　趙光楣手跋　（05095）

　　甲寅二月一日起鈔，之三月六日竣，中間斷者七日，時館甫里。趙氏光楣志。

————————————

葉氏菉竹堂碑目六卷一冊　明葉盛編　清歙縣鮑氏知不足齋鈔本　道光十年貝墉手書題記　（05099）

葉氏碑目、朱臥菴書畫目、高江村書畫目三種，外間甚少，昔年長塘老友鮑淥飲孝廉廷博以知不足齋所藏秘本錄贈。今晤雲松先生，知博雅好古，鑑別精詳，收藏名蹟甚富，談及是書，即以持贈。道光庚寅秋八月上浣，見香貝墉識。

────────────

金薤琳琅二十卷四冊　明都穆撰　明刊本　題清黃丕烈、席佩蘭跋　又蔣因培觀款　（05102）

此書爲虞山陳見復先生所藏古刻善本，一時亦求之不得者。陳煌圖先生精於篆隸，足徵於金石究心深矣，勿泛視之。乾隆丙午七月，古吳平江黃氏士禮居收護。

嘉慶丁丑九月，海虞女士歸樂安，席氏佩蘭向張氏味經書屋借讀，校正家藏古搨武斑碑訛字七，足徵舊拓之可貴也。因識

道光甲午清和月上澣，蔣因培假觀。

────────────

金薤琳琅二十卷四冊　明都穆撰　舊鈔本　題清王芑孫跋　（05103）

抄本金薤琳瑯四冊，書法古趣，瘦勁可愛，當是元敬先生手錄，或即杭州宋刻之祖本也。爲大學士明珠家物，展轉歸於吳中迎駕橋顧氏謙牧堂者。明氏別墅藏書甲天下，其長子成德，字容若，康熙癸丑進士，選侍衞；次子揆叙，字愷功，官右都御史，謚文端。容若刊有通志堂經解，及通志堂集等書。嘉慶戊午花朝，長洲王芑孫借觀因題。

────────────

蒼潤軒碑跋一卷一冊　明盛時泰撰　舊鈔本　近人鄧實過錄魏錫曾題記并手跋　（05109）

〔過錄〕光緒丁丑三月，以往年蘇州所得舊鈔本，及丁氏八千卷樓鈔本，合此彙校，及半，旋以他事中綴。戊寅九月，自福州來漳浦，復續爲之，粗竟一過。三本中唯此本從明鈔出，參伍推詳，其譌字已正十九，尚有俟檢他書校定者；有三本皆譌，不能意定者；又有原本文義本未妥貼，似誤而非誤者。盛君諸跋是停雲鬱岡一派，微病裝綴，似尚在文門諸弟子之下。重九日，籌鐙記。

憶同治丙寅歲，得是書舊鈔本於吳門，即在杭借丁本入閩，合周本互校數葉，旋以他事輟實篋中，遂十二年，去冬欲錄副寄子與仁兄，始發篋合三本點校數過，既覓友寫此冊，綴同異去取於上，取備覆勘，別鈔一本，將酌膳校語，補訂疑字，是正子與。人事牽率，逡巡至今，計諾責於好友者，亦已三年，因即撥此底本奉寄。盛君此書於漢唐著名之碑無大發明，宋元以下則頗有近時不得見、前人未涉筆者，足資採擇。明人著錄金石之作，如篆竹碑目、寒山時地攷，近皆收入叢書，盛氏手跋目驗之碑，視趙書存佚並登、葉書有目無跋，親切過之，惜未有墨之於板者，書此以俟。光緒己卯七月十一日，附記。

案:上二跋從稼孫先生所著續語堂題跋錄出，其第一跋蓋跋在周本之後，其第二跋乃跋在所錄副本之後，而此本則所謂吳門所得舊鈔本也，祇有先生手校而無跋，今迻錄二跋於此，以備參証。後學順德鄧實記。

蒼潤軒碑跋，魏稼孫先生手校舊鈔本。秣陵盛時泰著。時泰字仲交，上元貢生，性愛山水，結精舍於攝山之左，時跨一青驢，欣然獨往，常過姑蘇，攜兩賦謁王元美，元美贈詩有「遂令陸平原，不敢賦三都」之句，三日內遍和元美擬古詩七十章，元美爲之氣奪。著有蒼潤集，蒼潤爲文徵仲題，蓋以仲交善畫，因取沈石田題倪畫「筆蹤要是存蒼潤」之句以名之。又嘉興李遇孫金石學錄載盛時泰著蒼潤軒碑跋一卷續跋一卷，時泰上元人，所紀金陵六朝諸蹟爲多。王漁洋香祖筆記謂其家多藏書，書副頁上必有字，或記書所從來，或記他事，往往盈幅，皆有鈐〔鈐〕印，吳山夫得其手跋魏上尊號、受禪二碑，稱爲佳蹟。此舊鈔本有錫曾校讀印，蓋魏稼孫合丁周二本手校者，朱墨稠疊，所校蓋不止一次矣。順德鄧實記于風雨樓。

————————

玄牘紀不分卷一冊　明盛時泰撰　清康熙間鈔本　清道光甲辰（二十四年）劉位

坦手書題記　（05110）

梧門法學士式善藏書至富，近多散佚，予從市買收得所藏名蹟錄及此冊鈔本，皆世無刻本者也。雖海漚嶽塵，難喻所得之少，而翰墨因緣，未嘗不自幸，與往哲亦結一重公案也。道光甲辰仲秋朔，大興劉□記於後孫公園之福堂。〔末有「劉位坦」白文方印〕

盛時泰字仲交，號雲浦，上元明經。善水墨山水，竹石效雲林。天才敏捷，爲古文詩，下筆輒數千言，聲名大振，雖刻燭擊鉢，未足言速也。顧璘主詞壇，時泰亦與之遊。小楷學倪，行書學蘇米，隸字更優。有元牘記一冊，品題古今名帖。著城山堂集。明史顧璘傳及藝文志載之。乙巳臘月十一日，□記。

————————

寒山金石林時地考二卷四冊　明趙均撰　舊鈔本　清乾隆五十二年石廷輝、嘉慶間林霔、梁運昌各手跋　又清魏錫曾過錄銅官山人、忝齋氏、三字生等題記　（05115）

乾隆五十二年，歲次丁未，嘉平初吉，借榕城光祿坊林氏樸學齋藏本校補。聽松居士石鐵華記于丁戊山房寓館。

屠文升辨帖箋一書，博而詳矣。此寒山金石林者，上下古今，編時證地，筆山墨海中，如南得指，恰稱梅花蘭亭館中所藏書也。嘉慶六年臘八，二酉山樵借讀於福建中鎮之省齋。

嘉慶甲子嘉平下浣，東侯官林霔雨蒼氏借觀於亦佳山館。

觀石氏假鈔此本時，丹墨點勘，頗亦究心，迺於何時以假雨蒼而不之索，雨蒼又於何時轉以假余而不之索也。世間好事之人，聞有異書，展轉假貸，小胥精寫，裝以縹綾，印記、標題斕斑滿卷，曾不轉瞬，即以充蠹魚食料，或爲誰某者袖之以去而不自知也，比比然矣，而鄙陋之士，假人卷帙，即不作還書想，或乃據爲獨得，欲令我有而彼無，此與攫金何異？余痛恨此敝，不謂亦蹈斯轍也。今雨蒼亡已久，書無可歸，爰識數行以爲後日戒。嘉慶戊寅發春臥病中，伯兄虛白

先生示以晉唐法帖，因檢唐梁師亮碑書人姓名不得，輒復書此。江田外史曼翁。

寒山金石亦但即其家所有者錄之而已，以余所見諸種近在耳目間者，此獨無有，則亦未可謂全備也，安得博聞之士，盡取天下金石遺文，仿都太僕書例，悉纂錄之也。曼叔重書。

〔過錄〕金石一書，近今名家著錄，則古今碑目、葉文莊公菉竹堂碑目、于奕正天下金石志、胡文煥古今碑帖考，考證則都穆金薤琳瑯、趙崡石墨鐫華、顧亭林金石文字記，餘若弇州及竹垞碑跋在集中者，俱稱該洽，余皆藏弆，獨闕此書。辛丑仲夏，書賈早至，視其書則趙靈均時地考與部目也。往時漁洋山人購金薤不獲，與坐臥者累日，喜而識其後云：得此四部，書庫中爲不寂寞矣！嗟予樗材末學，乏漁洋之名位，而同其嗜好，所得頗又相似，不幾與池北爭富邪！銅官山人記。

〔過錄〕部目一冊，靈均錄其家藏碑，以部類分，與時地考各爲一集，中有何莊紀聞及書家藏法帖貞珉後二跋，賈人射利，混列文莊碑目冊首，余爲訂正。閱跋語，淳化之眞贋、停雲之精粗，詳且明矣，不審近日藏碑家，亦嘗知有是書否？忝齋記。

〔過錄〕得此書之後不數日，輒獲漢隸魯相乙瑛請置孔廟百石、卒史史晨請出家穀祀孔廟，暨曹全三碑，鈍吟家物也；余藏房玄齡碑，并宋搨沈傳師書羅池廟碑，俱有鈍吟楷書跋，余幼不喜書，長而無成，何幸於墨汁因緣，偏多奇賞，天殆嗇我於遇，而恣我以物外之觀邪？三字生識。〔以上三跋同一葉，末有「稼孫手鈔」朱文方印〕

含經堂碑目一卷附西安碑目一卷一冊　清郭允伯撰　舊鈔本　清光緒間褚德儀手書題記　（05125）

含經堂碑目一冊，不知爲何人所編，寫本甚精，當是一家之藏。漢碑中有夏承碑，隋碑有常醜奴志；夏碑明中葉已亡，常志出于明末，亡于國初，當是明人

所爲。冊首有江東羅氏珍藏一印，乃錢唐羅竟泉藏書印。後附陝西碑目，半出方志，皆不足據。光緒庚子夏五，得于楊州市上，癸卯閏五月展閱，因記于餘紙。褚德儀記。

李叔嘿云，含經堂乃郭允伯所居，此即其碑目也，更足寶貴。光緒甲辰六月，松窗記，時於湖北節寺。

————————

天發神讖碑考一卷附錄二卷一冊　清周在浚撰　鈔本　清同治元年汪昉手跋　（05126）

周雪客此木〔本〕，傳本至少，近來金石家多未見。此鈔本乃嘉定汪氏昭舊鈔，後附王宓艸考，及昭所撰續考。孫氏岱借鈔汪氏本，復附以王安節天發神讖碑賦一篇。卷中列碑圖二、釋文二。第一碑圖乃雪客所釋，第二釋文則汪氏所錄，書末碑圖及全圖釋文，則不著人名，殆孫氏所錄也。國山碑考引王概天發碑考補，及王蓍天發神讖考，此所附錄之王蓍考，殆錄全編，而王安節之補考，未及錄入，僅錄一賦，想傳本不可得也。汪昭字少山，著古石瑯玕，見金石學錄。孫岱不知何許人，俟考。同治元年仲冬，毘陵汪昉。

————————

國山碑考一卷一冊　清吳騫撰　清凌瑕手寫本　民國九年孟華氏手跋　（05131）

此國山碑考鈔本，庚申年余得之凌子與先生後人，蓋當日先生就吳著稿本鈔藏者也。覃溪附粘四十六籤，先生皆手錄於書眉，國山圖亦先生手筆。先生名瑕，號塵遺，別號病鶴，浙江歸安人。詩書畫皆妙，山水高古蒼莽，不輕爲人作，邃於金石之學，手校金石書甚夥。槎客稿本今不可復得，即先生鈔藏本，亦甚可寶云。庚申七月，孟華識於至元精舍。

————————

嵩洛訪碑日記一卷一冊　清黃易撰　舊鈔本　清潘志萬手書題記　（05136）

　　先生訪碑圖，余於友人案頭一見，筆墨高澹簡古，眞世間瓌寶也，余得寓目，有厚幸焉！督莽記於還研堂。

————————

金石錄補三十卷六冊　清葉奕苞撰　舊鈔本　清趙烈文批校并跋　（05143）

　　此書所錄諸碑，目覩者無幾，強半剟取歐、洪舊錄、增刪數語，甚有直抄原文者，夫不見墨本，僅就古人目錄強爲討論，安能出其範圍乎？故跋語精湛者甚希。其在歐、洪二錄外者，又不免雜湊，如東家雜記之孔峽碑及宋以後摹刻之雜帖，此類欲盡載之，則多不勝收，欲偶存之，則去取莫定，作者何未之思也！碑跋中自言初意歐洪所集皆不入錄，而歸元恭勸以博採載記，且自比隸釋之並錄歐趙，斯眞大謬！歐趙第有目，洪氏則錄全又，斷不可謂之蹈襲，葉書能如是乎？愛博而不專，貴多不貴精，著作家之通病，迄今思之，殆□爲葉氏惜矣。後學趙烈文閱後記。

　　癸巳三月廿五，借曾君表之撰藏朱記榮家新刻本校。靜記。

————————

武林石刻記五卷二冊　清倪濤撰　舊鈔本　過錄清丁傳題記　又清周大輔手跋
（05147）

　　〔過錄〕武林金石錄一冊，共一百四十四張，老友吳槎客得之梧桐鄉，從海昌買棹而來，假予披閱，此汪澄齋家藏本也。往歲予自粵東同澄齋度梅嶺，方舟歸浙，澄齋語予曰，余大兒性耽金石，曾借龍泓先生所著武林金石錄抄得副本，今兒亡矣，予到家當撿以歸子，及還家，而藏本已失，不意爲老友購得，仍假予卒讀焉。凡文字流傳，若鬼神呵護，不洵然哉？此冊蠅頭細字，老眼不能寫，大女手抄也，鈔成勘校，而以原本歸於槎客。此中宋高宗御書經文經兵燹闕失者，諸寺經幢因文繁未錄者，又東城慈雲寺碑有趙古則所勒東坡咏慈雲人詩，蘇集失載者，今碑已碎裂，尤當抄彙冊中。竹垞南屏題名有司馬溫公家人卦、中庸、樂

記等攷，而不及琴臺二字，至家大人爲訪武林金石，披榛得之，物之顯晦亦若有數存于其間矣！乾隆歲次癸丑正月穀日錢塘丁傳跋，時七十有三。

竹垞南屏題名云，咸淳志，南屏山在興教寺後，上有石壁，若屏障然，此山之所由名也。自開寶五年，吳越王建寺曰善慶，太平興國更額興教寺，有齊雲亭、清曠樓、琴臺，楊廷秀詩所云「清曠樓中夕□間」是已。又有魚池，故東坡居士訪南屏臻師詩「我識南屏金鯽魚，重來撫檻散齋餘」，今塹庵前池尚存，疑即□金魚舊蹟。迨宋季，亭樓俱廢，而南屏晚鐘從列西湖十景之目焉。以下論石壁刊字而不及「琴臺」二字之勒于石，所引咸淳志之琴臺，與齊雲亭、清曠樓連類及之者，明是爾雅所謂「無室曰榭，四方而高曰臺」之臺，然謂今所留存之片石，刻有「琴臺」二字之物也，竹垞如見及此字，必載入題名，豈有自首竟尾而不一及乎？大人于「琴臺」，曾語予曰，此二字從前未有知者，自予披榛莽，剔苔蘚，摩挲而得之，予故于跋申言其顯晦有時也，後之閱此跋者，當檢咸淳臨安志、竹垞曝書亭集與予之跋分別觀之。乾隆六十年乙卯閏二月三日，魯齋識。

竹垞之孫稻孫遊塹庵詩云：「憶昔吾祖來，題詩事如昨，惜乎米公書，苔封罕剝落，邂逅不及觀，龍蛇空拏攫，晶瑩光四射，我眼已刮膜，響搨縱未能，免向暗中摸。」詩見杭董浦丈詞科掌錄，近日刊布者，此詩是與大人倡和食邵王墳新薑豆時作也，足證竹垞翁未見「琴臺」二字石刻矣。又康熙五十七年歲戊戌，魏峴泉塘縣志云，米芾「琴臺」二字在南屏山幽居洞上，今不可考，此志承舊志而言之者，足證前人未有知者之說矣！嘉慶元年正月上元日，魯齋又識。

此書可用潔練好紙（紙要照原本放大，因要切訂，天地頭要高也），倩友依樣照抄（行數、字數亦必依樣）。書中夾籤及楣上墨硃二色校語一概免錄。上冊末頁屬樊樹麻曷葛刺佛詩亦不用抄，然必須留出半頁空白。又上冊有三生石一條，下有注三生石在寺後云云，是抄引西湖遊覽志中語，當依下行字迹一樣大者，直寫；旁夾注甘澤謠云云，宜在西湖游覽志後，另行抄錄。如友人看不分明，亦可依樣胡蘆，不然，將此二則免抄，必須留出二則字數空白紙爲要。左記。

此目錄〔按指武林金石記目錄〕八頁，原夾入武林石刻記中，疑是丁魯齋所編，近日山陰吳石潛所印活字本，即依此目而據爲己編，然楣上所載之目未曾載入，蓋吳氏所據者係魏稼孫傳抄本，此者余從丁氏原書中傳錄，故一切皆依其舊

也。抄此目三十年後，歲在丙子閏三月，左記。

―――――――――

續語堂碑錄不分卷十七冊　清魏錫曾撰　著者手定底稿本　清光緒甲辰（三十
年）王仁俊手書題記　（05159）

　　此仁和魏稼孫先生碑錄稿，原書凌雜，俊爲依次編之，仍五冊。凡稼公另紙
小批，恐其遺佚，用餬黏之。另有二冊，有「刻」字記出者，別編之，竊取魯望
借人書意也。碩卿先生佞古方聞，願祕守以待能刻者。甲辰十月廿八丁夜，吳縣
王仁俊書。

―――――――――

味經書屋金石叢書二十六卷八冊　清劉喜海編　清東武劉氏原鈔本　清道光間劉
喜海、宣統間楊寶鏞各手書題記　（05175）

　　〔竹崦盦金石目錄〕癸卯秋九月，兄雯改名如海，書時年七十有五。

　　〔經鋤堂金石錄補〕此書別下齋叢書已刊，凡二十有七卷，又續跋七卷，邃
齋現有藏本，按之稍有異同。劉氏此本後有盛麟參訂款，似無缺佚，然何以只有
三卷邪？庚戌正月十九日，簵盦記。
　　〔天下金石志〕光緒壬寅，余於三衢張氏二銘草堂撿閱藏書，購得劉燕庭方
伯鈔本金石書八種，此其一也。案孫氏寰宇訪碑錄自序云，于氏天下金石志錄目
漸廣，但率據方志，未見其碑，尤多舛誤，蓋以著錄非目驗現存之碑。今撿卷中
馮煥詔「賜」字誤作「陽」，「梓潼」誤作「芝潼」，是其一蔽，唯所錄有宋人
寶刻叢編、金石錄，輿地碑目諸本之未備者，足貲參攷，未可沒其苦心也。宣統
庚戌九月望日，簵盦楊寶鏞。
　　〔蒼潤軒玄牘紀〕余於光緒壬寅得劉氏喜海寫本元牘紀於衢州，藏諸篋衍，
已將十年，今春購得平津館陶南村古刻叢鈔刻本，風日姓和，並几勘對。陶本之
勝在唐人墓志，但錄原文，未加考辨；此本則詳於宋元，第有題跋，不載原文；
至漢魏石刻，各就所見著錄一二。兩書雖體例不同，然多諸書所未載、今日所罕

傳，固當會合參觀，爲明之歐趙也。宣統辛亥三月，簿盦楊寶鏞識。

　　昔人云歐趙所錄之碑，今時已不可見，余謂即明人所見者，今且十不存一，無論宋元。古刻叢鈔七十二種原石皆佚，惟梁敬太妃墓志見於近人著錄，俱爲海內孤本。而元牘紀所載李北海法華，東林二碑，今亦未見傳本。張叔未云，每念古金傳拓，閱時不久，便稀如星鳳。余觀盛、陶二書以訪拓本，乃知石墨易泐，不獨金也！此元牘紀爲四庫未收本，舊鈔亦頗難得，珍之！寶鏞又記。

史評類

唐書直筆四卷一冊　宋呂夏卿撰　清南昌彭氏知聖道齋鈔本　清彭元瑞手校並題記　（05183）

　　宋史本傳，夏卿字叔緷〔緷叔〕，泉州晉江人，與修新唐書，世系諸表其手定。直齋謂其別譔唐兵志三卷。此書乃其修史時，發凡斷制，精確足爲古今通例。其文仿公穀，奧峭有法，北宋人猶近古，若沿入胡寅、尹起莘手，則迂庸不足觀已。芸楣。甲辰春暮。

————————

文史通義不分卷四冊　清章學誠撰　舊鈔本　民國四年周退舟手跋　（05185）

　　少時讀文史通義，爲浙局刻本，間加評隲，朱墨爛然，常携行篋。嗣見江氏靈鶼閣叢書，有補篇一卷，係據廬江何氏抄本所刊，附刻目錄與浙刻本不同，較多數十則，蓋實齋先生初訂本也。民國元年，偶在廠肆見此抄本，僅原刻十分之三，以較江氏補編本，又多雜篇二卷、雜著一卷，爲補篇所未有，特收得之。撿譚先生復堂日記，稱借朱子清文史通義寫本，僅刻本十之四五，有雜說二篇，爲刻本所未有。記在廈門借孫氏寫本，有教弟子作文法，亦未刻。李純客言，章氏遺稿十餘冊在越中，南歸當渡江訪之云云。是知章氏原書，本有雜篇等名，爲當時所未刻，而此本雜著題曰論課蒙作文法，即譚先生在廈門所見之本矣。近聞章氏全書稿本，在嘉興沈子培先生處，多至百卷，秘不示人，其流傳者，僅古學彙

刊中，摘錄文二卷耳。何時假抄全稿，蒐羅衆本，詳加校訂，刊成全書，豈非藝
林快事邪！民國四年七月，退舟識於京寓之雙藤花館。

────────────

舊聞證誤四卷一冊　宋李心傳撰　清嘉慶間南昌彭氏知聖道齋鈔本　清彭元瑞手
書題記　（05186）

　　宋人雜記傳說最多，而宋史極繁冗，以此書證之，則年月事詞，牴牾者夥
矣。揚善之言不嫌從長，已非信史，若惡直醜正，如王孝先之求復、張尚賢之干
謁、宋子京之反覆、趙元直之很佷，烏可以不辨？此書從永樂大典輯出，原書先
舉舊聞，後申謬誤，惜鈔胥不知體例，間有脫處，今逐條校注，信爲言宋事者萬
不可少之書。朱竹垞嘗有志重脩宋史，曾舉宋人著述足資史事者數十家，亦列李
傳名，蓋指朝野雜記，若繫年要錄及此書，則竹垞所未見也。嘉慶丁巳八月朔
日，身雲居士識。

　　庚申重陽，重閱一過，內舊聞闕三條，證誤闕十一條，其闕所出書者，尚可
查補。再識。

────────────

舊聞證誤存二卷一冊　宋李心傳撰　影鈔宋刊本　過錄魏錫曾、丁國鈞題識　（
05187）

　　〔過錄〕此書舊藏愛日精廬，世無二本，後歸硤石馬氏，乙丑之秋，余爲松
生購之，今借至閩中，手臨一過。其中譌字如：面縛作縳（卷一第一葉），奔競
作兢（第五六葉），樞密作蜜（第六葉），著姓作娃（第七葉），沂公作祈（第
十三葉），二官作宮（卷二十一葉），皆顯然筆誤，盡取四庫本校而梓之。同治
戊辰重九前三日，錫曾識。

　　〔過錄〕余舊藏宋刻舊聞證誤二卷，爲汲古閣、愛日精廬、善本書室所著
錄，末有魏氏錫曾跋，所謂世無二本者也。乙卯中秋後十四日，沅叔先生從蘇來
虞，晚宿余齋，見之定爲宋活字本，且出此鈔本相示，蓋先生即晨購于蘇估者。

早得精鈔，晚見原刻，機緣巧合，洵爲藝林佳話。蘇估以此本爲魏稼孫手鈔，以宋刻跋尾證之，知卷一實爲稼老手迹　惜已缺八頁，先生屬余鈔宋刻補之，因并錄稼孫跋一通附後，而記其緣起如此。古重陽日，秉衡丁國〔此字今補〕鈞記于荷香館。

宋紀受終考三卷一冊　明程敏政撰　明弘治四年婺源載銑刊本　過錄清黃丕烈題記　（05189）

〔過錄〕余所收王蓮涇家書最多，皆得於其族孫處，則猶是家藏未散本也。就中有孝慈堂書目，分門編類，叙次頗詳，以之求蓮涇所藏，雖久散之本，按其冊數之多寡、紙色之黃白，幾如析符之復合，可知書籍貴有源流，非漫言藏弆已也！頃郡中程姓書散，肆中購去，邀余觀之，見此冊有蓮涇珍藏印，又有太原叔子藏書記印，遂携歸取証書目，所云棉紙襯釘一冊，依然在目，余與蓮涇之緣，抑何深耶！爰著數語于卷端。嘉慶己未冬十一月晦日，蕘圃黃丕烈識。

諸史拾遺五卷一冊　清錢大昕撰　清嘉慶十二年嘉興稻香吟館刊本　清李文田手批并跋　（05193）

光緒丙戌，順德李文田校閱。

唐史論斷三卷三冊　宋孫甫撰　舊鈔本　清許乃普手書題記　（05198）

壬子冬，得是書於廠肆，越兩載，甲寅夏五月，得宋八家字，卷中有先生手扎一通，亦可謂有緣矣！咸豐四年六月廿二日，滇翁記。

唐史論斷三卷四冊　宋孫甫撰　舊鈔本　過錄清朱彝尊跋　（05199）

〔過錄〕唐史論斷三卷，宋尚書刑部郎中、充天章閣待制兼侍讀許州孫甫之翰撰。甫以劉昫唐書繁冗失體，改用編年法，著唐紀七十五卷，後詔求其書，留之禁中，此則其論斷也。盧陵歐陽氏、涑水司馬氏、眉山蘇氏、南豐曾氏交歎美之。紹興中曾鏤版南劍洲，端平間復鋟于東陽郡，今則流傳寡矣。釋其論議，覈而不苟，非若尹氏、胡氏通鑑發明、讀史管見之少可多怪也。秀水朱彝尊跋。

───────────

小學史斷二卷二冊　宋南宮靖一撰　南宋末年刊本　清嘉慶十年黃丕烈，道光六年張蓉鏡各手跋　又道光十一年黃廷鑑、道光十六年蔣因培等觀款　　（05211）

此小學史斷，錢唐何夢華藏書也。夢華居杭，每至吳，必向坊間梱載而去，謂有友人托購者。曾欲購余宋元諸名家詞，并元人曲本，議價未果而去；既而携宋刊魏鶴山儀禮要義，欲與余易殘宋本太平御覽，又以婉言謝之，心甚怏怏；最後携此冊來，欲易余宋刻大字通鑑無注本九十餘卷，余因其欲之屢不遂也，竟以易之，非不知通鑑之有用，勝於此書者多，而夢華之惓惓於此者，或有可補益之處，安見非托購之友人所使耶？通鑑叢殘已甚，余初得價不過四千餘錢，若加裝潢，不知又費幾倍，此冊雖亦重裝，然卷帙少，所費尚省，故為此相易之舉，恐旁人聞之，誚余輕所重，而重所輕也，因著其顛末如此。嘉慶十年九月立冬前二日，是日余舉中吳詩課第十四集，酒闌客散，燒燭尚未見跋，偶檢書及此。蕘翁黃丕烈，書于百宋一廛。

此書議論名通，讀史者得之，洵是枕中秘。宋刻傳本絕少，是冊士禮居散逸，黃蕘翁手跋校正者，其模糊處，復假善本屬秋山先生用淡墨雙鉤，原是朱竹垞先生曝書亭所藏，識者當其知寶貴也。道光丙戌秋中，琴川張蓉鏡芙川氏誌。時早桂初花，明窗展玩，快讀一過，亦人生一樂也。

道光辛卯秋九月，拙經老人黃廷鑑觀

道光丙申暮春，辛峯老民蔣因培觀。

————————

皇朝大事記九卷皇朝中興大事記四卷附錄一卷十冊　宋呂中撰　明藍格鈔本　清
黃虞稷手跋　（05215）

中字時可，晉江人。淳祐七年廷對第六人，教授肇慶府，除國史實錄院檢
閱，上疏言當去小人之根、革贓吏之弊，遷國子監丞，兼崇政殿說書，言人能正
心，則事不足爲，人君能正心，則事不足治，理宗嘉納之，以予給歸，召爲祕書
郎，丁大全忌之，出知汀州，尋復舊官，主管成都玉局觀，卒。是書予得之戊子
春，迄今丁巳，已三十年矣。鄉後學黃虞稷題。

————————

皇朝中興大事記講義二十七卷八冊　宋呂中撰　明鈔本　明崇禎丁丑（十年）馮
舒手跋　（05217）

崇禎丁丑，借瞿稼軒本抄，無暇是正，原本亦誤一卷，俟得皇朝大政記再正
之。裝釘訖，偶記。

————————

歷代名賢確論一百卷二十四冊　不著撰人　明弘治間錫山錢孟璿刊本　清炳齋氏
批校並題記　（05220）

嘉慶二年正月上元後，予偕友人赴杭，路經浦口，于市中見此書，實生平所
未見也，未及問價，而友人強拉予登舟，心惘惘如有所失。後經蘇及杭，遍覓此
書，而坊間皆云古板已不存矣。後歸至浦口，而此書猶在，予忻喜過望，遂携之
以歸。道光辛丑中秋，炳齋誌。

————————

沈氏弋說六卷六冊　明沈長卿撰　黃可師等評　明萬曆末年原刊本　清順治十八
年顧恆題記　（05278）

年十三四時，即喜議史，此即十四歲時所買置者也。今年踰半百，乃知史之不可輕議，視童年所議，當無少進乎？長卿弋說，亦大有童心在焉，酌而觀之，是在其人。順治十八年正月晦日書，會稽顧恆。

明史紀事不分卷四冊　明蔣棻撰　清初清稿本　清乾隆五十五年李成桂手跋　（05294）

蔣公棻，字畹仙，副使以忠之族，所謂城南蔣氏也。崇禎庚午舉鄉試第二，丁丑成進士，知南海縣，催科有法，猾吏不得乾沒，賦入爲諸縣最，慮囚痛懲誣供及爲飲章者，擒治妖人熊順吾，不致蔓延煽變。丁艱服闋，補建安令，尤著聲績，四郊多壘，濬城隍、行保甲、募鄉勇，得勝兵數百，屹成雄鎮。撫臣張肯堂舉廉幹第一，陞儀部主事，未赴。會流寇告警，亟請募兵入援。按臣陸清源疏稱其雄才壯節云，卒祀鄉賢。子伊，孫陳錫、廷錫，曾孫溥、漣。公以孫曾，國朝屢贈光祿大夫、大學士，子孫世襲一等輕車都尉。乾隆庚戌立夏日，鄉後學李成桂識。

彙　編　類

穴硯齋鈔雜史二十一種七十三卷二十一冊　穴硯齋鈔本　近人鄧邦述手書題記（05307）

甲寅九月，閱都門海王邨市，得此鈔本八巨冊，凡二十一種，皆史部書也。鈔手雅整可愛，版式雖不一律，有署穴硯齋繕寫者，與余曩藏老學庵筆記相同，知皆穴硯齋鈔本。聞尚有子部書十數種，爲常熟松禪師所收，曾介發甫前輩假讀而不可得，不知其幾種？當時欲錄一目，以與此數冊并傳，非敢有他意也。書有立齊朱文一印，皆鈐於每冊之首，蓋曾爲崑山徐氏所藏，余今析爲廿一冊，故記於此。己未六月裝成，羣碧記。

國家喪亂之際，能救國者爲上，能殉國者次之，至於庸臣懦夫，誤國誤君誤

身誤民，一誤而無不誤矣！讀史至靖康之世，今人髮指眦裂，要之，少帝非亡國之君，然國事一壞，雖其君仁慈恭儉，亦何裨於萬一？何㮚、范瓊諸人，其罪固浮於張邦昌也。觀金人搜括之殘酷，初無絲毫信義，犬羊之性，其又不足責矣乎！乙丑三月燈下，正闇讀記。

子　部

儒　家　類

孔子家語十卷四冊　魏王肅注　明天啟崇禎間毛氏汲古閣刊本　清光緒三十年李希聖手書題記　（15461）

　　五校本孔子家語，有朱竹垞、何義門印記，後歸湘潭袁氏，目錄後有袁漱六芳瑛題字一行，卷尾有古潭州袁氏臥雪廬藏印。余得之巴陵方氏。光緒三十年十月二十九日，重裝訖，李希聖識。

　　硃筆（宋本）、墨筆（顏師古注本）、藍筆（明葛本）、雄紅筆（宋本家語圖）、綠筆（明吳本）。雄紅本例凡宋字與前藍墨本同者以旁〇識之，藍墨本所有雄紅本所無者仍存之，不加旁圈，其藍墨筆△去雄紅本所有者，則以△識之。十一月初四日早起，希聖錄。

————————

孔子家語十卷二冊　魏王肅注　日本寬永十五年風月宗智刊本　民國庚申（八年）王國維手書題記　（05317）

　　此本不知出何本，然佳處時出諸本上。昔桐城蕭敬孚得此本，乃謂宋刊大字本不足存，以歸貴池劉氏。余以此本校黃周賢本一卷，乃知敬老之言不誣。庚申冬十月朔夕，海甯王國維記。

————————

標題句解孔子家語三卷三冊　元王廣謀撰　元刊本　清蔣因培手書題記　（05321）

　　錢氏補元史藝文志載有是書，元人句解元刻本僅見也。近來古書日少，芙川仁兄其善護之。辛卯八月，蔣因培識。

新書十卷附錄一卷二冊　漢賈誼撰　明黃甫龍、唐琳訂　明末仁和朱圖隆刊本
清黃廷鑑手校并跋　又無名氏手書題記　（05362）

嘉慶甲子春正二十八日，琴六居士假盧抱經本校畢。

賈長沙三表五餌之說，聆其名似覺新奇，行其計必無功效，後世人主亦嘗寵
待降人，以爲來者勸，即五餌意也。究竟不足以招徠，長沙乃以此爲奇策，謂破
敗匈奴若操左券。少年英銳，未經閱歷，未免視事太易，五餌之策即效如影響，
亦是智術籠絡，於德義乎何有？

鹽鐵論十卷一冊　漢桓寬撰　清乾隆乙卯（六十年）吳門黃氏士禮居抄本　清顧
廣圻、黃丕烈各手校並跋　（05368）

嘉慶癸亥，蕘翁屬覆閱一過，就所見標於上方，此書明代屢刻，俱遜於攖寧
齋抄本，然誤處仍多，惜不得宋元舊槧，一掃風庭之葉也。嘉泰壬戌本，見宏治
辛酉涂楨跋中，不識尚在天壤間否？顧千里記。

右鹽鐵論十卷，係活字本，余借顧澗蘋影寫本傳錄者，原本出於洞庭鈕匪石
之友所藏，其用以校活字本者，則又瞿氏所藏太元書室本也。雖經校勘，訛字尚
多，俟以舊鈔本正之。棘人黃丕烈。

嘉慶癸亥夏，用攖寧齋舊鈔本校，與太元書室刊本甚近，然首有都穆序，謂
刻于江陰，其作序年歲，又同出弘治辛酉，而實勝活字本，未知何故？丕烈校竣
書。

通本用墨筆，于藍硃二筆上，是者加圈，非者加豎，兩存者加點，疑者不加
圈點，庶兩本佳處可取，訛謬者亦不掩矣。端陽日，蕘翁記。

鹽鐵論十二卷四冊　漢桓寬撰　明張之象注　明嘉靖甲寅（三十三年）雲間張氏
猗蘭堂刊本　清顧廣圻手批並跋　　（05369）

鹽鐵本十卷，張之象率意改爲十二卷，可謂謬極，且其注往往泛而不切，蓋
次公□引公羊春秋、三家詩，無引左氏傳、毛詩者，而張不知也，詁訓地理等既
未嘗通，漢事又未能周悉，何怪其不足觀耶！澗蘋居士記。

　　嘉慶丁卯，爲陽城張古餘先生校刊涂楨十卷本行世，粗評閱之一過，聊以發
凡，未周悉也，更造此書之注，不能無望於宏博之君子。六月初八日，澗蘋又
記。

────────────

說苑二十卷四冊　漢劉向撰　清王謨刊漢魏叢書本　清光緒十年姚覲元手校並題
記　（05394）

拜經樓藏咸淳乙丑九月重刊本，每半葉九行，行十八字。

　　此書今在海寧查司馬處。光緒甲申十月，同鄉書賈郁老寶持來求售，索値番
銀一百二十餅，許以五十餅，不售，已而僕人崔福復持以來，僕亦海昌人也，增
至六十餅，仍不售。欲照校一過，徧索書肆無舊本，迺校於此本之上，並景寫其
前後跋語，及每卷之首尾各一葉而還之。歸安姚覲元記。

────────────

劉向新序十卷四冊　漢劉向撰　明刊白口十行本　近人葉德輝手書題記　（
05404）

明范氏天一閣所刻書，皆九行十八字，獨此劉向新序、說苑二書，爲十行十
八字，似別有依據，然細按之，亦與明人他刻本無異，遠不如宋本之文句多完全
處也。顧湘舟沆彙刻書目，列范氏天一閣刻奇書二十種，此二書即在其內。范氏
爲明代大藏書家，中多宋元祕笈，乃讀所刻書，無一本於宋刻，此與明季毛晉汲
古閣刻書蔽同。余嘗恨毛氏刻書，不以家藏宋本翻刻，又不據善本校勘，今乃知
明人刻書大都如此，非僅毛氏也。范刻諸書雖不佳，而流傳絕少，近來閣書散

出，宋元舊抄本多爲京師、滬上書估搜括一空，此乃殘剩之冊，缺葉尤多，吾亦收藏及之，聊以存明人版本之一種耳。二書明時尚有楚藩本、何良俊本、程榮漢魏叢書本，中以程本爲佳，吾并有之，則此不足貴矣！丁巳初夏小滿節，葉德輝題記。

新纂門目五臣音註揚子法言十卷二冊　漢揚雄撰　宋司馬光集註　明翻刻世德堂六子本　近人姚世鈺手校並跋　（05413）

丙寅十月半，查四兄垂示手寫義門先生據宋本校勘揚子法言，因假以讎對，訂訛補闕，良多是正，其旁註疑義，間附記此書邊闌之上下，還以質之，妄下雌黃，彌用爲愧。姚世鈺書於韓江張氏麗澤家塾。

臣軌二卷二冊　唐武曌撰　舊鈔本　天瀑氏題跋　（05437）

唐武后撰臣軌二卷，與太宗帝範並行，今亦有合刻本流布於世。二書唐志著錄，而宋志不載臣軌，唯鄭樵藝文略並載之，其他無見也。及清乾隆中纂四庫全書，帝範獨錄出於永樂大典而不及臣軌，則亦似不存焉。余家舊藏抄本臣軌一部，往往雜以武后制字，是蓋當時原本爾，但諸書所載制字間與此異，未詳其孰是，今一仍抄本之舊云。己未星夕前一日，天瀑識。

本註不著撰人名氏，唐志云賈行註帝範，則此註疑亦賈作，然未可必也。天瀑重識。

忠經纂註一卷一冊　舊題漢馬融撰　宋末刊本　清錢天樹、王宗誠、李兆洛各手書題跋　又錢大昕、孫原湘、楊希銓、方若蘅、邵淵耀、蔣因培等觀款　（05440）

季長爲漢南太守時，比儗孝經而作是書，其有功於名教不淺。讀書敏求記云，鄭司農爲注是本。黄震序後有標題一行，云忠經篆注，然只有一十八體篆書并釋文，而注卻無之，張華重爲校正，刻於嘉定六年，華武弁能如是，凡爲誦法孔氏者，宜何如崇尚耳！世行本尚有季長自序一篇，而是本反無之，何耶？惜司農所注未及寓目爲憾，芙川當廣搜博採以示我，是所厚幸。此係宋刻本，且以各體篆文書刻，尤爲不可多得之秘笈也。嘉興錢天樹敬跋。

此書勝國時，爲崑山葉文莊公所藏，錢遵王載入讀書敏求記中，冊中硃印可證，知即述古堂舊有也。吳方止、陳白陽皆有收藏圖記。昔歐陽率更得索靖解，臥其下三日，此書細讀之，不能釋手，展閲三旬，亦不能掩卷也。道光壬午，芙川兄自虞山携至京師，借觀因識。蓮府王宗誠。

漢書藝文志，書有六體八體之辨，三十六體之說，乃六朝人妄言之，實未嘗有是書也。宋僧夢英始創爲之，緣名造狀，遂成魔道。馬季常依倣孝經造忠經，識卑語陋，徒掇拾前賢詞句，使人不敢非刺。子雲文中以僭經爲後儒口舌，而季常獨免，亦以其不足致齒頰耳。以三十六體書忠經，同爲無稽，可謂各從其類。芙川以其爲宋槧而珍之，亦聊備骨董之一也。道光十五年正月，李兆洛觀因題。

嘉慶庚申九月，竹汀居士錢大昕觀一過。

道光丙戌八月，心青孫原湘觀於味經書屋。

道光庚寅正月，楊希銓假讀於友琴書屋。

道光庚寅三月上巳，畹芳女史方若蘅借讀於綠梅華下。

道光庚寅上巳，隅山邵淵耀觀于一業居。

道光辛卯秋八月，辛峰蔣因培觀。

————————

童蒙訓三卷一冊　朱呂本中撰　清初刊本　清韓文緯手校並跋　（05462）

　　嘉慶壬戌重五前一日，於友人所獲見宋本，借之而歸，時天已暮矣，燈下研朱手校，至三鼓才得一卷，次日復續成之。取其所長，略其所短，其文有異同而義可兩通者，亦爲標出，以備考核。是刻字畫偏傍尚無大譌繆，視宋本差勝，今復隨筆刊正一過，庶可稱善本云。錢唐亦廬韓文緯識。

———————

小學六卷六冊　宋朱熹編　明陳選注　明萬曆戊戌（二十六年）李多見珠厓刊本清同治四年高均儒手跋　（05468）

　　書萬曆本小學陳注後。右陳氏注小學，明萬曆二十六年李多見刊本。曩爲南河海防同知、南豐譚桐舫祖同所藏。咸豐十年春，桐舫乞假渡江就醫，其清江浦寓舍爲捻匪所掠，書篋拆損，其時今漕運總督盱眙吳侍郎，由攝徐州府調署淮海道，桐舫爲侍郎妻兄，侍郎素敬桐舫好學，爰爲掇拾殘闕，得若干卷，將以還之，而桐舫踟躕杭州、紹興間，次年冬遭難于尖山。又次年五月，均儒瑣尾來淮，八月，侍郎以是本屬吳稼軒昆田，命均儒校爲重刊，且告以是即所拾桐舫藏本之差完善者。均儒受讀，苦無可覓互證之本，稼軒書邸都門張午橋編修丙炎，購得雍正五年所刊陳注殿本寄淮，均儒敬謹互覈以證，附校勘記於卷末，刊成刷行，今以原本歸侍郎。均儒竊忖知桐舫名，在嘉慶二十三年，均儒方八歲，桐舫方爲南豐諸生。壬午桐舫得舉，乙未大挑，爲南河知縣，借補縣丞，擢山盱同知。道光二十五年乙巳，介其弟菊農祖勳，書招均儒至浦寓所，事通俗文字，桐舫間以窮源之論相質，見有獨到，悉由攻苦得之，或有偏且略者，均儒舉義法進規，無不欣諾。二十五年，桐舫在山安任，丁母憂，服闕補海防，與均儒交益親，以齒相呼，迄未嘗易柬，效世俗之態。桐舫渡江就醫之先旬日，均儒旋嘉興，四月陷，明年三月轉徙至杭州，菊農自浦來探軍事，晤言桐舫在紹興所。前六月，桐舫亦來杭，言笑如疇昔，謂格麻搨本閣帖，攜在紹興行篋，一日更加喜色，相告曰，閣帖外未攜之散帙，吳妹夫已爲收集，十弟祖訓書來云然，吾老不貧矣。九月將往紹所寓舍，九日均儒偕登吳山暎山居話別，日向夕，桐舫指隔江西興渡口曰，此吾來日去帆處，菊農與均儒相顧惘然，遂各還寓舍。桐舫十二日

始渡江，十七日杭州聞警，二十三日見蕭山火光，二十五日杭州被圍，十一月二十八日陷，十二月初一日均儒走出，明年二月二十三日至上海，遇桐舫之女夫劉受亭咸，始聞桐舫卒于往年十一月初八日，距吳山話別時兩閱月耳。桐舫諸弟，侍郎厚存之，菊農殉難杭城，侍郎奏卹如例，桐舫尚有所遺細弱，侍郎以時贍之。刊是本，而於目後之敘首紀桐舫姓名，蓋謂桐舫好蓄書，而散餘無多，今所刻雖僅是本，實爲六經四子性理之階梯，上秉聖訓，覺牖斯民，可垂不朽，而桐舫之名，亦附是書以傳，足慰桐舫好學攻苦之志矣。均儒辱桐舫知之深，患難餘生，侍郎屬校勘以勤周閱。嘉興克復已久，今始南櫂省墓，瀕行識此，自審錄錄無所成，殊有負于知己者。同治四年十月己未，高均儒書。

————————

小學集註六卷附孝經集註一卷四冊　宋朱熹撰　明陳選注　清雍正五年內府刊本清鄒存淦題記　（05469）

殿板開化紙之書，今不易得，余以重價購此，深冀後人之能守也。丙申歲杪，芸巢鄒子記於宣南。

————————

朱子聖學考略十卷十冊　明朱澤澐撰　舊鈔本　清光緒二十四年惲毓鼎手書題記（05498）

弱冠時，在湖北得先生所編朱子分類文選，篤嗜之，序中盛稱聖學考，以爲尤得用工次第，亟欲一見，南北奔走，未嘗不問此書，求之廿餘年不能得，時往來於心中。今年正月遊琉璃廠，乃於火神廟敝攤中遇此本，以白金五兩得之，欣喜如獲至寶，以知物必聚於所好，專心求之，未有不得者也，樂而誌之。光緒戊戌年二月，澄齋惲毓鼎。

————————

眞西山讀書記乙集上大學衍義四十三卷三十冊　宋眞德秀撰　南宋後期刊元明初

遞修本　明隆慶六年葉伯寅手書題識　（05510）

隆慶壬申，葉伯寅整藏。

────────────

大學衍義四十三卷六冊　宋眞德秀撰　清康熙丙子（三十五年）董漢儒手鈔本
董漢儒手書題記　（05524）

予來西川龍安，公署僻處城陰，幽閑清曠，差可人意，傍有廢圃，正堪種
菜，居處萬山之間，所視聽者，惟水鳴鳥聲，及朝煙暮靄而已。飽飯後出步友人
書室，主人不在，架上有書，乃大學衍義，翌日遣僮借歸，讀之有感，遂錄焉。
明春攜回，以作宦資可也。康熙歲次丙子冬至前四日，董漢儒記。時年七十四。

────────────

近言一卷一冊　明顧璘撰　傳鈔明刊顧氏文房小說本　清光緒十七年李文田手書
題記　（05603）

近言一卷，顧璘撰。璘字華玉，號東橋，上元人。宏治丙辰進士，授廣平
令，召爲南京吏部主事，進郎中，出知開封府，以忤鎮守太監，逮下錦衣獄，降
知全州，秩滿遷知台州府，歷浙江左布政使，擢右副都御史，巡撫江西，乞終
養，忤旨，勒致仕，再起巡撫湖廣，入爲吏部右侍郎，遷南京刑部尚書，罷歸
卒。此本題知全州，則初降官時所撰也。光緒十七年二月朔日，李文田記於卷
端。

────────────

明道編存久菴日錄六卷四冊　明黃綰撰　明嘉靖間刊本　民國二十六年容肇祖手
書題記　（05625）

明道編一書，明太平縣黃綰撰，見明徐象梅兩浙名賢錄四黃綰傳，浙江通志

據之。書目家向未有著錄。項元勛撰台州經籍志卷十八著之，云未見。黃宗羲明
儒學案卷十三有黃綰傳，亦未著錄其書。疑此書在嘉靖二十九年板行，三十一年
五月，黃巖縣遭倭寇，盤據七日，燬官民廨舍殆盡，黃綰新第適在黃巖，當蒙其
禍。太平縣志卷十五云：「久庵文選，黃綰著。久庵，尚書號，遺稿數百卷，以
海寇殘燬散佚。」以此證之，此書板片必燬于倭寇，故流傳甚尠，可斷言也。原
書尚有舊記二卷、門人所記習業錄四卷，今此所存只久庵日錄六卷，晚年之作而
已，然黃綰思想可以由此概見，蓋其晚年所見，非王守仁學說之所能羈絆也。倭
寇張皇，記跋此書，不勝太息！民國二十六年七月十七日，容肇祖。

———————

樗菴日錄不分卷一冊　明王樺撰　鈔本　清乾隆三十九年盧文弨跋　（05631）

　　是書從王生映壁借觀，語有足警發者，遂託爲余鈔錄，蓋樗菴即王生之先祖
也。乾隆三十九年四月二十二日，東里盧文弨書。

———————

明儒理學語要四卷一冊　明曾才漢編　明刊本　清方朔手書題記　（05649）

　　同治六年，歲次丁卯，秋九月，得于都門。懷寧方朔題記。

———————

考正晚年定論一卷一冊　清孫承澤撰　鈔本　清錢馥題跋　（05670）

　　退谷著書甚富，以考正晚年定論爲第一，顧當時雖曾鏤版，而流傳頗少，遠
近積書家罕有藏弆者。友人吳君子安偶於舊書中檢得，一日語次及之，遂假以
歸，亟讀一過，見其考訂精確，陽明復生，不能不服。夫退谷本以該博稱，而能
留心正學，息邪距詖若此，殊不若邇來博綜家沾沾於無用之辨、不急之察，語及
程朱，輒笑爲腐且隔陋也。手錄一本藏之笥篋，謀重鋟梓以廣其傳。卷末所載羅

公書殘缺不全，爲考整菴遺集補完焉。綠窗錢馥書。

辨名二卷辨道一卷四冊　日本物茂卿撰　日本享保二年刊本　清劉喜海、其鑣
氏，無名氏及近人黃侃各手書題記　（05695）

　　辨名二卷附辨道一卷，日本物茂卿譔。此本得于□□積書堂，首有二印，知
爲嚴鐵橋之故物也。末題享保丁酉秋，乃日本百十五□□御門。享保二年當天朝
康熙五十六年。燕庭。
　　日本山井鼎七經孟子考文前有享保十一年郡山教官物茂卿序。

　　日本物茂卿撰辨名二卷辨道一卷，其書研論性理，是古諸□□□，不執一
見，無秦漢百家氣，不名一派，無宋元諸儒氣，未嘗墨守關閩濂洛之語錄，而自
合于聖經賢傳，雖剖晰精微，而持論不苟爲異同，無門戶囂競之習，豈特爲東洋
之卓士，抑且爲聖□□□儒！蓋以不生中土，絕無梁習，故平心立論，未嘗以朱
陸異同之說動其心也。惜紀文達未見此書，若得膺高廟品題，收之四庫，自獲附
儒家一類，登天祿之琳瑯矣。阮文達□呈諸書，未審曾及此否？小子何人，乃得
藏爲秘笈也！梁伯乞儀部嘗疑其作僞，然以阮氏所藏日本原刻七經孟子考文補遺
一書兩相比較，其□□相符（考文一書，是高麗金秘史所贈文達公子之日本原槧
本，非文達所藏聽月樓江氏本也），且海舶□來，流傳自易，未可以鮑氏古本孝
經之故，而並致疑于此書也。同〔此下疑脫一治字〕甲子九月廿五日雨中，紀堂
學人其鑣題于春明寓齋。

　　此書爲劉燕庭先生藏□，先生于咸豐初乞□歸京師，數年捐館舍，庚申之
□，都中洶洶，其家括長物□售之，爲南遷計，于是經籍、金石、書畫皆盡入骨
董□手，惟藏書十車，則售于隆福寺前三槐堂書肆，中多善本，次弟〔第〕散
去，及□□搜，則所存什二三耳，此書即其一也。余以向無外國經籍，得之狂
喜，嗣□□購獲日本原刻七經孟子考文補遺不全本、高麗板四書集注、大成濟眾
新編、桂苑筆耕集、牧隱先生詩文合集等書，皆此書爲之引嗃也。余收羅故籍，
頗有異嗜，凡經前輩收藏題志者，自覺增其珍貴，是本爲嚴鐵橋及燕老收藏，又

有題識，余于是加重焉。惟燕老生平極意搜羅，□首無懈，及歸道山後，不數年而散逸無存，使後生小子得以沾丐其殘膏賸馥，斯則藏弆家所不忍言者矣。紀文達□使後人得之者，相與摩挲太息，謂是紀曉嵐故物，願亦足矣。推斯意也，則嚴、劉二公可無憾矣。余于是書頗有因緣，爰述其顚末，墨諸副葉，俾後之人有所感興而愼保之，則竊慰也。九月二十五日丑夜霾雨，記于龍氏宅東篠之南榮。

閼逢掩茂春二月四日，蘄人黃侃偶見于宗人建中處。

兵 家 類

古握機經傳六卷二册　清謝瑛編　清咸豐十年海寧鄒存淦手鈔本　鄒存淦手跋　（05697）

握機或稱握奇，流俗本止傳首卷，此本爲錢氏遵王秘藏，謝君修五得之，重爲編輯，所惜者，傳之原文用是益晦耳。庚申秋冬間，避亂居鄉，於兵火之餘，收拾叢殘，因其原鈔多亥豕之誤，特手錄一過，爲是正二十餘字云。咸豐十年長至日，海寧鄒淦儷笙氏識。

———————————

魏武帝註孫子三卷二册　周孫武撰　三國曹操注　清嘉慶庚申（五年）蘭陵孫氏平津館覆宋刊本　清黃丕烈手跋　又韓應陛手校並題記　（05699）

昔者吾友顧抱沖訪書華陽橋顧氏，購得宋版孫吳司馬法，余絕愛之，欲假歸而影寫之，未暇也。近孫淵如觀察過蘇，與抱沖從弟澗薲談及是書，思以付梓，適余家命工翻雕影宋本國語畢，澗薲即影摹一本，就蕆圃中開雕。工畢，澗薲承淵如意轉取贈余，余願大慰，不啻獲一宋本矣！本書纖悉無二樣，所補序及闕葉，澗薲俱已注明，惟每葉版心刻字大小數，爲向時宋本所無，玆取易於查核，且亦古款，非妄改面目也。庚申四月八日，黃丕烈。

十一家注本中，一家曹操注與此多少不同，正文亦微異，因據校入。十一家注本係據蘇州經鉏堂重錄宋本。咸豐庚申閏三月十六日。〔末有「應陛」長方印〕

———————

孫子註解十三卷附本傳一卷遺說一卷二冊　周孫武撰　宋吉天保集註　清袁氏貞節堂鈔本　清黃丕烈手校並題記　（05703）

古虞張師周氏藏本。

凡書必取舊本，未經校改也，如孫子註解有遺說者，此道藏本也。道藏本雖已爲孫淵如觀察刻過，然皆校改，非道藏原本也。五硯舊有道藏各種書，此本必從之抄出，主人愛博，故道藏本外兼收明刻本；又好古，故雖有新刻，仍留舊本也。惜物是人非，余從主人故後料理遺編，檢此代爲校閱，因知明刻不如道藏之善。昔有人鈔之，今有人校之，他有人讀之，其亦鑒抄者校者之苦心乎？壬申仲冬十有二日校畢記，知非子識。

———————

十一家註孫子三卷八冊　周孫武撰　宋吉天保集註　鄭友賢補註　宋紹熙間刊鈔補本　近人吳元恭手書題記　（05704）

癸巳夏，獲宋本孫子於陸生元大，實十一家注者，卷列上中下，中卷全脫去。甲午冬，假本於尚之袁先輩，始得完卷。岞崿山人吳元恭仲內氏志后。

———————

兵要望江南詞一卷一冊　題唐李靖撰　清道光己亥（十九年）鈔本　清姜筱湄手書題記　（15468）

是冊陳雨峰□□抄送，時道光己亥初秋。小枚記。

———————

神器譜五卷五冊　明趙士禎撰　日本清水正德校訂　日本文化五年坊刊本　近人
羅振玉手書題記　（05739）

　　神器譜五卷，日本翻雕明本。此書計五卷，明中書趙士禎撰，絳雲樓、澹生
堂兩家並著錄，而祁氏誤作四卷。前有王世延、王同軌、黃建衷三序，並日本人
清水正德重刻序。卷一有萬曆二十六年士禎進神器疏，言得西洋銃于游擊將軍陳
寅，又得嚕密番銃于錦衣衛指揮朵思麻，又述思麻言，其國神器酋長秩要職專，
非藝精不與茲選，思麻携帶神器度雪嶺、涉洹河、逾崑崙，重譯獻獅，以脩職
貢，寒暑八更，始達都下，迄今四十餘年，年已七十有四，都中人士罕有一問之
者云云。三十年，再上疏，經刑部尚書蕭大亨試驗題覆，令京營製造教習，仍行
九邊，奉旨允行，因工科給事中胡忻參論而止。士禎乃繪圖繫說，詳記進呈各種
疏牘而成此書，亦明代有心之士也。士禎事實不甚可考，惟大雲山房雜記謂妖書
事實出士禎之手，則又是小人之行險者，但其說未知信否耳。辛丑冬得此書于日
本琳瑯閣，戊申正月九日題記，上虞羅振玉刪存父。

　　此書中土不傳，東邦亦罕見，癸丑二月富岡鐵齋翁見贈。上虞羅振玉記于淨
土寺町寓齋。

────────────

校正武經七書二十五卷四冊　宋不著編人　明嘉靖辛卯（十年）施恆齋刊本　清
熙俊氏手書題記　（05775）

　　光緒二十三年歲次丁酉上元日，購于廠肆之翰文齋。熙俊記。

────────────

武經七書二十五卷二冊　宋不著編人　清鮑芳如影宋鈔本　清張蓉鏡手書題
跋　（05778）

　　武經七書。此書原本是宋刻初印本，道光乙巳秋，郡城汪閬原所藏散出，爲
鮑芳如轉售上海郁泰對處，此由鮑氏影摹宋本印寫，今宋本不得見矣，閱此如唐
橅晉帖，宜珍也。蓉鏡誌。

法 家 類

管子二十四卷八冊　舊題周管仲撰　明刊白口十行本　近人沈曾植手書題記　（
05787）

　　此書得之龍舒，以校明刻注本及瞿翻宋本，時有異文，足資研味。後檢莫氏
經眼錄有此本，邵亭定爲元明間刻，亦爲朧統語耳。頃見楊惺吾所藏道藏本韓非
子，匡闌行字與此一同，乃知此是道藏本也。宣統五年仲春，植記。

────────────

管子存十二卷八冊　舊題周管仲撰　唐房玄齡注　明劉績補註　明刊本　近人王
貢忱手書題記　（05795）

　　己巳、庚午之交，地方不靖，東郡尤甚，致海內著名之楊氏海原閣藏書，亦
大被蹂躪。後有人持此管子八冊求售，並云尚有一半爲其同事分去，彼能設法購
得。余亟以銀鈔易之，既感是書之分裂，復冀其終獲完聚也，錄之以俟佳遇可
耳。庚午夏日，濟南王貢忱識于止適齋。

────────────

韓非子存十五卷三冊　周韓非撰　明嘉靖戊午（三十七年）張鼎文穎東書院刊本
近人張繼手書題記　（05815）

　　此明張鼎文刊本，頗爲校訂家珍重，惜缺一冊。張繼識。
　　大致以道藏本爲根據，間有改訂之字。

────────────

韓非子二十卷八冊　周韓非撰　明刊本　咸豐七年潘道根觀款，又近人邢之襄書
函　（05820）

　　咸豐丁巳清明日，徐邨老農潘道根借觀記。

　　案此書似涵齋依盧氏羣書拾補、黃校道藏本、黃校宋本、吳師道本、張鼎文
本、淩瀛初本，及袁本諸本參酌校正，間有附以己見者，則注涵齋識三字以別
之。參看卷一第一頁、卷十九第十七頁、卷二十第八頁各條所注涵齋識之月日，
與以上諸條注有月日者互相聯貫，其爲同出涵齋一人之手可知。至惠松厓評閱，
亦似涵齋另依一本照錄者，其中惠批云云，皆是評閱之文，與涵齋自己校正之本
兩不相涉也。又書序下方有錫山浦氏珍藏圖章，知係浦二田家故物。浦二田，無
錫人，家多宋本，其後人不知，盡行散失，見士禮居題跋記。此書既經名家收
藏，亦可寶之物也。之襄識。此上博泉吾兄。

―――――――――

無冤錄二卷二冊　元王與撰　鈔本　無名氏箋識　　（05830）

　　無冤錄二卷，元王與撰。此書傳本甚稀，嘉慶時顧千里校勘吳山尊刻宋元檢
驗三錄，方見於世。吳刻本二卷，迺此書上卷之一卷，割分二卷，非完璧也。沈
侍郎寄簃，清季法家，在友人處得見鈔本（其鈔本由東瀛傳鈔，中土絕本），遂
旁證博引，詳校細勘，定爲善本，交梓付刊，惜未發付而侍郎竟歸道山矣。願有
力者刊行於世，不僅司法界多一借鏡，而屈死之人從此無冤，其功德曷可量也。

―――――――――

祥刑要覽三卷二冊　明吳訥撰　張謙增補　明刊十行本　近人莫棠手書題記　（
05831）

　　海內藏書歷祀之久，首推鄞范氏天一閣，雖館閣不如也。咸同間遭亂，始稍
稍流散，然光緒初薛叔芸京卿爲寧紹台道，重編見存目錄猶數冊。迄今幾五百
年，頃忽爲人盜載數十緪，售諸滬上來青閣，予偕王息塵先生往觀，初猶堅祕不
出，繼乃一一發視，大都明槧明鈔，蓋司馬當時所收新本，今皆爲珍冊琅函矣！
顧肆估居奇，不零售而索值荒遠，無從問也。柳君蓉村亦得二十許種，昨持視
予，此蓋其一。此書道光中祁韻士侍郎嘗重刊，近亦不數見也。甲寅四月既望，
初僧題記。

農 家 類

齊民要術十卷三冊　後魏賈思勰撰　明萬曆間胡震亨刊秘冊彙函本　清黄丕烈手
書題跋　（05839）

　　齊民要術舊本未之見，往聞孫伯淵爲余云，其門人洪殿撰有影宋本，屬其傳
錄，及寄到，而伯淵已作古，無從訪問矣。此校本不知誰人手筆，開端載有宋本
行款，并於細書夾注誤爲大字正文之處，亦經校出，版刻無字處，間有塡補，一
似眞見宋本者，惜未詳紀原委，其所校朱筆訖於卷七笨麴餅酒第六十六條作秦州
春酒麴法一段止，亦並未言所據殘缺，豈無端而輟筆歟？此不可得而知也。余因
是書古本絶少，又所校非出無據，卒收之。書賈之視此，與余之視此，皆不以尋
常津逮本視之矣！庚辰二月二日閒窗偶閲及此，追記數語，以見書至今日而貴
重，不必其爲宋元舊本也，即校本稍爲世所未見者，亦珍秘之至矣！見獨學人
識。

　　嘉靖間湖湘刻本向未之見，頃湖估以嘉靖本示余，亦知專刻，索重直。取對
是本，文理多同，唯十行十七字，與宋本偶合，且此所缺失，嘉靖本同，知即從
嘉靖本出，特行款異耳。卷五缺一葉，又前一葉最後四行，共廿四行，此僅空三
行有半，若校本又云二十八行，其多寡實數不可揣知矣。嘉靖本缺二葉，一已鈔
補，一以他卷葉數小號同者充之，見胡震亨跋語，可考也。嘉靖本字跡惡劣，未
知原翻與否，無可質證矣。辛巳二月，蕘夫記。

　　凡古書翻刻不如原刻，明刻不如宋刻。此嘉靖湖湘間齊民要術，謂獲古善本
刻之，今取校宋本對湖湘刻本，竟無一字合者，不知善本果云何也。湖湘本與此
刻大段相同，其墨釘缺失亦無一可補，所勝者，止空行一少一多耳。乃書估卒以
專刻故，不肯貶直售余，又因嘉靖舊刻，思欲留之，存其面目，議價再四，竟不
成交，且云物主已別贈人。舊刻之書居奇若是，爲之欷歔久之。道光紀元月在辰
上巳日，蕘夫記。

————————————

齊民要術十卷四冊　後魏賈思勰撰　明鈔本　近人鄧邦述手書題記　（05841）

　　齊民要術，向無佳本，蕘翁生平所見，亦只嘉靖刻本耳，所收校本至卷七笨
麴并酒第六十六作秦州春酒麴法而止，後三卷固闕如也。此本坊友攜來，初不爲
重，然碻是明鈔，據蕘翁云，宋本十行十七字（校本有行款），亦與此本同，知
所鈔必出於宋本矣。又云卷五缺一葉及前一葉之後四行，跋文簡略，不知係第幾
葉，無可攷訂。而沅叔借校，則極言其佳，并云後三卷尤善，殆無有更出其右
者。要之，未見宋本，得見景鈔之宋本，已罕而可珍矣！辛酉元夕，正闇。

　　頃檢日本澁江全善、森立之經籍訪古志，所載宋本乃八行十七字，是有兩宋
本矣。又云毛本桑柘篇缺一張，今校卷五毛本原有墨釘數行，所闕亦不足一張
也。羣碧又記。

醫　家　類

新刊補註釋文黃帝內經素問十二卷六冊　唐王冰註　元後至元己卯（五年）古林
書堂刊本　明琴水寒儒手書題記　（05857）

　　天啓甲子八月，因姪焯兒病，細閱一過，其圈校者，尚是元人手筆，因識。
時晚桂初放，覺案間同此古香也。琴水寒儒。

————————————

重廣補註黃帝內經素問二十四卷十冊　唐王冰註　明嘉靖庚戌（二十九年）武陵
顧從德覆宋刊本　清光緒十一年楊守敬手書題記　（05862）

　　宋槧黃帝內經素問廿四卷，缺北宋諸帝諱，雖未必即嘉祐初刻本，而字體端
雅，紙質細潔，望而知爲宋槧。按此書自元代古林書堂合并爲十二卷，明趙府居
敬堂本、熊宗立本、黃海本皆因之，遞相訛謬不可讀。其廿四卷之本，明代有三
刻：一爲嘉靖間顧從義本，體式全與此本同，而板心皆有刻工之姓名；一無名氏
翻刻本，體式亦同，板心姓名則有載，有不載；一爲萬曆間周曰校刻本，則體式
行款盡行改易，不復存原書面目（三書余皆有之）。此本則板心姓名全無。疑顧
氏及無名氏皆從嘉祐刻本出，但經明人摹刻，輪廓雖具，意度已失，此則宋人以

初刻印本上木,時代既近,手腕相同,故宛然嘉祐原本(唯板心姓名,在宋代翻刻,此等無關精要,故特去之,不足怪也),且首尾完具,近來著錄家皆未之及,知爲海內希有之本,亟重裝而藏之。光緒乙酉三月,宜都楊守敬記。

————————

黃帝內經素問遺篇一卷一冊　不著撰人　元刊本　清馬礪金觀款　張蓉鏡手書題記 （05873）

山右馬礪金觀於海陵旅次,時在辛酉夏日。

元刻舊本。虞山蔣氏珍藏善本,味經書屋張氏得之郡城黃氏士禮居珍藏秘冊,勿輕視之。

————————

黃帝內經太素存二十三卷內經明堂存一卷二十四冊　唐揚上善撰　日本影鈔古寫本　清翁同龢手跋 （05879）

黃公度日本雜事詩注云,江戶人松井操獻隋揚上善素問註於大使,乃書庫寫本,惜既缺數卷,然此註中土久佚,四庫目所收,始唐王冰,此視冰尤古,可貴也云。此本首卷已缺,無撰者姓名,鈔手古雅,註亦精簡,疑即揚本。戊戌二月五日瓶生記。

————————

黃帝內經太素存二十三卷二十四冊　唐揚上善撰　日本影鈔古寫本　清光緒間楊守敬手書題記 （05880）

古鈔本揚上善黃帝內經太素廿三卷又零殘一卷。按李濂醫史、徐春甫醫統并云,揚上善,隋太業中爲太醫侍御,述內經爲太素。顧隋志無其書,新舊唐志始著揚上善黃帝內經太素三十卷、黃帝內經明堂類成十三卷,崇文總目、郡齋讀書

志、書錄解題皆不著錄，知此書宋代已佚，故高保衡、林億等不及見。宋志揚上善黃帝內經三卷，未足據也（宋志多不可據）。日本藤原佐世見在書目有此書，蓋唐代所傳本。日本文政間，醫官小島尚質聞尾張藩士淺井正翼就仁和寺書庫鈔本得廿餘卷，亟使書杉本〔通行本訪書志，書下有手字，本作木〕望雲就錄之（原爲卷子本，今改爲蝴蝶裝）以歸，自後乃有傳鈔本（皆影鈔本）。按黃帝素問，王冰所注次第與全元起本不同，說者謂全本是原書眞面，今以揚本校之，亦與全本不合，則知全之八卷、揚之卅卷、王之廿四卷，各尊所聞，均與漢志九卷之數不合，蓋術家之書，代有增損移易，不可究詰也。但揚上善爵里時代，古書無徵，據其每卷首題通直郎守太子文學臣揚上善奉敕撰注，與醫史所云太醫侍御已不同。按唐六典，魏置太子文學，自晉之後不置，至後周建德三年置太子文學十人，後廢，皇朝顯慶中始置，是隋代並無太子文學之官，則上善當爲唐顯慶以後人。又按此書殘卷中，「丙主左手之陽明」注云「景丁屬陽明者，景爲五月」云云，唐人避太祖諱丙爲景，則上善爲唐人審矣，醫史、醫統之說未足據也。光緒癸未十二月，宜都楊守敬記。

又按宋高保衡、林億等重廣補注黃帝內經序云，隋揚上善纂而爲太素，時則有全元起者始爲之訓解，則知醫史、醫統致誤之由。按南史王僧孺傳，有「侍郎全元起欲注素問，訪以砭石」語（汲古本誤全爲金），則元起亦非隋人，附訂於此。

今本漢書地理志「蜀郡湔氐道」注「江水過郡七行，二千六百六十里」，識者知其誤，趙一清得見宋本，云是「過郡九行，七千六百六十里」，而又雜引近代人之說，謂以後世計里強合漢代，即宋本亦未合。汪小米漢志校本又稱說文繫傳引漢志，與趙氏所見宋本合，則宋本已足據矣。今按此書第五卷「陽明外合於江水，內屬於大腸」注「江水出蜀岷山郡升遷縣，東南流入海，過郡九行，七千六百六十里」，亦與宋本漢志合，又足破趙氏之疑，附證於此。

傷寒論十卷四冊　漢張機撰　晉王叔和編　日本鈔本　近人楊守敬手書題記　（05895）

此影北宋本傷寒論，篇中多互見之文，以人命至重，古人不殫反覆叮嚀，意

至深遠。漢書藝文志是其前規，自金成無已作注解，將其重複者概刪之，以後世遂無仲景完本。余乃於日本得此影抄，滿擬歸而刻之，奈其知者少，荏苒歲月，仍未遂苦心搜羅之願。癸丑端午，鄰蘇老人題。

―――――

傷寒百證歌五卷傷寒發微論二卷二冊　宋許叔微撰　影鈔元刊本　清黃丕烈手跋（05930）

　　余向有許學士傷寒百證歌、傷寒發微論二書，審爲元槧精本，以重直購之。厥後見是鈔本於坊友處，通體行款正同，字形大小相類，知是影元槧，而體未整齊，不能纖悉無異也。惟此多自序一篇，爲元槧所無，玩其字形帶行，亦出影寫，斷非無本而來，何以元槧反無？推求其故，所藏元槧目錄首已鈔補，想序亦併失，無從鈔補，故闕疑也。惜余未及據補，元槧已歸他所，而是書又從坊友收得，去其甲而守其乙，此乙本反有勝於甲本者，一序之未亡也。事之不能求全，而物之不能兼蓄有如此者。蕘翁。

　　余所藏醫書，宋元板舊鈔皆有，年來散佚太半，許學士書唯殘宋本事方存矣。此種書醫家不但不之蓄，抑且不之知，可歎也。余不知醫而蓄醫書，亦取其舊而已，已無所用也，然已無所用，而應人之用，如本事方爲葉氏取校，以刊其先世桂巖先生著述，是余之收藏爲有益於人也。因附記其事於此。戊寅夏，蕘翁。

―――――

楊氏仁齋直指方論十三卷六冊　宋楊士瀛撰　舊鈔本　清黃丕烈手書題記　（05935）

　　郡中有外科醫生高某，家多祕本醫學書，相傳有鈔本仁齋直指，外間皆未之見。及去歲某故，所遺少妾幼子，家中書半散佚，而此書亦出，余得寓目，因遍檢藏書家目，皆云仁齋直指方論附遺二十六卷，與此十三卷不合。雖曰明人附遺，其二十六卷與十三卷所以異同之故，未經剖析，故目錄家但知有二十六卷，曾不知有十三卷也，及十三卷之書出，而人反疑其卷帙之少，未敢信爲善本，不之重也。今茲歲初，偶於坊間獲明刻本二十六卷者，乃又追蹤十三卷之鈔本，始

悉改十三卷爲二十六卷者，出于明人。其目錄之大小字，或照原式更改，盡出臆斷，而本書面目盡失，因嘆目錄之學爲甚難，苟非博聞廣見，難以置喙。書必原本，方爲可貴也，余既收得刻本矣，不得不復置鈔本之原書爲如此。丙子二月二十有四日，坐雨百宋一廛中書，廿止醒人識。

附錄黃俞邰補明史藝文志，補宋：楊士瀛，醫學眞詮二十卷，又活人總括十卷、又仁齋直指附遺方二十六卷。字登父，景定間三山人。

────────────

傷寒明理論三卷方論一卷三冊　金成無已撰　元刊清黃氏士禮居影宋鈔補本　清黃丕烈、錢天樹各手書題記　黃美鏐手書黃丕烈跋　又錢大昕、馬礪金等觀款　（05942）

越歲甲申夏六月裝成，迨七月初旬，有人索觀士禮居子部醫家，因舉此示之，作介者恐得主不識此骨董，未敢涉手。舉世皆俗眼，其視此不爲棄物乎？吾愛吾寶，於此益信云。龜巢老人自記。

余向藏傷寒明理論，相傳爲影宋抄本，紙墨精妙，卻未將別本校過，已舉而歸諸藝芸書舍矣。頃冷攤以舊刻本見遺，審是元刻本，中多缺失，偶有抄補，亦復不全，遂動校勘之興，從藝芸借歸，命長孫秉剛竭幾日力，手校一過，竟有勝於抄本之處。然彼此既非一樣行款，辭句又復有異，無可全補，遂命工楷書影宋原文之可與刻本參者附麗之。又命秉剛自寫影宋之與刻異者爲校勘記。事畢之後，秉剛請余自爲跋，記其原委，因書此以示之，而即令其手書於後。時在道光癸未九月十七望，秋清逸士跋。孫美鏐書。

元板傷寒明理論三卷，并方論一卷，爲黃氏士禮居舊藏，今爲芙川居士所儲。道光甲午小暑後三日，從琴川寄至味夢軒，因得展閱，雖略有缺帙，其妙在有蕘翁校勘記一卷，則知其中間有勝於汪氏影宋抄本者。觀其跋語，頗自愼重，若非芙川眞知篤好，恐當時蕘翁亦未必能輕易割愛耳。錢天樹。

嘉慶庚申秋九月，竹汀居士錢大昕觀。

咸豐辛酉夏日山右馬蓮青觀。

————————

丹溪先生治驗醫案一卷二冊　元朱震亨撰　明戴原禮編　舊鈔本　清海鷗生手校並跋　（05960））

　　元朱丹溪先生爲四大家之一，惟稍偏於滋陰耳，然具絕世奇才，故所治輒應，今人未易望見項背也。向傳丹溪心法一書，爲家絃戶誦。此書世無傳本，昨於藝海樓得來，字畫近褚登善，精妙矣。比因付工重治，遂附志於後。時同治元年十一月，海鷗生。

　　戊辰八月廿四日夜雨靜坐，校讎誤字，此無刻本可據，皆以意擅改，若須再刻，必廣覓明刻本方無誤。南宮儺三堂。

————————

活幼心書三卷六冊　元曾世榮撰　元天曆己巳（二年）刊鈔補本　清嘉慶十六年黃丕烈、宣統二年繆荃孫各手跋　（05967）

　　曾世榮活幼心書上中下三卷，上卷爲決證詩賦，中卷爲明本論并拾遺，下卷爲信效方并拾遺。余向曾見此刻，多闕失，故未收，後又收得一本，非此刻矣。適從五硯樓以醫書一廚歸海寧友人，余爲之介，遂檢得是書，中多缺葉，影鈔別本補全，即所收之又一本，而非原刻也。重付裝池，而識其緣起如此。嘉慶辛未中秋前二日，復翁丕烈識。

　　此書不經見，遜庵侍郎刻于醫館，又可流傳數百年，曾先生救世苦心，亦稍慰矣！宣統庚戌，繆荃孫識。

————————

傷寒六書十卷六冊　明陶華撰　明嘉靖十二年湖廣布政使司刊本　清黃丕烈手跋（06011）

　　嘉慶丁丑春，余送兒孫輩道考玉峯，是時書賈雲集，往諸坊閱之，無一古籍爲余所未見者，方甚悵快，適有書坊友探知余在考棚，即携諸書見示，余檢得明人子部二種，此其一也。得此書後，晤王椒畦孝廉，渠知是陶節菴（字尚父，餘杭人，永樂中官本縣訓科），却未言其著書之名，取歸與補明史藝文志對，知此書爲陶華傷寒六卷（瑣言、家祕的本、殺車槌法、截江網、一撮金、明理續編），無一缺失，是可喜也。餘書尚多，俟續訪之。宋麐一翁手記。

────────────

幼科折衷二卷四冊　明秦昌遇撰　舊鈔本　清康熙五十五年楊文蔚手書題記　（06095）

　　幼科雜症二本，又痧、痘症彙齊總釘，切不可借親友騙去即抄，連此原本必不肯還，切囑切囑！康熙五十五年桂月內，蘇州楊文蔚親筆。
　　謹防偷去。如做情借去，男盜女娼。

────────────

方氏家傳喉科祕法一卷一冊　不著撰人　朱墨舊鈔本　清嘉慶十二年陳念祖手跋（06112）

　　余昔在都市地攤以壹百六十文購得方氏喉科祕法。此方閱而妙之，查未有傳本，永遠保存。嘉慶十二年社後日，陳念祖錄。

────────────

脈學註釋二卷四冊　清汪文綺撰　清道光二十四年新安汪時泰鈔本　汪時泰手書題記　（06114）

　　跋。吾邑廣期、蘊谷兩先生，國朝明〔名〕醫也，昆仲好學博古，古今百氏之書，靡不淹貫，而猶于軒歧仲聖之書獨窺其蘊輿。廣期先生著傷寒論，歷年已久，其書散失，今原本藏於武省高氏處仁樓，余於癸卯春獲見，鈔而藏之。蘊谷

先生著溫疫論,余外祖麗南公於己亥秋見之,亦已盡集於溫疫論補註中,刻之行世。其會心錄四卷,吾邑胡氏早已付梓剐剜獨脈學一書,至今已有百餘載,後人鈔錄相沿,亥豕魯魚,閱者攢眉,是脈學一書,至今若亡若没矣。吾邑松舫汪君付之梨棗,惜其未得先生原集本,面目盡滅,反而模糊,令人難讀,今復彷〔仿〕其原本,校對無訛,鈔而藏之,異日若能有資,光之梨棗,庶亦不負先生,有功於後世也大矣!時道光二十有四年,歲在甲辰仲秋,同里後學汪時泰春溥氏書於梯雲書屋。

九璋先生醫案不分卷六冊　清不著撰人　著者手稿本　清光緒戊戌(二十四年)謝元福跋　(06120)

　　蔣寶素,鎮江名醫也,所著醫略,援引九璋先生之說甚多,是常受教于九璋先生者。此醫案六卷,論治本于靈素,用藥通于神明,熟而讀之,足以啟發靈機,是可寶也!光緒戊戌秋,謝元福識。

葛仙翁肘後備急方不分卷存一冊　晉葛洪撰　原刊道藏輯要本　清光緒七年李文田手書題記　(06129)

　　肘後備急方一本,從道藏輯要出,舊爲漢陽葉東卿所藏,起第三十六,以完本校之,此其第五卷耳。此第五卷至第八卷,實則肘後方之後半也。原本並不名葛仙翁肘後方,乃金時皇統中所輯古方書,明人刊道藏,乃以其引肘後方,詭去其序,託名葛洪耳。方中所收,如楊億、如沈存中筆談、如王袞博濟方,直至北宋,不但唐以前也。今以此本校鈔本,各有得失,亦尚非至善之本耳。光緒辛巳冬至後八日,仲約記。

千金寶要八卷四冊　宋郭思編　明刊黑口本　清張蓉鏡手跋　(06141)

　　道光丙午十月初六日，郡友吳靜叔同玉峯友張靜坡來虞，出此見示，以善價購藏之。此雖明刻，近所罕見。芙川識。

――――――――――

錢氏小兒藥證直訣三卷三冊　宋錢乙撰　閻孝忠編　宋刊八行大字本配補清昭文張氏雙芙閣影鈔清陳世傑仿宋刊本　清錢天樹、楊希銓各手書題記　（06147）

　　宋仲陽先生藥證眞訣三卷，後附閻、董兩家藥方於後，眞保赤之金針也。此眞宋本，前多閻氏總序一篇，世傳摹宋本所無，尤爲寶貴。其上卷抄補錄目五頁，下卷抄補董氏方一頁，尚是元人手筆，細審其字跡，是艾衲山人錢鼎所書，眞鑒者見之，定不河漢余言耳，知當時已珍重若此矣。芙川張君復補全中卷，從此可稱完璧矣。仲陽不獨以醫知遇，動人主顧問，倍嘗艱苦，萬里尋親，得遂首邱，爲人子所最難者，而行誼如是，其藝之精，尚其小焉者。可惜乎，其上藏印眞僞雜出，在有目者一望而知，毋庸深辨，然斷不以此減其聲價也。乙未之冬，夢廬錢天樹識於□□樓下。

　　宋錢仲陽小兒藥證三卷、閻孝忠附方一卷，具詳於卷首目錄中，後又附董汲小兒斑疹備急方論一卷，有錢仲陽所著後序，而目錄中未之及，觀仲陽後序中語，於董及之重爲許可，殆閻孝忠心折仲陽，并採仲陽所許可之斑疹備急方以彙治小兒法之全歟？按董及之著有腳氣治法總要二卷、旅舍備要方一卷，載入四庫書，而錢仲陽小兒專書，世所罕覯，此本爲閻孝忠所集脈證治法，簡易精審，誠幼科之聖也。近時仿宋翻刻本佚去閻序，此本爲雙芙閣所藏，中卷及前後共抄補五十餘頁，而閻序獨完，良足珍愛，因將近時翻刻本補闕訂訛，以資省覽，仍以此帙歸之芙川，并識數語於卷端。研芬楊希銓。

――――――――――

類症普濟本事方十卷一冊　宋許叔微撰　舊鈔本　近人沈曾植手書題記　（06157）

　　影宋乾道本普濟本事方一冊。

類症普濟本事方十卷四冊　宋許叔微撰　清雲間王陳梁刊本　清光緒十三年陸心源手校並跋　（06158）

　　右許叔微本事方十卷，王陳梁刊本，前六卷以宋乾道刊校，後四卷以影抄宋淳熙本校。卷一蘇合香丸，卷二衛眞湯、白附子散第二方、荆芥散、透頂散兩方、黑龍丸第二方、第三方，卷三川芎丸，卷四靈砂丹第二方、寒熱方牛膝酒浸丸，卷五槐花散第二方、第三方、熱毒下血方、梅師第二方、菊花散第二方、治睛病方、針頭丸兩方、牙痛三方、治口舌生瘡三方、加減甘露飲兩方、治耳卒癃閉方，卷六治鼠瘻癧兩方、治丹從膈起、治火丹、治螢火丹，卷七染須髮方，皆兩宋本所無，均爲削去。影宋抄卷七芎葛湯後有保神丸方論百三十餘字；卷八桂枝加附子湯前有大青龍湯温粉方論百七十餘言，大柴胡等三服得汗而解下有嘗謂仲景云云百許言，密兒法後有製法七十餘言，海蛤散治血結胸後有期門二穴云云八十餘言，白虎加人參湯有方論百餘言，其前有清心丸、竹葉石膏湯方論百四十餘言，瓜蒂散前有五苓散方論二百許字，卷終有一呷散方論一百二十餘字；卷九小柴胡湯日三服下有胸中煩而不嘔云云百三十餘言，小承氣湯有方論數十言，補脾湯後有金液丹、來復丹方論及氣海灸法八百餘言，卷終有來甦丹百餘言；褊銀丸前有捻金散數十言，不可化破下有治小兒陽癇云云百餘言，醒脾丸前有青州白丸子方論百五十餘字，皆此本所無。淳熙本有所增益，張孝忠敍自言之，雖有非叔微原本，亦無可考，皆爲補錄于上；乾道本前有自序兩葉、修治藥法四葉；影抄淳熙本有張郊、張孝忠兩敍，命純兒影摹入卷，以存宋本之眞。叔微所著，尚有續本事方十卷，四庫未收，阮文達亦未進呈，余藏有抄帙，所削三十四方皆見續本事方，其爲陳梁刊版時羼入，或明以前已羼入，則莫可考耳。光緒十三年孟冬之月，歸安陸心源識于潛園。

新刊婦人良方補遺大全存十六卷三冊　宋陳自明撰　明熊宗立補遺　明天順八年刊本　清宣統庚戌（二年）楊守敬手書題識　（06162）

　　新刊婦人良方補遺大全殘本。存第三、四、五、六一冊，十三、十四、十五、十六、十七、十八一冊，十九、二十、廿一、廿二、廿三、廿四一冊，行款與熊氏元刻同，惟改新編作新刊。森立之訪古志載有明天順八年刊本，此本或其零殘之本也。日本人點校頗密，其書眉以所引書詳其出處，若外臺秘要、聖惠方之類，非博通醫籍者不能。又所稱韓本即朝鮮國活字本，蓋日本人稱朝鮮爲韓國者，從三韓古稱也，又可知小島影寫陳自明本，出自朝鮮活字本也。宣統庚戌四月，宜都楊守敬記。

————————

魁本袖珍方大全四卷八冊　明王永輔撰　明刊黑口本　清顧之逵手書題識　（06182）

　　右宋麻沙刻本袖珍方共四卷，世無傳鈔，可與雞峯普濟方一例並秀，詢之博鑒者，皆未之知出自何人之手，他日考得之，重當作跋，勿以其破舊而輕之。請先付裝潢可也。此復堯翁先生。弟之逵啟。

————————

魁本袖珍方大全四卷四冊　明王永輔撰　明嘉靖丙戌（五年）詹氏西清書堂刊本日人奈須恒德手書題記　（06183）

　　嘗在坊間購求此書，分拆爲七冊，裝以黃紙，表題上有策彥印，詳記集成及他書異同者，想必其人也。表紙破殘，改綴四卷，藏于家塾。文化七年庚午仲秋，奈須恒德題。

————————

全嬰要覽二卷二冊　明閔道揚撰　明隆慶壬申（六年）金陵刊本　清同治六年鄧華熙手書題記　（06196）

　　明本全嬰要覽二卷，閔道揚編輯，首有明善堂、安樂堂圖記，國朝藩邸藏書

印也。書中如急慢驚風數條，皆醫家門外漢、江湖術士，未可據爲典要，然其中亦有可取者，如辨痘疹之重輕，錄古方之治驗，有諸書所無者，亦足備採用云。同治丁卯六月朔日，小赤識於京師椿樹寓齋。

————————

產寶一卷一冊　清倪枝維撰　清咸豐五年海昌鄒存淦手鈔本　鄒存淦手書題記　（06204）

余雖不知醫，遇醫書之直捷者，則無不覽，要當稍知義理，以效一得之愚也。乙卯秋仲，得此書於曹子少梅處，惜其傳世絕少，亟錄一本，與達生篇並置案頭，以作產科準繩，蓋此書專論產後，而達生篇兼述胎前也。時咸豐五年八月晦日，海昌鄒淦文濤氏識。

————————

活人一術六卷四冊　清吳釗森撰　清同治間烏程蔣維基手鈔本　清同治十三年汪曰楨手跋　光緒七年王藻墀手書序　（06205）

嗚呼！此亡友震澤吳君曉鉦之遺著也。韭溪吳氏，自明以來爲著姓，聞人輩出，曉鉦以名家子，爲博士弟子員，績學篤行，有聲于時，年三旬餘遽卒。其學於經史子集無所不窺，醫特其餘事耳。顧生平撰述多種，皆未成書，唯此活人一術六卷已編定，而塗竄增刪，未免失次，曉鉦之妹壻蔣君厚軒爲整比而重錄之，猶可見其學識之厓略也。嗚呼！僅此數卷書，曾何足以傳吾曉鉦哉？嗚呼！舍此數卷書，更何藉以傳吾曉鉦哉？余借錄副本，不禁違宿草之戒，爲之泫然出涕。時同治甲戌秋八月望日，烏程汪曰楨識於會稽學舍。

中有過于峻厲之方，究宜削去。次日又識。

葛稚川著肘後備急方，率多易得之藥，陶隱居因之爲肘後百一方，其自序云，篳袯左右，藥師易尋，郊郭之外，已似難值，況窮村迥野、遙山絕浦，其間枉夭，安可勝言？昔人所夙夜兢兢者，每在醫術告窮之處，惟其活人之心急，是以施濟之道博。明胡侍郎進衛生易簡方，頒行天下，便於倉卒，舉世胥受其惠，

蓋猶是肘後之遺也。震澤吳曉鉦先生邃於醫，出所學以治診，多獲奇驗，猶恐其限於一時一隅也，因撰活人一術六卷，分門纂類，列方二千餘道，博採論說，折衷於至當，辨別品味，考覈以傳信，又復察其因、審其證、詳其脈，使按方以施治者展卷了然，無艱深難索之苦，亦無鹵莽債事之虞，用心亦云至矣！持此以濟醫術之窮，又何患乎道之少哉？雖然，先生往矣，先生之心不與俱往也。當茲醫學衰敝之秋，苟有能壽諸梨棗，以永厥傳，庶向所慮限於一時者，且將被之百世矣！向所慮限於一隅者，且將播諸四方矣！活人之術，推而彌廣，得與肘後諸書同垂不朽，不獨先生所深願，抑亦醫林之厚幸也夫。光緒辛巳年嘉平月，秀水後學王藻墀拜序。

本草衍義二十卷五冊　宋寇宗奭撰　元翻刻宋宣和元年本　清光緒十三年楊守敬手書題識　（06211）

　　本草衍義二十卷目錄一卷，首載政和六年十二月廿八日付寇宗奭劄子，又題宣和元年□月本宅鏤板印造、姪宣教郎知解州解縣丞寇約校勘，目錄及第一卷之首題通直郎添差充收藥材所辨驗藥材寇宗奭編撰。郡齋讀書後志作本草廣義，與其序例不相應，當誤也。自序稱重定本草及圖經，有執用己私，失於商較，併考諸家之說，參之事實，覈其情理，證其誤脫，以爲此書，蓋爲掌禹錫等補注神農本草、蘇頌等本草圖經而作也。余按：大觀二年，唐愼微之本草已刻于漕司，至政和六年，曹孝忠方奉命校刊愼微之書，何以寇氏一不議及？余意大觀、政和，年歲相近，漕司之本，或流傳未廣，至曹氏校證類，而宗奭之書已成。嘗以質之森立之，立之云，此書全編藥名次第，全與唐蘇敬新修本草相符（日本現存蘇敬本草十卷，余已得其影抄本），寇氏蓋以證類本草分門增藥爲非是，因就新脩而作衍義也（然則掌氏、蘇氏之書，與新脩本草義例相同）。又云，寇氏辨正藥品，凡四百七十二種，發明良多，蓋翻性味之說，而立氣味之論，東垣、丹溪之徒，多尊信之，本草之學自此一變。然則，寇氏本非爲愼微之書而作衍義，張存惠刊證本草，以寇氏書入之，已失其旨，有明一代遂無刊本，而四庫不得著錄，此當急爲流布者也。光緒丁亥三月，宜都楊守敬記。

經史證類大觀本草三十一卷二十二冊　宋唐愼微撰　元大德壬寅（六年）宗文書院刊本　近人楊守敬手書題記　（06212）

　　此書余別有詳考，書于宗文本後。

　　本草自神農以下，吳普、陶宏景、陳藏器、李英公，代有作者，原書皆不傳，以唐愼微大觀本草爲備。政和本附入寇宗奭衍義，已非唐氏原書。此爲南宋刊本，元宗文書院即從此出，序後有宗文書院木記，此本無之，是其證也。且此本爲初印，無一葉殘缺，尤可寶也。癸丑五月，鄰蘇老人記。

神農本草經疏三十卷十冊　明繆希雍撰　明天啟乙丑（五年）海虞毛氏綠君亭刊本　清劉漢臣手書題記　（06239）

　　本草經疏，前明繆仲醇先生所撰也，敘述精微，文詞簡潔，爲本草說經之善本，余訪求二十年而未得。咸豐辛亥，余與三弟科試白門，見坊間有此，繙閱之，知爲毛氏綠君亭刻本，繆氏之書固不易購，若綠君亭刻本尤爲希有，亟以青蚨四千以易之。噫！賦命不辰，流爲市賈，功名富貴，棄予如遺，而獨於翰墨因緣殊有前定。余家染素齋中奇書秘笈，幾及三萬卷，經史固多善本，即方伎術數之書，亦幸無俗物，嗇彼豐此，天之於予亦厚矣哉！時自燕子磯渡江，風靜月明，舟行若電，於船窗中就月光讀之，喜而書此。八月十八夜，白露橫江，水光接天時也。漢臣謹識。

李瀕湖抄醫書六卷四冊　明李時珍編　清乾隆間鈔本　清嘉慶九年陳念祖手跋（06249）

　　昔在都市，以重金購得李時珍墨蹟。此書計六種，世無傳本，閱之明而又切，我子孫未可輕視，永遠保之。嘉慶九年甲子人日，陳念祖題於南雅堂。

曆 算 類

周髀算經二卷一冊　舊題漢趙嬰注　北周甄鸞重述　唐李淳風注釋　明趙開美刊本　無名氏手書題記　（06250）

　　周髀算經二卷音義一卷（唐李淳風等注釋，明趙開美刻本）一冊。是書莫知誰作，其算法爲句股之祖，其推步即蓋天之術，西法實從此出。商務印書館影印之四部叢刊內之周髀算經，即翻刻此趙氏本也。

────────

天文精義賦五卷一冊　元岳熙載撰　明烏絲闌鈔本　清同治十三年李文田手校並題記　（06254）

　　天文精義賦，四庫作四卷，此本五卷，不題撰人，以總目考之，舊題管勾天文岳熙載撰。元太史院有管勾二員，則此書爲元人撰無疑矣！同治甲戌，順德李文田題尚。

────────

大宋寶祐四年丙辰歲會天萬年具注曆一卷一冊　宋荆執禮等編　清嘉慶乙亥（二十年）程虛谷影宋手鈔本　清吳翌鳳、吳若準、周鑾詒、盛昱各手跋　過錄清朱彝尊、瞿中溶、錢大昕、李銳、沈欽裴、蔡復午、陳杰、金望欣等跋　（06280）

　　乙亥秋日，借山陰李柯溪本，屬程虛谷錄。枚叟記。

　　影宋舊鈔寶祐會天曆，甲午二月三十初度，立齋母舅以此冊見賜，時將北上，因檢書籍，爰謹誌數言藏之。花朝日，若準書於還讀齋。（并跋語共三十二頁）

　　光緒甲申閏五月，永明周鑾詒借閱。

甲申六月宗室盛昱伯羲從瑞安黃仲弢編修借閱，屬山右高生錄副，藏之鬱華閣。

〔過錄〕右宋寶祐四年會天歷，保章正荆執禮、譚玉、靈臺郎楊旂、相師堯、判太史局提點歷書鄧宗文等算造具注頒行，是歲在丙辰元日立春，田家諺所云百年罕遇者也。按會天歷初名顯天，淳祐十二年，太府寺丞張湜、祕書省檢閱林光世同師堯、玉等推算，略見于宋史律歷志，既而寶祐改元，定名曰會天，於是尤學士熵被命作序。原授時之典，歲頒歷於萬國，鏤板印行，莫可數計，然歲既更，無復存焉者。馬氏經籍志載金人大明歷，正以其不易得也。是本爲崑山徐閣老公肅甫所藏，余假之編修道積錄其副。按南渡以後，自統元至會天歷，名凡七改，惟會天史稱闕其法，試由丙辰一歲推之，歷家可忖測而得其故已。歲在屠維赤奮若夏四月朔，秀水朱彝尊跋。

〔過錄〕右宋寶祐四年會天歷一冊，予友李君尚之從吳氏鈔本傳錄，計二十七葉，每葉十六行，字數大小不齊。首葉標題大宋寶祐四年丙辰會天萬年具注歷，後列太歲、幹支、納音、總計一歲之日、歲德、合取土修造、大將軍、太陰、歲破、歲殺、黃幡、豹尾，及年九宮、各月大小。次葉首題太史局，後云「先準中書省劄子，奉聖旨，二十四氣氣應時令，即造具單狀，於歷日前連粘頒賜施行，今據換授保章正充同知算造譚玉等，依會天歷推算到丙辰歲氣節，加時辰刻，頒賜具如後」云云，後列二十四氣，各注時刻，末云「右謹具呈。寶祐三年十月日，靈臺郎判太史局提點歷書鄧宗文、成永祥、李輔卿」。以後逐月開列。每月之前，首題月之大小，及九宮、月建，小注六行，紀此月之節并天道宜向等語，與明之大統歷略同，惟以月令二十七候散注後各日之下爲少異耳。每行大率分爲七截，首列逐日干支、納音、建除、二十八宿，旁注帝后大忌，及長短星次；注二十四氣、四正卦爻、弦、望、滅、沒、社、伏、臘、沐浴、上朔、除手足甲爪；次注七十二候、公、辟、侯、大夫、卿卦、土王用事；次注吉凶神、宜忌之事；次注晝夜及日出入時刻；次注人神所在，旁注血忌、血支；次注日遊神所在，標題所謂具注是也。冊尾別有一葉，首二行云：「右件人神所在，及血忌、血支，不可鍼灸出血，日遊在房內，產婦不宜於方位上安床帳及掃舍，皆凶。」後題年月日同前，又銜名云：保章正充同知算造兼主管文德殿鐘鼓院荆執

禮、靈臺郎充同知算造楊旃、靈臺郎（下缺數字）兼主管測驗渾儀刻漏所相師
堯、換授保章正充同知算造譚玉，又後列鄧宗文、李輔卿銜名如前。案漢儒多用
卦氣爲占驗，甲子卦氣起中孚六日八十分日之七，見於易緯稽覽圖。以坎離震兌
主二至、二分，爲四正卦，卦有六爻，爻主一氣，餘六十卦，卦主六日七分，見
是類謀。孟喜章句卦氣圖，及京房以卦爻配昚之說，皆本之卦氣。以公、辟、
侯、大夫、卿五位周旋用事，見乾鑿度。又以月令分主五日一候，見通卦驗。其
著於歷也，並見於後魏之正光歷（詳魏書律歷志）。又以候卦分內外，內卦主中
氣、末候，外卦主節氣、初候，則始於唐開元中僧一行之大衍歷。推土王用事，
及滅沒之法，劉昭後漢書律歷志已有之。一行大衍歷略例云，古以中氣所盈之日
爲沒，沒分偕盡者爲滅，開元歷以中分所盈爲沒，朔分所虛爲滅，此皆宋歷承用
古法之大較也。元授時歷，今不獲見，明大統歷大率本之授時，而並行刪去，可
知歷書至元而一變矣。是書所載吉凶神殺，今選擇家多用之，惟除手足甲爪之日
不傳，閱此書亦無從尋其義例。予以所藏洪武九年欽頒選擇歷書對之，宋歷有而
洪武書無者，凶神之五盜也，遇此日不宜出行。其例正月起丑逆行十二辰，與天
賊同，亦見宋刻三歷撮要。又五月己酉平日下有五道，攷三歷撮要亦僅一見，於
出行吉日下云，不犯往亡，五道不歸，大吉。道盜音同，未知即盜之誤否。其宋
歷無而洪武書有者，吉神之除神也。除神乃申酉二日，與凶神五離同。其名異而
實同者，宋歷之大明即洪武書之上吉，又宋歷明堂作丙堂、河魁作天魁、玉宇作
玉堂。玉堂之稱，或後人嫌與玉堂黃道相混而改，至明堂、河魁，俱係古名，而
此獨異，則未審其故矣。又寅申巳亥爲王日，卯午子酉爲官日，後人有互易之
者，酉子卯午爲守日，辰未戌丑爲牢日。邵泰衢作歷神原始，謂其字訛而亦互易
之，今檢宋歷悉同，可知術家相沿如是。術家謂上朔日，陽年以年干加寅，順數
至亥，陰年以年干加丑，順數至巳，與魏書所載推算得之者不同。宋史律歷志，
嘉泰元年臣僚言，比歷書一日之間，吉凶並出，異端並用，如土鬼暗金兀之類（
六甲土鬼直日，及暗金殺、上兀、下兀，並見三歷撮要），則添注於凶神之上，
猶可也，而其首則揭九良之名，其末則出九曜吉凶之法、勘昏行嫁之法，至於周
公出行一百二十歲宮宿圖，凡閭閻鄙俚之說，無所不有，是豈正風俗之道，願削
不經之論。從之。今查土鬼等皆不見於此書，而每日著吉神即不著凶神，著凶神
即不著吉神，可知此嘉泰改定之制，其先則不盡然也。卷首止列太歲等九神，及
九宮，並無年神方位、奏書博士各神、幾日得辛、幾龍治水云云，此類疑皆授時

歷所捌也。所注帝后大忌，以晁伯咎歷代紀年證之多合，而於十月二十日缺太祖，正月八日缺英宗，恐是鈔胥誤脫耳。卦名恒作常、遘作遇，月令元鳥之元作乙、雊雉之雊作鳴、鵙旦之旦作鳥，神殺元武作眞武、敬安作恭安，皆避其本朝名諱同音之字。鵙旦，新唐書、宋史共作鵙鳥。曩見宋刻書亶字有作從亩從旦者，未解其故，近檢歷代紀年及本紀，知欽宗初賜名亶，後改烜，又改桓，而後蓄疑冰釋，因讀此書，牽連及之。李輔卿，此書首尾兩見，而宋史作李德卿，恐史之誤也。會天歷，史缺其法，尚之精於算學，得是書而推衍之，可以補正史之缺，不誠快事歟？木夫瞿中溶跋。

〔過錄〕寶祐會天歷，予訪之五十年不可得，今春聞吳門吳君錦峰有此書，亟往假讀，而錦峰又令賢子錄其副見貽，眞衰年快事也。朱錫鬯跋引農家諺，以元日立春爲百年罕遇事。予考元世祖至元卅一年甲午歲正月一日立春，見於周密癸辛雜識、陶九成輟耕錄兩書，距宋理宗寶祐四年丙辰僅三十有八年耳。夫元日立春，猶之天正朔旦冬至也，以古法十九年一章之率推之，本非希覯之事，田家不諳推步，故有此諺，未可信爲實然也。分卦直日，以坎離震兌各六爻直二十四氣，及立日一候，皆出唐大衍術，而宋因之。元授時以後，不立求卦氣、七十二候諸術，今疇人子弟遂不知六日七分爲何語矣。其書元鳥爲鳦鳥，姤爲遇、恒爲常，皆避宋諱，若八月三日下注有大夫登三字，當是禾乃登之譌。嘉慶八年，歲在昭陽大淵獻，皋月甲午朔，竹汀居士錢大昕書於紫陽書院之春風亭。

〔過錄〕宋術凡十八改，其奉元、占天、淳祐、會天四術，史志並闕其法，余撰司天通志，曾爲補修，各得一卷。其會天術據宋史所稱玉術升分三百六十五日二十四分二十九秒，元史授時術議所載會天術積年一千一百三十五萬六千一百五十七、日法九千七百四十，以日法斗分推其歲實，以何承天彊弱率推其朔實，又以秦九韶治術演紀大衍求一法覆考之，得會天歲實三百五十五萬七千四百六十六、朔實二十八萬七千六百二十八，於是氣朔發斂始可步算。歲壬戌，與甘泉江鄭堂上舍同寓阮雲臺中丞武林節院，談及曝書亭集所云寶祐會天書見在吾郡吳君錦峰家，越明年，介家子仙孝廉向錦峰借觀，錦峰令哲嗣伊人上舍鈔一本見貽，即先師錢詹事所跋者也。以余補修會天術，推是年二十四氣、六十四卦、七十二候及滅没等日辰時刻，與是書彼此勘驗，莫不符合，然後知余所補之不謬，而是

書之可寶也。竹垞言會天初名顯天，及學士尤焴作序事，並見玉海，可補宋史之
漏略。惟玉海又稱，序曰積年止用一千一百餘萬，日法止用五百五十八，此積年
與元史同，日法與元史異。案日法五百五十八，於彊弱率爲十彊四弱，推其朔餘
得二百九十六，以萬萬平之，得五千三百四十萬六千五百九十四，朔餘太弱，不可
以爲日法，當是玉海誤也。至以元日立春爲百年難遇，出於流俗，本非確論，吾
鄉亦有夏至稀逢端午日、百年難遇歲朝春之語，今年五月五日適得夏至，然前此
十九年，乾隆六十年乙卯亦端午夏至，後此十九年，嘉慶三十八年癸巳亦端午夏
至，即以元日立春言之，康熙二十四年乙丑、三十五年丙子、五十四年乙未、雍
正十二年甲寅、乾隆三年戊午、十八年癸酉、三十七年壬辰、嘉慶十五年庚午，
皆正月一日立春，自康熙乙丑至今一百三十年，而元日立春者八，則非難遇可
知，竹垞不明推步，故誤信田家諺耳。吾友徐秋厓孝廉過訪，出此冊見示，云其
友人王雨樓文學博雅好古，喜收祕笈，頃假蔡鐵耕明經藏本倩人影鈔，以余素嗜
天文算學，且亦有是書，屬爲跋尾，因書所見於朱檢討、錢詹事之後而歸之。嘉
慶十有九年，歲在甲戌，秋七月十日處暑中，日在七星，元和李銳書於觀妙居。

〔過錄〕王雨樓以宋寶祐會天書見示，命跋數語於後。時余方校算宋秦九韶
數書九章，其古術會積設問云云，淳祐丙午十一月丙辰朔，初五日庚申冬至，初
九日甲子。余以開禧術推之，是年十一月壬辰朔，二十四日乙卯冬至，與秦書不
合。再推淳祐丁巳天正冬至，置歲積七百八十四萬八千二百三十二，滿氣蔀率一
千六百二十五去之，餘一千一百零八，爲入蔀歲，以歲餘八萬八千六百八乘之，
得九千八百一十七萬七千二百六十四，滿紀率一百一萬四千去之，不滿八十三萬
三千六百六十四，爲氣骨，如日法一萬六千九百，而一得四十九爲大餘，不盡五
千五百六十四爲小餘，其大餘數起甲子算外癸丑即冬至日辰，與會天書合。又推
于木天正經朔置前歲積，以歲率六百一十七萬二千六百八乘之，得四十八萬四千
四百四十億六千五百八十萬一千六百六十四爲氣積，滿朔率四十九萬九千六十七
去之，不滿四十二萬三千一百一十爲閏骨，以閏骨減氣積，餘四十八萬四千四百
四十億六千五百三十七萬八千五百五十四爲朔積，滿紀法一百一萬四千去之，不
滿四十一萬五千五百五十四，如日法一萬六千九百，而一得二十四爲大餘，不盡四千
九百五十四爲小餘，其大餘數起甲子算外戊子即天正經朔日辰，亦與會天書合。
則知會天術者，廼本開禧術而稍增損焉者也，并愈知秦書設問之任意，而余校正

之不謬也,則此書洵可寶矣!因錄一副本,而以原書歸於雨樓。嘉慶二十年,歲在乙亥,六月二十三日,沈欽裝書於松風閣。

〔過錄〕右宋寶祐會天書,舊有竹垞翁跋語,錢詹事辛楣、李明經四香、沈孝廉犀漚又次第論之詳矣。觀其分注月日吉凶、宜忌,合採納音、建除、斗宿三家,以及諸神所臨之方、九宮所易之位,大略與今憲書相同。惟會天有閱武、行師、臨政、施惠等文,蓋統之於天子,而今則專頒諸臣民也。京房卦氣,郎顗父子得其學最精,乾象全用此法,大衍推六日七分,取四正卦以定二十四氣、七十二候,宋時蓋猶仍之,五百年來卦氣久置不用,而今憲書尚總列六候於每月之前,此特李氏月令之僅存者爾。定朔之說,始於劉焯,李淳風始用之。經朔有兩大無兩小,三大兩小皆定朔也,既用定朔,則當用定氣,既用定冬至起算,則餘二十三氣不當更用恒氣,乃一行之議曰,凡推月日軌漏交食依定氣,注數依恒氣,郭氏明知其失而終不以定氣注數者,其意為日行冬夏有盈縮,恐有礙於閏法,不得以此輕議授時也。會天書是年四、五月皆小,九、十、十一月皆大,是其用定朔也。晝夜分,一在春分前五日,一在秋分前一日,長至短至皆在夏至、冬至前十七日,是不但二十三氣,并冬至亦不依定氣矣。歲陰,歲後二辰也,太初元年歲名為逢攝提格,蓋史公以太陰紀歲,而班氏言太歲在子,寶祐四年太歲在丙辰,則太陰當在午,而今云在寅,此不可解。余於輿地沿革形勢頗有貫通,而推步之學求之終不可得,蓋未明於算數,茲老矣,有愧於李、沈二君也。王子雨樓,好古之士,意在博徵所見,故從其請,綴余之所知者而歸之。嘉慶二十五年涂月癸未朔,蔡復午佇蘭甫跋。

〔過錄〕竊惟推步日躔,其要有三:一曰測歲實以定平行,二曰測高卑盈縮以推定氣,三曰測出入南北以推晝夜永短、矇景、刻分,及昏旦、五更時刻。今有宋譚玉會天術,史闕有聞,未獲覩其全。全椒金崡谷孝廉精于推步,能用今法推春秋二百四十二年之朔閏,以及其三日食既者,箸有成書,余畏友也,亦益友也。一日,以其所藏宋理宗寶祐四年民用會天書一本見示。夫頒發民用之書,則是駕鴦繡出,未可得其金鍼也,況有國初及嘉慶以來諸名人賞識焉,先為之跋,余自顧淺陋,何敢更贅一詞,雖然,崡谷雅意,不可負也。披而讀之,略見其平氣定朔、七十二候、六十卦氣及滅沒等事,蓋悉仍其本朝之舊。惟其晝六十刻、

夜四十刻，在夏至前十六日，晝四十刻、夜六十刻，在冬至前十六日，則不可解。夫日北至，則晝極永、夜極短，日北至，故夏至，日南至則晝極短、夜極永，日南至，故冬至，萬古皆然，何獨至有宋理宗時而極永極短各在二至前十六日乎？觀佇蘭跋語，似謂寶祐四年丁酉日定冬至，癸丑日平冬至，則甚非也。自春秋以來至自今以後二千餘年，上下五千年間，平冬至恒與定冬至同日，當宋理宗時，平冬至、定冬至之差不及半刻，尤必同日可知，即不同日，亦萬古無差至十六日之遠也。且二十四氣所以有平定之分者，以有均數加減，爲之進退，故平行當日南至之時爲平冬至，實行當日南至之時爲定冬至，非謂太陽過最卑之日爲定冬至也。凡日南至之日，晝必極短，夜必極長，若之何可不與冬至同日，佇蘭可因此而遽定爲平冬至乎？其晝夜分，一在春分前五日，一在秋分前一日，亦不可解。蓋有明一代，亦用平氣定朔，余嘗見嘉靖年開〔間〕大統書一本，通本不注晝夜刻分，獨於春分後二日，秋分前二日，各注晝夜平三字則是矣。晝夜分必在平春分後，無在前者，最大盈縮差止二度有奇，故止差二日，必無五日之多也。又佇蘭知歲陰在歲后二辰，而引史班言太初元年爲證，謂丙辰年當在午，不解其在寅，則請爲佇蘭解之。以右旋言，辰前午後，以左旋言，辰前寅後，歲陰者，后妃星也，凡恒星於初昏始見時，皆逐日自東漸差而西，一歲一周，則左旋也，左旋則辰年在寅無誤矣。史公天官書於仰觀府視、左旋右旋，全未辨別明晰，語多與天適相反，班氏以下惟知順之，自唐李淳風、僧一行始稍稍辨正，故史班所言多與唐宋元明迥乎不同，不可引以爲證。天象昭彰，有目共覩，累朝或有微差，必無大改，紛紜衆說，當惟其是者是從，甚不必薄今愛古也。峴谷博通今古，必有超越前人之卓識，拙既承雅愛，謹就意見所及，舉此二端，知多未當，還祈峴谷正之。道光壬寅重九日，烏程陳杰靜菴氏書於巳日乃孚之齋。

〔過錄〕湖州雨樓廣文，余丙子同年王海濤之弟也，收藏古書甚富，道光壬寅，余客歸安時相過訪，出鈔本宋寶祐四年丙辰會天祿見示，常州汪叔明茂才並手鈔副本見贈，後有竹垞、竹汀、四香、狎漚、佇蘭諸君子跋。朱、錢於推步無所發明，惟四香謂譚玉會天術，史志並闕，補訂其斗分日注歲實朔策，可謂用以之勤。沈謂會天術本開禧術稍爲增損，蔡謂用定朔定氣，語多含糊，未能實指其語。時烏程陳靜菴助教深於推步，余出副本示之，靜菴乃指其晝夜長短在二至前後十六日之謬。余歸並携以示廣陵羅茗香、吾邑江雲樵兩君，時茗香遠游，未之

見，雲樵詔靜菴所跋，盡發其覆矣。癸卯余游錢塘，將以原本反雨樓，後取而讀之，竊思宋人善言理學，測驗多疏，橫渠天與日月五星俱左旋之說，後人震其名而不敢非之，曆法十八變，終不能合天，況寶祐微弱之秋，譚玉、李德林爭訟牴牾之德乎？然晝夜永短，極於二至，無人不知，何至差至三候以外？自寶祐後，推步之術，日精一日，因取元授時、明大統、本朝時憲各法，參互考之。寶祐丙辰距授時至元辛巳元積二十五年，距大統洪武甲子元積一百二十八年，距時憲前法康熙甲子元積四百二十八年，距時憲後法雍正癸卯元積四百六十七年，以各法推寶祐丙辰夏至，皆得庚戌未時，冬至，皆得癸丑卯時。是本夏至庚戌闕爛無時刻，冬至在癸丑卯正初刻，蓋授時之憲，皆據燕京爲里差之元，得卯初三刻，宋都臨安，加今杭州府偏東，加分一十四分四十六秒，即卯正初刻矣。蓋會天術日法九千七百四十，歲實三百五十五萬七千四百六十六，以日法除歲實，得大餘三百六十五日、小餘九千七百四十分之二千三百六十六，以萬分通之，小餘二千四百二十九分，比授時、大統多四分，比時憲前法多八分，後法多六分，根□所差無多，故能吻合。至於日行黃道，春秋分在黃赤交道，故晝夜平分，冬至在赤道南大距，故晝極短，夏至在赤道北大距，故晝極長，其漸短漸長，皆有等差，故夏至前後，芒種同於小暑，冬至前後，小寒同於大雪。今是本所注晝極長六十刻，前距五十九刻十五日，後距五十九刻三十四日，所注晝極短四十刻，前距四十一刻十四日，後距四十一刻三十四日，太陽有此前後示齊之行度乎？不僅極長極短不在二至本日之謬也。細考之，晝極長刻在十一頁之陰末行，而夏至在十二頁之陰末行，晝極短在二十三頁之陽第四行，而冬至在二十四頁之陽第四行，此蓋鈔胥之誤，未必當日頒行之盡如是也。自雕板盛行，古書益無善本，今廿二史之厤志，南北監所刻，無人能校，因陋就簡，動成笑端，難購之書，互借傳鈔，尤多譌誤，有藏書之癖者，往往以古書爲可貴，而眞贋不分，甚或專爲古人護短，此皆成見之未化也。昔賢以校誤當爲一適，謂思之不得，不必讀書，雨樓廣文藏書而又能讀書者也，敢以億度之言就正焉。全椒愚弟金望欣拜識於錢塘官舍。

大宋寶祐四年丙辰歲會天萬年具注曆一卷一冊　宋荊執禮等編　影宋鈔本　清光緒十七年方功惠手書題記　（06281）

　　莫友芝宋元舊本書經眼錄，據宋本過錄。寶山蔣敦復所藏，卷首行題云，大
宋寶祐四年丙辰歲會天萬〔此下缺年字〕具注曆，其歲德、刑等及九宮，及月九
宮、德、刑等、日吉凶星、宜忌、建除、納音、直宿、七十二候、日出入晝夜時
刻，所注與今時憲同。又每日必書人神所在于細注下，惟按節載卦氣，如立春坎
六四、雨水坎九五，及二月大夫隨、卿晉、公解之類，爲今所無。末載算造官五
人，結銜云寶章正統〔充〕同知算造兼主管文德殿鐘鼓院荆執禮、靈臺郎充同知
算造揚旂、靈臺郎兼主管測驗渾儀刻漏所相師堯、撫授保章正充同知算造譚玉、
靈臺郎判太史局批點曆書鄧宗文。後有朱彝尊、錢大昕（嘉慶八年臯日）、李
銳（十九年七月）、沈欽裴（二十年六月）、蔡復午（二十五年涂月）、陳杰、
金望欣（並道光二十二年九月）七人跋，敦復收此書，又自爲跋（同治四年四
月）。蔡蘭甫云，京房卦氣，郎顗父子得其學最精，乾象全用此法，大衍推六日
七分，取四正卦以定二十四氣、七十二候，宋時蓋猶仍之，五百年來，卦氣久置
不用，而今憲書尚總列六候于每月之前，此特李氏月令之僅存者爾。定朔之說始
于劉焯，李淳風始用之，經朔兩大無兩小，三大兩小皆定朔也，會天書四、五月
皆小，九、十、十一月皆大，是用定朔也。晝夜分，一在春分前五日，一在秋分
前一日，長短至皆在夏至、冬至前十七日，是不但二十三氣，並冬至亦不依定氣
矣。陳靜菴云，其平氣定朔、七十二候、六十卦氣，及滅沒等事，蓋悉仍其本朝
之舊，唯其晝六十刻、夜四十刻，在夏至前十六日，晝六十刻、夜四十刻〔宜作
晝四十刻、夜六十刻〕，在冬至前十七日，則不可解。金嵎谷云，此所注晝極長
六十刻，前距五十九刻十五日，後距五十九刻三十四日，極短四十刻，前距四十
一刻十四日，後距四十一刻三十四日，大陽有此前後不齊行度乎？蓋鈔胥之誤。
蔣劍人云，李四香謂朱跋歲在丙辰元日立春，百年罕遇，蓋竹垞不明推步，誤信
田家諺耳。余按史家言顓頊高陽氏作曆，以丙辰孟春正月朔旦立春，五星會於天
曆，營室立元，此宋寶祐四年會天曆亦歲在丙辰正月朔旦立春，曆名會天，正取
此也。　　此烏程蔣氏儷籝樓舊藏本也。書雖展轉傳鈔，其源仍出於宋本，四庫未
經著錄，所有朱、錢、李、沈、蔡、陳、金七跋，暨挈經室外集提要，均經蔣氏
照錄，首有蔣氏秘笈、子垕、載之各印。據烏程汪曰楨所撰縣志，蔣名維基，字
子垕，號載之，與弟維培共聚書數萬卷，悉舊刻精抄云云。兵燹後，其書散失，
余因滬上書買醉六堂代爲搜得，及見蔣光煦東湖叢記所載錢竹汀、瞿木夫兩跋，
均與此合，因補錄于後，并錄莫子偲宋元舊本書經眼錄跋語于卷端，俾展卷即知

此書與各家藏本，雖異流而同源也。時光緒十有七年，歲在辛卯，長至後一日，巴陵方功惠識於碧琳琅館，時年六十有三。

───────────────

大明嘉靖二十七年歲次戊申大統曆一卷一冊　明欽天監編　明欽天監刊本　近人張珩手書題記　（06305）

壬午秋，文祿堂携來，用價聯銀券一百整，視余昔時所收已逾十倍矣！

───────────────

大明嘉靖三十三年歲次甲寅大統曆一卷一冊　明欽天監編　明欽天監刊本　近人屈萬里手書題記　（06310）

歷代曆書，今可見者，在唐則有燉煌之殘葉，在宋則有轉抄之節本。有明之大統曆，著錄家雖有洪武之說，然近人似未有見者，其存亡不可知矣。此冊余於民國十八、九年許得之於北平，以舊黃綾爲皮，書賈之所爲也，初擬裝爲卷子，繼思何必改作。喪亂一紀（自九一八論），播遷萬里，南達滇池，西至戎州，未之失也，逝將去我以爲米薪之資，誠不能無所感耳。案自元代採用回回法，明人繼之，無所更易，至乎嘉靖，恐分杪與天象已有失差處，至崇禎改用新法而後止也。此書之年正在回回法既弊之後，西洋法未用之前，其可觀覽或在此與？又吾曾見勵耘書屋所藏南明唐王監國元年大統曆，云得之日本，豈朱舜水輩所携往耶？今但祝其安在燕山也。民國三十一年十二月十六日，栗里僑翁。

───────────────

大明萬曆九年歲次辛巳大統曆一卷一冊　明欽天監編　明欽天監刊本　近人張珩手書題記　（06314）

癸未年四月得之文祿堂，用價聯銀券六十，合中儲券三百七。年前收一冊，與此刻本略異。

大明萬歷二十年歲次壬辰大統曆一卷一冊　明欽天監編　明欽天監刊本　近人周
星詒、胡嗣瑗等觀款　曹元忠、葉德輝、莫棠各手書題跋　（06321）

　　光緒辛丑夏初，祥符周星詒假觀，時客吳門。

　　大統厤酒明初監臣元統所定，即郭邢臺授時術也，故轉神注與授時厤同，可
據元文類楊桓授時厤轉神注式序得之。末葉列監臣姓名，唯周子愚見明史厤志。
辛丑孟夏，吳曹元忠假讀並記。

　　大明萬歷二十年歲次壬辰大統歷跋。此明萬歷壬辰大統歷，其格式悉與今大
清時憲書同，稍異者，每月交中氣後數日，而日躔某星之次，多或十一日，少或
六日，其每月上旬只稱一日、二日，無初字，建除十二辰在二十八宿之上，書上
下弦望而不書合朔，亦不注時刻，節氣則有時刻而無分，又月內有盈虛字標于書
眉闌線內。錢竹汀日記所見萬歷八年大統歷殘本與此同，蓋沿用元郭守敬授時歷
也。由元歷上推至宋歷，大致未有變更。宋史律歷志云，南渡以後繼作歷者凡
八，曰統元、乾道、淳熙、會元、統天、開禧、會天、成天，今此八者，惟會天
歷尚傳。余藏影宋本大宋寶祐四年丙辰歲會天萬年具注歷，其格式亦與大明歷及
今時憲書無異同，惟七十二候用漢焦延壽易分卦值日之法，分載各候下，則爲明
以來歷書所無。竊謂一代帝王之興，其改正易服，本大經大法之常，然從俗從
宜，必准諸聖人民可使由之義，故此六七百年來，風俗習尚未嘗欲有所改移，違
民志也，至本歷節氣有時刻無分，又無省分遲速之別，則以推算古疏今密，舊法
實不能測準，故不敢詳晰注明。若十二月正月置閏亦與今歷不同，蓋冬至後日長
至至二月春分，此九十日中，歲氣平均積三年所餘，其盈出之零分，不值此二月
之數，故此二月有小建而無餘算。錢唐繆之晉時憲書注論之甚詳。本歷後列六十
甲子，嘉靖十五年閏十二月，又二十四年閏正月，萬歷二年又閏十二月，可見明
時歷法差謬，宜其自成化以來日食失算者屢也。又後附百忌日，有丁不剃頭一
語，今時憲書及會天歷、宋無撰人三歷撮要引並同，閱者向疑成人剃頭出於國
制，不知其爲小兒剃頭之謂。剃字本作鬎，說文解字髟部，鬎，鬎髮也，從髟，

弟聲，大人曰髡，小人曰鬃，盡及身毛曰髵，字亦又借作薙、作夷。周禮秋官大司寇薙人鄭注，薙書或作夷，玄謂讀如鬃，小兒頭之鬃或作夷，此皆剪草也。古者男女未成童以前皆鬃髮，禮記內則生子三月擇日翦髮爲鬌，男角女羈，否則男左女右，鄭注，鬌，所遺髮也，夾囟曰角，午達曰羈也。孔疏云夾囟曰角者，夾囟兩旁當角之處，留髮不翦；云午達曰羈也者，按儀禮云，度尺而午，注云一從一橫曰午，今女翦髮留其頂上，縱橫各一相交通達，故云午達，不如兩角相對，但縱橫各一在頂上，故曰羈，羈者隻也。此足明古時小兒鬃髮之義。宋陳振孫直齋書錄解題，百忌歷二卷，唐呂才撰，是其書在宋必盛行，故會天歷、三歷撮要皆引之，古人選日剃頭，正與內則擇日翦髮相合，則其俗尚亦甚古矣。榦枝二十二字所忌皆有取證，因此向爲人所不解，故論及之。是書爲獨山莫楚生觀察舊藏，借讀一過，爲識其後。時己未六月既望，南陽葉德輝記。

明萬厤二十年大統歷，光緒庚寅得諸蘇州世經堂侯念椿，據道光庚子以後荷屋題名，距今將百年，流轉未出閭胥也。己未六月，傅沅叔提學、葉奐冰吏部、曹君直侍讀、李擢丞太守小集荒齋，出而傳觀。君直二十年前嘗從余假覽題記，越五日，奐冰爲書後，因重改訂。壬子秋，余上夷陵舟中，遇荊州田伏侯，出視大明監國魯五年庚寅大統歷，亦完全無闕，更存原書面，列私造罪名一條，田君裝爲卷子，言得于日本，蓋明末遺老東踦之所餘也。附識於此。己未七月二十辛巳，獨山莫棠銅井文房書。

大清宣統己未閏七月白露節後一日，開州胡嗣瑗借觀，時客海上。

大明天啟五年歲次乙丑大統曆一卷一冊　明欽天監編　明欽天監刊本　近人張珩題記　（06332）

明曆多出陝西等省佛腹中，以嘉靖爲最多，萬曆及崇禎則次之，此冊天啟則尤屬罕見者。歲乙亥十二月得之陝客賈子欽，以記。

大明崇禎五年歲次壬申大統曆一卷一冊　明欽天監編　明欽天監刊本　清韓應陛
手書題記　（06334）

咸豐元年辛亥五月七日，揚州人鄧春圃處得此，以洪武寶鈔一紙易之，旋撿
得其書與時憲書不同者數條，錄於左。應陛。

一、逐日上方不標忌辰等朱字。一、每日以百刻計，如云晝若干刻、夜若干
刻。一、第一頁第一行大字後即列正月云云，不寫都城□府節氣時刻（逐月下二
十四節不列分數）。一、年神方位圖後不列各省節氣。一、逐月但列上下弦及
望，不列合朔字，晦日上獨偶有盈虛字。一、月中所列晝夜刻及日出入刻，但列
刻，不及分。一、日出入稱出則不稱入，稱入則不稱出。

———————

大清乾隆三十四年歲次己丑時憲書一卷一冊　清欽天監編　清欽天監刊本　近人
張珩手書題記　（06354）

余得王徵君口授銘舊拓本，以此書爲襯頁，因揭出重裝之，中缺二頁，頁間
以填帖爲墨所污。至帙首題字三行，乃松窗先生早年書也。壬申六月既望，裝畢
題。

余始收舊曆，以得此本故，近三年來所得明清多朝官曆不下數十冊，其中又
有康熙、雍正、嘉慶三朝宮曆各一冊，尤爲罕秘。丙子元月曝書見此，遂記冊
末。希逸。

此本乃乾隆四十三十四年之時憲書。所見王徵君口授銘爲最舊之本，字體朴
拙。

———————

九章算經存五卷一冊　魏劉徽注　唐李淳風等釋　清乾隆間歙縣鮑氏知不足齋鈔
本　清丁傳手跋　（06384）

丁酉六月十有七日，以汲古閣影宋本勘校一次。此本九行十八字，一如影宋
本，第狹半寸、低半寸耳。希曾記于貞復堂。

丁酉六月十有八日勘竟此本。希曾記。

――――――

孫子算經三卷一冊　唐李淳風等注　清乾隆間歙縣鮑氏知不足齋鈔本　清丁傳手跋　（06385）

　　此經布籌之法，與大射禮立馬相類，所用布籌之具乃是籌也，又爲筭子，程子所謂與一握筭子是也。其上下乘□□又與歐邏巴人筆筭同也。丁酉六月二十一日，希曾記于貞復堂，爲勘定若干字。

――――――

五曹算經五卷一冊　唐李淳風等注　清乾隆間歙縣鮑氏知不足齋鈔本　清丁傳手跋　（06386）

　　予二十歲時，有以宋雕此書來售者，許以十二金而不賣，因爲手摸一本。雕本即毛氏物。丁酉六月二十，以毛氏影宋本爲校此冊，深幸與是書獲奇緣也。希曾記于貞復堂。

　　此書余得毛氏所藏宋雕本，曾手摸一部，印本是廣東綿紙，簾紋甚舊，其中僅遺失一、二字而已。今影宋本于後三張不唯缺失下截，並有落去張數者，想影宋之本尚非毛氏舊物，當由原抄本爛脫，而又不得宋雕本爲補寫，是傳抄輾轉之本耳。前後毛氏朱印亦是粥書人刻造求售所爲，不足信是魯鼎也。丁酉六月觀音大士降誕之次日，魯齋丁傳記于貞復堂。

――――――

張丘建算經三卷一冊　□張丘建撰　舊抄本　清丁傳手跋　（06388）

　　此三卷中，影宋本原多缺數，如中卷祇得二十一張，後補空格一紙，究無從審其完數也。丁酉六月祀竈日，希曾手校一過，記于貞復堂。

――――――

度測二卷二冊　明陳藎謨撰　舊鈔本　近人張珩手書題記　（06397）

　　明嘉興陳藎謨獻可撰，附器測七法，李璧琇瑩補。甲申十月記。

———————

數度衍十九卷附比例測量儀器法一卷六冊　清方中通撰　清乾隆間林蕃鍾手寫本
清道光二十六年平施子手書題記　（06400）

　　數度衍十九卷，又比例測量儀器法一卷，俱林蕃鍾所書。蕃鍾，號蠡槎，乾
隆時舉人，善書法，後世如毛意香、聞過庭，並以書法名，皆其徒也。數度衍，
蠡槎先生所書本，楷法端正，尤爲不可多得之書。相傳林氏係藏書舊家，蠡槎先
生手錄時，此書尚無□本云。時道光二十六年秋七月，平施子識。

術　數　類

太玄經十卷附說玄一卷釋文一卷六冊　漢揚雄撰　晉范望注　明嘉靖萬玉堂覆刊
宋兩浙茶鹽司本　近人李詳手書題記　又羅振玉觀款　（06405）

　　太玄范注宋本不可見，以元萬玉堂翻宋本爲最，但萬玉堂有明兩翻本，一嘉
靖甲申郝梁重刊本、一天崇間黃氏翻刻本。郝本前有明郝梁子高校刊一行，末有
嘉靖甲申江都郝梁跋，云得有宋善本於建業黃氏云云。黃本一依原式，較郝本少
脫誤，唯無王涯說玄及音義。余藏此本，出自怡府，有明善堂覽書畫印記一印，
書題標安樂堂書。裝用潢紙。每半面八行，行十七字，字大如錢，筆畫端正，玄
貞等字缺筆，後有右迪功郎充兩浙東路提舉茶鹽公事幹辦公事張寔校勘，悉與訪
古經籍志合。自明郝梁外，如吳槎客、盧抱經、莫邵亭，皆以此爲宋本。槎客本
原缺前三卷，抱經掌教晉陽書院，借得全本，爲之鈔補，槎客推爲好古懷友，非
近人所有，其矜重如此。邵亭既定此爲宋本，又據宋本佩觿末頁中縫有周潮繕寫
四字，此本末頁亦有海虞周潮書五字，益證爲宋刻。余此本末頁有海虞周潮書五
字，與莫氏所見及鐵琴銅劍樓合，然瞿氏指爲明本，不及莫氏所見之審。余據提
要言元萬玉堂，定爲元翻宋本，在元本中可推上駟，又經怡府舊藏，點賈得之，
必飾爲宋刻祖本無疑，況昔藏此本，有徐健庵（經籍訪古志）、趙氏世德堂，及

長川吳氏、吳槎客氏（拜經樓藏書題跋）、梅氏復齋（邵亭知見書目）、怡府、
瞿氏諸家，而余復得此，寶之直與宋本無異，蓋實有其可愛者在，非徒自多已
也。甲寅三月朔，揚州興化李詳審言跋於上海劉氏寓廬，時三兒武祐侍。

　　書題標曰元朝本十卷，當爲怡邸審定舊題，與提要合。曹君直言太玄有宋萬
玉堂本，殆不然也。羅叔蘊近撰書目，欲將刻書諸家牌子載入，附記諸書於下，
此例一開，可便考定。四月二日，審言又記。

　　宣統甲寅三月，上虞羅振玉謹觀。

————————

太玄經十卷附說玄一卷釋文一卷八冊　漢揚雄撰　晉范望注　明嘉靖萬玉堂覆刊
宋兩浙茶鹽司本　清康熙間何焯批校並跋　（06407）

　　康熙□□□錢求赤所傳，馮嗣宗校，嘉靖甲申江都郝梁子高刊本，因取此本
對校，則郝□□□□□有宋善本，其中脫誤甚多，當是麻沙坊刻。此萬玉堂本誤
處最少，在前朝□□當爲第一，見則必當收之爲副本也。四月晦日燈下，焯記。

————————

太玄集註十卷三冊　漢揚雄撰　宋司馬光集註　舊鈔本　過錄明邢參、徐禎卿、
張丑各人題記或觀款　（06414）

　　〔過錄〕弘治乙卯臘月，蔚溪邢參觀于皋橋唐伯虎家。

　　〔過錄〕此本舊藏唐子畏家，後以贈錢君同愛，更無副本，唯賴此傳誦耳，
錢君幸珍藏之。丁巳冬，徐禎卿識。

　　〔過錄〕崇禎丙子，張丑敬觀。

————————

太玄本旨九卷四冊　明葉子奇撰　東海藏書樓傳鈔四庫全書本　近人章鈺手校並跋　（06418）

　　此本多有訛脫，而取文瀾閣本對校，乃知訛誤半出原書，當時抄寫之草率敷衍可見也。校畢，再以己意重加改正，大致可讀矣，因誌數語以諗後之讀者。

────────────

乾坤變異錄不分卷一冊　唐李淳風撰　舊鈔本　清黃丕烈手書題記　（06459）

　　此乾坤變異錄一冊，余因爲惠氏藏書收之，取核讀書敏求記所載者多不同。記云，乾坤變異錄四卷，李淳風搜覽古今變異事，勒成三十六篇，釐爲四卷，序而傳之。茲通爲一冊，不分卷，一異也；勒成三十六篇，此天部占至雲氣入列宿及中上外宮部占，無三十六篇之數，二異也；記云序而傳之，此卻無序，三異也。蓄疑久矣。頃又從坊間獲一舊抄本，卷仍不分，而三十六篇及序，卷首班班可考，似較惠本爲勝，然篇數尚有缺，且每篇文理彼此不同，未能據以改正，兩存之可耳。彼所失篇，此卻有之，不知本子所出之原，未可鈔補，繼自今當以後得本爲甲此爲乙也。辛未四月晦日，復翁記。

────────────

開元占經一百二十卷十六冊　唐瞿曇悉達撰　藍格舊鈔本　過錄明明哲氏跋　又無名氏手書題記　（06461）

　　〔過錄〕緯書之學，盛於西漢，自光武嚴禁不行，故歷代鴻儒未及盡睹，至唐瞿曇悉達奉勅以成占經一百二十卷，採集緯書七十餘種，可謂無遺珠矣，然歷來禁秘，不第宋元，即我明巨公皆未之見，今南北靈臺亦無藏本。吾弟好讀乾象，又喜佞佛，以佈施裝金而得此書於古佛腹中，可謂雙濟其美矣，但不知藏之何代何人，而今一旦洩露，其關係諒必非輕，吾欲弟列之架上，當如藏古佛腹中時也，後之覽者可不知所重云。時萬歷丁巳孟秋上澣，兄明哲書於流雲館中。

　　是書歷唐迄明約數百年，始獲于挹元道人，亦奇矣哉，而誌其所獲由來者，

道人之兄也。戊子初夏偶遊蕪江，蒙友人不秘而手錄之，殆有夙緣乎！

————————

大唐開元占經一百二十卷十三冊　唐瞿曇悉達撰　清陸香圃三間草堂鈔本　陸香圃手書題記　（06463）

甲戌冬借鈔此本於汪蘇潭處，渠從仁和趙晉齋舊校本錄出也。予鈔未竣，乙亥夏，汪遽歸道山，於茲開卷，不能無墓有宿草之感焉。丙子七夕前一日，薌圃記於行住坐臥處之北窗。

————————

天元玉曆璇璣經諸占正集八卷六冊　明詹斌編　明藍格精鈔彩繪本　無名氏題籤　（06487）

跋天元玉曆璇璣經諸占正集。按：明季人好爲兵家著作，紙本字體多與是書同，又書內如玉曆之曆字、玄黄之玄字，皆不缺筆，使爲清代人所寫，斷不敢直書御名；至唐元宗不書玄宗，則由宋人已諱玄字。卷一雨鹿下載「嘉靖元年夏六月天雨蒼鹿，果享帝位四十六年」（世宗以正德十六年四月即位，合嘉靖四十五年併計），據此詹斌自係萬曆以後人。惟書眉有硃筆校者，則不可據，如批梁武帝無大清年號，按梁武帝凡七改元，一天監、二普通、三大通、四中大通、五大同、六中大同、七太清，侯景正以太清二年八月戊戌反，見梁書武帝紀下，而眉批竟欲改太清爲大同，殊不合，此宜摘出。是書所列，皆有援據，如天雨石開皇七年一條、天雨毛開皇六年一條，皆隋書文帝紀原文，以此推之，知爲不繆，特訛錯較多，須詳校也。

————————

參籌秘書十卷十六冊　明汪三益輯注　明崇禎己卯（十二年）吳郡楊廷樞刊本　清同治十三年方濬師手書題記　（06488）

　　謹案四庫提要云，汪三益字漢謀，貴溪道士。是編采禽遁奇門諸書，裒合成
編，以備兵家之占，成於崇禎己卯，楊廷樞爲之序，是時流氛方熾，廟堂主招
撫，而草澤則競談兵，乃至方外者流亦炫鬻其術，託於異人之傳。夫天時之說見
於孟子，則孤虛旺相亦屬舊文，然周興紂滅，同一干支，我往彼亡，難分宜忌，
軍政不修，而規規以小術求勝負，末矣！此本購自日本番舶。書中捉賊法之縛
茅、爲人救難經之念唦囉咖，近於兒戲，殊爲識者所嗤，姑存以備觀覽耳。同治
甲戌中元節雨牕記。濬師。

天文備考二卷二冊　不著撰人　清乾隆庚戌（五十五年）平伯氏鈔本　清平伯氏
手書題記　（06490）

　　乾隆歲次上章閹茂，於夢溪邊中丞客廨成帙。

九天玄女青囊海角經不分卷四冊　舊題晉郭璞撰　舊抄本　清祝爾宏手跋　（
06497）

　　此書雖未必爲管氏之舊，容有後人羼竄，或僞託名以傳，然其立法詳明，文
字古奧，非唐宋以後人所能摹仿，應爲好古者所珍秘。毅夫識。

新刊名家地理大全錦囊經存一卷一冊　不著撰人　舊題唐張說注　宋蔡成禹附注
元刊本　清光緒十二年李文田手書校記並題識　（06498）

　　錦囊經所引僞張說注，蓋不知古義，蔡吳並刪去，亦以理氣之學視之，實則
並非理氣之學，此固非宋元儒者所識也，數語斷非宋人僞撰。此眞葬書本文，徒
以不得解人，故所存之文不能釋，所譌之字不能改，可惜也。光緒十二年二月假
閱，附識於別紙，質之子培先生。李文田記。

自第八篇以前皆葬書，第九篇以後蔡吳刪之是也。自第七篇以前，與他本異者皆極佳，無惑世人以古刻爲貴耳。

重校正地理新書十五卷六冊　宋王洙等撰　金畢履道校補　張謙附補　金明昌壬子（三年）刊本　清光緒二十五年翁同龢手跋　（06509）

是書栞於金明昌壬子，張謙所補完，蓋因宋景祐、皇祐兩次勅修之本，及大定時畢履道圖解，而復合官書俗用參訂而成者也。金栞書籍最稱難得，此書四庫未經著錄，藏書家亦罕覯，雖其論次不免前後牴牾、巫史雜用，然猶見唐宋相承舊說，較近世鑿空妄談者爲有根槧。道光丁未，先文端公得此於邑陳氏稽瑞樓，先五兄玉甫服膺研究，遂通其學，鴿峰先兆之卜，兄所定也，今兄之曾孫之繕敬守弗替，洵足爲吾家傳世祕笈矣。粵東丁雨生中丞亦藏一本，與此正同，恐海內遂無弟三本，彼本乃士禮居舊物也。光緒二十五年歲次己亥冬至前一日，松禪翁同龢記。

三元通天照水經四卷四冊　明韓應庚撰　明弘治間藍格鈔本　明弘治十五年孫磐手跋　（06522）

是書既成，敬讀一過，實所欽佩，謹獻俚語，繕寫書後。先生累代書香，門第清高，核其家學，已入風鑒者三世於茲矣，迨入詞林初，人以是謂得於陰陽二宅之力，有足多焉。先生年近四旬，在詞館中每遇名公巨卿、賢士大夫問之，要無非陰隲所感，亦實由鍾靈毓秀之氣所使然也。先生於此而益信陰陽二宅之說爲不虛矣。本年藉省墓歸里，隱居山林，結茅爲屋，日與二三執友研究地理諸書，間聞某處有興盛之大墳塋，某地有衰敗之凶宅院，遠在數百年，近在三五載，縱至跋山涉水，必親履其境，務得其眞確之理而後已。此書著於天順三年，歷經四拾餘年，至弘治十五年而始成，凡吉凶、禍福、興衰、成敗，無非經驗有素、參考確當，業計數千百言。雖目覩，究未得之於心者，斷不敢筆之於書，以欺天下後世千百世也。此皆先生一手經營，敬謹繕寫，共計七萬八千餘字，並無一字錯

誤遺漏、添註塗抹，計年七十有九，其老而彌篤，非得天獨厚而能若是乎？合計二百四十頁之多，製成四卷，遂付梨棗，盛行於世。其原本永祝存在，倘後見之，得無有觀於天助者有自來云。皇明弘治十五年仲秋之月吉，於古學舍，門下士孫磐。

地理秘傳捷訣四卷四冊　　□楊曾撰　鈔本　游倅子手書題記　（06535）

地理秘傳。此庚申八月十八日，爲華枚生老世兄在偏門外趙家坂，相其小家眷之住宅，即此見貽，云寶劍贈烈士也。游倅子題。

易林四卷四冊　漢崔篆撰　明末武林何允中刊漢魏叢書本　清咸豐甲寅（四年）徐渭仁朱墨批校並手書題記　（06547）

易林爲占驗之學，一字之錯，吉凶向背。茲本別風淮雨，顯然刊誤之處點改之；或有文字深奧，不能強通，以存蓋闕之義，不敢附宋本爲金玉科律也。

此本幾不可讀，幸士禮居所刻宋本校之，然宋本亦錯訛不可讀，故點改之成善本矣。

重注複見之卦詞，脫失甚多，當細校補之。

大六壬銀河棹不分卷四冊　不著撰人　舊題明劉基注　鈔本　敬甫手跋　（06553）

此書得自京都琉璃廠同文堂書坊，詢〔洵〕壬學中無量妙品也，得之喜甚。敬甫自跋。

六壬決勝兵機不分卷四冊　不著撰人　明刊本　清王允明手書題記　又莊定安手
跋兼過錄陳學海、吳子明、胡銓、楊國楨等題記或觀款　（06555）

　　永豐陳君學海得是書于西域，淆亂不可辨矣。陳君以三傳推諸月，將日時重
加釐正，訂爲四冊，通計二十有二日，占驗若干頁，而是書較然可觀矣。予遊楚
南，何大定菴以此書贈予，且述其本末如此，後之人勿以之爲未完之書而覆諸甕
也，幸甚矣。時雍正十有三年八月二十日，惺齋王允明識。

　　〔過錄〕雍正六年，永豐陳學海閱於陀羅海之關帝祠。

　　〔過錄〕乾隆丁卯，漳州吳子明觀於白下劉巨卿家。

　　〔過錄〕乾隆庚戌秋九月，光山胡銓得於都門萬柳堂。

　　〔過錄〕〔闕文〕跋亭鈺獲觀。

　　〔過錄〕是書爲河南程氏所發，友人携以贈予，舊題名曰年大將軍決勝集。
自慚撫豫無狀，敢不珍云。時道光十二年，歲在辛卯，〔闕文〕楨手識。

　　咸豐十有一年，歲在庚申，清和浴佛日，毘陵莊子咸得是書於蓉城忠武公楊
氏書樓，百餘年來又早是蟲殘蠹朽，因補而葺之，並將前人題記逐一錄存。嗟
乎！皓月當頭，綠窗依舊，緬懷前哲，今昔愴然，爰記數語，亦留以贈後之覽者
珍焉。即月望日，子咸氏誌。

野鶴老人書十五卷附雜說一卷五冊　清李文煇增刪　清康熙三十七年臨川李紱手
鈔本　李紱手跋　（06567）

　　跋。易道大矣，淵矣，自包羲氏畫八卦，洩盡天地造化之機，其義固不止于
占卜，而其旨趣吉避凶，亦寓于是，後賢緣之，以立父子、財官、兄弟，及生旺

衰尅，以卜休咎，使人知趨避之方，沿及于今，驗者十之二三，其不驗者居其八九，揣其故實，不得其傳耳。予素好易學，每見如卜筮全書、海底眼補遺、易冒、易隱諸書，星煞滿紙，且鉤深索僻，竟以四大聖人之書遂同兒戲，絕不在道理著腳，因廢棄不學。丁卯歲，偶得野鶴老人書，明白坦易，堪稱后學津梁，其一應星煞駭人觀想者，概行抹殺，惟以理合數，因數證理，其詞極平，其理實深，較之他書，大相懸絕，因循其論斷，凡事占之，無不其應如響。吁！可謂絕學矣！古云易者易也、變易也、坦易也，野鶴書堪稱此言。予承乏鹽邑，無所事，因手錄一編，以識誠敬。至野鶴書，如天時、功名、壽元、倫常諸大事，亦既周悉無遺，他煩門細事，間有未備者，后人遇此，恐難取用神，當參以易冒、補遺二種足矣，中或有與野鶴稍相悖謬者，變易通之，又在居常玩索，臨時權酌于其間耳。時康熙三十七年戊寅歲六月，臨川李穆堂題于餐霞齋。

六壬軌限照心神鑑經三卷三冊　舊題魏管輅撰　唐呂才重編　舊鈔本　清道光元年松筠手跋　（06578）

　　古者太乙、六壬、奇門、周易、連山、歸藏，不策術學之終德。此本總集共成一本，集為三卷，不用符咒，敢言萬法歸終，未道先知，急去未來，通曉上天下地中人三才神術。道光元年秋九月，臣松筠燈下閒記。

新編四家注解經進珞琭子消息賦六卷三冊　宋王廷光等注　元刊本　清咸豐五年胡珽手跋　（06580）

　　四家注三命消息賦。四庫館所收永樂大典本，金山錢氏刊入守山閣叢書中，非足本也。此本向係常熟張子謙家藏，其叔月霄從之傳錄，愛日精廬藏書志稱為影宋鈔本。先君子收得此本，辨其字畫以及板口，當是元刻，然為希有之祕冊，手澤所存，藏之三十年矣。令工重裝，誌此數語。咸豐五年上元，胡珽識於琳琅祕室。

範圍數六卷二十冊　明趙迎撰　明刊本　近人羅振常手書題記　（06587）

　　此書乃天一閣藏本，新舊兩目皆不著編者姓字。四庫列入存目，作明趙迎撰（迎，鞏縣人，嘉靖丙戌進士，官南京工部主事），謂此書以易數數推人祿命，相傳出于陳搏，元賈顯先有此法，其說甚繁，散見永樂大典，迎殆即約賈書爲此云云，則此亦星命家言之最古者矣。此書祇也是園書目中有之，列之易數類，他家罕見著錄。甲寅仲冬，心井觀並誌。

　　薛氏重編天一閣進呈書目中有此種，亦注趙迎撰，蓋存目即據天一閣本著錄，而進呈目又據存目補著撰人者也。越日又記。

太黟六卷一冊　明棄全道人撰　明崇禎間原刊本　張景初手書題記　（06596）

　　此吾先大人枕中秘也，詞義之簡而該，數理之深而奧，惜吾不能讀，惟手澤存焉爾。壬申秋日，七十三歲中道人謹存。

太乙寶鑑錄五卷二冊　明不著編人　舊鈔本　清翁之潤手書題記　（06626）

　　戊戌夏日，聚學軒主人將歸南京，叵無長物，檢得此本，即以爲別，不直一笑也。愊盦弟翁之潤。

藝　術　類

聖朝名畫評三卷一冊　宋劉道醇撰　明郹陽原刊畫苑本　清同治四年何長治手書題記　（06662）

　　此爲絳雲樓手本，向藏吾郡古倪園沈氏，亂定，於荒攤得之，喜舊本之不多
覯也。同治乙丑十二月朔，橫泖病鴻呵凍書。

————————

米海嶽畫史一卷一冊　宋米芾撰　明仿宋刊本　清顧武保、葉昌熾各手書題
記　（06668）

　　明代藏書家如山陰淡生堂祁氏、鄞縣天一閣范氏、檇李天籟閣項氏、山右松
談閣郭氏、崑山篆〔菉〕竹堂葉氏，國朝則崑山傳是樓徐氏、常熟汲古閣毛氏、
錢氏、泰興季氏。是冊宋槧初印善本，不獨闊簾，天地頭無雙線可按，如購貞徵
殷等字，敬避宋廟諱，其爲宋版無疑。首頁下有葉氏藏書印，蓋即文莊故物，末
有硃字一行，何義門太史手筆也。咸豐五年嘉平月，卂臺誌。
　　蔣棟字子範，蔣杲字子遵，長洲人，皆何太史弟子，載太史詩文集。

　　顧君字河之，澗蘋先生之子也，校讎目錄皆能傳其家學，與雷深之、潘鄰侯
兩公交最契。庚申之劫，客死滬上，遺書星散，此冊歸豐順丁中丞師。光緒丙
申，叔雅世兄至都，出以見示，世所傳津逮、畫苑兩刊，亥豕迷目，不逮此本遠
甚，可不寶諸？昌熾。

————————

廣川畫跋六卷一冊　宋董逌撰　明嘉靖間什邡知縣韓宸刊本　清陸心源手校並
跋　（06676）

　　廣川書畫跋，皆刊于王弇州所輯書畫苑，大興紀文達謂書跋有刊本，此書則
僅輾轉傳抄，一若未見刊本者，不可解也。此本爲楊升菴所刊，又王氏刊本所從
出，惟譌奪甚多，幾不可讀。卷四蒲永昇畫水跋、李營丘山水圖跋、卷五武宗元
天王跋，皆有錄無書；展子虔畫馬跋脫五十餘字，誤連營丘水〔山〕水圖跋末數
句，秋雨圖跋亦誤連天王跋末數句，想當時升菴所見本有缺葉，故致此誤耳。偶
從章紫伯明經假得影抄元抄本，則此本所缺皆完具，因逐一補錄，且改正數十

字。但元人跋語已稱譌字甚夥，不可枚舉，雖互相勘正，疑竇尚不少也。獨怪廣川跋鎖樹諫圖，持論甚正，及靖康之變，助逆忘君，行同犬豕，文人無行至于如此，絕可歎也。歸安陸心源書于茗溪之億卷廬，時同治紀年之九年孟秋初四日。

雪菴字要一卷一冊　元李玄暉撰　明鈔本　清黃丕烈、近人鄧邦述、張元濟各手書題記　（06683）

　　此書之名見于讀書敏求記，頃琴川書賈携來，余以緡錢一千易之，見有毛氏父子圖書，爰檢汲古閣珍藏秘本書目，有云雪菴字要一本，綿紙舊抄本，與此恰合，當即其原書也。相傳書目爲斧季手寫與潘稼堂底本，而近日書籍往往散出，悉可考其源流，茲冊又從琴川得來，則稼堂當日或未盡收矣。書此以誌顚末。己未中元後二日，黃丕烈。

　　張秋塘云，雪菴字玄暉，大同人，少爲頭陀，號雪菴和尚，大德中詔蓄髮，授昭文館大學士，此書結銜亦云昭文館大學士，而仍冠以圓悟慈慧禪師，則先爲頭陀之說，信有徵矣。蕘圃得此費緡一千，今其直何止倍蓰。此書當是嘉靖、隆慶間鈔本，字體與文衡山、王雅宜爲近，又得子晉、蕘夫先後藏弆，紙墨若新，後人其寶視之。宣統辛亥三月，塞外春寒，雪大如掌，正闇寫記。

　　右跋辛亥寫於雞林，印入羣碧樓書目中後書衣雜識中，以其書僅見於敏求記，又毛、黃遞藏，碻爲明鈔插架中墨本之甲觀，誠可寶也。今年七月，張菊生前輩自滬來京見訪，云近收祕笈有此冊，且言毛印、黃跋皆眞，余初疑世有二本，急欲一對勘之，乃窮搜敝篋，竟不可得。翌日詣菊翁所，求見此書，開卷始知即鄙藏，如故人之久別重逢也。明日乃知爲客所携出，展轉去跋，售於廠賈，菊翁適鑒賞而收之耳。菊翁既知爲余物，慨然舉以相贈，合浦珠還，在余固驚喜如在夢寐，而菊翁之不奪人好，盛誼高懷，奚止足砥流俗，求之古人，正不多遇，又豈意於吾身親遇之耶？屢欲仍歸菊翁，堅不肯受。夫物之聚散，本不易言，果能得人而託之，猶勝於他日零落散失，而託非其人者。余日貧困，終恐不能長與廝守，異日必奉諸涵芬樓中，姑書此以爲券，且志感矢之意云爾。戊午七

月望日，邦述再記。

　　前跋從印本寫出，宣統辛亥以下一行，則余室人寫底本曾錄之，故能悉復舊觀。凡事若有前定，世間一切等之，皆可作此觀也。正闇又書。

　　海內知有羣碧樓久矣，余得宋刻披沙集，既歸諸孝翁，於是羣碧樓之外，又得一三李盒。余與孝翁早有翰墨因緣，今夏入都，余得是書，後以還諸故主，孝翁旋以假余印入涵芬樓秘笈中。使是書不爲客所携出，則余不知有是書，何從而假諸孝翁爲之影印？又使廠估不以示余，則將不知流落何所？孝翁固有亡羊之嘆，而是書亦不獲列入涵芬樓秘笈中，藉以行世矣！孝翁云凡事若有前定，其信然歟？涵芬樓獲印是書，已感幸不置，何敢再有他求？今將寄還孝翁，敢祝是書永永爲羣碧樓中之物。海鹽張元濟。

────────────

衍極五卷考釋一卷二冊　元鄭杓撰　劉有定釋　明沈率祖考釋　明萬曆己未（四十七年）籀閣刊本　清黃丕烈手書題記　（06684）

　　此衍極五卷，雖明刻本，然分卷尚是舊第，未經硬分二卷也。余得諸閶門橫街留畊堂書坊，用白金六星，蓋書不甚緊要，而敏求記載之，當亦不恆有之書也。癸亥夏至日，黃丕烈識。

────────────

法書考八卷一冊　元盛熙明撰　清曹楝亭揚州詩局刊本　清何煌、韓應陛各手書題記　（06686）

　　康熙戊戌秋仲，鹽官馬寒中持張伯起手抄本來，破費半日功夫校一過。張本向藏倦圃先生，先生歿後，將舊鈔宋元版書五百冊質于高江邨，竹垞先生倍其值而有之，此冊亦在數中。壬午、癸未間，竹垞寓居慧慶僧房，此冊適在行囊，時毛斧季、王受桓皆鈔得一本，復付鹽使曾公刻出，竹垞既没，此冊又歸寒中，故得可以粗校。惜書不甚良，又錯亂誤謬，張氏亦不能勘正爾。小山仲子記。

　　咸豐五年八月，湖州書友□松持有楝亭十二種不全本，曰法書攷、曰琴史、

曰梅苑、曰禁扁，凡四種。法書攷序前有小山仲子記語一則，蓋據張伯起抄本手校者。〔闕文〕記語一條係渠從子輩據照宋款鈔本校者，後□書亦皆經校勘者，顧皆不著校者之人及所據之本，審其筆迹似與小山仲子記語一條者相似，不知果出一手否也，又不知小山仲子係何姓名也，查得當爲注入。十月八日記。應陞。

　　小山仲子疑係何小山先生，義門先生弟也，名煌。學問雖亞於兄，而校書之勤，伯仲相似。八年十一月廿五日識。

────────

鐵網珊瑚十四卷十四冊　舊題明朱存理編　清乾隆四十二年仁和黃易小蓬萊閣鈔本　黃易手書題記　（06692）

　　朱存理字性甫，別號野舫，長洲人，生於正統九年甲子，卒於正德八年癸酉，年七十。少學制科，謝去，從杜東原遊。自少至老，未嘗一日忘學，聞人有異書，必訪求手自繕錄。居於葑門，在荻扁王氏家教書，嘗與主人晚酌罷，主人入內，適月上，性甫得句云，萬事不如杯在手，一年幾見月當頭，喜極狂發大叫，扣扉呼主人起詠此二句，主人亦大擊節，取酒更酌，興盡而罷，明日遍請吳中善詩者賞之，大爲張具，留連數日，吳人傳其詩話，其韻勝如此。有手書鐵網珊瑚十四卷，爲汲古閣珍藏，相傳高江邨先生擬以十金一卷，未能換得，蓋刻本殊不多見也。江邨先生距今將百年矣，又宜如何珍重耶？此本由戴君處轉輾借抄，歷四甲子而錄畢，爰記大略如左。乾隆丁酉秋七月，錢唐黃易并識。

────────

珊瑚木難目錄一卷一冊　明王廣編　舊鈔本　井西子手書題記　（06698）

　　元默困敦十有二月壬申，井西子得此冊，謹記。
　　先是庚午，澹園二兄得古王劍柄于長安旅次，今余得此，可以並峙東西矣。又志。

────────

鐵網珊瑚二十卷十冊　舊題明都穆撰　舊鈔本　無名氏手書題記．（06700）

　　刻本鐵網珊瑚皆言書畫，而篇首跋書籍者，別分爲南濠文跋，此抄蓋非定本。牧齋藏印似可信也。

────────────

詹氏玄覽編四卷二冊　明詹景鳳撰　舊抄本　清陳霖手書題記　（06712）

　　光緒七年秋仲，新安余蕙孫郵贈。陳霖記。（兩本全）

────────────

書畫題跋記十二卷四冊　明郁逢慶撰　舊鈔本　清翁方綱手校並題記　葉志詵觀款　（06720）

　　乾隆庚子八月十七日，以休陽汪碧巢家舊抄本對校一遍。化度寺碑在第二卷首。第三卷落水蘭亭當攷。

　　嘉慶甲戌冬借觀一過，丙子冬復借錄副本。葉志詵識。

────────────

惲南田畫跋三卷題畫詩一卷二冊　清惲格撰　葉鍾進編　舊鈔本　清光緒四年李鴻裔批校並跋　（06727）

　　此雲壺居士所藏本，光緒戊寅端朔日蘇鄰借閱一過，魚豕迭見，隨筆偶有點勘，亦僅得十之一二。

────────────

無聲詩史七卷三冊　清姜紹書撰　清道光間吳門沈圻手鈔本　清道光十八年石廣沅手校並跋　（06729）

　　右無聲詩史七卷，吳門沈鐵農圻藏有乾隆二十六年何鐵菴氏鈔本，余偶借觀一過，鐵農復手錄此本，未及校正，即出以贈余。時予奉檄淮陰，川塗無事，因并借其所藏何氏本，就蓬窗勘之，何本之脫誤不可□者，與鐵農之已訂正者，皆仍之，餘亦間存臆見，以俟善本之□逢。又嘗謂寫書有誤筆，不可穴紙補書，歲久脫軼，書乃□□□冊亦間有補綴處，今皆仍注一原文於所改字旁，庶無前慮耳。道光戊戌重陽，艤舟射陂識。茗山石廣沅。

繪事發微一卷一冊　清唐岱撰　清康熙間原刊本　無名氏手書題記　（06731）

　　唐靜巖名岱，滿洲人，善繪事，師麓臺司農，與黃尊古相友善，畫筆鬆秀，爲海內所稱。

一角編不分卷二冊　清周二學撰　清道光間海寧蔣氏別下齋鈔本　清道光壬寅（二十二年）殷樹柏、宣統庚戌（二年）姚恭壽各手書題記　（06733）

　　晚菘居士一角編，序文題詞俱係諸前哲眞蹟，昔藏老友叔未張孝廉處，今歸生沐蔣廣文六兄。冊高五寸，烏絲闌。居士手書精楷，絕似文待詔。余一見愛不釋手。生沐倩友悉照原冊錄稿寄予，每一展閱，如見眞本，并誌生沐不忘前言，愛我多矣。時道光壬寅重九前一日，樹柏記。

　　此鈔本一角編，周晚菘先生所著，嘉興殷雲樓先生所藏，并有題記。光緒乙巳秋，嘉善王彝卿畫史贈孫曉樓老友，爲寶徐齋物，囑余誌其顚末如此。宣統庚戌展重陽日，九眉姚恭壽。

竹雲題跋四卷二冊　清王澍撰　清光緒間江氏靈鶼閣鈔本　清光緒六年江標手跋，又無名氏手書題記　（06734）

　　余年十五六時，見此書于人家，時僅心識其目而已。後三四年，方略攷金石學，求其書不得，遂假諸于往見之家，堅不許。後又見之于書肆，則已爲人售去，欲借歸不可，于是輾轉託人錄一副本，無論其價之大小，其貴已可知矣。嗟乎！此猶一題跋耳，其貴若此，吾不知大于此者，又當何如也，于以見世之尚奇，且以誌余之迂也。光緒六年十月，建霞江標書。

　　欽定四庫全書簡明目錄卷八，載竹雲題跋四卷，國朝王澍撰，皆其臨摹古帖之題跋，裒合成編，考辨援引，多有依據，非徒論筆跡也。

————————

畫苑二十六卷四冊　明王世貞編　明鄖陽原刊本　無名氏題記　（06754）

　　此八種臨安書棚本，當是明覆宋者，疑尚不止此，然各家書目偶見此刻，或一種兩種，未有若此之多，殊可罕貴。圖畫見聞志，黃蕘圃以宋刻配元鈔，謂與明繙本有避諱之異，然此則未嘗不闕宋諱，恐黃所謂宋刊，實是本耳，蓋黃氏亦云字畫方板也。王氏畫苑，殆從之出，然無見聞志。

————————

王氏書畫苑存七卷四冊　明王世貞編　詹景鳳補益　明萬曆十八至十九年王元貞金陵刊本　清光緒三年魏錫曾手校並跋兼過錄元孫道明、明五川居士、孫胤伽、孫岷、清孫從添、陸心源等題記　（06758）

　　〔過錄〕文獻通攷云，廣川書畫跋五卷，陳直齋書目曰董逌撰，今所錄之本洒宋末書生傳寫，誤字甚夥，如「於」作「相」、「德」作「淛」，不可枚舉。自一陽節日寫起，至丙午日輟卷。華亭孫道明明叔謹識，年六十又九，時至正乙巳十一月廿三日，書于泗北村居映雪齋。
　　陸儀顧就楊本傳校章紫伯影元鈔本，後孫明叔跋同此。〔魏錫曾〕

　　〔過錄〕五川精舍藏有廣川書跋，而無畫跋，嘉靖丙午過廣陵，在葛東之家借得之，八月朔錄成，俟校正後重謄出善本。後四日五川居士燈下記。

〔過錄〕廣川董逌，書畫中董狐也，其辨博精雅，直與黃伯思比肩。宣和時，道君好古，廣川從游秘殿，賞鑒批勘，殆無留恨。此卷爲楊五川先生藏本，家篋先有書跋數卷，異日尚欲覓善寫者錄作一函。萬曆己酉孟冬，宓生胤伽記。

萬曆甲寅端五日，假得瞿氏惜菴藏本校讎一過，亦十得其三四矣。此本字雖醜惡，比之他本差勝。謹識。孫胤伽書。

〔過錄〕葉林宗有吳匏菴藏本，甚善，較此又多二則，其餘亦互有得失，兵燹中惜未得一訂也。乙酉夏日，岷自誌。

〔過錄〕此本畫跋，陸敕先藏本也，得之於葉石君之孫所售，借錢氏本校過，偶邱廣成翁將楊氏本再校，並無差誤，獨多後跋，即一一錄出謄上，可謂善矣。康熙丙申九月，孫慶增從添記。

以上赭筆並從祥符周氏所得鈔本校錄。光緒丁丑十月十三日，錫曾識。時在漳浦古雷鄉。夜爲蜑窖，蚤起書此。

〔過錄〕廣川書畫跋，皆刊于王弇州所輯書畫苑，大興紀文達謂書跋有刊本，此書則僅輾轉傳鈔，一若未見刊本者，不可解也。此本爲楊升菴所刊，又王氏刊本所從出，惟譌奪甚多，幾不可讀。卷四蒲永昇畫水跋、李營丘山水圖跋、卷五武宗元天王跋，皆有錄無書；展子虔畫馬跋脫五十餘字，誤連營丘山水圖跋末數句，秋雨圖跋亦誤連天王跋末數句，想當時升菴所見本有缺葉，故致此誤耳。偶從章紫伯明經假得影鈔元鈔本，則此本所缺皆完具，因逐一補錄，且改正數十字。但元人跋語已稱譌字甚夥，不可枚舉，雖互相勘正，疑寶尚不少也。獨怪廣川跋鎖樹諫圖，持論甚正，及靖康之禍，助逆忘君，行同犬豕，文人無行至於如此，絕可歎也。歸安陸心源書于苕溪之儀卷廬，時同治九年孟秋初四日。

丁丑祀竈前二日，鐙下以朱筆錄此跋，明日將寄還原書。〔魏錫曾〕

秦漢印統八卷八冊　明王常編　明萬曆三十四年新安吳氏樹滋堂刊朱印本　清光

緒乙未（二十一年）劉世珩手書題記　（06765）

甚矣，古學之沈晦也，自楷法行而勝朝用洪武正韵，非是則不敢習焉，今則
破體之禁尤嚴，又有所謂承寫者，背是則不入格，而科舉之士懾焉從之，古人制
作之意，墮于烟霧中。去年甲午八月，余得是書，愛而玩之，既亦置諸篋衍。今
年秋，客有售古印章者，漫存數事，久而整之，暇與同年丹徒茅君子貞謙把翫，
而疑其音讀，頓憶是書，檢以相覈。初第見其斑斕古色，丹砂燦妙，泐久而不蝕
也，信爲明刻，字體古穆，頗類宋本書之佳者，亦可見前人用心之勤矣。暨繙數
頁，多識餘字，見斯本亦有原印文字下注從闕者，可知其亦不識也。學者之病，
莫如護短，宋人雜說謂太白詩中有自招不識字處，昌黎倔強，則不肯承認，今人
益務爲侈大，誰復解爲眞讀書識字者乎？余因讀印，聊識於此，并誌購書之年
月，匪用嘲世，亦自解嘲也。光緒乙未九月望日，大雪之後，貴池劉世珩聚麋甫
書于金陵南城孝順里之寄聚學軒。

晉齋印稿不分卷一冊　清康甫氏篆刻　清道光間鈐拓本　清道光十二年羅士琳手書題記　（06791）

康甫先生學擅雕龍，才儷剸槱，尤雅耆博古，凡遇鐘鼎彝敦，以及一瓦一專
之有款識者，莫不留心攷覈，親爲手拓，將以集其大成而付梓焉，更出其餘技爲
篆刻，因所見之古文體甚夥，故鐵筆亦臻元妙，雖陽冰、夢英復生，亦當退避三
舍，觀此帙可略見一斑矣！時道光壬辰重九後一日，茗香捧觀識。

仙機武庫八卷八冊　明陸玄宇撰　過文年重編　明崇禎二年刊清康熙間增補本　近人羅振常手跋　（06811）

此明崇禎刻本也，或以其中有兼山堂譜局目爲康熙刻，然其板刻實不類康熙
本，陸玄宇之玄字並不缺末筆，果刻於康熙，無不缺筆之理，蓋此爲明刻，康熙
印，遂附加兼山堂數局，其目錄乃挖補，明言新增，可見爲原刻所無也。蟬隱

記。

漢官儀三卷一冊　宋劉攽撰　明末虞山毛氏汲古閣影鈔宋紹興九年臨安府刊本
明毛晉手書題識　（06821）

　　從李中麓先生宋本影寫，惜乎缺序。

譜　錄　類

硯史一卷一冊　宋米芾撰　清雍正八年虞山毛綏福手鈔本　近人鄧邦述手書題
記　（06830）

　　汲古閣在明末時藏書最盛，而尤致力於影鈔，余所藏南宋小集五十冊，眞天
壤瓖寶也，其世澤亦比之絳雲、述古爲長。此冊雖寥寥數編，而字體適與寶晉相
似，何其妍雅如此，是即錫園所手錄歟？不可不什襲珍之。宣統三年辛亥三月既
望，正闇居士。

桂亭硯銘一卷一冊　清廣玉撰　清道光間琴川張氏小琅嬛福地鈔本　清孫雲鴻等
觀款　（06837）

　　道光庚戌九月，復生孫雲鴻向芙川兄借讀。

新纂香譜二卷四冊　宋陳敬撰　鈔本　清雍正庚戌（八年）無名氏手書題記　（
06853）

新纂香譜，河南陳敬子中編次，內府元人鈔本。凡古今香品香異、諸家修製印篆凝和佩薰塗傅等香，及餅煤珠藥茶，以至事類傳序銘說頌賦詩，莫不網羅蒐討，一一具載。錢遵王讀書敏求記云原書四卷，此從維揚馬氏借得，尚缺後二卷，何時更求別本足之，庶幾珠聯璧合，不亦稱藝林中一快事耶！雍正庚戌冬至前一日識。

———————

茶經三卷二冊　唐陸羽撰　明宜和堂刊本　清耿大光、許燮臣各手書題記　（06876）

余甲申南渡，笥中悉爲家寇盜去，此冊在質公處，復得還予。石鏡喜識，時丁卯小春念日。

此爲東郡耿氏藏書，余於兗州市上購得之，物之聚散，亦何嘗之有。壬戌仲春，燮臣記。

———————

酒史七卷二冊　明馮時化撰　明宜和堂刊本　清許燮臣手書題記　（06882）

茶酒之書，此外頗多，皎然有茶訣三卷、陸魯望茶品一篇、溫庭筠採茶錄三卷、蜀毛錫〔應爲毛文錫〕茶譜一卷、丁謂北苑茶錄三卷、又北苑拾遺一卷、蔡宗顏茶山接對一卷、又茶譜遺事一卷、北苑煎法一卷、曾伉茶苑總錄十四卷、茶法易覽十卷；蔡襄有進茶錄，黃儒有品茶要錄，熊蕃有宣化北苑貢茶錄，熊客有北苑別錄，田藝蘅有煮茶小品，王績追進草釀法爲酒經、又有酒譜，汝陽王璡有甘露經，竇子野有酒譜、酒錄一卷；胡節還醉鄉小略五卷、白酒方一卷、食圖四時酒要一卷、藏釀方一卷、劉炫酒孝經一卷、貞元飲略三卷、朱翼中北山酒經三卷、李保續酒經三卷、皇甫崧醉鄉日月三卷、陽曾龜令圖芝蘭集一卷、小酒令一卷、同塵先生庭萱譜一卷、田汝成醉鄉律令一卷。癸亥仲春之月，許燮臣錄。

———————

酒顚二卷二冊　明夏樹芳撰　近人鄒幼耕手鈔本　鄒幼耕手書題記　（06883）

　　附記。余於己未夏日偶訪夏醉仙君，見在案頭置有酒顚二卷、女鏡殘卷，及墨迹深柳莊夏氏支譜十二卷，均昭代故物，紙墨色道古意盎然，係夏君祖遺秘笈，屢經浩劫，致有散佚，甚可憾也。遂向借歸，適梅雨連旬，不能出遊，因費數日之功夫，錄成此冊。時入伏前一日，幼畊識。

———————

桐譜二卷一冊　宋陳翥撰　舊鈔本　清靈泉氏手書題記，韓應陛署簽　（06888）

　　此書流傳罕少，予得自陳氏水村，當什襲珍弆也。乾隆□□寒露節，靈泉手識。

　　咸豐八年七月三日得之嘉禾沈秋泉。十月二十九日重裝。

———————

梅苑十卷一冊　宋黃大輿撰　清曹棟亭揚州詩局刊本　清戈載手跋　（06893）

　　道光己酉八月四日閱一過，有可疑之處，以意校之，即注于上，它日當將見於別本者覆勘，或可再正其誤也。戈載識。

———————

梅史十四卷六冊　明黃瓊編　清初栖園刊本　無名氏手書題記　（06901）

　　案梅譜之有專書，如宋之梅苑（專采梅詞）、元之梅花字字香（專采梅詩）、之類，不一而足，他總集如文苑英華、賦彙、宋詩鈔、元詩選、列朝詩集、明詩綜之類，類書如淵鑑類函、廣羣芳譜等類，不可一二數，至別集尤浩如烟海。余

欲搜擇鎔液，都爲一書，眉曰梅海，則亦必傳之絕作也。大旨唐以前有見輒收，宋以後則必擇其尤雅者，庶不至塵藏紙墨耳。其目曰故、曰文、曰詩、曰話、曰詞。

著作堂集二卷二册　明譚貞默撰　舊鈔本　近人譚新嘉手跋　（06915）

　　遷禾九世祖埽菴公生平著作多至數百卷，以貧故，多未付梓，是以流傳不甚廣也。距公歿八十餘年，有清乾隆時，書禁大起，懼罹文字之禍，楹書付託，燼於一炬，良足痛惜。新嘉搜求明清之際先世手澤，彙刻嘉興譚氏遺書，二十年來所得未逾十種。前年春，在杭得公所著憨山老人年譜自敘實錄述疏二卷，客臏梓成。上月山左書賈有以棟亭舊藏康熙鈔本譚子雕蟲售諸館中，新嘉獲見狂喜，謹錄副備梓，並錄公傳及著述目錄，附裝簡末，以冀海內尚有流傳，俾資考證焉。中華民國八年五月，嘉興譚新嘉志賢甫識於京師圖書館。

　　中華民國二十一年五月，另借得舊鈔本譚子雕蟲一部，將此本蛀損處各字一律補塡完善。新嘉又識。

華夷花木鳥獸珍玩考十二卷十册　明愼懋官撰　明萬曆辛巳（九年）吳興愼氏原刊本　珊□氏手書題記　（06920）

　　河海不擇細流，故能成其大。余家乏書，每從篋笥檢出，見有完本，輒寶惜之。適友人有借書，輒翻閱之，愛不能釋手。茲花木考，聊備格物，殘冬玩二、三日，亦有足以發明耳。□後用書數語，歸之主者。己酉十二月十四日，珊□□。

金石昆蟲草木狀二十七卷　明文俶女士繪　明萬曆四十五年至四十八年彩繪底稿本　明趙均手寫序文　張鳳翼、楊廷樞、徐汧各手書題記　（06921）

　　金石昆蟲草木狀敘。夫金石、昆蟲、鳥獸、草木，雖在在有之，然可儲爲天府之珍，留爲人間之秘，又能積爲起居服食之所需、性靈命脉之所關係者，則惟深山大澤實生之、實育之，第吾人舉足不出跬步，即遊歷名山，而蟲魚草木得其偏而遺其全者亦多有之矣。嘗閱勝國鄭氏通志，謂成伯瑒有毛詩草木蟲魚圖，原平仲有靈秀本草圖，顧野王有符瑞圖，孫之柔有瑞應圖，侯亶有祥瑞圖，竇師綸有內庫瑞錦對雉鬪羊翔鳳遊麟圖，又于符瑞有靈芝玉芝瑞草諸圖，今皆逸而不傳矣；若嵇含南方草木狀，則有其書而無其圖者，碎錦片璧，將何取邪？此金石昆蟲草木狀，乃即今內府本草圖，彙祕籍爲之；中間如雪華、菊水、井泉、垣衣、銅弩牙、東壁土、敗天公、故麻鞵，以及陶冶鹽鐵諸圖，即與此書不倫，然取其精工，一用成案，在所未刪也；若五色芝、古銖錢、秦權等類，則皆肖其設色，易以古圖；珊瑚、瑞草諸種，易以家藏所有，並取其所長，棄其所短耳。與今世盛傳唐愼微氏證類圖經判若天淵，等猶玉石。余內子文俶，自其家待詔公累傳，以評鑒翰墨，研精緗素，世其家學，因爲圖此，始于丁巳，紇于庚申，閱千又餘日，乃得成帙，凡若干卷，雖未能煥若神明，頓還舊觀，然而殊方異域、山海奇珍，羅置目前，自足多矣！余家寒山，芳春盛夏，素秋嚴冬，綺谷幽巖，怪蛆奇葩，亦未云乏，復爲山中草木蟲魚狀以續之，如稍經世眼易辨、繪事家所熟習者，皆所未遑也，務以形似求之，物各有志，志各以時，俾後覽觀，案圖而求，求易獲耳，亦若干卷，附之簡末。

　　萬曆庚申五月既望，趙均書于寒山蘭闈。

　　兄子方耳，知余夙有書畫之癖，出其所藏趙夫人畫金石昆蟲草木狀示予。其爲冊十有二，爲幅千有餘，靈均爲之序述而紀其目，彥可爲之標題而指其名，一則用墨，一則用硃，序目之書法遠追松雪，近擬六如，而標題之點畫遒勁，繇待詔而進于率更，二者已據絕頂。趙夫人，彥可之女，作配靈均，幼傳家學，留心意匠，扇頭尺幅，求之經歲，未易入手，及其于歸趙氏，探宋元之名筆而技益進。是冊告成，三歷寒暑，于畫家十三科可謂無所不備矣！予雖酷嗜圖畫，能言其意，然觀是冊，而欲即其得力之處一一爲之頌揚，將以爲道子之龍、寧王之馬，則生霧袞塵足以盡之，而是冊不止此也；將以爲董羽之水、韋偃之石，則銀河青嶂足以概之，而是冊不止此也；至於黃筌之輕色寫生、摩詰之得心應手，亦泥于花木之一家，而不及乎他也。繇是言之，品評其畫，猶非易易，況於宇宙之

內，隨舉一物而肖其形，又無不各極其精妍耶？以閨門之秀而有此，誠堪與蘇若
蘭之織錦、衛夫人之書法並垂不朽矣！方耳以千金購得之，人以爲用價過昂，自
吾視之，直若以一粟一麻而易夜光之璧也，千金易得，茲畫不易有，況又有靈
均、彥可之筆相附而彰耶？三絕之稱，洵不誣矣！方耳寶之，龍泉太阿之氣，不
能禁其不達斗牛，善以守之，雖有雷豐城，無如我何也。辛未十月上浣，鳳翼
題。

　　張與趙，年家也，方耳、靈均，又年家兄弟中之甚厚者。靈均夫人畫金石昆
蟲草木狀甫畢，四方求觀者，寒山之中若市，名公鉅卿咸願以多金易之，靈均一
概不許，恐所托非人，將致不可問也。獨方耳有請而不拒，不惟不拒，且欣喜現
于辭色曰，昔顧長康以所畫寄桓南郡，南郡啟封竊去，謬以紗畫通靈爲解，今而
後庶幾可免此誚也。夫方耳以其拒他人而不拒己也，酬之以千金，及靈均身後，
爲之營其喪葬、報其夙憤、卹其弱女，又費五百餘金，戔雪曹太史爲方耳作義士
傳以誌其事，余亦有詩贈之。茲因方耳以趙夫人畫倩予題一二語，聊復及之。若
夫色工意象之妙，君家大司馬公言之詳矣，予復何贅？崇禎壬申五月既望，吳趨
楊廷樞維斗氏題。

　　詩爲有聲之畫，畫爲無聲之詩，昔人言之，人皆知之，而有未盡知者，謂詩
之能寫其景，畫之能得其情也，若是，則肖物之畫非景，詠物之詩非情也，抑豈
知物之有形有質者，皆其不可變者也，詩之描摩刻畫者，皆其不可易者也，昔人
言之，未嘗不盡其意，今人解之，得其一而失其一矣。張子方耳，以家藏趙夫人
畫命余題跋，其筆法之精工，大司馬象風公暨吾友維斗言之詳矣，而未有言及此
者，予故特舉以標于首，後之學者，倘有志于格物以致其知，坐一室之中如涉九
州四海之廣，其必觀此而有得也夫。勿齋徐汧題於清淨園林之秋水閣。

雜　家　類

墨子十五卷四冊　　舊題周墨翟撰　　明嘉靖癸丑（三十二年）南昌唐氏刊本　　清鄒
詠春手書題記　　（06924）

此明刊本之最精者，余以重價得之，珍如拱璧，年來減衣縮食，銳意購書，以圖南面百城之樂，然此種善本殊不多覯，願吾子孫世寶之。

────────

墨子六卷六冊　舊題周墨翟撰　明萬曆辛巳（九年）歸安茅坤校刊本　清光緒二十六年沈曾植手跋　（06925）

此亦戊戌年廣陵所購，書估云文選樓書，剗處皆阮氏印記也。楊惺吾盛稱此爲墨子善本，王捍鄭借校畢本，亦謂爲佳。予篋中有畢刻、有綿眇閣本，匆匆竟未能校也。光緒庚子六月，曾植。

────────

墨子十五卷二冊　舊題周墨翟撰　舊抄本　清畢沅、長驪居士、孫星衍及近人沈曾植題記　（06927）

墨子十□卷，七十二篇，篇卷與漢藝文志及明所傳本不異，辭亦近古，與諸書傳證引多同，實是古完書。書頗亡于南宋，故南宋人所見惟十三篇本，傳注亦無能引其文者，今得其本，存道藏中。先是，盧抱經及孫淵如明經互校此書，頗有端緒，沅始集其成，命曰新校正。世之譏墨子，以其節葬、非儒，按諸子之學有所本，說墨者既以節葬爲夏法，特與周制異，聖人不用之，非儒則墨氏弟子尊其師之過，稱孔子諸名及毀辭，是非翟之語也。案本書公孟篇稱孔曰孔子，又稱孔子言，曰是亦當而不可易，則翟未嘗非孔，孔子之言多見論語、家語及他書傳，亦無抵翟辭。至孟子以爲能言距楊墨，聖人之徒，又云楊墨之道不息，孔子之道不□，蓋當時爲墨學者奉其教而肆爲橫議，有如非儒篇等篇所說，故孟子非之，或不謂翟也。本書自親士、修身數篇及經上、經下外，多稱子墨子曰，是知此書多是其弟子記錄之語，宜有得失，不足怪也。翟有實用，善守禦，獨怪杜佑作通典兵法而不引其文，惟後漢書注及太平御覽引備突等篇有數條，諸書多未之見，故此數篇獨多譌謬。經說上下文辭似蒼雅，而唐宋人絕未之引，是以尤多壞字。孫君略分析其句讀，案□□云云，則是□曾引說就經，今其本不可得也。藏本既脫壞，明刻有一本刪節其篇，又改關叔作管叔之類，淺陋可笑，今亦無他善

本可證。其據古文所引及異本者增改其字，而著舊本之失于其下，其以意增及據上下文增者以□字，其所不知，盡闕如以俟博聞君子。又略爲箋釋，疏通其意，並以諸書篇目論說刊諸篇末，明其原流。又有□書所稱，今本無，又並錄于後。若乃盧君以越王繫虜爲即無餘，不必□□□□□志而不得，欲而不獲，□而不墜，得而中亡爲之□。孫君以□爲古文□，□爲當作□，就然爲與造然、麌然同。精于訓詁，皆能得未曾有。沉官事之暇，每覽一篇，證以舊聞，又多心獲。歲在癸卯，爰梓以行，將冀通人達士，有以進之云爾。鎮洋畢沅撰於西安節署。

　　僕抱此書數月矣，其經說四篇，無能得其端敘，古人亦未有稱此書者，乃知人世聰明才力止此而已也。過太原，見盧抱經先生正校此，云翁洗馬亦從事。兩公好古，當代卓然，庶有異聞，或此書晦久當顯，未可知也。長驪居士書。

　　號令篇有關內侯，有太守，有丞，有五官及百長；有云族之，有云父母妻子同產皆斬，有云三族，則似族刑及三族乃軍法，自古有之，不始于秦也。俟考。長驪又書。

　　癸卯八月廿四日又校太平廣記。九月十五日在介休縣署校事類賦過。十月晦日寫音義完，又閱說苑、呂氏春秋、淮南、新序等書完。
　　甲辰三月廿五日，在西安節署校底本發刊完。

　　按年譜，甲辰，先生三十二歲，曾植今年亦三十二歲，得此於廣陵市上，自惟聲名官職皆不足幾先生，獨圖籍之緣，良亦不薄，書用自慶幸已。

————————

鬼谷子三卷三冊　舊題周鬼谷子撰　梁陶弘景注　明嘉靖乙巳（二十四年）藍格鈔本　清嚴元照、徐鯤、勞權手校並跋　又明無名氏及近人沈曾植手書題記　（06937）

　　嘉靖乙巳三月九日辛未錄畢。（此本原係蘇州文氏所藏，祝枝山小草，予從俞質甫借抄。今刊行者無註，且多訛誤）

　　壬子之歲，予於虎邱萃古齋錢氏得此舊抄本，聞有新刻，未之見也。今春寄示盧抱經學士，爲校一過，云新刻注中脫十餘字，得此補之。孟秋之月，過知不足齋，向以文先生假得舊抄本，字甚老草，據以文云，是錢遵王述古堂本，予亦未之信。歸而以三本對校。新刻本脫落錯誤極多，上卷內揵篇白文注文共脫四百十有二字，而此本亦同，其餘更不必言，不有錢氏本，則無以見其眞矣！大抵此本少愈于刻本，而大段皆同，予既取新刻本校閱一過，復以餘力校此本，正譌補闕，不一而足，庶可讀矣。嗚呼！書籍佳否，故不可以鈔手精粗論，若不以兩本對校，則幾乎不棄彼而留此，又重歎夫刊刻古書者之不可輕率，當博訪善本以資參考也。乾隆五十有九年秋八月望前一日，芳椒堂主人嚴元照校罷識。

　　予既得善本，校此一過，亦殊漏略，季秋之月，抱經學士過予芳椒堂，取去校閱一過，又摘出數處，良足是正。吁！予年二十二耳，而心思粗率如此，視抱經先生，眞啻不霄壤之別矣！孟冬廿三日，元照又識。

　　乾隆乙卯四月廿八日蕭山徐鯤細校。

　　此先友歸安嚴修能先生手校，復經盧學士暨徐北溟先生重校，北溟補校甚爲精審，學士所校尚有遺漏，惜江都秦氏於嘉慶乙丑重梓此書，但據學士校本耳。秦氏初用藏本校刊，在乾隆己酉，即嚴跋所云新刻本也。咸豐丁巳六月校秦本一過，并識數語，以詒讀此書者。丹鉛生仁和勞權記。

　　乙巳爲嘉靖二十四年。質甫，俞仲蔚允文字也。
　　菊裳侍講謂此是王履吉手書。履吉卒於嘉靖癸巳，在乙巳前，自不得以此屬之。同時學履吉書者，王祿之、金元用、章仲玉，皆得其彷彿，不能懸定，然決爲三吳名筆無疑。〔沈曾植〕

鬼谷子三卷三冊　舊題周鬼谷子撰　梁陶弘景注　清乾隆五十四年江都秦氏刊本清勞權、勞格各手校並跋兼過錄清嚴元照、徐鯤校跋　又清章鈺及近人鄧邦述各手書題記　（06938）

據傳校常熟錢氏述古堂舊藏寫本勘正。咸豐丁巳仲秋，丹鉛精舍主人記。奠卿、季言合校，奠卿覆校。

秦氏後用錢本校栞，亦多脫誤，此本當求正統藏本校正。

〔勞氏過錄嚴，徐二氏跋語，前本已有之，此從略〕右先友歸安嚴修能先生校跋及徐北溟先生覆校題字，盧學士唯文弨借觀一印。仁和勞權志。

傳校錢鈔，以舊鈔作底本，舊鈔與藏本多同，間有與錢鈔合者，今以△識之。其舊鈔脫誤字更不置論。

勞氏兄弟校書之精，殆掩乾嘉諸老輩而上之，可謂絕詣。有清讐斠古書，自是專門之業，然有數變。何焯瞻最博，然間以肊改，參以評論，未爲篤信。乾隆以下，漵飲、千里始有死校之說，又惜其丹墨凌雜，字跡茗草，若非細讀，勢難迻寫。至於奠卿、季言兄弟，晚出於戈鋋滿地之時，不廢述綴，首尾端好，錄紀詳瞻，蓋無以加焉。奠卿云，秦氏續用錢本栞者仍多闕略，當求正統藏本是正，今道藏存於世者極鮮，獨白雲觀搜集明刊完好無缺，奉爲鴻祕。頃沅叔同年方欲石印以丐同好，則此本迻校藏本易易，必能副奠卿未竟之志也。戊午花朝，正闇記。

此書刻於乾隆己酉，後得盧抱經校述古本，又重刻於嘉慶乙丑，與列子、封氏見聞記、奉天錄並行，爲石研齋四種，版刻益精，而此刻流傳乃益少矣！既有後刻，則此校本幾可廢，而此刻本轉可存，物以希而見珍，後有覽者，不必獨震驚於名賢之手迹也。庚申小雪，正闇。

後二勞勘正之五十六年，歲在元黓困頓，冬日，從江寧鄧氏百靖齋借校一過。述古舊寫本聞在沈子培許。長洲章鈺記。

————————————

淮南鴻烈解二十八卷五冊　漢劉安撰　高誘注　明劉績補注　明弘治辛酉（十四年）王溥校刊本　清同治五年唐翰題手校并跋兼過錄黃丕烈校語及跋語　又近人冒廣生手書題記　（15470）

〔劉績識語後〕此盧泉劉君校補誘注，讀其識語，可見明人每刻一書輒多肊

改，劉君此書尚能審慎，存之以俟再校。丙寅十二月十四日，翰題記。

〔過錄〕余收得宋刻，係曹棟亭藏書，故五柳主人于揚州得之以歸余者也。子書唯淮南世鮮宋本，故近今繙刻、從前校讐皆未及宋刻。余既收得，同人慫惥校出，忽忽未有暇也，偶一校及，輒又中止，年來目力漸衰，遇小字甚不明了，此書宋刻字既小，又多破體，并印本漫漶處，故校難，而所校之本又係小字舊抄，兼細如蠅頭，故校尤難。前輟校不知幾何年，而今茲三月下澣一日始復校此，旬日之間，事阻者三、四日，草草畢工，略具面目。於破體字及宋刻誤字之灼見者亦復不記出，一則省工夫，二則改正字從破體，雖曰存眞，反爲費事，唯於古事古義或有可取者，仍標其異而出之，雖疑者亦存焉，蓋愼之也。校書取其佳處，或因疑而削之，甚非道理，猶兢兢守此意耳。丙子四月朔，丕烈。

曩校管子，用劉績本，頃校淮南，求績本不得，帥南世兄假得竣工。王懷祖謂其不如藏本，顧千里謂其不如宋本，語皆不公。此本實據藏本，又所見宋本不一，不似今日僅存一士禮居舊藏南宋麻沙本，便視爲千金之享也（鉤字闕筆，謂爲北宋本者，誤也）。間有改字，以它書證之，十九有來歷，非萬歷後明人刻書肊改可比。惜刻工不精，刻成未校，時有訛奪，然其勝處乃絕非蕘圃舊藏本可及，世人但佞宋，未細校耳。辛巳閏六月，疢齋冒廣生病腕書。

書中唐鷳〔鷦〕庵所改之字塗乙不能復辨，余意中立本從劉出，以中立本校之，或可得劉原作某字十之八九。顧千里手校本今藏虞山瞿氏，其所改字，時與此本合，知其未見此本也，若見之，當云某字劉作某，不當云某字疑作某矣。

近日石印陳碩甫影鈔宋本，與蕘圃所舉宋本字時有出入，意碩甫有改字。

蕘圃原校本是以宋本校舊鈔道藏本，凡書眉有某作某者，皆爲原校，鷳〔鷦〕庵迻寫於是書上，復爲補校，凡單字者皆鷳〔鷦〕庵所校，然其中有宋，有道藏，夾雜不分，但其校語多可采耳。疢齋寫記。

日本有唐寫本兵略訓一篇，「刑德奇賌之數」下有「非常之術」四字注文，宋本無，此本有，此爲善之善者。疢齋又記。

────────────

淮南鴻烈解二十一卷四冊　漢劉安撰　高誘注　明茅一桂訂　明萬曆庚辰（八

年）西吳茅氏刊本　近人鄧邦述手書題記　　（06969）

此孔葒谷校本也，其所據即戴受堂本。錢獻之以道藏本校，謂與戴氏略同，恐戴氏亦用藏本校過者。武進莊氏刻此書，即用錢校藏本，今取與此對勘，固無出入，他日當細勘之，辨所謂略同者有無小異之點也。壬子八月，正闇居士。

淮南鴻烈解二十一卷十冊　漢劉安撰　高誘注　明茅一桂訂　明翻刻萬曆庚辰（八年）西吳茅氏刊本　清鄒詠春手書題記　　（06970）

世以莊刻淮南爲最精，余家已藏弆一本，然此明刊本亦古色古香，每一開卷，心神幽曠，賢於今日之局刻、坊刻實多。余別無他嗜，唯舊本古書，愛如性命，數年前得此本於京師，頗爲稱快。芸巢。

淮南子存十一卷六冊　漢劉安撰　高誘注　清乾隆戊申（五十三年）武進莊逵吉校刊本　過錄清顧廣圻朱筆手校及跋　又程登雲手書題記　　（06980）

〔過錄〕庚辰七月，借得宋槧本細勘一過，較道藏本爲勝，劉績本以下無論也，後世得此者，尚知而寶之。十月七日覆校畢記。思適居士。

宋本誤字亦添記於此，以備參考，頗思得好事人重刊，未知緣法何如耳。千里又記。

武進刊本實未見道藏本，所見者校道藏本耳，故其稱說全無一是。

王懷祖先生以所著讀書雜志內淮南一種見贈，於藏本、劉績本，及此本是非洞若觀火矣。

松崖先生有手校本，向在朱奐文游家，今歸黃堯圃，堯圃有惜書癖，余於家兄抱沖別借得朱族子傳校本，略一展讀，則由傳校而字誤殆不勝其多，姑略著其一二於下方，異日當向堯圃作懷餅請也。顧廣圻記。

古今書籍，宋板不必盡是，時刻不必盡非，然較是非以爲常，宋刻之非者居

二三，時刻之是者無六七，則寧從其舊也。此淮南鴻烈解二十一卷，原缺其半，迺鄉先輩顧千里先生手校本也，爲故友張竹君所藏，二十年前曾借讀之，其中佳處足正近刻之謬實多。按是書世尟善本，宋刻又不易覯，賴此盞盞尚存宋刻面目，且經前賢手校，極爲精審，至可寶也。壬辰秋七月二十八日，書友以竹君舊藏此殘本求售。蓋竹君作古，書多分散，兒孫有不愛此，并藉先世寶藏聲名，挾冊索重值獲利，故肯贈人，予亦重是故友物，勉力購之，此時聊厭吾欲，聊盡吾情耳，安知吾之兒孫不猶是耶？後之視今，無亦猶今之視昔，何獨於書？而廿年之隔，老人雖病，猶及重觀此冊，亦何幸歟？附識數語，告我後人勿以爲殘帙而輕之，願世世寶之。吳縣浣花室主記於卙溪草堂（時年六十有三）。

淮南子二十一卷六冊　漢劉安撰　高誘注　清乾隆五十三年武進莊逵吉校刊嘉慶九年姑蘇聚文堂重印本　清光緒二十四年許在衡過錄顧廣圻、管慶祺、張鳴珂題記并手跋　（06981）

　　〔過錄〕此淮南王書武進刊本，校則嘉定錢坫獻之也，錢實未見道藏，所見校道藏本耳，故其稱說全無一是。今悉用道藏改正，弆之篋中，倘後有好事者重付剞劂，則道藏之眞面目可從此而識矣。顧廣圻記。

　　王懷祖先生以所著讀書雜志內淮南一種見贈，於藏本、劉績本，及此本是非洞若觀火矣！己卯小除記。

　　松崖先生有手校本，向在朱奐文游家，今歸黃蕘圃，蕘圃有惜書癖，以故重借之家兄抱沖，曾得朱族子傳校本，略一展讀，則由傳校而字誤者殆不勝其多，因姑略著其一二於下方，異日尚當向蕘圃作懷餅請也。乾隆甲寅三月又記。

　　〔過錄〕顧澗薲先生手校淮南二十一卷，向藏常熟瞿氏恬裕齋中，今秋胡心耘先生轉借得之，因照臨一通，書中墨筆係校宋槧本，硃筆係校道藏本，其硃筆尖出處乃是王氏讀書雜志所已著者也。惟顧所據校之刊本與此本間有修板互異處，今於上方另加慶祺案三字以別之。爰誌於此。咸豐八年十月十八日，元和管慶祺臨畢識於體經堂。

〔過錄〕予與邵陽魏槃中刺史同客李質堂軍門幕府，見槃老藏有是書，以語陳桂青孝廉，後浙江書局將重刻莊氏本，桂青分校，介予往借，槃老以軍書旁午，一時檢覓不全，遂作罷論。去年孟夏，予遂居雲間，復晤槃老，迺借得之，遂購浙江局本，一一校錄，長夏酷暑，旋即中止，仲冬攜至章門，適奉粥廠之役，復勘數卷，今夏于役餘干，下榻汪芍卿明府署齋，香篆縈鑪，餘華妥盎，日課數紙，始克蕆事。管跋所稱顧校本修板互異處，此本往往與顧校相合也。光緒十年，太歲在閼逢涒灘，孟夏四月二十八日，嘉興張鳴珂公之束斠畢記。

余見淮南柔本凡四、五，率多譌奪，其稍完整者惟武進莊氏一本，顧其間有據他書而改本書，及臆爲增損處，未可謂之善本也。向聞人言元和顧明經校淮南王書極精，求之有年，不獲一見。庚寅秋暮，自江右乞假旋浙，道出九江，時老友嘉興張君公束方權德化篆，相見語次偶及是書，公束因出一編見示，審知即顧氏原校，公束以浙刻本手自傳錄者，遂向之假歸。時行篋攜有莊本，即就寓樓挑鐙勘之，覺顧氏所是正，其精處如渾金璞玉，細處如牛毛繭絲，淮南至此始有善本。歸里後，山中多暇，時取臨校，乃人事牽涒，作輟靡恆，記自初校用朱筆臨藏本，繼用墨筆臨宋本，每校一次，必覆勘以正遺脫，最後用綠筆錄公束校語，又取莊浙二本互異處附著于眉，加在衡案三字以別之，蓋至是而書經七校，自信不至如朱文游族子傳惠校本之謬矣。雖然，一書之役，淹歷九年，余之懶廢視吾友之勤於丹鉛爲何如耶？爰取原本返之公束，而書此以自警云。光緒戊戌夏四月既望，山陰許在衡校畢識。

————————

淮南天文訓補注二卷二冊　清錢唐撰　清嘉慶壬申（十七年）元和顧氏思適齋鈔本　過錄清錢繹、洪頤煊跋語　顧廣圻手跋　（06987）

〔過錄〕嘉慶六年爲相之月，從蕉雨姪假讀并手校一過。小廬錢繹題。

〔過錄〕嘉慶戊辰四月廿六日，洪頤煊校過。

壬申十月，借平津館藏本，鈔工費白金一兩，藏之篋中，暇日當細爲勘定，

以俟好事者鑴諸木云，澗蒼居士記，時寓江寧孫忠愍祠。

————————

金樓子六卷三冊　梁元帝撰　舊鈔本　清謝章鋌手校並跋　（06999）

　　鮑本每葉行數、每行字數與此本俱同。

　　辛巳從鮑廷博知不足齋叢書本校一過。藥階退叟章鋌記於馬江船司空寓齋。

　　四月下浣校一過，其脫文悉據鮑本過錄，訛字不據改，兩字皆可通者，則並旁注而不加改塗。此本案語亦有勝於鮑本者，如卷四趙宣之肉食節、卷六仕宦當如王克時節，攷據俱精審，鮑本俱無之。鮑本末有汪輝祖跋，謂是書乃周書倉於永樂大典中錄寄鮑以文，刻入叢書。此本殆亦同時並錄，錄者未知爲何人，實非書倉之本，故按語有詳略歟？藥階退叟章鋌記於船司空寓齋。

　　近湖北崇文書局所刻百子全書，其中金樓子一種亦用鮑氏本。枚如又識。

　　鈔永樂大典本。謝枚如用知不足齋校過。

————————

劉子十卷二冊　舊題北齊劉晝撰　唐袁孝政注　明世恩堂刊本　清乾隆五十年吳騫手書題跋　（07000）

　　是書前後副頁俱有題字，不知即圖章之王予男否。項元池當是墨林後人，惜未詳其名。昔董文敏得王孟端墨竹卷於元池家，見江村銷夏錄中，豈即其人邪？至新論，昔人多疑其非劉晝所撰，其書至南宋始出，又北齊書及北史并不言晝有新論。黃東發謂書中多避唐諱，疑是唐人僞託。予觀九流一篇，大都剌取漢書藝文志中語，而昇道家於儒之上，則其爲唐人顯然矣。作注之袁孝政亦無所表見，其注多蕪陋，且不類唐人手筆，當更攷之。乾隆乙巳清明日，槎客吳騫識。

　　又按：書錄解題述袁孝政序云，晝傷己不遇，天下陵遟，播遷江表，故作此書，則前尚有袁序，不知何時失之。翌日，騫再誌。

　　頃周芭兮大令得舊抄本，首題劉處元集，細閱之即此書也，并摘錄袁注于簡端。予從大令借得，歸安丁小雅學博知之，以其所藏明何允中刊本授予，屬爲校勘，爰取此本合參之。按劉處元，金時人，道藏中有仙樂集四卷，皆詩詞歌頌，

而未聞有他著述，此題劉處元集，尤不可解也。槎客又書。

劉子十卷四冊　舊題北齊劉晝撰　唐袁孝政注　明萬曆壬辰（二十年）蔣以化孝昌刊本　清光緒九年沈韻珰手書題記　（07002）

　　劉子十卷，五十五篇，又名新論，袁孝政爲之序注。自明以來諸家刊本俱無注，乾隆間詔開四庫，廣採遺書，亦僅據漢魏叢書無注本著錄，未覩袁注全書。是書爲萬曆中虞山蔣氏從道藏錄出校刊，流傳極少，雖孝政原序已佚，而注文完善無闕，實爲罕覯祕秩，彌足寶貴。舊藏石琢堂殿撰家，今歸余齋云。光緒癸未二月，歸安沈韻珰記。

劉子二卷二冊　舊題北齊劉晝撰　唐袁孝政注　舊鈔本　題清錢陳羣、黃丕烈各手書題記　（07003）

　　是書校宋本大異，然評注甚善。陳羣敬讀。

　　劉子，宋刊、舊鈔校宋本、明鈔本，余藏凡三部，以明鈔本爲最佳，是書明孫鑛評、袁孝政注，有毛扆圖記，又有三十五峰記，從校諸冊可稱善本。道光癸未端午後一日，復翁手記。

經鉏堂雜誌八卷二冊　宋倪思撰　明金有華校刊本　近人沈曾植手書題記　（07011）

　　檇李沈氏續藏書。子培手記。

拘虛晤言一卷一冊　明陳沂撰　清光緒間順德李氏鈔本　清李文田手書題記　（
07024）

　　拘虛晤言一卷，據繆小山編脩所藏明刊本鈔出，以提要攷之，明陳沂撰也。
沂字宗魯，更字魯南，號石亭，又號小坡，先世自鄞縣遷南京，因爲上元人。正
德丁丑進士，選庶吉士，改編修，遷侍講官，至太僕卿。著有文集十二卷、詩五
卷、南畿志六十四卷、金陵世紀四卷、金陵古今圖考一卷、翰林志一卷；又有拘
墟館集、遂初齋集、石亭集、誨似錄、畜德錄、維楨錄、存疾錄、詢芻錄、語怪
錄、善謔錄、晤言、詩談、南還雜著、遊名山錄、詩話云。

────────

白虎通德論十卷一冊　漢班固撰　清道光辛丑（二十一年）張氏書種軒傳鈔元大
德本　清黃廷鑑墨筆校註並題記　（07077）

　　子愼主人屬校二通書既畢，其中朱墨雜施，注記紛如，恐覽者或未了然，輒
書校例七則于首。拙經叟手識。

────────

近事會元五卷一冊　宋李上交撰　清嘉慶十八年陸奎手鈔本　陸奎過錄馮舒、吳
翌鳳跋語兼手書題記　又黃丕烈手跋　（07084）

　　〔過錄〕太歲乙酉避亂於洋蕩之村居，是年閏六月憂悶無聊，遂手書此本，
二十日而畢。是書爲秦季公所藏，予從孫岷自借抄之。七月初六日，屛守老人
記。

　　〔過錄〕右係薄丈啟源原本，余從余君蕭客抄得之，雖甚小碎，然可補唐五
代典故之闕也。屛守老人姓馮氏，名舒，字己蒼，又號癸巳老人，虞山人。丙申
七夕，延陵吳翌鳳書。

　　今年春，黃丈蕘圃以是書屬抄其副，緣此書甚祕，外間絕少流傳，且可考唐

一代掌故之遺，有裨正史，非泛常類書比也。顧前人以二十日畢之，而余衣食奔
走，日不暇給，書此幾及半載，即此可見古人讀書精敏爲不可及，而余孄惰無
匹，是可慨已。嘉慶十八年癸酉六月三十日，書畢識愧。陸奎拙生甫書。

案三十乃二十九之誤，是月小盡。〔黃丕烈〕

余蓄雜家書多舊本，大半出諸讀書敏求記所載者，唯李上交近事會元五卷，
聞名而已，未見其書也。客歲吳枚菴先生自楚歸，行篋中留得古籍數十種，余次
第借校，獲益甚多，中有未蓄者，擬錄其副，近事會元其一種也，因屬余友陸拙
生錄之。時枚菴將爲浙中之遊，思急還之，故促迫拙生甚至，然卒賴友人力得遂
錄副之願。拙生并爲余云，屠守本在紹興蕭山李柯溪所，亦考索古書源流之一助
也。并記。復翁。

是冊裝池尚出良工錢半巖手，近日已作古人，惜哉！其子雖亦世其業，而其
裝池却未之見，不知能傳父之手段否？甲戌閏春，復翁偶記。

蕭山李柯溪僑居吳市，頗收古書，余友吳枚菴與之往還。枚菴云柯溪回家，
屬其以原本帶出，俟其假到時當更以原本勘之。乙亥端五後一日，復翁記。

柯溪去官業賈，人本粗豪，余雖于枚菴座中一識其面，未敢與訂交矣。其所
收書大概爲轉鬻計，蓋蕭山有陸姓，豪於財而喜收書，近日能收書者大半能蓄財
者，可慨也夫！戊寅初冬，復翁漫識。

李上交近事會元五卷。上交退寓鍾陵，尋近史及小說雜記之類凡五百事，釐
爲五卷，目曰近事會元，唐史所失記者，此多載焉。右錄讀書敏求記一則。乙亥
夏五，蕘翁。

————————

東觀餘論二卷四冊　宋黃伯思撰　清乾隆四十三年盧氏抱經堂鈔本　清盧文弨手
校並跋　又嘉慶十八年晚聞手記　（07089）

跋。余借得廣川書跋凡數本，有一本似爲妄庸子所塗竄，引梟之脛，接鳧之
尾，故篇幅加多焉，他日余將卷而還之其人，未去間聊復一觀，見中間有三十三
葉，多署長睿父書，蓋會稽黃伯思也，其所著法書刊誤三卷，余既錄之矣，此則
雜題書畫簡策，而不著書名，疑即所謂東觀餘論，余插架適無其書，不能取以比

對，然餘論有二卷，此尚有不盡者。余愛其鑒別精審，意辭方雅，但鈔本多誤
字，又有一條乃複見，余爲訂其誤，刊其複而錄之，以附法書刊誤之後，即目之
爲長睿題跋，他日得餘論，改正之未晚也。長睿自云勤於校書，丹鉛不去手，余
於此殆庶幾焉。乾隆四十三年二月丁酉，范陽盧文弨召弓父書。

　　後跋。始余得雲林子題跋數十則，無首尾，意其即所謂東觀餘論者也。今年
夏歸杭州，就鮑以文氏借得是書，乃宋四明樓攻媿爲之訂正，以付其子訒所開雕
者，卷分上下，其上卷則以法書刊誤兩卷置諸首，其下卷之末則并他人之文爲長
睿作者皆聯綴之，不別標以附錄之名。余謂法書刊誤當別出，餘者乃爲東觀餘
論，其間或記一時與友朋評論之語，或爲辨，或爲論，或爲說，或爲序跋，大抵
審正金石、攷核藝文，頗班駮可喜，攻媿間爲指瑕，然不以掩其瑜也。書中多用
古字，其商山觚圜觚說有云，與圭智相爲用，智，古笲字，見說文，又見穆天子
傳，傳寫之誤，離智爲二，又以下曰字爲日字，川本遂去此句，此本不然，但注
其下云姑留以待知者，此深得闕疑之義。凡傳古人之遺文者，當以此爲式，不可
以己所不知，而遂謂世無知者，使去其文，則雖知其文義之不接續，亦不能以意
增矣。余前所鈔錄者，目爲長睿題跋，今既灼然知爲東觀餘論，但以物力之不
裕，不復棄前之所鈔，而就爲補其首尾，使成全書，雖小不整齊，無害也。是年
十月既望後二日，東里盧文弨召弓父書。

　　嘉慶癸酉八月，從錢唐郭懷清肆中得之。戊寅四月四日讀竟，晚聞手記。

─────────────

能改齋漫錄二卷一冊　宋吳曾撰　明正德己巳（四年）閭閶葉琳手鈔本　清錢天
樹手跋　（07093）

　　宋吳虎臣能改齋漫錄十八卷，末有紹興二十七年十月虎臣之子復後序。王漁
洋從秀水朱氏借抄，乾隆間桐鄉汪學蘧得之，遂刻以行。此本即其中第六、第七
兩卷事實一門，是明正德間吳門葉氏手錄別行者。余所見此錄中第三、四、五叁
卷辨誤一門，學海類編標題作辨誤錄，亦別出以行。豈當時未見全本，抑或擷其
精英別行耶？殆不可曉。就此兩卷，將汪刻本核對，其中字句勝於汪本甚多，始
知是本之可寶在此，芙川先生宜永保之。丁酉小春，夢廬錢天樹。

能改齋漫錄十八卷十六冊　宋吳曾撰　舊鈔本　竺樵手書題記　（07094）

余丙戌春寓明瑟園，初見顧氏憩問堂鈔本十八卷，秀水朱氏曝書亭本亦然。戊戌冬，又得琴川毛氏舊本，則有第五卷沿襲一卷，而首卷事始則不分爲一二兩卷者也。庚子夏，始合兩家本而鈔得此，壬寅秋裝成十二冊，癸卯夏校閱一遍。重午日，竺樵記。

西溪叢語二卷一冊　宋姚寬撰　明嘉靖二十七年錫山俞氏鴗鳴館刊本　清咸豐七年勞權手書題記並過錄趙輯寧題記　（07099）

〔過錄〕此書上下二卷，□□□□□□明時刻本，乾隆壬午父執董浦先生乞余手錄，云假於揚州馬秋玉家，越五年，余得明刻本，□□□□後又得澹生堂抄本，□□□□□與明刻迥異，因用朱筆注□□□□□□也。素門識。嘉慶改元七月二日。

道光癸卯季秋，向高叔荃借得此書嘉靖刻本，經鮑淥飲、趙素門兩先生以澹生堂鈔本校勘，時未蓄此本，用汲古閣刻本傳校一過，尋購得此帙，有淥飲先生手補脫文兩則，似亦據澹生堂本而校未竟也，因以舊校本覆勘終卷，隨以汲古本並校之。祁鈔次序不盡合，又多出四則，而少五則，此本脫謬亦未得盡正。汲古本與此本相同，頗多校正，弟脫去令威自序耳。咸豐丁巳八月二十六日，仁和勞權巽卿記于秋井草堂。

直齋書錄解題載姚氏殘語一卷、西溪居士集五卷、西溪樂府一卷。

直齋殘語解題云，又名叢話，已版行。通考節去此語，遂不知即爲一書，俞氏并不及殘語，則又疏矣，唯解題叢語作叢話，恐係傳訛耳，九月朔後一日，鐙下記。

西溪樂府，唯花菴中興絕妙詞選錄其五闋，陽春白雪、絕妙好詞所選無出花菴之外者。蟫隱書。

西溪叢語二卷一冊　宋姚寬撰　明鈔本　清黃丕烈手校並題記兼過錄錢曾，何煌跋語　（07100）

己卯秋，收于小讀書堆。

蕘翁覆校錢述古校本（即何小山所云葉石君藏嘉魚館抄本），又參校吳枚菴臨何煌校本在鴣鳴館舊刻上，亦出葉石君藏嘉魚館抄本，而又不同，大都書經三寫之故。蕘翁記。

又全校鴣鳴館刻本異同，并載臨校別本異字。中秋前一日記。

十八日又參校汲古津逮本，與鴣鳴館本同。

古人云，校書如掃落葉，如拂几塵，此言誠然。余於是書校至再至三矣，而誤字仍有存者，因復用吳臨何校本，在鴣鳴館舊刻本上者覆校。茲始竣事，略記面目，俾讀者覽焉。一校之在上方者，舊鈔止存上卷本也。一校之在下方者，錢鈔本也。一校之在下方而注明刻者，鴣鳴館本也。一校之在下方而注明校者，即臨何校之向據此野竹齋抄本，又參用別本、何校之注明別本及一作本也。何校雖據此抄本，而又往往不與此本合，或當日之偶有脫落，或出于以意去取也。今余悉校鴣鳴館刻之與此野竹齋抄之異同，又全載何小山取野竹齋抄本校于別本之異同，于此原校野竹齋抄本之上，庶使後之覽者盡得野竹齋抄與鴣鳴館刻之面目，而無遺憾矣。昔人留心此書，如錢也是翁但得鴣鳴館傳錄之本，不及見野竹齋抄本矣，即有增補大段與野竹齋抄本合，而字句多少全未及此野竹齋抄本，可見聞見之難若是。至于漁洋文鈔已以鴣鳴館刻為最古，又所見之未廣者也。己卯中秋前一日，燒燭校訖記。

續借汲古津逮本校，知臨何校之所云別本者往往而合，捨此未見有別本專刻者矣。十八日又記。

西溪叢語最舊為鴣鳴館刻（鴣鳴館刻，余亦有之），向聞壽松堂蔣氏得濂溪坊顧氏書，有錢曾遵王校本（錢本即鴣鳴館本出，別以他本校之，多所補脫校正），因借校於津逮本上，雜諸書堆中，檢而失之。適小讀書堆有舊抄本，為嘉靖時野竹齋沈與文所藏，較遵王本為最古，但不知異同若何（末葉此本云云墨書一行，仲老記者，何小山也）。復從壽松借之，乃壽松有一舊抄本，止上卷，抄

本亦後於沈本，而訛謬亦復不少。茲取以參沈本，就可兩存者，書於上方。錢本可參校沈本者，書於下方。至於敘次先後，壽松舊抄本略與沈本同，錢本敘次倒置，脫落亦多，遵王悉校之，其校正略同沈本，卻非出于沈本。其跋不詳本所自出，故未可知也。錢跋別錄附考。己卯秋，復翁記。

余前校錢抄本，曾借過張訒菴所藏吳枚菴臨何小山校本在鶺鳴館舊刻上，久而忘之矣。今因得此舊抄，復與訒菴談及重借訒菴本覆之，雖臨何小山本，卻與此校本又不同，因復校于下方，注云刻者，何校此本之所從出也，又校之未盡者亦注云刻，何校于刻本而又不出于此抄者，注云校，所以辨異也。何校用葉石君所藏嘉魚館惡鈔本，正是此本，而末云七十四病叟煌記，又與仲老記者異矣。復翁記。

附記壽松堂蔣氏兩抄本。一藍格本，每葉二十行，每行二十二字，前有序，標題下不分卷，結尾亦止標書名，無卷數。按諸沈本，實上卷也。一黑格本，每葉二十行，每行二十一字，原失序，分上卷、下卷。上卷計脫七條（錢鈔據脫葉之本，故脫七條，其實脫三條，蓋上卷第四十三葉別本原有），下卷計脫兩半條、一全條，皆遵王手補，其顛倒處亦以數目先後誌之。最後有跋語三行，附著于此。（附錄吳枚菴臨何小山校本原跋，吳郡沈辨之野竹齋校本訛謬尚未盡，亦當再讀一過）

〔過錄〕己酉清和晦日，校於述古堂之北窗，雙鈎闌外，柳罩池面，黃鶯坐濕，求其友聲，可謂今雨來人不到門矣。貫花道人錢曾遵王記。

按己酉清和爲述古主人詮次家藏書目告成之時，述古堂藏書目序可攷，彼云佛日前七日，此云晦日，蓋去詮次時已一月矣。貫花道人止見於此，殆取龍龕手鑑序中穿貫線之花語意乎？〔黃丕烈〕

〔過錄〕乾隆辛酉三月廿五日用葉石君所藏嘉魚館惡抄本校，亦藉改正百一云。時入夏之六月，陰雨不已，麥豆之苗爛盡，耕者何以爲食，可憂可憂。七十四病叟煌記。

案：煌，義門之弟，號小山，行二，故又稱仲老云。〔黃丕烈〕

昔漁洋獲此書鶺鳴館刻本，上下卷各缺一葉，因從汲古刻本補之，知二本相

同也。余前有汲古本校錢鈔本，失之，不復記憶其異同。汲古在津逮秘書中，零本倉卒不可得，適從理齋農部處借得汲古刻，復取與此舊鈔一對，方悉與鵁鳴館刻不甚相遠，其脫失處並同，偶有一二異字，并注下方，云毛者是也。汲古刻前失自序，此不逮鵁鳴館本。理齋欲假余鈔本臨校，余先校汲古，而著其崖略如此。中秋後三日，燒燭書。薆夫。

廿有六日，理齋借校，爲余攷證扴字一條，精確之至，因錄其校語于上方，余加續案，以拜一字之師云。復翁又識。

續經張訒菴借校此本，復爲余校鵁鳴館本，得數十條，悉以夾籤附于各條下，精審之至，亦謹慎之至也。茲殘歲坐雨百宋一廛中，手書于本書各條上方，恐其久而散失脫落也。訒菴校書，心到、眼到、手到，在朋好中無出其右，故其書俱善，近聞稍稍易出，如有得之者，莫以尋常校本視之。因併筆于此。乙卯季冬月廿有六日，復翁。

一書讐校幾番來，歲晚無聊卷又開；風雨打窗人獨坐，暗驚寒星迭相催。人亡人得楚弓同，寒士精神故紙中；多少藏書家具在，姓名不逐暮雲空。　復翁漫筆。

鵁鳴館刻與此抄序次大有不同，此本卻未將刻本先後校之，別有鵁鳴館本在，可互證也。

————————

程氏演繁露十六卷續集六卷八冊　宋程大昌撰　明萬曆丁巳（四十五年）建寧謝兆申刊配補抄本　清嘉慶五年焦循手校並題記　（07116）

演繁露十六卷，乾隆丁未年所得也。嘉慶戊午年於市上見抄本，止十四卷，而後有續集六卷，時與黃春谷同行，趣之買回。越一年，己未之冬，於市上又見之，蓋市賈索春谷重價不果，買而返諸市耳。鄭耀廷於次日遂購得，余因假歸，與此本相較，而互標其異同，復手錄續集附于後，共成一帙。較讐之力，吾弟季蕃有功焉。嘉慶庚申上巳日，江都焦循記。

————————

程氏演繁露十六卷續集六卷四冊　宋程大昌撰　明鈔本　清康熙辛丑（六十年）

何焯手校並跋　　（07117）

康熙辛丑，假馬寒中宋本校，馬爲查編修夏仲所贈，查得之吉水李氏。當宗伯列顯日，蔣學士揚孫下第滯京華，貧窶不振，出其囊中宋板書三百餘冊求售，吉水聞而取之，索直不得，攘而據有，揚孫幾不能還。今其子孫用以媚巡撫，夏仲在彼地修省誌，其巡撫所不爲貴者，查編修因得乞數十本歸，就中撿殘編以贈寒中，因得借校也。十一月十六日，仲子記。

查編修乞得之本，所知者爲新唐書糾謬、唐書直筆，所見者殘本育德堂外制三冊（□至五）、育德堂奏議二冊（三至五）。外制、奏議既贈寒中，寒中以七金售同門友李秉誠，秉成先有奏議第一、第二，暨六、七、八卷，今爲全本矣。又記。

────────────

蘆浦筆記一卷一冊　宋劉昌詩撰　舊鈔本　清黃丕烈手校並跋　　（07121）

此節錄本蘆浦筆記，較十卷本爲勝，鮑刻知不足齋叢書本雖讐勘精審，猶遜此，矧其他乎？惟余舊藏穴研齋鈔本，此勝處悉同，此本未可以節文輕棄也。復翁記，甲戌九月。

十月校穴研齋本蘆浦筆記卅七葉，附沈括補筆談二葉、楊公筆錄廿一葉。收于元妙觀東墨林居。

此舊鈔蘆浦筆記及楊公筆錄，初書友携示余，以蘆浦筆記家有舊藏本，楊公筆錄未知其書，且裝潢狹小，殊不耐觀，遂還之矣。適張訒菴來，談及亦見此二種，其蘆浦筆記雖非足本，然有一二處殊勝鮑刻。余復取回，與舊藏本相勘，凡舊藏本勝處，無一不合，惜非足本。其本之所自出當可信其爲佳耳，書之不可輕棄如此。爰令買人重爲裝潢而收之。楊公筆錄向與偕來，即附後云。甲戌九月廿有九日，晨起雨窗識，復翁。

十月初十，取舊藏本校，即穴研齋繕寫本也。復翁。

余居城西時，唯府東有一書坊，所謂敏求堂是也。既而由府前以至按察司前，直至胥門學士街，三十年間，書坊之多幾以十數矣！元妙觀前向多書坊，今亦更盛。自余再遷縣橋，與觀前甚近，故賈人之迹日盈我門矣。是冊出墨林居，

蓋新開鋪子者，始以此書來，余因其行款甚狹小，并閲蘆浦筆記之文多不全，還
之，既得友人之曾見此者指示其佳處，而復收之，語詳前跋中。今日又過觀前，
諸坊無書可覽，惟于學山堂見亡友顧抱沖手閲汪文盛本漢書，其中朱墨燦然，細
審之，識是抱沖筆，其所閲著筆不多，想未經卒業之本，或係生前換出，故流落
坊間，忽過余眼，倍添懷舊之思矣！憶余于二十年前，彼此同好，有得輒復相
示，今不得見其人，并不得見其書，而余之所謂賞奇析疑者，又太半換一番人，
時光之速、人事之變，何可勝慨耶？抱沖之殁在丁巳年，其二子皆髫齡，今皆成
人，惜蹤迹久疏，難如昔年觀書之便也。歸來燒燭，見案頭有觀前所得之書在，
即記此一段感慨于此。時十月初九二更書，復翁。

蘆浦筆記十卷二册　宋劉昌詩撰　舊鈔本　近人鄧邦述手校並跋又過錄清吳翌
鳳、黃丕烈、陳鱣等跋　（07122）

〔過錄〕戊戌中元，借陸孟莊家西賓本，乞張興宗令鈔，惜多誤脱。古歡堂
主人吳翌鳳。

此書，余於數年前錄有淨本，已校閲數過，而底本譌脱甚多，今得復翁取善
本勘正，始無遺憾矣！甲戌重陽後一日，枚庵老人書。

〔過錄〕郡中吳枚菴先生多古書善本，皆手自抄錄或校勘者，久客楚中，歸
囊尚留數十種，此蘆浦筆記其一也。余欲借校鮑氏新刻本，久未得閑，適張訒菴
來，談及近見一舊抄殘本，内八卷文有起立行伍句上多趙字，較鮑本爲勝，因檢
此本，此本起立爲立起，文似順矣，然初不知原文爲趙立起行伍也，遂動校勘之
興，并憶舊藏穴研齋鈔本宋人說部有數種，此書在焉，取勘是本，所獲實多。其
最勝者，乃卷五趙清獻公充御試官日記中，文多幾行也（卷四巴丘條亦補九字，
較鮑刻爲勝）。觀鮑本跋語，於此書譬勘至數四，而尚有脱誤，信乎古書之難觀
而校勘之不易也。惜鮑淥飲已作古人，不能語而□之，爲一大恨事，只好與枚菴
共爲賞析爾。

〔過錄〕余于乾隆四十七年正月，從鮑君綠飲借蘆浦筆記，觀于小桐谿館，

命門人傳錄一本，手自勘正。後十餘年，綠飲又得舊本，校讐數過，刻入知不足齋叢書，世稱善本。今年九月，過吳門，適黃君蕘圃獲見舊鈔，并以其向藏穴硯齋抄本合校于吳君枚菴舊鈔本上，枚菴復跋之而歸諸余。余亟以鮑刻重勘，正誤甚多，既補第五卷所缺之九行，又補得劉昌詩後跋一篇。計是書先後三十年，歷經名家，屢有補正。惜綠飲已不及見是本，猶幸余與枚菴、蕘圃之得見也。嘉慶十九年九月十一日，陳鱣記。

甲寅十月，借翁笏齋前輩藏本校錄一過。此本鈔手較善，故蕘圃改正之字與此同者十之三四，若所補九行及後跋，則亦賴過錄始完善也。漚隱校畢記。

此書前葉亦有仲魚圖記，而未嘗勘正一字，然則先生藏是書，併此而三矣。漚隱又筆。

————————

野客叢書三十卷附野老紀聞一卷六冊　宋王楙撰　明嘉靖四十一年王穀祥刊本清道光二十四年葉廷琯手書題記　　（07125）

勉夫此書專爲考證典籍異同而著，明季陳眉公刻入寶顏堂秘笈，刪削僅存十二卷，固無足論，今所傳稗海本三十卷雖全，而字句尚多駁誤，是本爲嘉靖壬戌十世孫穀祥依舊鈔本校鋟，乃是書傳刻之最先者。跋言讐校再三，在明人板本中可稱精善矣。書中辨證之得失，四庫提要已詳言之，謂置之夢溪筆談、容齋隨筆之間，可無愧色，洵爲定評，惟未及穀祥跋語，疑亦從稗海收入，蓋商氏叢書盛行，此單行本遂漸就湮没。余攷舊府志，稱穀祥持身峻潔，手錄古文籍數千百卷，咸精好，宜其能留意先世遺書，訂正刊布，則此本非誠足貴乎？道光甲辰冬，劉子竹湄出其家所舊藏見贈，余喜古籍入手，親爲重裝識之。是歲臘杪，調生書。（第十二行刊布下脱一語，云刻至今日，而其板已亡）

「野客叢書丙」。此籤亦明刻，字甚佳，當是酉室手迹，因粘存之，當時蓋分裝十冊，紀以天干之數，此其第三籤也。

————————

肯綮錄一卷一冊　宋趙叔向撰　清乾隆間鮑氏困學齋烏絲闌鈔本　清鮑廷博手校

并跋　（07130）

　　乾隆壬午五月十一日午刻從小山堂趙氏本勘一過。甲午十月十六日飛鴻堂汪氏本覆校。汪本與此誤處一同，無所是正也。

　　乾隆壬午五月十三日，以趙氏小山堂本勘定。甲午十月十七日，借汪氏飛鴻堂本再校于蘆渚寓廬，辰刻畢。己亥三月開雕。

———————

賓退錄十卷五冊　宋趙與時撰　清乾隆丙午（五十一年）蕭山蔡濱手鈔本　蔡濱手校並跋　又湯瀅手書題記　（07137）

　　乾隆丙午春日，借浦江戴氏九靈山房藏本鈔畢，并錄原跋二則，又借花山馬仲安家藏善本校對。閏七月望後二日，蕭山蔡濱識。

　　乾隆丙午夏仲，余借得杭城年友沈君嵩門賓退錄、南部新書、吹景集諸書，余抄南部新書，而賓退錄不及自抄，因煩余倩蔡生聖涯代爲抄錄。展玩之餘，爲之欣慰，聊誌歲月於簡端。湯瀅識。

　　簡明目錄云，與時受學於楊簡，文藝非其所長，故是編論詩多迂謬，至於考訂經史、辨析典故，則精核者十之七、八。

———————

朝野類要五卷一冊　宋趙昇撰　舊鈔本　近人沈曾植手書題記　（07140）

　　知不足齋所刻，爲武英殿本，此本蓋亦從宋本迻錄者，所出不同，文句間有勝處，本豐順丁氏藏書也。

　　丁氏持靜齋藏書，宣統壬子季秋，滬上購入。

———————

困學紀聞二十卷六冊　宋王應麟撰　明初刊黑口本　清光緒三十三年鮑毓東手書

題記　（07144）

謹按：是書即在前各著錄〔指欽定天祿琳瑯書目、愛日精廬藏書志、鐵琴銅
劍樓藏書目錄、善本書室藏書志、平津館鑒藏書籍記、宋元舊本書經眼錄、藝風
藏書記、經籍訪古志、日本訪書志等著錄，茲省略之〕所謂困學紀聞之最初刻本
也，初爲孔氏紅榈書屋藏書，前後有紅榈書屋、孔繼涵、南洲等印，今歸南陵徐
氏積學齋中。翁方綱孔君墓志銘，君諱繼涵，字體生，一字誧孟，號葓谷，曲阜
人，至聖六十九世孫。乾隆辛卯進士，官戶部主事，告歸養母。殁，年四十五。
君雅志稽古，于天文、地志、經學、字義、術數之書無不博綜，官京師七年，所
手校者數千百帙。集漢唐以來金石刻千餘種，悉考覈其事，與經義史志相比附。
遇藏書家罕傳之本，必校刊付梓，以廣其傳。葉太史昌熾藏書紀事詩曰，恍有金
絲孔壁聞，青櫺積雨潤苔紋；牙籤已溢章邱笥，向論琳琅金薤文。青櫺，葓谷齋
名。章邱笥更新，覃溪送葓谷歸曲阜句也。葓谷著有紅榈書屋雜體文稿、詩集、
蜥冰詞、水經釋地、同度記，刻有微波榭叢書、算經十書、戴氏遺書。光緒三十
三年冬十一月初十日，泉唐鮑毓東謹錄。

困學紀聞二十卷四冊　宋王應麟撰　明萬曆癸卯（三十一年）莆田吳獻台重刊本
黃筆批校　清□鷗及近人鄧邦述各手書題記　（07147）

丙戌春日，皇子四貝勒命爲閻氏校勘訛字，重閱一過，其中徵引之書，仍有
未能盡悉者，甚滋學荒記疏之懼。七月廿六日，以病在告，漫記卷尾。
乙巳歲，空齋姊丈得順天孫氏舊藏泰定刊本，予遂於沈紉兄處假得何子未兄
所渡義一校本爲渠手錄一過。年來遍求是書，終不可遇。今歲春，托書賈於雲間
購得，遂重加讐對，閱五十餘日而畢。語云，讀已見書如逢故友，余殊不能然，
益仰愚鈍之質，難以長進，茲徒以書之難得爲慊者猶後也。庚戌四月校畢日，鷗
識。
原本批點俱係紅筆，而校字兼有黃筆，余無紅筆，故悉從黃筆，然格下注出

者係紅筆，非黃筆也，以是求之，自有分別。格下注泰定本者，悉屬鄙見。

　　錄義門評校，兼用泰定本點勘，的是好學之士，惜但有甲子，而無年號，但書鵰而不書姓，致無可攷，當於沈、何二君中攷之。甲寅四月，疊碧記。

困學紀聞二十卷六冊　宋王應麟撰　清乾隆戊午（三年）祁門馬氏叢書樓校刊本
清夏文燾手校並跋　又黃丕烈、韓應陛各手跋　（07148）

　　蕘圃出元板屬校此本，因粗閱一過，遇有同異，兼攷弘治、萬曆時兩刊本以審其得失，就所知者略識一二於上方。有弘治萬曆本俱已□□本若璩案初刊本作某云云，獨與元板合者，是閻氏亦曾見過元板，惜乎至勝處未能盡□□□□□。方米夏文燾記。

　　元本困學紀聞，始見諸顧桐井家，因卷帙□全，刓去困學二字，改曰王氏紀聞，且已移其卷第，故置之。既得一本于顧聽玉處，版刻正同，首尾完善，藏之篋中久矣。今倩方米校此元本，佳處悉見，此後讀者庶不致以弘治本爲元本爾。同日書於聯吟西館，黃丕烈。

　　困學紀聞馬氏刊本，夏方米以元本，暨宏治、萬秭兩槧本校，見後跋及黃跋。
　　咸豐八年六月一日得之滂喜園。

搜采異聞五卷一冊　宋永亨撰　舊鈔本　清黃丕烈手校並跋　（07153）

　　搜采異聞錄見諸絳雲樓書目，此係傳是樓物，故收之，案頭無別本讐對，因向坊間取稗海本勘之，實爲此善於彼，蓋舊鈔可貴也，不特總目子目俱全，即每條詞句亦多佳處。而舊鈔訛謬有可補正者，復載其異於上方，通體於字之是者旁加圈，非者、疑者旁加點，比稗海本衍文旁加尖角，此校之例也。戊辰八月八

日，復翁。

────────────

丹鉛總錄二十七卷十冊　明楊愼撰　明嘉靖三十三年梁佐福建刊本　近人葉德輝
手書題記　（07160）

　　明史藝文志載楊愼丹鉛總錄二十七卷、續錄十二卷、餘錄十七卷、新錄七
卷、閏錄九卷，四庫全書總目同，惟無新錄、閏錄，而有摘錄十二卷，其書爲浙
江范懋柱家藏本，即天一閣書目所載明刻各本也。此本題丹鉛總錄二十七卷，前
有嘉靖三十三年滇南門人梁佐校刻序，云先生著丹鉛、餘錄、摘錄，流有刻本，
藝林珍之，惜不多見，戊申秋，佐自司馬部奉使歸省，先生乃盡以三錄、四錄、
別錄、附錄、閏錄諸稿授之，佐乃刪同校異，析之以類，合而名之曰總錄，捐俸
以梓。據此，則總錄實包括諸錄，刪幷異同而爲之，諸錄皆贅刻也。余向藏陸弼
刻本，亦止二十七卷，取校此本，絕無異同，然終不如此本之最舊、最善。若世
行李氏函海本，刪存十卷，則不足道矣。升庵先生博洽多聞，在明時可與王弇州
對壘。近世漢學家動以疏陋譏明人，如楊、王二公，世復有幾？士恨不學耳，若
戴東原動誇中祕、顧千里專事校勘，而下筆輒輕呵古人，豈公道哉！乙卯端午後
二日，葉德輝記。

────────────

識小集存二卷二冊　清郭昂撰　清康熙間俞啟文手鈔本　俞啟文朱墨批點並手
跋　（07212）

　　戊子孟春，得谷采之先生手抄郭野新識小集一部，予取而閱之，則見其包羅
萬象，博極古今，雖序次不倫，要豈竟無裨狐腋乎？予於是日夜抄寫，未及半
月，而此書已爲采之先生取去，雖欲再求一觀，而乃孫聲聞云，已被友人借去
矣，予爲惆悵惋惜者久之。時予寫此，年纔十五歲，乃彈指光陰，而今已六十
矣，嗚呼，歲不我與果若此乎！時壬辰季春下旬三日，梅邨俞啟文爾經氏識。
　　此書乃余年十五時所寫者，其字畫之潦草稚嫩，竟無一字可以入目，然棄之
不可，存之恐遺笑于墨客，尚祈見者知有以諒我也。康熙五十年歲次壬辰季春下

旬三日，爾經氏再識。

―――――――――

松崖筆記三卷九曜齋筆記三卷一冊　清惠棟撰　舊鈔本　清孫星衍手書題記　（
07215）

　　松崖筆記、九曜齋筆記，爲惠氏棟未成之書，記所閱史傳稍隱僻故實，時有
心得，足資考證，雖不及困學紀聞、日知錄裒然成集，通人筆墨，蹊徑不同，好
事者錄爲此冊，亦足觀也。星衍書。

―――――――――

純常子枝語不分卷四十冊　清文廷式撰　著者手稿本　民國三十一年張仁蠡手跋
（07228）

　　右純常子枝語四十冊，萍鄉文道希先生廷式所自屬稿也。先生一字芸閣，純
常子又其自號，故以題茲稿冊。先生以咸豐六年生，卒於光緒三十年，年四十有
九。應光緒八年壬午北闈，登榜選，以十六年庚寅恩科成進士，授編修，未幾擢
爲侍讀學士。二十二年丙申，爲虞山楊莘伯崇伊揭參，落職南歸，不數年遂歿世
矣。先生少長嶺南，得從陳東塾先生問業，才名與費屺懷念慈、江建霞標相等
侔，而文筆勁警，詩備衆體，詞尤隱秀。遺著已印傳者，有補晉書藝文志、雲起
軒詞鈔；有其書見之時人稱述而未及目覩者，爲中興政要，暨雲起軒詩錄；書未
刊布，而已見手迹者，此書而外，別有黃帝政教考、伊尹事錄；其屬稿成否，莫
可訪詢者，則爲氏族略攷、軒轅氏徵文、環天室日記三書。又據此書撮錄所擬纂
輯之書，有三代會要（見第二冊師說條。黃帝政教攷、軒轅氏徵文、伊尹事錄三
種，當爲此書別出者）、羣經撰句例（見第七冊經義論語條）、全上古三代秦漢
三國南北朝文輯補（見第十冊論嚴鐵橋是書條下）、天下各國古今字樣（見第三
十六冊論外國文字條），要多僅有題號，而天不假年，未竟其志也。此書隨手編
寫，分冊先後，時日間有可稽，而部居雜廁，未爲定著，其參據繁博，大小畢
宜，於古今中外政教學術，靡不有所論列，王壬秋湘綺樓記目爲雜家之流，其以
此乎？先生他書爲所知見者，都非鉅帙，則其畢生精力咸萃是書，以與洪景盧五

筆、王深寧紀聞、顧寧人、鐵辛楣日知、養新二錄相絜比，又如驂之靳矣。辛巳
歲杪，仁蠡承雙照樓主人之命，就武昌徐行可恕先生訪求是書，并獲見黃帝政教
考、伊尹事錄各一冊。徐君自言致書之由，乃於民國二十年間得自湘潭彭子英，
子英則得之於龔夫人所者。維時武漢大學方謀築館聚書，有以是書求售者，拒未
之收，乃由羅田王季薌先生葆心之介，走千里，斥鉅資得之，其後，徐積餘乃
昌（南陵人，文先生門下士，嘗校刻雲起軒詞鈔）復介葉遐庵恭綽購求是書，將
以合諸所藏文氏書稿，余未之允云。道希先生殁世垂四十年，遺稿沈湮，世鮮知
聞，今幸於主人篤舊甄微之餘，復承徐君許於代錄副本歸之後，以手稿本分讓，
用遂留眞之願，因先爲覆寫黃帝政教考、伊尹事錄以進。今歲夏曆三月二十有八
日，爲主人六十生日，謹奉斯手稿以爲駢福之祝，蓋必壽世之作爲與壽人之頌相
符應也。猶冀他日獲與葉氏区衍所藏，并歸插架，同付剞劂，蔚成鉅帙，留藝林
之嘉話，廣秘籍之流傳，則闡幽稽往之盛，與眉壽無害之詠，有足爲今世慶者，
庸獨仁蠡以得讀道希先生手迹三種，私幸墨緣而已哉！中華民國三十一年壬午四
月，南皮張仁蠡謹識於漢口五花賓館。

論衡三十卷五冊　漢王充撰　明萬曆間新安程榮刊漢魏叢書本　清道光三十年陸
僎、近人劉之泗各手書題記　又無名氏書箋　（07236）

是書爲惠松崖徵君評閱，道光甲申十月得於士禮居黃氏。先君子與堯圃丈同
出沈文恪公門下，經術醇茂，手校經史，俱宗惠氏，晚歲以疑義相晰，時相過
從。余少時自家塾出，每見蒼顏白髮，酌茗清談，恒縱談移晷無倦容，迄今三十
餘年，依然在目也。時道光庚戌三月六日，吳縣後學陸僎謹識于洗馬里之東皐草
堂。

論衡恰爲定宇先生評本，襯定皆吳門陸氏之舊。首葉有惠周惕、元龍兩印，
定宇之祖也。元龍官直隸知縣，子士奇，字天牧，官廣東學政。定宇爲天牧之
子，人呼爲小紅豆。此書不應不全，望屬人徧尋書区，以期延津之合。此校本諸
家均未見也。首虞惇熙序與今本虞序迥異，僅數句同耳，宜寶之。公魯賢弟覽
詳。七月十二。原書三冊同繳。

　　此漢魏叢書本爲萬曆戊子仁和張模校刻，不三年（萬曆庚寅），板爲新安程
榮得之，如第三卷、二十四卷、二十七卷、三十卷皆存明仁和張模次一行（二十
六卷仁和作武陵），殆忘未剷去者。余嘗見涵芬樓影印本，虞氏叙外猶有西吳沈
雲楫一序，係爲張氏作者，而此本無之，蓋有刪有不刪耳，暇當據以錄補，以存
其眞云。戊辰浴佛後一夕，公魯病起，鐙下漫識。

　　涵芬樓影印本有宋慶歷五年前進士楊文昌後序一首，亦此本所無也。戊辰四
月既望，貴池劉之泗又記。

────────────

論衡三十卷六冊　漢王充撰　明鈔本　清道光元年持志堂主人、同治四年朱學勤
各手書題跋　（07239）

　　此書藏三十年餘，未曾細覽，於道光元年披讀一過，胸襟之闊、眼境之寬，
眞吾人枕中秘書也，持志堂主人誌。

　　同治四年六月初十日，以兩日之力展讀一過，脫誤甚多，刻本略同，無從是
正，安得宋槧本校正之。朱學勤。

　　王仲任論衡，自宋已無善本。慶厤間，楊文昌合校諸本，改補一萬一千二百
餘字，始爲完書；乾道乙亥，洪文惠又刊之會稽；至元間，劉氏又重刊之；正德
中，版尚存南雍，今俱不可得見矣！世所通行者，通津草堂刊本爲最古，而卷一
脫去四百餘字，其後程榮諸本皆沿其訛。吾鄉抱經學士曾見校宋本，著其說於集
中。予得此本於京都琉璃廠肆，雖鈔胥潦草，而從宋槧本傳錄，卷一俄空之文俱
在，洵可寶也。書之卷端以示澂兒。同治四年六月六日，朱學勤識。

────────────

論衡三十卷二冊　漢王充撰　明末何允中刊漢魏叢書本　清道光間黃廷鑑、王寶
之各手校並跋，後者兼過錄孫潛跋語　（07243）

　　元小字本新刻論衡十五卷，每兩卷合爲一卷，每半葉十二行，每行廿四字，
書末目錄後俱有洪跋，又重抄一條洪跋，仍作三十卷，未詳何故。小字多塗改校

正，而元文不可復辨。篇首有抱經堂印，疑爲盧氏校也。大抵以意定之耳。

心葵明經知余假得元大字本論衡，以所傳錄盧抱經校元小字本屬校，細勘一過，知書中亦從兩本校錄者，其一亦出大字元本，第有遺漏耳。蓋大字小字兩元本皆愛日精廬中物，陳子準假之校錄，而此本又從陳本傳錄者也。補校復得百餘字，以墨筆別之，其篇目行款並錄卷首。時道光丁亥夏四月二十五日，拙經居士記，年六十有六。

余初觀此書，所校上方書元本某作某，既未分析大字、小字本，而行間所注，又與所云元本都不相應，疑不能明者久之。既假張蟬庵樹本所藏黃琴六丈廷鑑校本反覆參證，乃知添改行間，而不言何本者，皆從大字本也，所云元本者，則小字本也。蟬庵嘗語余，此非吳心葵丈手筆，乃丈屬陳子準塾師張栗香所臨。余以通津草堂本校漢魏叢書本譌字得二百八十餘條，蓋漢魏本又出於通津本，去元本益遠，既異通津本，必無反同元本之理，而是校都不之及，則知陳校故用通津本，栗香特從而臨之，並未以元本與漢魏本一核也。此缺事不容不補，叔蘭近已得通津本，不妨俟異日耳。小字本及盧校，今無別本可證，而大字本則黃校的然可信。今據以補此脫漏，凡一百三十三條，又互異者凡十五條，皆題名以別于黃補，且爲剖析大小字本暨鈔錄之人，並諗通津本之尤宜補校，或可當一瓻之報乎？後無餘幅，僭筆於此。道光庚戌立秋後一日，文村王寶之（以字行）跋。

校畢後，又從龐琨圃假得孫潛夫臨趙靈均宋校本，凡百卅餘條，與元本或同或異，備錄之以俟參攷。原臨記于上方者，則稱孫云，悉仍其文，其書於字旁而不塗改本文者，則曰注，塗改者則曰改，間有按語，則聲所記，非孫原文也。靈均名均，寒山凡夫之子；潛夫名潛，吾邑人，與二馮同時。原跋云，趙書藏葉林宗處，林宗名樹滋，一字石君，洞庭山人。又紀校錄之時爲己亥六月，蓋順治十六年也，時鄭成功陷鎮江，犯江寧，所云海上用兵，其指此歟？原跋錄後，文村居士又識。墨筆凡不題孫云孫校及寶之補記者，皆黃補也。

〔過錄〕己亥六月，用趙靈均校定本對讀，補寫缺葉一板、改正若干字，爾時海上用兵，虞山日夕洶洶，對校是書，頗自鎮靜也。七月十九日，潛夫。

趙本今藏葉林宗處，兵燹荐經，石渠天祿之儲及諸家名家所藏，不知又復何如？執筆研朱，亦復惋悵耳。潛夫又志。

　　　　　　　　　　————————

風俗通義十卷一冊　漢應劭撰　清道光辛丑（二十一年）張氏書種軒傳鈔元大德
本　清道光二十一年黃廷鑑墨筆校注並跋　（07250）

　　余向知白虎、風俗二通有元人合刊大字本，嗣于嘉慶初元得見吳門士禮居所
藏本，而風俗通已失，心耿耿者四十餘年。去秋，聞吾里瞿子雍明經得此二書，
欣然挐舟造觀，并假歸携至寶間書館，子愼主人見之，驚爲希有，爰命仲子琪縮
寫爲巾箱本，行款字數及漫漶處殘闕字畫，悉依摹寫，諸序之行草書，則手自仿
臨，惟恐失眞，譬之人形體不同，而精神面目惟妙惟肖，觀者幾咤大人之化侏儒
也。此大字本，其自來脫誤者，與明刻雖無甚異，而班書之篇目舊第未改，書中
如八妾於皇明周之類，盧氏校勘已著其善，不復論，至應氏書，世尤罕見，卷七
孟某條出畫字三見，而一作畫，改此一字，已足顯元本之善（詳見本條附注），
他如青菁、訊誶、哲誓、京原、窻牕、飾飭、齊資，古書通假之字，今人瞀爲訛
繆而竄改者，皆可據此本正定之，益信元刊之勝俗本多也。噫！古刻日亡，子雍
之通假、子愼之愛古，其志均堪嘉尚，而余更幸元刊之得重度一種子也。寫竟屬
校，爰書其顚末于後，餘別詳校例。道光辛丑歲小春月既望，八十拙叟黃廷鑑
跋。

　　　　　　　　　　————————

封氏聞見記十卷一冊　唐封演撰　明崇禎甲戌（七年）常熟馮氏鈔本　明馮舒手
校並跋兼錄吳岫跋　（07251）

　　〔過錄〕雜家言用裨史氏之不足，予讀封氏書，于唐事知所未知，其編類亦
侈富哉言乎？明姑蘇吳岫識。

　　崇禎甲戌七月初二閱，從弟叔昭所書也。孱守居士。

　　　　　　　　　　————————

封氏聞見記十卷一冊　唐封演撰　舊鈔本　清同治間莫友芝、張文虎各手校並題

記　（07253）

　　封氏聞見記寫本十卷，同治丁卯中秋杭游所收，整理散亂，僅失末卷尾半
葉，後一紙記二行，云隆慶戊辰借梁溪吳氏宋鈔本錄，知是明人舊鈔，手裝以
存。是書元明以來無刻本，至乾隆中，德州盧氏乃據虞山陸勅先所錄孫伏生家本
刊入雅雨堂叢書。孫本爲吳岫方山舊藏，錄于正德戊辰，不言所出，孫氏又假秦
酉巖別本校勘，秦本則朱良育依唐子畏、柳大中兩本，先後各鈔五卷者，有至正
辛丑夏庭芝跋，蓋出于元鈔。此本據宋鈔，則又兩本外之別本。己巳開歲，書局
獨居無事，乃以盧刻通校一過，其足補刻本佚脫者，第二卷石經條首百六十三
字；三卷制科條二十三字、銓曹條六字；四卷尊號條二十六字、露布條八字；五
卷燒尾條十九字、圖畫條二十四字，外此，足補正一二字脫譌，又各數十計，始
知此本遠勝方山、酉巖兩夲。隆慶戊辰，距今踰三百年，所據宋鈔斷已無存，海
內決無更勝此本之帙，在邵亭子部中，直與宋本同什襲可也。晁氏讀書志載此書
五卷，與唐書、宋史同，此及方山、酉巖依宋元鈔者，乃皆十卷，殆自宋即有此
析五爲十之本，晁本無傳，末從質矣。其第五卷長嘯條，刊本多廿五字（云蓋出
其言善，千里應之，出其嘯善，萬靈受職，斯古之學道者哉），校注謂原本朱筆
增入，吳方山云二本俱無，今此本已增刊本數百字，而亦無之，蓋校者依他引嘯
旨語記于行間者，不必定封氏書所有也。穀日燭下，莫友芝識。

　　是書盧刻本後有江都秦氏刊本，云據丹徒蔣氏所藏舊抄本，多所訂補，然其
卷目下注闕諸條如故也。予昔校王讜唐語林，見頗引封氏書，字句異同處皆勝今
本，而足與秦氏據本相證。闕目中北方白虹、西風則雨、石鼓三條，儼然具在，
蜀無兔鴿條全簡無闕。俞氏海潮輯說引海潮一條，云出永樂大典，亦卷七中所闕
也。因綴補之，編入指海。今審此本出自宋鈔，闕目無異，則完本久逸，豈明初
偶有存者邪？同治癸酉孟秋，從仲武假閱漫識。

───────────

封氏聞見記十卷一冊　唐封演撰　鈔本　清同治丁卯（六年）凌緽曾手跋並過錄
元夏庭芝、明吳岫、朱良育、孫胤伽、陸貽典諸跋　（07255）

〔過錄〕予素有藏書之癖，凡親友見借者，暇日多手抄之。此書乃十五年前所抄者。至正丙申歲，不幸遭時艱難，烽火四起，煨燼之餘，尚存殘書數百卷。今僻居深林，無以爲遣，旦夕賴此以自適，亦不負愛書之癖矣！至正辛丑上元日，重觀于泗北疑夢軒。雲間夏庭芝伯和父謹誌。

雜家言用裨史氏之不足，而讀封氏書，於唐事知所未知，其編類亦備富哉言乎？明姑蘇吳岫識。

〔過錄〕封氏聞見記自六卷至十卷，昔友人唐子畏見借所抄，特以不全爲恨，近又于柳大中借抄前五卷，庶幾爲全書。然第七卷中全卷俱欠，止存末後一紙耳！嗟哉古書之難得如此，富室子弟積書萬卷而不讀，亦獨何心哉？朱良育記。

〔過錄〕萬曆辛丑，假酉巖秦翁藏本校過，右二跋亦從此本錄出。常熟孫伏生（御名）伽記。

〔過錄〕原本係吾吳吳方山家藏物也，向爲邑中前輩孫伏生所得，孫復從酉巖秦翁假別本細勘，不可謂不加詳矣。余與伏生孫岷自善，乃得假而錄之。虞山陸貽典勅先識，時崇禎辛巳仲春二十有六日也。是歲重午後六日晚，將原本勘竟。

是本舊爲同邑包氏所弆，粵逆之亂，藏書零落，余於書賈處以青蚨一貫獲之，用校諸家梓行本，獨爲完善，且勝國諸人原校跋語具在，信可寶也。歸安凌綬曾初平父補識於西泠詁經精舍之第一樓，時同治丁卯年夏至前三日。

東原錄二卷一冊　宋龔鼎臣撰　清綠格鈔本　清陳其榮手跋　（07259）

秋間手錄此書，似多舛訛，且有脫文，友人云有吳枚菴先生校本甚佳，亟借來，並以他本證之，頗多改正，以朱筆一一度錄其上，並補脫文夾入，以成完

書。辛未仲冬，七十叟識。

————————

麈史四卷四冊　宋王得臣撰　明藍格鈔本　清毛扆手校並跋　又韓應陛手書題記
（07261）

　　辛卯五月十一日，從舊抄三本校畢。一爲何元朗所藏，一爲欽仲陽所藏，一
爲舅氏仲木所藏。三者之中，何本最善，惟其所自皆出于一。此則又是別本，然
亦大有佳處，今亦可稱善本矣。汲古後人毛扆識，時年七十有二。

　　麈史四卷本。毛斧季用何元朗、欽仲陽及其舅仲木藏三本校，末有朱筆題
語。
　　咸豐己未十一月朔日得之金順甫，價洋三元。

————————

麈史三卷三冊　宋王得臣撰　明鈔本　清黃丕烈手跋五則，又頑菴氏手書題
記　（07263）

　　此麈史上中下三卷係舊鈔而義門先生手校者，向與舊鈔之碧雲騢、羯鼓錄合
裝，因遭蠹蝕，重爲裝池，而分此種爲三冊，其二種別裝，又非義門校者，故分
之也。暑窗無所消遣，時取舊藏古籍零種繙閱一二，頓覺心目一清云。嘉慶甲子
七月二日，蕘翁黃丕烈識。
　　是書裝成，適周丈香嚴過訪，問及是書有無別本可校，香嚴云，有毛斧季校
本在，余聞之，以爲此必義門所云毛抄者是也，既從香嚴假歸，對勘一過，疑義
門所云毛抄，未必即此，因云毛抄作某者不盡合耳。而斧季却見此本，蓋周本末
有斧季跋云，從舊抄三本校，一爲何元朗所藏，一爲欽仲陽所藏，一爲舅氏仲木
所藏，余本則欽仲陽藏本矣。茲復手校異同於上下方，不標毛抄者，恐誤義門校
也。斧季本本與三本異，謂是別本，原作四卷，後照舊抄校正，三本同出于一，
而斧季以爲何本最善，惜斧季未及細註某本作某，茲不可辨。余謂此本有慶元五
年郡守鄱陽洪邃重修一條，必是傳錄宋本，毛本無此，且楮墨俱古，毛抄不逮欽

仲陽本，亦可云善。義門所校與毛校亦不盡合，未知又何據矣。古書必以刻本爲善，一經校勘，即失古來面目，雖屬聞人動筆，亦有一失。如卷中集賢張君房一條，儆戒會最五十事本不誤，今最校作蕆，誤甚，近惠松崖有漢事會最一書，正與此同義，而反改爲蕆，豈非不學無術乎？并書以示儆。中元前日，蕘翁又識。

余得見何元朗本，香嚴之歿已逾百日，惜無從再借毛抄本一證爲恨。己卯五月廿九日記。

余最喜藏書，兼購重本，取其彼此可互勘也。即如此書，收是本後，又覆至二本，一爲張青芝手錄本，一爲馬寒中家藏本，然皆在此本後，無先是者。且是書已經義門校勘，非復原書面目，即余所校毛斧季本，亦不過與義門同時，皆非古本也。頃書友携示一舊鈔本，行款與義門所校本同，其鈔手較舊，尚留古書面目，因急收之，記其梗概於是，尚容續校也。癸酉中元前一日，復翁。

城南小讀書堆，余故友顧抱沖藏書齋名也。抱沖收藏與余同時，故兩家書互相商榷而得之。抱沖歿在嘉慶之丁巳，二十年來欲借觀其遺書而不能得，蓋始而其孤皆幼，即有季弟在，以非其所典守，故未之許，余幸其尚能愼守弗失，可敬也。近聞稍稍有搖動之意，余亦力紲，素所藏者尚不能自保，遑問其他乎？後探知典質消售俄空焉。從坊間得殘零書帳，因屬賈人之與往來者，檢取數種以爲留存故交遺物之計，但開直甚昂，不但世好在先，未便較量，而勉力爲此，斷斷不能多收。此塵史，斧季所云何元朗本，適在檢取中，因竭一日力，將原鈔異同處悉標於上方，云何本者是也，何本上方及行間有朱筆校語，茲併錄之，云校某者是也。昔斧季所校三本，一欽仲陽本，已爲余收，一何元朗本，又爲余見，未及收，未及見者，止仲木本耳，書此誌幸。何元朗本，棉紙紅格舊抄。每葉二十行，每行二十字。首標塵史，即接序文，序文後題鳳臺子王得臣，字彥輔，次行低二格，標目二行，每六類爲一行，第三行低三格，即標子目，後行頂格接正文，是爲一卷。一卷盡又接標目三行，每六類爲一行，共十二類，爲二行，又五類爲一行，皆低一格，子目正文同前卷式，是爲二卷。其三卷則空三格，分五類爲一行，十五類爲三行，又空四格爲子目，正文頂格同前。通三卷，計八十四葉，與欽仲陽本迥異，後亦無慶元一條，未知何元朗本又出何本也。卷首格欄上有東海二字陽文葫蘆印，格欄下有何元朗三字陰文印。校者亦不記姓名，似斧季而不敢定，所校皆云疑者，亦小心謹愼人也。蕘翁。

此書脫誤獨多，幾不可讀，當就沈景倩是正。辛未初夏。

癸巳仲春，又閱於落木菴中。景倩下世十餘年，留心書史者絕無其人。牧翁所藏數萬卷，辛卯二月四日一炬爲盡，景倩書庫，其子變化無遺，校讐路絕矣。花朝前一日，頑菴記。

―――――――――

夢溪筆談二十六卷八冊　宋沈括撰　明覆刊宋乾道二年本　　清彭元瑞手跋　（07266）

此書的係宋本，避諱字皆合，上有成化以前人朱墨字蹟。芸楣記，乾隆甲辰暮春。

朱書乃近人校琴川毛氏刻本所注，墨書則自署化治年號，其別號曰海岳。考閩人郭造卿建初有此號，或其人也。嘉慶丙辰，再記。

―――――――――

夢溪筆談全編二十六卷八冊　宋沈括撰　明刊本　清鄒詠春手書題記　（07268）

此元成宗大德九年刊本，古雅可貴，書林中之廣陵散也。芸巢讀過。

―――――――――

夢溪筆譚二十卷四冊　宋沈括撰　日本烏絲闌鈔本　近人胡玉縉手書題記　（07275）

是書刊入津逮祕書及學津討源中，單行本絕少。光緒甲辰秋，得諸日本，觀其空格，當是據宋槧傳鈔者，誤字間有之，破句則不一而足也。元和胡玉縉記於東京旅次。

―――――――――

蘇子瞻〔志林〕二卷四冊　舊題宋蘇軾撰　明毛晉編　明虞山毛氏綠君亭刊蘇米志林本　題明毛晉跋，又稼生氏手書題記　（07278）

　　唐宋名集之最著者，無如八大家，八大家之尤著者，無如蘇長公，凡文集、詩集、全集、選集，不啻千百億本，而寓黃、寓惠、寓儋、志林、小品艾子、禪喜之類，又不啻千百億本，似可以無刻，然其小碎尚有脫遺。余己未春閉關昆湖之曲，凡遇本集所不載者，輒書卷尾，得若干則，既簡題跋，聊存痂嗜，見者勿訝爲遼東白豕云。湖南毛晉識。

　　余始讀蘇公志林二冊，竊謂志林本東坡老筆，此編雜出不倫，有類筆記，其疑之，偶覽姚際恆古今僞書考，云馬氏經籍考東坡手澤三卷，陳氏以爲即俗本大全中所謂志林也，今志林十三篇，載東坡後集，皆辨論史傳大事，志林則皆瑣言小錄捃拾成書者耳。始悟此二冊本非志林，筆之以告讀者。稼生。

珩璜新論一卷一冊　宋孔平仲撰　舊鈔本　清吳騫、陳鱣各手校並跋　（07282）

　　乾隆乙巳殘冬，有書買携散浦畢氏舊鈔本珩璜新論來，書分四卷，末後多數條，因命史補錄。按晁氏讀書志載孔氏雜說一卷，或云即此書，果爾，則一卷者乃舊本也。兔床記。

　　孔平仲所著談苑，說部中多有刻者，珩璜新論流傳絕少，近從南匯吳稷堂坐師處得一舊鈔本，中有竹垞圖記，凡遇宋朝故事俱空一格，知出自宋刻，其書亦作一卷，不分爲四，但前有缺葉，後亦少數條，又多誤字，因從拜經樓借得是本補鈔所缺，復互校一過。是本舛錯亦多，甚有脫落數行者，可見傳寫之書非經校讐，猶之蕪田不治也。校畢，遂題其後而歸之。嘉慶十八年二月既望，陳鱣識。

御覽曲洧舊聞十卷一冊　宋朱弁撰　清錢塘汪氏振綺堂刊本　清顧廣圻過錄惠棟

跋並手跋　（07286）

〔過錄〕戊申五月，借金考章先生手錄本校對一過，凡二日畢。定宇。

　　紅豆先生手校此書秘笈本在小讀書堆，予借臨於鮑君淥飲新刻本，蓋新刻與秘笈正同也。思適居士記。

————————

石林燕語十卷一冊　宋葉夢得撰　明正德元年河南官刊本　清葉樹廉手書題記（07290）

　　庚子歲夏五月，用青錢二百五十，貿於東塔前書鋪，隨裝訖。每訪先世文章著述，因交遊不廣，無從求獲，少時矢志，至今弗衰。少保公有避暑錄、放言，皆已錄訖，繼得此書，不啻珙璧，尚有石林集一百卷，不知何時得見而讀之，因附識於此，以爲他日之望。樹蓮。

————————

避暑錄話二卷四冊　宋葉夢得撰　明萬曆間會稽商氏刊稗海本　清孫潛、黃丕烈各手校並題跋　黃丕烈又過錄明俞弁跋　（07294）

　　壬辰臘月初四日，用葉石君鈔本勘。潛夫。

　　〔過錄〕石林葉夢得，字少蘊，吳郡人，宋清臣之曾孫，博學強記。徽宗朝舉進士，受婺州教授，尋遷翰林學士。極論大夫士朋黨之弊，專于重內輕外之論。以龍圖閣學士知汝州，尋落職，提舉洞霄宮。至政和五年，起知蔡州移帥潁昌。高宗駐蹕揚州，遷翰林學士，兼侍讀，除戶部尚書。歷陳禦敵十策，與朱勝非議論不協，由是除資政殿學士，提舉太乙宮，懇辭不就。紹興初，復起江東安撫大使，兼知健康，尋拜崇信軍節度使，因避難居湖州，十有八年而卒，追贈檢校少保。平生所著文集若干卷，傳記避暑錄話、石林燕語、吳船錄、驂鸞錄、林下放言之類傳于世。長子模、次子某云。嘉靖癸丑歲仲夏端陽日，守約居士俞弁

書于永惠堂中。時年六十又六。

　　丙子三月二日，因祭掃祖塋，自胥門歸，道經五柳居書坊分店小憩焉。店中
皆時書，以供馬頭生意者，惟櫃外一二插架稍有舊者，遂從架上獲此書版，僅稗
海中刻耳，內有朱字校改處，及弁首一序、結尾一跋，皆潛夫筆。卷上朱字一行
云，壬辰臘月初四日用葉石君鈔本勘，其次行云潛夫，是可信也。遂携之歸。主
人在家中，不及問其火之價，諒不致視爲奇貨云。蕘夫。

　　余所藏葉夢得諸著，有建康集、石林燕語等書，却無避暑錄話，故購此。據
潛夫跋云用葉石君鈔本勘，是可信矣。適檢汲古閣珍藏秘本書目云，乙卯避暑錄
話二卷、補遺一卷，合一本，舊抄，是此猶脫補遺也。三月十有八日，雨窗燒燭
記。

　　俞跋敘石林所著有林下放言，檢余舊藏石林翁所著者爲巖下放言，非林下
也，得無俞記憶有誤否？蕘翁識。

　　入夏以來，小病淹纏，飲食多減，精神稍衰，校書一事已成往事。近交新
秋，氣體漸復，適有賈人携此書抄本，廿行、廿字，書雖不甚舊，似爲東城顧氏
抄本，因留借校，與潛夫所見抄本時合、時不合，總之無甚關係，亦無可無不可
而已。手爲校勘，亦未必盡據所見改之，因究非舊本也。潘理齋亦曾據一抄本校
于津逮本上，當更參之。七月十二日晨起記，蕘夫。

――――――――――

臥遊錄一卷一冊　宋呂祖謙撰　明嘉靖間刊顧氏文房小說本　清黃丕烈手書題記
（07298）

　　余家舊藏宋人抄本臥遊錄一帙，前有王深源序二葉，此刻無之。卷中有吳郡
沈文、辨之印兩方印，又有吳郡沈文一方印、繁露堂圖書印長方印，末葉有野竹
居士沈與文嘗觀九字，今以顧刻勘之，字體悉合，鈔本當即據此也。

　　案顧與沈同爲吳郡人，又同是嘉靖朝，二人或並時，未可知也。復翁記。

――――――――――

松窗百說一卷一冊　宋李季可撰　清乾隆丙子（二十一年）鮑氏困學齋烏絲闌鈔

本　清鮑廷博手校並跋　（07305）

乾隆丙子季冬，傳汪西亭立名寫本於郁佩先禮，明年丁丑正月二十五日校於知不足齋。

戊寅四月二十六日，仍借汪本覆勘一過，更正四五處，惜元本多誤，未得別本正定耳。

嘉慶二年正月二日，通介老人重閱於西湖沈氏出庄，去丙子借錄時四十二年矣。

嘉慶辛酉重陽前二日風雨，閉門再閱一過，時年七十四。

東園叢說二卷一冊　宋李如箎撰　明鈔本　清葉樹廉，張文虎、韓應陛各手書題記　（07308）

右叢說二卷，姚舜咨藏本。其中天文、地理、律曆、象數，言之鑿鑿，宋儒中之博通今古者，惜乎程朱教興，博學多聞之士埋沒不傳，若李公者，不知其幾矣！即其樂本又不可得見，更爲之增嘅云。道轂。

是書文瀾閣本上中下三卷，昔嘗編入指海第三集，頗有脫誤可疑處，無從補正，姑仍之。頃綠卿中翰眎我此本，共上下兩卷，其下卷即閣本之中下二卷，與上卷卷帙本相若，不知閣本何以中分。卷末附判府吳大卿劄子，則閣本所無。書中於匡字、貞字、桓字、姤字避作康、作正、作洹、作遇，又於太宗、仁宗、高宗朝廷上意等字皆提行，或空格，劄子亦有提行處，當是宋本原式。惟籌邊條，國家祖宗句誤連，蓋仿抄非影寫，故中亦不免脫誤也。然以校閣本，則賴以補正者甚多。其大者，下卷有執中無權之說、浚井焚廩、孟子辭齊王以疾而出弔三條，閣本以其誹孟刪去；其月蝕衝、土王、氣候三條，閣本脫去中間十八行，而以氣候條後半節接月蝕衝條前半節，聯合爲一，非此本則不復可讀矣。按李如箎仕履無聞，惟據自序，知爲括蒼人，而官桐鄉丞，又據三江條，知其曾爲通州酒官。然宋時括蒼並未置縣，當屬台州之仙居，言括蒼者，就其居之所近耳。又宋時亦無桐鄉縣，觀其劄子，於吳稱判府，而吳稱李爲知丞，是時桐城屬舒州，則

桐鄉當指桐城，吳爲知州，則丞乃屬官，故相稱謂如此。提要援正德崇德志載李爲崇德人，官桐鄉丞，今桐鄉古崇德縣地，豈因此致誤耶？抑李晚遷崇德耶？其載李字季牖，他書所未見，又言所著有東園叢說及樂書，則適與劄子中樂本一語相符，不知志何所據也。又書中自序題紹熙壬子，周庭筠跋題紹熙甲寅，閣本誤熙爲興，提要據之謂壬子爲紹興元年，甲寅爲紹興三年，而書中載有紹興六年以後事，及稱高宗廟號，且語孟合稱，不似南宋初語，北辰一條似曾見集注，其論渾天、蓋天，亦似歐羅巴入中國後語，遂疑爲近人僞託。按紹興元年乃辛亥，非壬子，三年乃癸丑，非甲寅，紹熙三年壬子、五年甲寅，距紹興初凡六十年，書中坡詞條載其父與王子家同直秘閣，語東坡卜算子事，在紹興三年，云其言三蘇事甚多，愚幼小不能記憶，則可知著書作序不在其年，明乎紹興乃紹熙之誤。則又可知李與朱同時，朱子論孟集義序作於乾道壬辰，李或曾見其稿。且北辰之說，發之沈存中，何必集注；蓋天即渾天，理本易明（梁崔靈恩已有此說），又何必歐羅巴，觀其地深厚之數，及天地之形諸說，於地圓之理全未解得，必非曾見歐羅巴書者。提要總以一字之誤，不及致詳，遂生繆轕耳，今既得此本校正，渙然冰釋，漫誌卷首，以復於韓君，見舊抄本之可貴如此，願韓君寶之也。咸豐八年歲在戊午冬至前一日，南匯張文虎識。

　　書末有道穀跋七四字，亦伊手書，後有重裝，不可因其破碎易去。應陛。

示兒編二十三卷八冊　宋孫奕撰　明藍格鈔本　清嘉慶二十二年汪昌序手校並題記　又黃家惺手書題記　（07309）

　　此本爲玲瓏山館藏本，乙亥得於江都市中，惜傳寫多訛，未能細校，今據鮑氏刻本略爲更正，其中有善於鮑本者，另注於後。嘉慶丁丑，儀澂汪昌序記。

　　此書得之鮑稼禾內弟，蓋馬秋玉徵君故物，儀徵汪君昌序以朱筆照知不足齋本校核。汪君，未詳其生平，殆亦博雅君子。稼禾家藏古書極多，同治甲子以巨舟裝載至武昌盡賣之，余因乞得數種，此其一也。又有宋本漢雋，字畫工絕，後以贈張西園觀察矣。北山學人黃家惺記。

遊宦紀聞十卷四冊　宋張世南撰　明鈔本　明嘉靖元年唐寅手校並跋　又清黃丕烈手跋　（07311）

俞子容氏困學齋書□□唐寅子畏甫校。
俞子容氏困學齋書，嘉靖改元唐寅勘畢。
嘉靖改元清明日，吳郡唐寅勘畢。

此舊鈔本張世南游宦紀聞，每卷有唐伯虎題字，余得諸五柳書居，蓋其友人沈姓物也。沈素識古，於名公書畫購之以居奇，此書因有子畏墨迹，故亦在所蓄，且可藉以臨摹，偽爲欺世眞本，祕不肯出。一日携示五柳居主人陶蘊輝，思付裝池，陶君遂慫恿售去，卒歸于余。余嘗閱讀書敏求記，有云張世南游宦紀聞十卷，影宋本舊鈔，乃停雲館藏書，有衡山先生圖記。今此冊有玉蘭堂小方印，得無即文氏所藏乎？又閱汲古閣珍藏祕本書目，游宦紀聞十卷，有唐伯虎標題，又與此書合，則其爲舊本無疑。近時長塘鮑氏刊入知不足齋叢書中，係盧抱經先生以舊鈔本參校，今取證此書，大略相似。然古書面目終不類此。爰出白金陸兩易得，命工重裝。人貴其有唐伯虎標題，我愛其爲影宋本舊鈔，彼此之心固各有在爾。乾隆乙卯辜月朔日，吳郡棘人黃丕烈書。

梁溪漫志十卷六冊　宋費袞撰　明刊白口十行本　清楊廷錫手書題記　（07312）

余讀邑志稱補之先生著此書凡十卷，成於紹興壬子，刻于嘉泰辛酉，至開禧丙寅，奉國史實錄院牒請進御。又有續志三卷、文章正派十卷、文選李善五臣注若干卷。予觀此書多載宋時事，旁及詩史典制，其記東坡事尤詳，讀之可識前賢往行，非篤學之士而能如是乎？予嘗閱朱少章曲洧舊聞、沈存中筆談、容齋□筆，知其考據精詳，立言醇正，大可以畜德，小可以多識，及觀此書，言簡而該，意達而周，洵足重矣！此本爲先生後裔玉峯家藏，予借讀之，爲考此書之

由，書以歸之。道光壬寅仲秋之吉，邑後學楊廷錫謹識。

右梁溪漫志，予借觀在道光壬寅之秋，曾作一跋，附書以歸玉峯。今玉峯已物故，不知此書已存否。咸豐甲寅春三月，有書賈持此本售者，版刻精雅，殆爲初印之本，較玉峯所藏更爲精妙，予喜而得之。惟予求是書已數十年，今始得之。壬寅距今星紀十二更矣，中間予筮仕西秦，輟讀者又數年。茲歸里中，屏跡却掃，日以書畫自娛，年來積書有數篋、積畫數十禎，朝夕諷誦，日與古人晤對。今得是書，足慰素心，因檢前跋鈔錄簡首，又記□語以識予得之難，玉峯之藏未可以爲枕中秘也。咸豐〔闕文〕廷錫又識。

————————

梁谿漫志十卷二冊　宋費袞撰　舊鈔本　清吳焯題簽　乾隆二十九年吳城及近人鄧邦述各手書題記　（07315）

梁谿漫志十卷，宋免解進士費袞補之著。卷首載開禧二年國史實錄院牒一首，則袞在生時，此書已爲世傳重，指名索入禁中，亦可謂稽古之榮矣。其所稱先大父，攷常州郡志，袞祖肅，字懿恭，進士，以薦除祕書正字，高宗駐驆廣陵，首召入館，已而罷歸，隱錫山。乾隆甲申秋，甌亭吳城記。

梁谿漫志鈔手不精，中間間有校筆，前葉實瓶花手書，而書面則繡谷翁字也，其爲繡谷所寫存，固無疑矣。尺鳬父子皆好書，鑒別矜審，尺鳬字尤雅偶，余篋有尺鳬手寫唐子西集，又得此書，亦墨本中之甲觀也。戊午花朝，正闓檢記。

————————

老學庵筆記十卷四冊　宋陸游撰　明天啟三年吳江周應儀刊本　清梅肅手跋　（07317）

丙午清和下澣較閲，久假得歸，如獲趙璧。梅谷識。

————————

老學庵筆記十卷三冊　宋陸游撰　清初穴研齋鈔本　近人鄧邦述、傅增湘各手書題跋　（07320）

　　此據宋本繕寫，本中多避諱缺筆及遇本朝空格字可證也。取校津逮，頗多善處。沅叔同年曾借校，謂爲善本，舊鈔之可貴如此。放翁無所不通，宋人小說本爲著述家一大觀，然博洽精粹，亦不多觀，此書未可輕也。戊午陽月，正闇。

　　甲寅十月，借此本與商刻對勘，增者數十字，改者殆數百字，可謂善本矣。增湘附記。

――――――――――

鶴林玉露十六卷八冊　宋羅大經撰　明松陵王叔承校刊本　近人鄧邦述手校並題跋　（07332）

　　鶴林玉露十六卷，明刻本，頗得宋刻矩矱。明刻佳者皆仿宋體，亦有似元刻者，則皆明初本也。自嘉靖時，刊本字勢方整，又變一格。嘉靖歷年最久，故能自成一格，萬曆歷世與嘉靖相埒，然劂氏工極醜劣，世無重之者矣。近世坊賈每以明本贋宋，若淺識者往往莫辨，實則碔砆類玉，不足長價於卞氏之門也。此帙得之貞明君，破碎不完，己酉七月命工于贊臣重裝，始改舊觀，古香煥發。涼秋之夕，略記明本字畫如此。正闇居士。

　　右鶴林玉露十六卷，刻本甚美，而實與古本不合。古本分甲乙丙三集，集各六卷，乃十八卷。羅大經凡三序，其第三序有云還山數月，丙編乃成，此刻改爲是編，丙集中有云甲乙集者，亦皆竄易，於是十八卷之舊觀遂不可復覩矣。乙卯夏，見鄰蘇老人藏日本活字本三集較然，因取而校之，不獨字句差謬，篇次亦甚凌亂，次而比之，頗費時日，校未終，而鄰蘇謝世，其後人旋來索回。又喜沅叔同年新得一本，與鄰蘇同，始得賡續爲之，并補鈔四十則，還其舊觀。匆遽之頃，未及別寫一目，然每題有異同者，必一一加注，閱者細心讀之，庶與原書無異。吾國舊學日湮，區區讐斠之能，抑何足取？然近世古籍流出東瀛日夥，士大夫或以此爲市，甚可嘅歎。此書之存，猶禮失求野之意，不可謂爲無益也！丁巳正月廿五日，正闇寫記。

　　日本活版所印各書多據古本，故藉以是正吾國舊籍極好，近人書目至列外國版本爲一類，良有由也。明人刻書喜竄易篇第，然未有若此書之甚者，不惟刪削四十條，并泯去甲乙丙之名，以遂其非，不值識者嗤鄙。昔人竄亂，惟恐不及，余乃必欲整齊以復其舊，雖用心不同，而好事則一也。廿五日燈下又記。

王峯先生腳氣集一卷二冊　宋車若水撰　舊鈔本　清道光四年夏守仁手跋兼過錄
清吳焯手書題記　（07340）

　　台郡在南宋時號小鄒魯，一時文物之盛，甲於東南，而趙、杜、車、黄尤爲傑出。此腳氣集一卷，車若水撰。若水字清臣，號玉峯山民，黄巖人，其祖似慶著有隘軒集等書，杜清獻範序極推稱其釋經評史、榷古商今，自成一家言論。若水初師陳耆卿，後從陳文蔚，乃棄永嘉學派，私淑考亭，蓋其家學師承，具有淵源也。此集據其從子惟一跋，是成於咸淳甲戌，因病腳氣，作書自娛，故名曰腳氣集。舊本絕罕流傳，雲間陳氏刻入寶顏堂秘笈，分作二卷，說郛祇錄數則，四庫著錄元時管而敏家所藏、華亭孫道明錄傳者，各家收藏俱從此出，輾轉傳鈔，滋多脫誤，而陳氏刻本草率付刊，未加校讐，舛失更多。此從吳氏繡谷藏本錄出，並以朱筆臨吳氏校語於上，又錄跋識。近獲得樸學齋鈔校本，與閣本覆勘一過，可稍勝他本爲善矣。同時鈔得廛史三卷，借士禮居所藏何義門校本以臨校之，並度錄黄氏諸跋於首。道光甲申，夏守仁記。

　　〔過錄〕案文獻通考續只載浙人車若水玉峯冗稿，及道統錄二種，獨無此目。觀是編從子惟一跋，蓋若水晚年所著，故有絕麟之語，想當時未刻，故別書目都不載。余考台郡志，若水黄巖人，祖似慶潛心理學，號隘軒，著有五經論、閒居錄、隘軒文集，杜清獻範、陳簣窗耆卿爲之序。若水學古文於簣窗，後從清獻游，尋往來王魯齋之門，深得晦翁緒論，著大學沿革論，魯齋謂其洞照千古錯簡，使朱子聞之，當爲莞爾。所著有道統錄、宇宙紀略、世運錄、玉峯冗稿。亦不題此目，洵爲當時所未刻，是編之傳，眞幸也。康熙乙未清和二十又一日，吳焯。

　　此編刻于陳眉公秘笈中，又得乘暇檢校，互有錯字，今成完書。又記。

────────────

藏一話腴四卷一冊　宋陳郁撰　明蘇州金俊明手鈔本　金俊明手跋　（07341）

　　右藏一話腴，潤甫從南明得之，因就借鈔，但原本乃不識字人所謄，訛舛特甚，南明改十之五六，余復正其二三，尚有不能詳者，俟得刻本再校。初六日，雨窗幷識。

────────────

草木子四卷二冊　明葉子奇撰　明正德丙子（十一年）葉溥福州刊本　清光緒間王韜朱墨批校並手書題記　（07367）

　　所言有類泰西格致之學，其時利瑪竇等尚未入中國，而葉子奇心思所及，已能剖析入微，可見中國人心未嘗不靈於泰西。光緒丙戌夏六月三日，王韜識，時年五十有九，寓滬北淞隱廬。

　　咸豐年間應試鹿城，得於冷攤上，固明刻本也，惜首數葉殘缺耳。光緒癸未春中重付裝潢，偶閱一過。天南遯叟。

　　序文、首卷三葉殘闕，尚待求善本補之，惟此書單行刻本甚罕見，求之十年未得也。遯叟再識。

　　葉世傑名子奇，龍泉人，洪武時用薦授巴陵主簿，嘗作太玄本旨，究通衍皇極之說，儒者稱之。洪武十一年春，有司祭城隍神，羣吏竊飲豬腦酒，縣學生發其事，子奇適至，以株連就逮獄中，用瓦磨墨，有得輒書，事釋，家居續成之，號草木子。其書稽上下之儀、星躔之軌、律曆推步之驗、陰陽五行生尅之運、海嶽浸瀆戎貊希有之物、神鬼伸屈之理、土石之變、魚龍之怪，旁及釋老之書，而歸於六籍，兼記時事失得，兵荒菑異。曰草木子者，以草計時，以木計歲，以自況其生也。里人王毅從許謙游，受理心分殊之旨，子奇學於毅，歎曰聖賢之學不貴多閱，以靜爲主，因自號靜齋，見朱竹垞曝書亭集葉子奇傳。

　　忠州李芋仙藏有乾隆壬午重刻本，天台齊召南息園爲之序，蘇遇龍德水爲壽之梓，始知先生裔孫方伯名溥者，於明正德年鋟版行世，黃鐵橋序之，余此本殆即正德年間初刊本也。蘇君宰龍泉，訪其後嗣，已無人矣，求其書，如太元本

旨、本草節要等，已不存矣，久之，僅得草木子殘編，使非朱竹垞表彰之，則亦
湮沒無聞耳。人可不以空文自見哉？光緒乙酉夏六月，淞北玉魷生王韜識，時年
五十有八。

　　元龍泉葉子奇著草木子，明鄭善夫爲之敘，云葉子奇氏，括人，生元季，匿
於龍泉之槎溪，所著有範通元理、太元本旨，各二卷，有詩十六卷、文二十卷、
本草醫書節要各十卷、齊東野語三卷、草木子三卷。草木子成於洪武戊午幽纍
中，稽上下之儀、星躔之軌、陰陽五行生剋之運、海運浸漬戎夷希乏之物，鬼神
伸屈之理、草木之變、魚蟲之尤、律曆推步易衍之大宗、釋老禮制之書，而之於
六籍之要，大歸同焉。野語記時事失得、兵荒菑異。草木子云者，草記時、木記
歲，以況其生，而傷乎其言之立也。舊本凡二十八篇，今纂爲八，野語凡三卷，
今爲二，其七代宗子溥殺青而行之，弁曰草木子。今鄭善夫序已佚去，據范氏天
一閣本鈔撮其大略如此。光緒十有一年乙酉仲夏之杪，天南遯叟識。

　　乙酉六月十八日，借忠州李芊仙本校閱一過。

對客燕談一卷一冊　明邵寶撰　明嘉靖丙申（十五年）姚咨傳鈔秦艾齋摘錄本
姚氏及清黃丕烈、張蓉鏡、虞山散人各手書題跋　（07379）

　　邵文莊公對客燕談一冊，得之艾齋秦子，秦子得之潘靜怡氏。舊凡數十葉，
秦子摘抄如干，潘氏者逸去，而公之始本又燬於火，使秦子全抄之，則公之幼學
壯行具見，盛德大業載之國史者，於是乎在矣。咨生也晚，雖獲瞻公顏面，末由
一侍左右，沾其殘膏剩馥，可嘅也已。嘉靖丙申秋八月月圓夜，後學姚咨拜手以
識。

　　此亦東城顧氏試飲堂書也。書估於去夏買出，遍覓售主，無過而問者，因示
余，余以家刻書易之，約計直如本書葉數一餅金寬也。原書破損殊甚，復爲重
裝，取姚茶夢齋手鈔耳，不知者視之，不值一哂，久爲字籠中物，書之遇合亦如
是之奇，可爲深歎！癸未秋九月十九日，裝成，蕘夫記。

　　道光癸巳四月，黃賦孫兄携至虞山，得之珍藏。

　　道光己酉三月二十九日丁酉吉辰戌刻展讀一過，以血書佛字於首頁，保護以免蛀厄。芙川蓉鏡誌。

　　士禮居黃氏藏書，賦孫兄手散逸，重以荼夢主人所鈔，以善價得之，讀者幸愛護焉。虞山散人偶誌。

————————

聞見漫錄二卷四冊　明陳槐撰　明萬曆二年陳氏家刊本　清同治七年徐時棟手書題記　（07390）

　　同治七年五月十七八日，柳泉借閱一過。

————————

黃谷瑣談四卷二冊　明李蓘撰　清乾隆三十八年兩淮鹽政李質穎進呈舊鈔本　近人鄧邦述手校並題記　（07403）

　　明人說部雖繁，然多記當代掌故，此編獨殫洽百家，其讀書記問之功深矣，惟略近蕪瑣耳。世無刊本，此乃四庫徵書時，兩江鹽政李質穎採進本，書面有木記，首葉有翰林院印，皆可證也。院久不存，留此可備後來攷訂。羣碧居士，甲子二月。

　　此書久佚，有人來乞鈔而傳刻者，因粗校一過，付之鈔胥，尚不能謂毫無疑義也。書中訴朱子處屢見，知四子註爲儒者所不許者久矣。其尊孔子，謂性與天道之旨實契黃老之眞，訾儒門沾沾於淺易而于深者終身曚焉，此論實獲我心，非一孔之見，漫詆宋儒者所可比也。丙寅五月廿一日，羣碧校畢記。

————————

埭川識往一卷一冊　明時傅撰　明綠筠堂鈔本　清黃丕烈手書題識　又近人□九書函　（07409）

此書余得諸郡故家藏篋中久矣，無別本可對也。甲戌四月，路過元妙觀前，有友人出一書相示，云是外所罕有者，余取視之，蓋即埭川識往也，因謂友人曰，此書原本余得之，請携歸一對，果自余本出，特傳錄又不無稍誤耳。唯是余本本有原誤而校正者，痕迹宛然，末一跋中所改有正有誤。壬午二字原作辛巳，如據卷端弁言，壬午爲正，白沙公三字原作二月余、予字原作中字、曲江黃弘業原作白沙貢大章，此原正而校誤也。觀卷端弁言云，與客至吳門，客即指野〔文未完〕。

埭川識往一冊，鈔極舊，堯圃跋亦眞，惜不全耳。書閱畢，明初人筆墨雜事亦互見他書。手頭無蘇州府志，不知貢大章爲何人，後跋的是黃弘業語氣，非大章自跋，堯圃以爲校誤，非也。拙稿四冊，失去首冊，止有宋字本在湖北付刊，如不存，則好從四卷起矣。先將殘稿呈致積餘仁兄大人。□九頓。

————————

學圃齋隨筆十五卷六冊　明文元發撰　舊鈔本　近人羅振常手書題記　（07415）

隨筆乃五十卷，見府志，此本只存十五卷，故錄者改之，以泯其迹，其實果無刻本，雖殘帙亦足寶貴，何必作僞。

此書徧質藏書家，皆未見，吳人之留心鄉賢遺著者，祇云僅見志乘載其名，無見其書者，則此碩果僅存，彌足貴矣！振常記。

此本僅有書名，不標卷第，且有並不標書名者，疑原稿初未經寫定，府志中五十卷之說，恐未足據。又記。

明人筆記多作理學套語，此書獨無此病，其記明代掌故皆可取，尤以王陽明門人所書訃啟與詈王學之公文，爲他書所未見。又記。

如去其空言，採其精華，約可存十之三四。

————————

鬱岡齋筆麈四卷八冊　明王肯堂撰　明萬曆壬寅（三十年）王懋錕刊本　清康子晉手書題記　（07448）

　　鬱岡齋筆塵，僕向有兩部，一爲吳江凌葦裳易去，一爲張次柳易去，後復得一部，缺尾冊。昨歲沈韻初孝廉囑爲物色，遍覓不得。今歲四月初遊蕩口，忽覩斯書，快慰無似，惜韻初計偕北上，不克翦鐙共賞奇文，何時得償斯願耳。同治紀元五月。

五雜組十六卷八冊　明謝肇淛撰　明萬曆間刊本　近人沈曾植手跋　　（07455）

　　光緒己亥，蘗宧在禾中得此書，甚忻喜，而闕一冊以爲恨。逾年，余復得此本，紙墨均不及蘗宧所得，喜其完全無損耳。北事方亟，蘗宧在圍城中，音問斷絕，今日六壬占得脫難課，檢書得此，其吾蘗宧脫難全身，藏書無損之兆耶？庚子六月，乙僧記於耀珉旅館。

五雜組十六卷十六冊　明謝肇淛撰　明萬曆間刊本　日本正保三年太田玄淳手書題記　　（07456）

　　涉獵之次，朱以分句讀、墨以加訓點，殆六閱月而終。正保三年冬十月上浣，素軒太田玄淳德父。

百八手珠一卷一冊　明潘戀功撰　舊鈔本　清虞嗣集、黃敦余跋語，又無名氏手跋　　（07482）

　　跋。心發爲言，善其言爲文，然心常十而言居其九，言常十而文居其九，文常十而人之喻又居其九，聖人欲無言，爲心於言、文於人，常相十而九之，不若無之之全此心也。此爲求全其心之言，如果無言，則心於何有，竟無傳心者矣，是在有心者善觀其言而已。碧鮮居士潘氏鄉先達，官刺史，吏而隱，二百年往矣，非於手珠文言，何由見其心乎？今觀其文，足盡其言之十，余契其言，未必

能得其心之九，乃於言言有我思古人之慨，每將此百八公之於人，與余相契者，十不得一，惟黃子學袁取善成己之懷，素敦且篤，與潘先生之言，如風見風，如火見火，愛之不啻自口，書之疾不惜腕。但此初不爲雞林人所售？世鮮傳者，余向有完本借友，一再轉問，遂成久假，無踪可追，此冊手書板印相半，有闕文，有蝕字，黃子敦余於居士從曾孫處覓得完本，適於此冊互証完本蝕字，纖毫巧合，更屬一快，詳黃子跋語。倘時賢力贍者，取而壽諸梨棗，我兩人亦藉傳其好事於後世，庶不辜今此之興云。雍正元年癸卯六月，錢塘展園虞嗣集跋。

跋。既得碧鮮居士手珠於展園，喜而抄之，內闕五十八、九兩珠，而九十九珠語中又蠹蝕兩字，雖文義可度，而字不可意定，咸虛其頁以待補，仍屬覓完本，隱虞未可必得。一日展園持完本至，乃索在意中者，竟若獲之意外，不啻合珠完璧之珍以喜也。尤奇者，九九之語，不敢望與方軌，而執鞭者忻然，此冊蝕與方而完本適蝕軌而，因與之完其完焉，使一字有參差，則三峽皆成微闕，文章有神靈式憑之歟？因歎物之毀而成、事之散而聚、人之離而合，大抵然也，要莫不以求而得之。夫以一人之手抄，成〔闕文〕。

右爲黃子敦余手跋，已佚半葉。世間必更有黃子其人者，鈔藏副本，未知何日得以校補，以成聯珠合璧之美。謹書其後，爲他日左券。此冊流傳極少，擬刊播以公同好。作百八牟尼皈依佛陀也可，即作百八蒲牢警悟衆生也亦可。

————————

吹景集十四卷四冊　明董斯張撰　明崇禎己巳（二年）烏程韓昌箕刊本　褫襪氏手書題記　（07483）

閱此書具見奇才博識，褫襪健忘，能不愧汗。元黙涒灘皋月下八。

————————

博物要覽十六卷四冊　明谷泰撰　舊鈔本　清錢大昕觀款　（07487）

壬戌仲秋十日，竹汀居士假讀一過。此書傳本頗稀，足資考証。

────────────

非言四卷一冊　明吳人望撰　明鈔本　清同治七年徐時棟手書題記　（07489）

　　非言四卷，一本，明餘姚吳人望撰，末卷有脫落，同治七年閏四月十六日城西草堂徐氏收藏。人望此書言尚質實，特言之非艱，行之唯艱，不知言此言者，即爲人也。而餘姚志中無人望傳，亦並不載此書。五月二十九夕，徐時棟記。

────────────

棗林雜俎六卷六冊　清談遷撰　舊鈔本　清章鈺觀款　（07495）

　　海豐吳氏藏書。丁巳，長洲章鈺借讀，臘八日記。

────────────

棗林雜俎不分卷棗林外索三卷四冊　清談遷撰　鈔本　清光緒四年陳德滋手書題記　（07496）

　　是書原鈔本計三冊，頁二十行，行二十四字，先王父立齋公所藏，其硃筆句讀及點竄者均純齋公手澤，予於滄書姪處借得，亟錄一副，凡四十六日而畢。暑窗識此，時在光緒戊寅六月十日也。武原醴齋陳德滋書于問心室寓舍。

────────────

人海記不分卷一冊二冊　清查愼行撰　南野草堂烏絲闌鈔本　查又春附箋　（07505）

　　家初白公人海記手稿，現藏孝廉王蘭坡業師處（諱學蘇）。用紅格紙寫，行書，簿面上題查他山先生手鈔人海記。又春誌。

────────────

羣書疑辨十二卷四冊　清萬斯同撰　清實齋氏藍格鈔本　民國二十一年張繼手書

題記 （07506）

　　國難當前，奔走幾無停日，悲憤焦急，不克自制，每到一處，輒訪尋舊書善本，偶有所得，精神爲之一快，患難中之安慰者，其爲舊書善本乎？此書得於四明，民國廿一年一月十三日也。滄州張繼識。

　　胡清嘉慶丙子刊本，市上已少見，得此鈔本後數日，於滬上獲之，刻本多錯字，不及此鈔之善。實齋疑爲章學誠，待質諸多學之子。又識，一月廿九日。

――――――――――

得樹樓雜鈔十五卷二冊　　清查愼行撰　　舊鈔本　　清道光十七年吳昂駒手跋　（07507）

　　余昔從藏書家借錄查初白先生人海記、陪獵筆記，時即知先生更有得樹樓雜鈔一書，乃購訪多年，迄不可得，深以爲憾。頃苕賈至淳溪，携有寫本數種，雜鈔在其中，不禁爲之狂喜。開卷視之，前無序目，後無題識，分卷一十有五，而書中屢言謝職歸田，兼有竹垞云亡之語，知爲先生晚年所訂也。書不能具述，舉其大凡。前明理學之宗、詩人之派，言之歷歷，又收羅兩宋詩人之可續西湖志、杭郡志者，摘存其游覽之篇，而於古籍之中尤注意史、漢兩書，考核精當，足以補宋倪思班馬異同之缺焉。近世好學之士，競尚洪氏五筆、王氏困學記聞，以暨顧氏日知錄、閻氏潛邱劄記等書者，以其說有本原、事足徵信故也，先生所著其亦類是。特念此書雖久沈埋，而依然完好，迨冥冥中自有護持之者，乃以余愛慕情深，俾得於遲暮之年快覩之，豈非厚幸歟？小坡朱君與余同珍重前輩著述，收藏其書，由此，不吝借人輾轉鈔錄，可以廣傳於世，厥功甚偉，余樂得而誌於其後云。時道光丁酉年季冬八日邑後學吳昂駒謹跋。時年七十有二。

――――――――――

廣陽雜記四卷四冊　　清劉獻廷撰　　清德清戴氏長留閣鈔本　　清光緒間張瑛、趙烈文各手書題記　（07510）

　　曩在金陵書局，德清戴子高以此書贈余，屬爲刊行，懲負諾責，因循未果，

今子高已歿，不勝宿草之感。其中硃圈者，係與吳門丁泳之同參訂。無圈擬刪。
光緒六年歲在庚辰九月既望，常熟張瑛識。

　　此孤本也，後人珍之。光緒七年七月，得此於友人張純卿瑛。四本。天放樓
記。

　　光緒己卯，借觀於虞椒張純卿處，辛巳孟秋，爲售友人某君不果，因自得
之。消暑黛語樓重讀一過，書雖體例不純，而遇事必書，不愧好學多聞之君子，
惜其無成書可見，僅存隨筆一種，猶若存若没，於絶續之間，可悲也已。能靜并
記。

————————————

蔣舍人隨筆不分卷一冊　清蔣宗海撰　清乾隆二十九年著者手稿本　清宣統元年
趙申伯手跋　又近人方寰手書繆荃孫跋　　（07513）

　　日長思臥，因閒步廠肆，於冷攤中覯此，携歸燒燭審定眞蹟，並記。宣統元
年己酉春，去此已一百四十五年矣，時在宣武城南。
　　計五十又一頁，於每頁下更注明之。又記。

　　蔣舍人通籍後，僅服官兩載即歸，著述稱富且精，惜多散佚。乾隆丹徒志，
王夢樓先生多人，即據其稿本成書。今獲見此，誠可謂吉光片羽，得者當珍重視
之。繆荃孫述谿志。皖肥方寰允如氏書。

————————————

文宗閣雜紀三卷三冊　題清汪中撰　稿本　清嘉慶二十三年陸芝手書題記　又筠
盦氏手跋　又繆荃孫詩二首并跋　　（07515）

　　江都汪容甫先生負經濟才，在浙著書甚富，文以漢魏爲則。平生最欽佩顧炎
武。孝行聞於鄉里。家貧有高節。愛讀書，無錢購置書，入書肆，隨讀隨能記
之。乾隆九年生，五十九年卒。嘉慶二十三年戊寅歲仲冬月，平泉陸芝拜撰。

　　丁酉立春後三日，携遂新二弟同游西湖，便道春申，購得曹秋舫紫雲硯。到杭連日陰雨綿綿，悶坐定軒齋中，偶見此稿，讀之忘去陰雨與遊杭之行矣。是夜定軒醉歸，笑問定軒茲書肯讓否，答曰，可，紫雲可換耳。紫雲，余時不能忘，見此稿可云刻不能忘矣。祇得捨彼就此矣！筠盦自記於杭。

　　揚子江頭話月明，秋深常自獨高吟；生平愛說前朝事，西子湖旁著古今（先生暮年曾寄寓西湖僧舍）。　金石文章有別區，遺編珍重勝遺珠；最憐楊柳年年碧，腸斷西山夢有無（所撰黃鶴樓記，爭誦者甚夥）。　己亥冬仲，筠盦大兄出眎大儒手著，讀之，所爲名無虛有耳，後世慧眼者定應珍重視之。江陰繆荃孫拜題於鍾山講舍。

————————

鄉談一卷一冊　清田易撰　田實秬補訂　清田實秬手稿本　田實秬手書題記　（07518）

　　此集已飽蠹魚，所剩數紙皆破碎不可讀，今爲補綴錄出，而益以近日所見瑣詞雜說，隨手摘錄，俟成帙後，再爲校訂，以續先人之志。實秬謹識。

————————

春雲館讀書日記不分卷六冊　清半餘氏撰　手稿本　清顧廷綸觀款　（07526）

　　壬戌除夕，鄭鄉顧廷綸借閱一通。

————————

意林五卷二冊　唐馬總撰　清乾隆四十七年武英殿聚珍本　清周廣業手校並跋　（07542）

　　甲辰春，余在京師，行篋携手校意林三冊，蓋自庚寅迄癸卯，閱十四年而始定者，適聚珍館欲刊此書，王疏雨方爲吉士董其事，中祕獨有天一閣本、廖氏刊

本，錯謬殆不可讀，疏雨以屬沈嵩門，嵩門與余友善，遂借余本照改，數日而畢，既而余亦館於疏雨，意嫌未盡，更取余本去，并案語亦摘錄之，間有數字用舊本者，仍注云藏本作某。疏雨告余曰，方入板日，同人咸斷斷以爲不宜輕改舊本，且如鶡冠子之補入目錄、物理論之列太元前，大駭閱者之目。後以樣本進呈乙覽，皇上喜得足本，遂命卷首御題第四首詩不必載入，衆議始息。但既刊之後，余屢向疏雨索其本，終不肯見予。去冬，余南旋，門人祝振兮熟知其始末，特以見貽，余始得見聚珍之本，雖與余定本尚稍參差，然亦無幾矣！戊申春三月廿一日，校畢第一本書，耕厓周廣業。

　　此書舊本錯誤最甚者，無如傅子、物理論，二書俱亡逸，無可詳核，乃中論現存而竟雜入物理，猶莊子爲習見之書，而割裂其半爲王孫子也。余逐條搜剔，幾於闢蘙叢而開鳥道，□疏雨得之，恨取之不盡也。但遂没不言十字直作物理論正文，人云涉世一條仍附物理末則，尚有未安。遂没十字自可無疑，人之涉世則并非物理文也。戊申三月廿二日校訖。廣業。

———————

意林五卷二冊　唐馬總撰　清湖北崇文書局刊本　清鄒存淦手跋　（07545）

　　兒子壽祺於友人處得意林校本，錄未及半，爲院課時復作輟，老人索居無俚，因續成之，惜目眊捥弱，殊欠工整耳。光緒庚寅大雪前節二日，海甯鄒存淦識，時年六十又二。

———————

意林註五卷附逸文一卷四冊　唐馬總撰　清周廣業注　清稿本　費寅手書題記
（07546）

　　聚學軒叢書第五集第十意林補注五卷補遺一卷，貴池劉世珩校刊，無邵序以下十六葉，殆邵所見，庚子以前本，非後來重定也，故以之對勘，小有異同，略將首數葉勘列另紙，俟有好事如聚學爲之重刊耳。辛未莨冬，復齋費寅謹記。

———————

東坡先生物類相感志十八卷二冊　舊題宋蘇軾撰　釋贊寧編　舊鈔本　清嘉慶十五年陳鱣手跋　（07547）

　　釋贊寧物類相感志十八卷，明嘉靖時句吳姚舜咨從友人借得傳錄者。眉公祕笈所刻止半部，此乃足本也。攷晁昭德讀書後志作十卷，文獻通考同，則此十八卷殆後人所分歟？後志偁贊寧吳人，以博物稱于世，柳如京、徐騎省與之遊，或就質疑事，楊文公、歐陽文忠公亦皆知其名。又王禹偁譔通慧大師文集序云，文穆王時，大師聲望日隆，文學益茂，時錢氏公族與大師以文義切磋，浙中士大夫以詩什倡和云云。又按十國春秋，贊寧本姓高氏，其先勃海人，隋末徙居德清縣，寶正中捨身杭州靈隱寺為僧，已而入天台山受具足戒，習四分律，通南山著述毘尼，時人謂之律虎，遂署監壇，又為兩浙僧統。太平興國三年，忠懿王入宋，贊寧奉舍利眞身塔以朝，太宗聞其名，召對滋福殿，賜紫方袍，尋賜號曰通慧，纂高僧傳三十卷，內典集一百五十卷，外學集四十九卷，聽歸杭州舊寺。咸平元年充右街僧錄，年八十餘卒，諡曰圓明大師，葬龍井。贊寧又著通論，有駁董仲舒、難王充、斥顏師古、證蔡邕、非史通等說，及筍譜、物類相感志諸書。按贊寧所著，今惟高僧傳，筍譜及物類相感志尚存，然物類相感志世人多以為偽，一則流俗本不全，疑為後人撫拾，一則有東坡二字，疑為後人妄託，細玩全書疏證詳明，有條不紊，似非偽書，其東坡之字，或坊刻所加，以博流通，且安知非贊寧亦號東坡乎？其目錄結銜偁兩府僧統，當是作于吳越國時未入宋以前。贊寧為吾浙名僧，又出勃海高氏，向藏是書，係祕笈本，每病其不全，今從鮑氏知不足齋影摹姚氏茶夢菴舊本，裝潢成冊，寒牕展閱，眼目為之一新，因書原委于後。嘉慶十五年十一月望日，海寧陳鱣記。

────────────

續談助五卷三冊　宋晁載之編　清道光丙戌（六年）孫鋆手鈔本　清孫鋆、希鈺氏、陶廷杰、黃廷鑑、宗舜年及近人鄧邦述各手跋或觀款　又過錄明姚咨、清黃丕烈、孫原湘跋　（07548）

　　〔過錄〕續談助五卷，宋刻本，為故友秀水令江陰徐君子寅家藏。子寅歿後，其家人售于秦汝立氏，汝立廼余門人汝操之弟，青年癖古，儲蓄甚富，亦友

于余，假而手錄，閱三踰月始訖事。惜乎斷簡缺文，未敢謬補，藏之茶夢閣，以俟善本云。嘉靖壬戌之秋八月二日，皇山人姚咨識，時年六十有八。

〔過錄〕此續談助二本，爲茶夢齋主人手抄本，眞奇書也。卷首有虞山錢曾遵王藏書印，而敏求記未載，想亦甚秘之耳。張君子和出此相示，可謂不敢自秘矣。皇山人手抄書近始得一貴耳錄續，又得一手跋之稽神錄，其筆跡皆與此同，可稱三絕矣。一歲之中，而所見獨夥，余與姚君翰墨因緣抑何深耶？卷首餘紙有一小印，其文云，顏氏家訓曰，借人典籍，皆須愛護，先有缺壞，就爲補治，此亦士大夫百行之一也，皇山人述。余所藏本皆無之，此又不可不著之者，故并誌之。庚申冬季，蕘圃丕烈。

〔過錄〕續談助五卷，宋槧既軼，世間絕少傳本，此爲茶夢閣主人手抄本，卷首有錢遵王藏書印，下有朱彝尊印，述古每得奇書，多爲竹垞借閱，故也。向藏吾鄉汪東山殿撰家，後爲子和觀察所得，予過味經書屋，得以展玩，古香可挹，觸手如新，不獨奇文秘冊足資眼福，即皇山人手書，亦可寶貴也。弟〔第〕五卷抄李少監營造法式，惜乎不全，猶憶淵如屢次札來，屬覓此書，苦無以應，今於此書中得之，而今春伯淵已歸道山，子和則宿草已久，其展閱之餘，不勝人琴之感。嘉慶戊寅中冬，心青孫原湘識。

芙川賢甥屬鈔續談助五卷，謂此書蒐輯類聚，皆奇秘足珍，且雋逸耐味，綜其旨趣所歸，能使人怡然洒然，消遣世慮，爲可玩也。鈔竟，乃信芙川所稱是書者良是，因識之。道光丙戌花朝，秋山孫鋆。

兩跋云云，而錢朱印俱未見於卷首，此爲芙川重鈔本無疑也。抑凰山人手鈔原本又何往耶？希鈺識。

讀芙川來書，知皇山人所抄本爲張君月霄借去，月霄旋遭豪奪，其愛日精廬所聚書俱已散去，而皇山人手抄續談助亦在劫中，則吾之不得見原本，而僅於黃、孫兩跋想慕遺跡，亦緣也。向非芙川早倩孫秋山錄此副本，先世寶笈不幾滅沒矣乎？時道光十三年秋七月，鈺又記於養源書屋之南窗。

道光乙未仲秋，向芙川先生借讀。陶廷杰題誌。

皇山人手抄續談助眞本，昔歲館詒經張氏時曾見過，未幾，愛日藏書一朝雲煙，閱今幾廿年，此本未知歸何所矣！今春重見小琅嬛主人先所傳錄本，字畫工整悅目，殆過元本，書窗靜展，正不必致嘅于虎賁中郎之近似也。道光壬寅春二月清明前三日，八十一拙叟記。

皇象山人原鈔本，由愛日精廬散出，旋歸罟里瞿氏矣。山人貫無錫、其門人秦汝操昆季，亦錫之藏書家也。壬戌閏夏，上元宗舜年獲觀，因記。

此三冊曩余在京師，沅叔同年介於我，因亟收之。秋山書法秀逸天成，此三冊尤極注意。姚山人在嘉靖時寫此書必精美，秋山對眞本臨摹亦不得草草出之，琴六跋稱殆過原本，則固嘗親見之，非虛譽也。惜原本皆節錄不完，開後人叢刻苟簡之習，致心青居士驟覩營造法式十餘葉，歎爲奇書，而不知後人得窺全豹，其眼福乃較乾嘉諸老爲尤幸也。壬戌十一月，羣碧居士邦述。

────────────

類說存八卷二冊　宋曾慥撰　明會稽鈕氏世學樓鈔本　清道光五年王端履手校並跋　（07555）

明人鈔手，無一佳者，滿紙塗鴉，不知何故，家藏明鈔原本說郛亦然。

魯公類說五十卷，卷中多分上下，統計共六十五卷。元明以來止有鈔本行世，輾轉傳寫，魯亥滋多，然尚可按迹求也。天啟刻本分卷六十，全失舊觀，其缺佚處則任意增添，訛謬處則隨筆改竄，且與原本相較，卷二十二南越一卷，刊本全脫，卷二十三（刊本爲卷二十五）脫去金樓子一種，而以淮南子之半爲炙輠子，以炙輠子之半爲玉泉子，卷四十五（刊本爲卷五十三）脫去筆談一種，其餘種脫一條或十餘條，不可枚舉，雖蠹簡當前，思同一適，而棗梨流播，竟成再誤。此本爲前明會稽鈕氏世學樓鈔本，原缺序目及前四卷，書賈竄其卷目次第，作爲全書，以欺售者，道光乙酉，假得檇李舊藏原本補寫得全，改正卷目次第，並讐校一過，頗爲完善，安得好事者藉此本以校刊本之誤也。四月晦日，王端履

記。

————————

新雕皇朝類苑七十八卷十六冊　宋江少虞撰　日本元和七年銅活字本　近人渠夢
翔手書題記　（07558）

　按日本銅活字版本傳世之最古者，爲文祿王年甫龕道喜印之蒙求補注三卷，
時當明萬曆二十四年。此本爲元和七年辛卯敕印，時當明天啟元年，楮墨精良，
可寶也。甲子十二月日，夢翔記。

————————

新雕皇朝類苑七十八卷十五冊　宋江少虞撰　日本元和七年銅活字本　無名氏手
書題記（07559）

　日本元和七年活字印本，世所謂後水尾天皇勅版活字印本也，「勅版集影」
著錄。此書係原裝，坊間值數千金。

————————

皇朝仕學規範四十卷八冊　宋張鎡編　明鈔本配清鈔本　明萬曆三十五年趙琦美
跋　（07566）

　依宋刻本錄于御史廊衙齋中，少二十五卷至三十二卷，共八卷，俟再覓補
茸。所載雖宋事，具皆格言，熟讀令人身心非淺淺取益者，雖殘編乎，抑半規明
月，燭暗之所必向也。聊志此。時萬曆丁未清和望日，清常道人題。

————————

編次瑯嬛記九卷二冊　題元伊世珍編　明姚茂善朱絲闌鈔本　清道光甲申（四
年）黃丕烈手書題記　（07578）

　　道光甲申長至月，予有渉喜園之設，一時故家多有以書籍來售者，然爲長孫美鎏習業所收在于易爲脫手，非儲藏可比，因遇舊刻名鈔，老人書魔復動，不免流涎，近所收如黃山谷之大全集，此可爲吾家世守之寶，其餘經史子類亦復檢取一二，蓋欲重舉祭書之典，即不能盡屬宋刻，無妨稍變其例也。此舊鈔嫏嬛記，不知誰所鈔，骨董鋪携來求售，始云祝京兆書，又云桑民懌書，此徒見序文而爲此言，毫無影響，其實就書中編次云云，又案諸圖記，當是姚汝積茂善手鈔，惜其人未知其詳耳。卷中又云國朝吳一標建先校，序中又云建先剞劂，是必先有刻本，而此從刻抄出者，乃舊刻未見，而今世傳本止有毛氏津逮本，其跋云有新安黃氏刻，與此序所云不同，而毛氏似亦未見此本。桑祝及屠之序或明言之，或晦言之，初不知其何故，而尤可笑者在隱其序、傳其書一語，更不知其何故矣。通校一過，與此序次迥殊，且有異同詳略，似此抄爲勝，惜舊刻不傳，無從識其面目爲恨。歲闌無閒錢置此，姑留此以待友朋之向我索塵賦中物而歸價者與之，亦可謂好事之至。季冬月之二十二日，爲乙酉新春後五日，見復生識。〔此文有殘缺處參通行本菉圃藏書題識補之〕

醉古堂劍掃存三卷一冊　明陸紹珩編　明天啟甲子（四年）松陵陸氏原刊本　近人張繼手書題記　（07702）

　　北平圖書館善本書目子部二十二頁載醉古堂劍掃十二卷，明陸紹行輯，天啟刻本。此僅存三卷。

秋林咀華八卷八冊　明不著撰人　鈔本　清朱彝尊、錢大昕、阮元三家題記　近人李端棻手跋　（07734）

　　秋林咀華八卷，不知誰氏所輯，無序，無鈔錄姓氏，按其體例，大要本諸劉義慶世說，及前明胡尚洪子史語類，而此特大其目，首天文、次主術、次臣道、次論治、次崇學、次宗經、次兵術、次原道，凡國之措理、士之學問，無不畢載，信爲一代經世之書。又其採摘矜愼，無一華辭濫語，率皆經史子諸家要言，

不贊一語，深得述而不作之旨。康熙甲寅舟次維揚，估客以此書來售，謂是絳雲遺本，索值甚鉅，留三日而返之，詎意十數年後，乃於五硯樓飽讀數日，惜急遽未鈔，良用歉然。

或曰此是錢遵王藏本，無印記，不敢深信，然鈔者無甚譌踳，可貴也。是日又題。

嘉慶九年□月錢大昕讀竟。

此冊乃竹垞、辛楣二先生所善，可得治道門徑。阮元識。

是書包羅宏富，天文、地理、人事靡不闡抉精奧，洵屬一代經世之編，惜未著作者姓氏，令人想像，幸得朱、錢、阮三先生跋識，亦可重矣。道咸間，是書在文選樓後，展轉入書肆，吾先子於甲午歲以重值得之，以授小子褘，寢饋與俱，行篋不遺者，十年於茲，陶冶心性、增長知識，爲益多矣，因謹誌之。乙巳仲春，管城李端褘謹識。

────────────

梅亭隨筆不分卷七冊　清陳汝鼇編　清初著者手稿本　清陳繹手書題跋　（
　07741）

辛巳四月望日，蘇州齊女門外陸墓金氏凝翠軒中寫此本，偃仰屈伸，略見其意，學者由此而入，以至于虛無恬淡之候，則于道庶幾有得，昔人有云歲歲說工夫，此人了不足數，誠哉是言也！符一居士陳繹書。

類　書　類

藝文類聚一百卷二十四冊　唐歐陽詢撰　明初葉建刊本　民國五年沙元炳題記　（07756）

丙辰六月，書友周應禎持此書來睬，云以銀十五圓易諸馬塘舊家者，雖甚蠹
蝕，而古香騰溢，辨其印識，知爲邵山人潛夫舊藏。山人，吾鄉寓公也。以舊藏
明陸子玄小字本校之，行字皆同而字小於陸，才及其半，觀其筆畫頗似麻沙坊
刻，陸本缺字處，此本或間有之，亦有陸本誤而此本不誤者，知陸本寔導源於此
本。因係舊槧，又爲鄉先生遺物，如值償之，初不能定爲何本也，繼檢陸氏麗宋
樓藏書志，載有元宗文堂刊本，無名氏跋稱今書坊宗文堂購得是書，即便命工刊
行，溥傳海宇，陸氏跋云，元刊劉靜修集卷一後有墨記，云至順庚午宗文堂刊木
記，則宗文堂爲元時書坊無疑。每葉二十八行，每行二十八字，明小字本即從此
出，以此本證之，行字相符，知即爲元宗文堂刊本，特序跋盡失，遂不能驟定爲
何本耳！考是書明刻諸本見於各家書目者，一閩人詮本、一山西平陽府本、一華
堅蘭雪堂活字本、一王元貞大字本，與陸子玄本而五，以陸本爲最善，世通呼爲
明小字本者也。又別有明仿宋小字本，見藝風堂藏書記，未知視此本若何。世得
陸本，已爲可貴，況元本邪！首卷有邵潛白文方印、潛夫白文方印，每卷有邵潛
白文兩方印，間有朱筆校正處，亦係潛夫手筆。余舊藏宋本韋蘇州集，乃林茂之
藏書，陳迦陵爲潛夫作傳，稱爲兩山人者也。浩劫幾更二百餘年之手澤，均歸插
架，喜幸之餘，益增望古之思矣。八月抄裝完，補錄序跋于峕。□髯沙元炳記。

藝文類聚一百卷十六冊　唐歐陽詢撰　明嘉靖丁亥（六年）長州陸采刊本　清周
星詒手校並跋兼過錄明馮舒、清錢求赤、陳徵芝等人跋　（07757）

〔過錄〕歲丙子，閩人劉履丁贈錢宗伯牧齋以宋刻藝文，予從牧齋借校此
本，始於丁丑之四月，畢於六月之十七日，是年閏五月，蓋百日而終卷也。劉本
正是此本之祖，中有糢糊缺處，無不因襲，始知陸采所云剗半之說謬也。卷末有
葫蘆碧沙印，又舊學圖書四字方印，未知何家物也。屛守居士記。

崇禎丁丑，借錢宗伯牧齋宋本校過，與此本正同，剗半之說妄也。此書似非
全書，但宋時已止存此，想世無完本矣。馮己蒼書。

〔過錄〕陸采云剗其半以示存羊，意謂胡可泉刻成此書後，俗人欲焚此板，
今剗去以示不忍之意，非謂此書之不全也。附記於此，馮先生必以爲然。求赤漫

識。

　　〔過錄〕孫淵如有足本藝文類聚，陸采之言非無因也。壬辰嘉平臨畢記。韜
庵。

　　己卯正月穀日讀訖，時方校三國志及補項氏補注，故凡涉當塗朝事，以硃筆
表出。星詒。
　　〔卷九五之後〕此書采錄多古書之不傳者，惜奪文誤字篇篇有之爲恨。蘭鄰
大令云孫淵翁家有足本，予未以爲信，或舊抄之少善於此者耳！
　　隋唐人類書采用古書多與今本不同，可取以校今本經子奪誤，而斷不得以今
世行本校改所引也。星詒。

————————

藝文類聚一百卷二十冊　唐歐陽詢撰　明覆嘉靖丁亥（六年）長州陸采刊本　清
同治三年譚儀過錄明馮舒、清錢求赤、陳徵芝諸題記並手跋　　（07758）

　　〔馮、錢、陳諸跋，前書已錄，茲不贅引〕

　　同治三年，歲在甲子，嘉平月，杭州譚儀仲儀父借陳氏帶經堂藏書傳校，寄
贈周季況司馬，卷中校語，或馮、或錢、或陳，端緒可尋，間有參錯者，儀亦間
附一二於下方，短景草率，隨朱筆繙寫，未克逐條審校。季況方得北堂書鈔其
本，或者併二書撰校勘記，以遺後來，虞歐可作，樂得此功臣也。校凡十日而
戬，僅馮先生之十一耳，繼事者易爲力，諒哉！儀識。

————————

北堂書鈔一百六十卷十四冊　唐虞世南撰　明萬曆庚子（二十八年）海虞陳禹謨
校刊本　民國元年沈曾植手書題記　　（07767）

　　嚴鐵橋言，嘉慶中，孫淵如約王伯申略校書鈔，伯申約錢既勤同校，僅二十
許葉而輟業，此本所校不止廿餘葉，然審是尚書手蹟，則鐵橋之說是誤記也。所

據影宋本，蓋即淵如藏本。宣統壬子祀竈前一日，遜齋記。

────────────

北堂書鈔一百六十卷十六冊　唐虞世南撰　明萬曆庚子（二十八年）海虞陳禹謨校刊本　清勞權手校並跋　過錄清朱彝尊跋　（07771）

　　庚子夏，屬陳碩甫先生借汪氏振綺堂藏竹垞舊抄大唐類要校勘。二人分校，矻矻從事，帀月始畢。舊抄多譌，悉照本增刪，對勘草草，又卷帙繁重，不能復勘，恐不無遺漏。末三卷，令小史影抄裝入。竹垞有手迹跋語（首冊有名字印），與刻入集者不同，今附書序後，其書每卷書名俱係剜補，版心字迹（元有書抄）因抄用藍格，亦以藍色塗之。丹鉛精舍主人識。

　　聞烏程嚴鐵橋先生曾刻過五十餘卷，迄今未畢事，曾見其底本一冊于高宰平處。又記。

　　此本前數卷有□人校過，今以墨筆別之。

　　〔過錄〕此即北堂書鈔也，自嘗〔常〕熟陳禹謨錫元氏取而刪補之，至以貞觀後事及五代十國之書雜入其中，盡失其舊，鏤板盛行，而原書流傳日罕矣。是編傳寫譌字極多，幾不能成句讀，然猶是永興舊本，未易得也。康熙己卯七月晦，竹垞老人書，時年七十有一。

────────────

古唐類範一百六十卷三十二冊　唐虞世南撰　明烏絲闌鈔本　清乾隆五十九年黃丕烈手跋並手錄讀書敏求記及曝書亭集各一則　（07773）

　　右古唐類範一百六十卷，其實即虞氏北堂書鈔也，北堂書鈔曾改爲大唐類要，見於朱竹垞曝書亭集跋語中。是書余得自友人陶蘊兄處，云□□述右堂□□物，余曰，此爲遵王所記之書，尚有可疑，其爲竹垞之跋之書，則爲可信。每卷首尾古唐類範四字，挖補之跡顯然，末有秀水朱氏潛采堂圖書、南書房舊講官二方印，則其爲竹垞所跋之書一證也。遵王云繕寫精妙，竹垞云傳寫訛舛，今是書訛舛則有之，精妙則未也，則其非遵王所記之書，又一證也。至於是書大略出于

原書，竹垞已言之，而即可以遵王之言爲據，蓋遷王所記係聞嘉禾收藏家有原
書，蒐訪十餘年而始得者，竹垞跋係湖州書買求售者，想當日原書儲于浙省，故
錢朱藏家皆能得之。獨恨書買欺人，好改易古書名目，一變而爲大唐類要，再變
而爲古唐類範，轉〔輾〕轉滋謬，致失其名，然猶幸改其名而不改其實，得令後
人窺見廬山面目，則其知識不勝於妄加刪補，作聰明以變亂舊章者哉？余攷得是
書原委，因題數語於後。時乾隆甲寅四月朔，吳郡黃丕烈識。〔原文有殘破之
處，據通行本蕘圃藏書題識補錄〕

　　北堂書鈔一百六十卷。今行北堂書鈔爲吾鄉陳抱中先生所刻，攙亂增改，惜
無從訂正。聞嘉禾收藏家有原書，蒐訪十餘年而始得，繕寫精妙，繙閱之，心目
朗然。唐人類書大都爲一己採用而作，如白樸之類，非若宋人取盈卷帙謏譾譅詆
欺，殊不足援據也（右見讀書敏求記）。

　　大唐類要跋。康熙己卯七月，湖州書買有以大唐類要百六十卷求售者，反覆
觀之，即虞氏北堂書抄也。按新唐書志作一百七十三卷，晁氏讀書後志同，而宋
志止百六十卷。是編地部至泥沙石而畢，度非完書。今世所行者出嘗〔常〕熟陳
禹謨錫玄氏刪補，至以貞觀後事及五代十國之書雜入其中，盡失其舊，閱之令人
生恚，儲書者多藏之，而原書罕觀矣。類要傳寫雖多訛舛，然大略出于原書，未
易得也（右見曝書亭集）。〔以上二篇均有不清晰處，各據通行本校補〕

北堂書鈔一百六十卷十冊　唐虞世南撰　清嘉慶間陽湖孫氏影宋鈔本　清黄廷鑑
手校并跋　（07776）

　　此書爲岱南閣孫氏所抄影宋原本，前有淵如觀察序，吾邑伯生蔣大令得之，
矢願校刊此書，公諸藝苑，以挽鄉先輩竄改之失，誠盛事也。昨歲春蒙不棄，屬
鑑校勘，商榷體例，并期及蚤〔早〕藏事以速授梓，繼復假瞿子雍明經所藏曹棟
亭本與書友鮑芳谷處明陳明卿本二書，皆未刻前寫本，兼列陳氏刻本，彙參三
抄，訛繆略同，而此失彼得，可以是正者什之一二，餘則取見存之本書，暨近古
類書，如初學記、藝文類聚、太平御覽中所引有可依據者，參互攷訂，又可得什
之三四，其無可校者闕之。迺功未及半，君遽歸道山，哲嗣奇男司馬遠宦湖湘，
歸期未卜，私念遽爾中輟，殊負良友之託，兼諸同好敦勸卒業，當圖共襄剞劂，

以成君未竟之志，遂矢一力校竣以報知己於地下，牽於衣食，作輟間之，至今秋七月纔草草終卷，蓋距昨春開編之始，屈指十有九月矣！歲月如流，人生若寄，幸天假之緣，俾炳燭餘光，竟克償此宿負，既以自慰，又痛君之不及見也。會司馬旋里，爰識其顛末，以書歸之，撫卷愴然，益不勝人琴之感云。道光己亥秋中元後三日，拙經叟黃廷鑑跋，時年七十有八。

新刊初學記三十卷三十冊　唐徐堅等撰　明建刊白口十行本　近人錢辰手書題記　（07782）

　　予藏初學記二部，其一嘉靖間錫山安國桂坡館刊本，其一即此元覆宋新刻本，字體殊古拙，同好均評爲宋槧，玫之先哲各目而鮮著錄。今春穀雨日，藝風前輩從鄧尉返棹，來宿西齋，花影月夕，知己情話，因以此相質，若無參證。翌日以平津館鑒藏記證之，題曰新刊初學記三十卷，題光祿大夫行右散騎常侍集賢院學士副知院事東海郡開國公徐堅等奉敕撰，前有紹興四年福唐劉本序、目錄一卷，末卷後有題云初學記三十卷，宋後刊於麻沙，下尚有字，書賈已剗去，據此則此本爲元時所刊。每頁廿行，行廿字，細審末頁，固如所云，剗補之痕，絲毫無差，足徵爲孫氏原物，惜其紙面破損，前賢手澤，隻字無存，深可惜也。乙酉五月十四日，吳縣錢辰揮汗敬識式詀堂。

初學記三十卷十六冊　唐徐堅等撰　明萬曆丁亥（十五年）三吳徐氏寧壽堂刊本清嘉慶二十年嚴可均手校並跋　（07793）

　　新唐志，初學記三十卷，張說類集要事以教諸王，徐堅、韋述、余欽、施敬本、張烜、李銳、孫季良等分撰，今世行本、僅明安國民泰所校刊者爲稍舊。安國得宋板大字本，多闕葉，倩館客郭禾采他書補足，而通部亦改竄刪補，非宋舊也。其陳大科、徐守銘等本，皆祖安國，復加改竄，別有古香齋巾箱本，未知所祖，又有晉藩本，余未見之。乾隆末，有書賈以黑口小字本求售，蓋元板也，嫌稍漫漶，索值過多，還之，既而悔之，不能復得。嘉慶初，王蘭泉少寇得宋板大

字本，丙寅春，孫淵翁借得之以示余，余案頭有徐本，取與對勘，開卷見劉序刑名度數，宋本刑作形，形名猶言名物，改便失之，因可見校書宜仍其舊。竭四十日力，得互異字纍萬，用丹筆悉注于徐本之旁，宋有而徐無者，注于上方，宋無而徐有者，「　」之。至卷二十五、二十六、二十八、二十九、三十，凡二十二葉，宋與徐絕異，皆安國所據本之闕葉而郭禾補足者也，不能對勘，別寫之，夾置各卷中。審知此書自唐開元而北宋，展轉胥鈔，到紹興四年始鐫板，勝處固多，誤亦無等，然往往即誤處可得勝處，洵乎四大類書中一至寶也。淵翁屬余勘定，乃取校本常置案頭，漸加決擇，十得二三，至乙亥夏，始以淨徐本，錄取其長，仍其疑似，若譌謬灼然者，置不復載，宋本之善，不盡此而盡于此，異日儻得元板本、晉藩本，彙校之，釀貲付梓，實佳事也，然而此願未知能遂焉否也。嘉慶二十年七月五日，嚴可均書于冶城山館。

───────────

初學記三十卷六冊　唐徐堅等撰　明萬曆丁亥（十五年）三吳徐氏寧壽堂刊本
小東氏手書題記　（07796）

　　己酉冬月解館歸里，道遇伯屏，挽留二日，昕夕盤桓，臨別承贈初學記、周易傳義十卷二種書，是望溪先生閱本，伯屏係先生裔孫，爰書顛末，以誌幸耳。除夕前一日，小東呵凍記。

───────────

唐宋白孔六帖存四十二卷十六冊　唐白居易撰　宋孔傳續　南宋建刊十字本　近人楊守敬手書題記　（07799）

　　海內著錄家有宋單刻白氏六帖，而無宋白孔六帖合刻本，故皆以明本爲祖刻。此爲宋刻宋印，精妙絕倫，雖殘缺，當以吉光片羽視之，不第爲海內孤本也。癸丑五月端午，鄰蘇老人記。

───────────

事類賦三十卷十六冊　宋吳淑撰並註　明嘉靖間覆宋刊本　近人鄧邦述手書題記
（07815）

　　此明繙宋本也，淑自撰進呈，只二十卷，旋奉敕自註，以卷帙之繁，改爲卅
卷。類書以著作出之，彌見匠心，邊序所舉李嶠單題詩、丁謂青衿集，今皆不
傳，雖由代遠，亦其作有不逮焉。此書每葉皆有耳，實宋刻之證，明人刻書，惟
顧氏文房小說有耳，他書不易見，而鬻者乃刻意作僞，黦紙挖款，並宋諱亦一一
挖去末筆，可謂善於作僞者矣，然古香醲藹，頗足娛目，不以此爲病也。宣統己
酉，羣碧記。

　　後數年，爲識者携去，流入廠肆，余復備價贖之，如文姬之歸漢，又多結一
重因緣矣！正闇，乙丑閏夏。

————————

太平御覽三卷一冊　宋李昉等撰　清吳縣黃氏士禮居傳鈔道藏本　清黃丕烈、韓
應陛各手跋　（07826）

　　余向考絳雲樓書目道藏集，有道藏太平御覽，述古堂書目太玄部有太平御覽
三卷，其書未之見也。頃從五硯樓袁氏閱所藏道藏目，見有是書，遂請借讀，因
錄其副。藏本每葉十行，行十七字，今改每葉二十行，仍行十七字，於版心填滿
楹二、楹三、楹四記號，排定葉數，以便觀覽。弟三卷缺二葉，舊所失也。卷數
與述古藏者合，絳雲雖不載卷數，其必爲是書無疑。錄畢誌數語于後。復翁。

　　己巳春，袁氏道藏本盡歸揚州阮氏，郡中藏書家未有刻本，并錄副者，此宜
珍惜矣！孟冬朔日，復翁又記。

　　太平御覽。咸豐八年六月一日得之滂喜園。

————————

新刻事物紀原十卷十六冊　宋高承撰　明萬曆間錢塘胡文煥刊格致叢書本　清乾
隆戊申（五十三年）朱邦衡過錄沈巖跋并手書題記　（07843）

〔過錄〕此編爲高承所纂，據宋本刊於寧宗時，然已無序，恐非全書，曾經刪削耳。

雍正癸丑新秋，丐小山先生手校宋本勘對一過，宋槧譌舛亦多，玉峰傳是樓藏書也，今在皋橋王氏樂天書屋。中元後一日校畢，寶研居士。

乾隆戊申陽月下浣，秋厓朱邦衡臨校。

————————

職官分紀存三十二卷五冊　宋孫逢吉撰　清龔氏玉玲瓏閣鈔本　清錢大昕手跋（07856）

此秀水朱竹垞先生家藏本，今歸吳昌周君漪塘。辛亥七月借讀一過，閱九十日而畢，所恨譌蹐甚多，別無它本參校，唯第卅八卷內錯簡以意改正，幾如天衣無縫，不覺拊手稱快。邢子才云，日思誤書，更是一適，非虛語也。十月廿二日，竹汀居士錢大昕識。

————————

會通館印正錦繡萬花谷存八十五卷十六冊　宋不著撰人　明弘正間錫山華氏會通館活字本　白兔老人手書題記　（07858）

萬花谷舊分□、後、續三集，今□□類爲一，更□觀覽。原敘稱淳熙十五年，是宋孝宗時，然不載作書姓氏，又州郡止收臨安以下山水，則宋人偏安之陋也。此本紙色甚古，余守科時，得之長安市肆，以示博雅，謂眞宋板，可珍藏。乙亥六月，因晒書見之，遂重裝置案上，以爲清玩。白兔老人題于來芝室中。

————————

記纂淵海二百卷五十六冊　宋潘自牧撰　明弘治癸亥（十六年）錫山華氏會通館銅活字本配補鈔本　清咸豐六年方功惠手書題記　（07876）

　　宋金華潘自牧記纂淵海一書，宋史經籍志不載，國朝四庫全書著錄一百卷本，乃明萬歷己卯大名知府王嘉賓刊，卷數與焦竑國史經籍志所載符合，書經嘉賓等修補，非元帙也。惟范氏天一閣所藏一百九十五卷鈔本，較之王刻多至一倍，當是其全書，然天一閣書目載自牧嘉定己巳自序云，爲部二十有二，門一千二百四十六，合二百三十六卷，總八十萬言，所列卷數較之范藏本多寡復有異同，乃書目既錄潘氏自序，更不舉其同異是非，詳考而明辨之，何哉？咸豐乙卯，予在羊城購得此本，計爲卷二百，雖前無總目，且失去自序一篇，別抄王刊本序置諸卷首，頗疑書賈之作僞，而綜校全書，實首尾完具，無甚殘缺也。考四庫書提要，稱一百卷本敘天道者五卷、地理二十卷、人事六十四卷、物類十一卷，今此本爲部二十有二，僅敘人事一門，別無天地人物部分區別，觀此知萬歷刊本不特卷帙分并有所增益而已，其間竄易淆亂者蓋尤夥，所惜不能借錄范藏本，持以相校，知兩書卷帙嬴絀之所在（予所得本較范藏本多五卷，而爲部二十有二相同），復未得王刊本，據此帙一爲詳考其紕繆，爲足憾耳。又當四庫書館開時，浙江省采得遺書凡四千五百二十三種，都經進呈，既又輯成浙江采進遺書總錄一編，仿崇文總目例，略述諸書大凡，其時天一閣本實經采進，乃四庫書竟不著范藏本，而獨錄王刊本者，非必其昧于去取，或意爲進退也。當其時諸書大集，卷帙浩繁，編錄諸人遺漏抵牾，在所難免，理有固然，無足異也。遺書總錄謂天一閣藏本書尾著泰定乙丑圖〔圓〕沙書院刊行字，今此本無之，其中別有十餘葉，板心著有宏治歲在昭陽大淵獻補刻等字，當是元人舊刻，板有殘缺，明人從而補刊耳。此本爲宋人遺書，流傳絕少，海內藏書家宜其共珍惜之，不得以其校讎雕刻未盡精善而輕忽之矣。爰爲裝修其殘壞，復就所見，稍序次之，書諸卷後，竊願與當世博雅君子共商搉焉。咸豐丙辰中秋後二日，巴陵方功惠柳橋識於羊城寓齋。

────────────

姬侍類偶一卷一冊　宋周守忠撰　舊鈔本　清黃丕烈手校並跋兼過錄吳翌鳳題記又蔣祖詒手書題記　附王國維手錄清勞權記宋大樽簪花詞十首　（07883）

　　姬侍類偶。此姬侍類偶舊鈔本，前後有缺失，補全，卷端有璜川吳氏收藏圖書，則鈔補尚新矣。頃坊友攜一故家書籍求售，余檢得此種，蓋書雖無甚要緊，

猶是宋人序以流傳之本，且鈔手頗舊，校字亦精，特留之。因憶古懽堂書目中有
此書，即遣奴借之歸，果有之，并係古懽主人手錄本，云是江雨來本，因輟一日
力，悉校其異於此，兩本互有得失，參觀之可也。唯此本較古懽本多兩聯，一成
君擊磬，屈庭吹簫，二法嬰歌曲，飛瓊鼓簧，有此方合序所云一百七十有六句，
未知古懽本何以脫失若此邪？古懽本有案語及夾注，當是主人錄時寫入，茲校附
存聊以備考云爾。羲夫。

〔過錄〕右書浙江遺書目錄作二卷，有嘉定間自序，今本合爲一卷，而自序
亦無之。守忠爵里莫考，後人亦無引用之者。乾隆丙申夏日草錄江雨來本，嘉慶
丙寅六月謄清，中多譌脫，尚俟校正。吳翌鳳記。

此古懽堂主人手錄畢而記之書尾者也，主人歿已一年餘矣，昨過其齋，見插
架依然，令子晉齋手謄目錄示余，適書友攜姬侍類偶來，因丐得臨校，枚翁雖
逝，通假之誼，後人猶能守之也。校畢并記。道光元年辛巳二月二十三日，書于
百宋一廛之北窗。

此觀堂丈迻錄宋茗香簪花詞，附裝於此，亦藏家姬侍掌故也。祖詒。

〔過錄〕眼中天女定推渠，相對薰修當佛廬，卿亦前身是秋月，夜來指月也
如如。　扁舟記得大江濱，團扇家家入畫新，那有秋風搖落感，白頭猶是合歡
人。　誰家夫婿已專城，少婦邯鄲浪得名，愛煞慧山泉水好，在山清又出山清。
三春三月二初三，就傅深閨一笑堪，爲有當年女公子，挑燈又欲話江南。　石溪
添得讀書聲，何處新啼出谷鶯，一語分明須記取，山妻喚作女門生。　頭銜合署
校書郎，小印紅鈐助古香，從此流傳增愛惜，美人親手爲評量。　海棠開後到而
今，珍重坡仙一片心，不怕夜深花睡去，聽郎吟罷續郎吟。　廢學多應爲客遊，
勸郎到處莫句留，三齡嬌女同呼母，賽遇生兒字阿侯。　久將奇字傲揚雄，別草
元經補化工，富貴神仙等閒事，最難知己在閨中。　年來我卻誤離家，禪榻高眠
轉自誇，扉事爲君添綺語，廣平值待賦梅花。　簪花詞十首，爲嚴修能姬人秋月
作也。　此同里宋茗香助教大樽爲先友嚴修能先生作，不收入學古集，及牧牛邨
舍外集，殆刪汰之詩，其姪孫湘曉秀才見畁。後學勞權識。

羣書考索六十六卷二十四冊　宋章如愚撰　舊藍格鈔本　清道光二年馮登府手書
題記　（15478）

　　此書僅有明正德愼獨齋刊本，未梓之前，流傳絕少，故范氏天一閣所藏寫本
祇前集六十六卷，吾里竹垞老人從范氏借鈔，寶藏潛采堂中。余於戊寅冬日出一
萬錢得之，復假黃君蕘圃愼獨本校之，無一訛字，紙墨完好，洵舊鈔善本也。斠
畢因識數語。時道光壬午曝書日，馮登府。

六帖補二十卷十冊　宋楊伯嵒撰　明初影鈔宋淳祐甲辰（四年）衢州儒學刊本
清光緒十四年葉昌熾手書題記　（07918）

　　貴陽羅質□主□□黃□□太□聞益文堂書估自關中歸，頗有舊籍，約聯輿往
觀，發篋陳書，□其尤者再，同得趙寒山校說文五音韻譜，明人輯楊文清還山遺
稿及此書，皆秘笈也。熾謂此書自淳祐甲辰刊於衢庠，世無別本，尤爲可寶。四
庫提要九經補韻一卷，楊伯嵒撰，而此書未著錄，此書□□代郡楊伯嵒彥瞻，而
提要稱楊字彥思，周密雲煙過眼錄又作彥德，當以此書自署爲正。其書多采小
說，及詞賦家言，漢以前書絕少，然間有稱引，殊較今本爲勝。如卷一引淮南覽
冥訓，朝發搏桑，暮入落棠，今本暮作日，按朝與暮對文，則暮爲是矣。又引漢
書天文志，暈適背穴，抱珥虹蜺，孟康曰，適日之將食，穴有墨氣之變也，今本
奪氣字；如淳曰，凡氣在日上，爲冠爲帶，今本作氣食日上，不可通，帶作戴，
則俗字也，皆當以此本正之。又引說文，霰，早霜也，竹入及，按今徐鉉本，
霰，寒也，從雨，執聲，或曰早霜，讀若春秋傳墊阨，都念切，兩讀不同，竊謂
霰既執聲，則自以讀竹入反爲長，彥瞻所用，蓋□音也。又卷三引何平叔景福殿
賦，夏無炎暉，今本暉作煇。卷八引莊子，黃帝之所聽瑩也，今本瑩作熒，亦不
同。卷十一引山海經□多可據，其云鳳皇翼文曰順，背文曰義，今本作翼文曰
義，背文曰禮；硜山有鳥名曰摯鉤，今本作絜鉤；隃次之山有鳥曰橐茞，服之不
畏雷，今本服作食〔查此本作食，今本作服〕，尚未能定其優劣；至如今本㟯

蠕，其狀如黃蛇，魚翼，出入有光，此本翼作鷁，夫魚何得有翼，則作鷁者是也；欽山有獸，其狀如豚而有牙，此本牙作介，介即甲字，言形似豚而有甲也，若作牙，則豚自有牙，既言似豚矣，何必更言有牙乎？此所謂一字千金者也。每半葉七行，行大小皆十四字，卷中有沈題朗倩，及朱臥庵收藏印。沈，明季吾郡人，工畫，曾爲僧，返初服，見讀書錄。臥庵，新安人，彭躬庵爲其母撰墓志，稱其學問淵雅，能通天文術數，余見其所藏書甚多，此書老臥、正氣堂印、在家道人，皆其所鈐也。時光緒戊子十一月廿四日，長洲葉昌熾。

回溪史韻存二十卷八冊　宋錢諷撰　清康熙間鈔本　清朱彝尊題跋　（07927）

回谿錢諷，字正初，吾鄉人也，所撰史韻四十九卷，予嘗見宋時鋟本于京師，僅存七冊，嫌其殘闕，未之錄也，歸田之後始大悔之，從琴川毛氏、長洲何氏訪其所藏，合之才十七卷，亟寫而存之笥。宋人兔園冊類摘雙字編四聲以便簡閱，回溪獨采成語有多至三四句者，未嘗割裂原文，信著書之良法矣。天下之寶，離者會有合時，安知後來所求不適少此十七卷邪？竹垞老人跋。

新編婚禮備用月老新書二十四卷八冊　宋不著撰人　南宋末年建刊本　清同治八年黃彭年、光緒十五年葉昌熾各手書題跋　又光緒間楊守敬、江標、葉德輝各觀款　（07929）

宋槧婚神備用月老新書，前後兩編各十二卷。前編首載婚姻禮法、次姓氏源流、次故事備要，其言禮僅載家禮，不能遠溯士昏，近詳宋制，所述聖賢訓戒，雜引經史，亦於事理未周，蓋坊行適用之書，非考文之作。其編次姓氏，以五音分類，間引宋人，如張、程、朱、蘇、梅、王、曹、文、彭諸姓，所繫皆名臣、道學、文苑中人，不盡以門閥尊顯爲貴，似有學人所爲。後編則專爲啟狀而作，首載啟狀諸式，其於請媒、求親、聘定、請期、送鸞、親迎、致謝往來之詞、告廟致神之語，既各分門別類，又以官儒農工之流、姑舅姻亞交婚續娶之屬，詳爲細目，綴以舊文，可云備矣，然但求備事，而不暇擇言，至有娶娼一門，汙穢不

經，所宜刪削。考士昏禮自納采至成禮，凡八條，自婦見舅姑至饗送者凡五條，又有舅姑歿一條，其於昏禮時地、辭命、用物，既總記之，又自納采至姆辭婿授綏之辭，無不詳悉縷陳，何古人於昏禮如是其繁瑣哉！蓋君之求臣，所以爲國，夫之求婦，所以成家，其視國與家也重，則所以求臣與婦之禮，不敢不隆，而爲臣爲婦者，自視其身繫人家國之重，則禮不備，亦不敢苟焉以從事，此國家之所以得人，而臣道妻道之所以有終也。後世臣道替矣，獨爲人婦者尚知不求而往之爲可羞恥，而世風日趨苟簡，即區區簡牘之語，尚或不修，豈獨親迎禮廢而夫婦道發乎？然則此書雖出俗工，不免疵謬，而於古人重婚之意，猶未甚遠。至其書中稱本朝及宋諸帝，皆空字，足爲宋槧之確證，卷端有季滄葦小印，宜吾子重之，珍爲祕笈也。同治八年十有二月，貴筑黃彭年記於京師宣武門外興勝寺。

　　古人重婚之意句，擬改作古人備禮通情養廉恥之意。彭年又記。

　　君之求臣句上，加妻道猶臣道也六字。

　　宋槧婚禮備用月老新書前集十二卷後集十二卷，舊藏延令季氏，後歸大興劉氏，吾師子壽先生爲劉寬夫先生之婿，得此書以貽再同編修，爲世守之寶，己丑新春出以見示，作長歌一首紀之。　士禮十七篇，昏禮居其一，吾子有惠覷室某，媒氏導言幸無拙，請醴敬以先人辭，問名謙言誰氏出，束帛五兩既納徵，御輪三周斯迨吉，毋兮門內爲施鞶，贊者房中正設甂，從茲相謂爲昏姻，想見從行有娣姪，義取日入三商時，期在霜降九月節，或云仲春陰陽中，不逮初冬嫁娶畢，最宜蘭配縞成雙，適此梅筐將實七，周官夏正可互參，毛傳鄭箋各異說，豈非著代重貞恒，自是同牢慎逑匹，松柏將言附蔦蘿，棗梨安可無茅蕝？此書出自麻沙坊，其時適當天水末，姓名不署作者誰，市肆但祈利可乞，男家女家通主賓，前集後集分甲乙，纂圖互注本相同，別類分門事無闕，考古粵稽戴氏書（聖賢訓誠門采昏義郊特牲文），徵今先列文公筆（卷首冠以朱子家禮），詞華雙璧供濡毫（卷十二姻契雙璧、婉淑雙璧，皆以四字爲聯，如金鏡侍郎、玉山吏部之類）、姓氏五音聽吹律（自卷二至卷六，皆姓氏源流，宮商角徵羽，每卷爲一類）、函書制度尤絕奇（後集卷首列函書制度式），州縣官位皆具列（帖式列貫某州某縣、某官宅、某官位），論財作俑若干田（帖式有廬田若干、臥房若干），閽候起居十二月（十二月啟多用申詞、寅詞，及躬闈、閽候等字，不知何義，劄子中亦用之），小札于歸敘及時，圓封可漏知何物（其論函書云，庶人之

家從簡，祇以可漏子封之。又論劄子式云，今士大夫家只用聘啟一幅、禮物狀一幅，用兩可漏圓封。所謂可漏，不知何物），神仙眷屬鳳兼麟（新聘七提劄子，其第六劄有云，某僭易端拜起居，清都碧落，取鳳鞭麟之眷，答云，某再拜申問親家安人，泊五城十二樓之眷），太史詞章蜂采蜜（聘啟中，采孫尚書、王狀元諸家作），破鏡有時更上堂（後集有再成通用聯，爲出婦復娶者設），披緇亦許歌宜室（通用聯又有爲僧尼設者，至云桑門甚寂，雖云當繼於家風，蕙帳久空，豈可不傳於佛種，殊堪噴飯），群賢之中著屠沽，編戶以降至廝卒（聘啟如印匠、木匠、屠家、漁戶、魚鮝鋪、珠翠鋪，無所不備），溝中流葉或爲媒，道上倡條訊堪折（有娶妓一門），大去何妨有戴撝（有大歸匧具狀式），相攸自謂皆韓姞（擇婿類，如名行、才學等甚備）。伐山何苦太辭煩，求野終堪矯禮失，聽琴微惜尾已焦（後集第十二卷，致謝類、祝文類、致語類皆闕），覆釜還當指先屈，中權魚尾認標題（每一子目上多有魚尾，宋時坊本往往如此），細字蠅頭未磨滅。凡廿四卷良足珍，近一千年猶未佚，結繩月老稱題眉，揮塵風流助談屑，尚無感慨奔不禁，亦若彈冠用可必（彈冠必用，亦宋時坊肆本），延令季與大興劉，藏弆源流可追述，寰海應無第二編，館壖相與成雙絕（劉氏有河間獻王君子館壖十），側聞婿水得縑湘，更喜師門積簪笏，從茲永爲鎮庫珍，褐來容我披函閱，一詩聊當酒一瓶，呵凍拈毫天欲雪。　　長洲葉昌熾未是草。

光緒丙戌四月，宜都楊守敬觀。

己丑正月初十日，長洲葉昌熾觀，并作七古一首錄於別紙。
再同編修仍屬錄於後幅，翌日，鞠常又記。

光緒十五年八月初三日，貴筑黃國瑾以女許海豐吳重憙子邠，福山王懿榮以兄女許國瑾之姪信成，爲之媒者，武進費念慈、元和江標。是日，貴筑出此書，與善化瞿鴻禨、清鎮杜慶元同觀。標記。
頃在福山座中，觀唐人寫經三卷、趙松雪書蓮華經卷。標并記。

光緒乙未冬十一月，黃本甫孝廉厚成出家藏宋本書見示，得觀此書，長沙葉德輝記。

數類存二卷二冊　不著撰人　舊鈔本　近人羅振常手書題記　（07930）

　　數類殘本二冊，當全書之首末兩卷，趙清常手寫，汪閬源舊藏。曩年曾得姚氏咫進齋藏書數十箱，于其中撿得此書二冊。讀書敏求記所載爲明內閣舊有之宋鈔殘本，經清常繕寫補完者，此當即所補中之二卷。清常書法不工，每卷後必詳記繕寫之年月日，而不加印記，嘗見松江韓氏所藏數種均如此。遵王所云清常跋語，當在末卷之末，然四十卷末頁已缺損矣。羅振常閱並記。

策要六卷四冊　明梁寅撰　明洪武丁卯（二十年）喻南鏐氏竹所書堂刊本　清林佶手跋　（07955）

　　癸未春三月讀始，隨手傳錄一帙，五月竣事，因識歲月。林佶。

新刻重校增補圓機活法詩學全書二十四卷詩韻活法全書十四卷二十冊　明不著撰人　題王世貞校正　蔣先庚重訂　明唐謙刊本　近人張繼手書題記　（08025）

　　天一閣書目載圓機活法五十卷，明徽府刻本，不著編者姓氏。

原始秘書十卷六冊　明朱權撰　明鈔本　毓川手書題記　（08026）

　　涵虛子姓朱，諱權明〔此字疑衍〕，字臞仙，明高皇之孫也，生而風神秀徹，天姿放縱，淡泊無爲，其學本宗黃帝老子，號曰道家。道家者，執本要清靜無爲，及其治身接物，莫不法於原始之理。好讀易，著有原始秘書、神隱書、金丹秘旨行於世。善音律，嘗作月琴節奏自娛，人呼臞仙月琴。後與道士張中遊，既反，攜妻登王屋山採藥，遂尸解云。歲戊辰秋日，蟾道人毓川記。

＿＿＿＿＿＿

策學會粹不分卷四冊　明不著撰人　明鈔本　清陳仁懋手跋　（08042）

　明時策學專書，藝文志所載，有梁寅之策要六卷、劉定之之十科策略八卷、戴㒞之策學會元四十卷、唐順之之策海正傳十二卷、茅維策衡二十二卷，及坊刊明狀元策十二卷，然傳本皆不多覯，此本不著撰人，觀其各篇，武宗以後即不稱廟號，且屢述及敬一箴，是箴爲明世宗嘉靖五年所製，則當爲斯時所輯無疑。考其行款、諱字，猶是明人所抄，或即當時之底稿，亦未可知也。己巳六月望日記。

＿＿＿＿＿＿

名疑四卷二冊　明陳士元撰　舊鈔本　無名氏手書題記　（08043）

　按明史列傳查考，陳士元，應城人，字心叔，嘉靖進士，官至灤州知州，著有易象鉤解、五經異文、孟子雜記、荒史、古俗字略、夢林元解、名疑、姓匯、姓觽等書未刊本。

＿＿＿＿＿＿

祝氏事偶十五卷十六冊　明祝彥撰　明崇禎丙子（九年）祝氏刊本　無名氏手書題記　（08077）

　祝先生事偶一編可以弁冕群書，其小論更堪抵卯諸史，獨怪其胸中多一「外史氏」三字爾。

＿＿＿＿＿＿

策略謏聞一卷附錄一卷一冊　清汪中撰　清乾隆丙午（五十一年）左海手鈔本左海手書題記　（08202）

　維揚徐季昆兄，每與余言汪公天才絕世，博涉群書，過目成誦，自幼即著述

等身，有較定三禮、爾雅，手批三國志、月令詳注，兼及醫科、地學等書，爲人豪邁不羈，丁酉選拔後，遨遊名卿鉅儒間，高談雄辨〔辯〕，無能出其右者。是編雖僅三十篇，而敘事簡當，筆力矯拔，讀其書，可以想其學問之閎深，性情之豪放，非可以尋常策學觀也。因就季兄處借錄之，錄竟識其大概如此。丙午嘉平望日，左海識。

────────────

香閨鞋襪典略二卷一冊　清蘇馥女士編　清光緒五年海寧鄒氏師竹友蘭室清鈔底稿本　清鄒存淦手書題跋　（08218）

光緒五年己卯嘉平月下浣，海寧三百有六甲子老人儷笙氏重錄一過。

小 說 家 類

世說新語八卷八冊　劉宋劉義慶撰　明渤海吳瑞徵刊巾箱本　清楊復手書題記　（08234）

四庫簡目載世說新語三卷，宋臨川王劉義慶撰，梁劉孝標注，本名世說新書，後相沿稱新語，遂不可復正。其書取漢至晉軼事瑣語，分爲三十八門，敘述名雋，爲清言之淵藪，孝標所注，徵引賅博，多所糾正，考證家亦取材不竭。
　　按此冊無注而分八卷，列三十六門，與簡目所載不同。〔下有「見心」朱印〕

────────────

世說新說八卷八冊　劉宋劉義慶撰　梁劉孝標注　元至元二十四年劉應登原刊元坊肆增刊評語本　清光緒十一年葉昌熾手書題記　（08235）

此書舊有二刻，一王弇州本、一袁褧本，皆三卷，此本八卷，耘廬劉應登刊，舊注刪節，十無二三，間有應登自注，隨文訓釋，無所發明。其自序云，丙

戌長夏，病思無聊，手校家本，明年授梓。書中遇宋諱缺筆，應登當爲宋人，丙
戌，理宗寶慶二年也。然中有須溪劉辰翁評，辰翁宋末人，宋亡上距寶慶丙戌計
四十年，其評未行，應登無由采之，反覆審諦，迺知後來所竄入。何以言之？前
二卷題名剗去未刊，卷三始題云宋臨川王劉義慶撰，梁劉孝標注爲一行，須溪劉
辰翁批點爲一行，此必原刻撰人注人分列二行，後并爲一行，即以所空一行補刻
劉辰翁姓氏，前二卷偶脫之，或是補刻不堅，隨即損落，評語皆在各條末行擠
刻，末行無空，則移上方，亦有竟剗去本文，重爲擠刻，以留餘地，無越行者，
此尤補刊之跡，顯然可認。原刻頗精，補入之字不堪寓目，蓋宋元之際，辰翁評
本，如少陵詩之類，盛行於時，坊肆借以炫售耳。每半葉十行，行大小皆十七
字。以今本勘之，卷一管甯華歆鉏菜一則，今本與上一則誤合爲一，此本不誤，
字亦頗有異同，舊爲鄂中張濂卿先生藏書，翼翁從先生受古文學，得於其師，出
以相示，爲書數語歸之。光緒乙酉，葉昌熾。

世說新語三卷六冊　　劉宋劉義慶撰　梁劉孝標注　明嘉靖丙寅（四十五年）太倉
曹氏刊本　無名氏手書題記　（08242）

此本距袁氏刻本計越三十一年，袁本不可得，此本亦可寶也。

世說新語三卷六冊　　劉宋劉義慶撰　梁劉孝標注　明萬曆己酉（三十七年）周氏
博古堂刊本　近人沈曾植手書題記　（08243）

平津館藏書記所謂正文與注特爲完善，未經刪落者，即此本。

世說新語六卷六冊　　劉宋劉義慶撰　梁劉孝標注　明萬曆間新安吳勉學校刊本
無名氏手書題記　（08246）

劉孝標注世說，多引奇篇奧帙，後劉須溪刪節之，可惜！孝標全本予猶及見之，今摘其一二以廣異聞。注云鄧粲晉紀曰，周伯仁應答精神，足以蔭映數人。曹娥碑在會稽，而魏武、楊修未嘗過江。以上見楊慎丹鉛總錄。乙未菊秋中浣記。

世說新語六卷六冊　劉宋劉義慶撰　梁劉孝標注　明吳中珩校刊本　近人周岸登手書題記　（08247）

世說新語一卷，明嘉靖乙未栞本。熊亦園語余，此本出於陸放翁本，吳氏買得舊板，剜改□名，實是宋本之舊也。暇當取紛欣閣本校之。癸叔。

紛欣閣本出於袁褧，此本亦出袁褧，然異同處什九此本為長，王益梧〔吾〕祭酒校勘小識所稱一本，即此是也。

既得此本，及長沙王祭酒刻本，後又得萬曆己酉周氏博古堂覆袁本，為王祭酒所未見。此本異同已具王氏校勘小識中。炎東吾兄見而好之，屢以為請，因割此遺之。戊午長至，威遠周岸登癸叔記。

唐世說新語十三卷二冊　唐劉肅撰　明萬曆癸卯（三十一年）刊本　清嚴氏手書題記　（08258）

大唐世說新語兩冊乃吾叔父修能先生少時所校者也，叔父後遷居餘不，所餘書冊盡皆散失。辛未季春，歸里掃墓，復檢舊篋，偶得此書，因付勝洲矜藏之。辛未季春十日記，是□叔父將往餘不。

唐摭言十五卷二冊　五代王定保撰　舊鈔本　清乾隆間曉堂氏朱校并跋　清同治癸亥（二年）徐洪鰲手跋　（08274）

乾隆辛未重午日，曉堂校對一過。

乾隆庚辰上巳前二日，又從雅雨堂新刊本校勘一過。

　　摭言一書，自前明商氏以刪節本刻入稗海，遂失王氏之舊，原書足本久爲藝
林稀覯之籍。國初，松陵宋賓王以汪退谷太史家藏本校補，始還舊觀，四庫即以
著錄，而雅雨堂叢書中之據以翻雕者，亦此也。此本爲武原張氏涉園故物，咸豐
戊午，得之西吳書舫，楮墨俱舊，尚是雅雨未刻以前鈔本，所據未審何本，而子
目一百三門，按之提要所稱宋氏之本悉合。曉堂不識何許人，以雅雨堂本覆校，
亦極精核。卷末有宋刊一跋，然與鈔者出自兩手，是據宋刻傳鈔與不，固未可肵
定，而要爲舊鈔之足寶，則確然無疑焉。辛酉之亂，余藏書散佚什一，僅存此
書，獨得完好，長夏無事，重裝一過。因記。癸亥六月，蟄庵居士徐洪鰲題。

————————

唐摭言十五卷二冊　五代王定保撰　舊鈔本　近人鄧邦述手校並題跋　（
　08275）

　　庚申歲暮，由沅叔同年丐介得此書，爲法時帆祭酒故籍，且有竹垞一印、尺
鳬二印，殆康熙時鈔本也。沅叔書來云鈔手甚佳，爲生平所僅見，實則沅叔醉心
宋元，若論鈔之工拙，則余架中可與抗衡者尚多，惟此書較雅雨堂刻本爲勝，學
津討原本不知如何，余無此書，他日當一對勘，始見優劣。頻年貧困，得此亦聊
足饋歲，不敢望雙鑑樓酒脯之祭也。越歲辛酉人日寫記。群碧翁。

　　越日再遇沅叔於廠肆，知此書十一卷任華三書，他刻皆錯簡，此獨不然，其
爲善本無疑。試燈日，正闇又記。

　　余歸吳中，乃交楚生莫丈，樂數晨夕。楚翁藏書甚精，案頭見抄本極富，一
日見唐摭言，有春草閑房印，知爲金俊明孝章藏書，藍格宣紙，確是明鈔，因借
歸校之，頗多是正，從此可稱善本。江樓兀坐，安得良友日日餉以異書，使余銷
磨此垂老光陰耶？甲子夏至，正闇校畢記。

————————

唐摭言十五卷二冊　五代王定保撰　清蔣繼軾鈔校本　清光緒二十四年葉德輝手

跋　又近人翟坼手跋兼過錄清宋定國題記　（08276）

張海鵬刻摭言跋云，摭言十五卷，所見抄本，後有嘉定辛未鄭昉題識者，最爲近古，所稱臼頭本是也。余案：第十卷蔣凝條「臼頭花鈿滿面，不如徐妃半面」，俗本以「臼頭」爲「白頭」，故舊抄以作臼頭者爲最善本。張氏所據，據云從邵胝仙假得。又云雅雨堂本亦仍其失，今雅雨堂本實從臼頭，審是剜補，蓋張所見爲初刻時印本耳。雅雨本係從朱竹垞本出，今此本亦抄自竹垞者，獨較雅雨本爲勝，臼頭爲妄人校改作白頭，又有校人仍改爲臼頭，將白字中畫刮斷，其實原抄塙是臼字，字體橫寬，白字上搬偏左，又原抄墨淡，校改墨濃，皆可取證也。曩讀蔣光煦斠補隅錄，載有摭言校本，係以竹垞本校雅雨本，凡所稱引，大致與此本多同，所據雅雨本頗多訛字，今雅雨本不誤者，當是後來校改，亦有雅雨誤，而未及校出者，如卷三今年及第，明年登科條「郭代公十八擢第」，雅雨本「公」訛「云」，蔣校並未摘出；又卷二得失以道條「未到于天人之際耳」，雅雨本作「未到於古人之際耳」，蔣校誤以竹垞本列爲大字，而小字作「未能到於古之人耳」，是又參以他本，並不注明，使讀者不知何者爲竹垞本，何者爲雅雨本，乃知古書一經後人傳校，皆不足信，若不見此本，不知蔣校作何語矣！此本前錄朱竹垞跋，題戊戌三月西圃居士手錄，下有白文螭緣印，文曰鬣軾，又有朱文印，不可識，首葉有西圃蔣氏白文方印，目錄首葉有西圃蔣氏手校抄本長方朱文印。蔣之里貫未詳，據印文知名鬣軾而已。黃丕烈士禮居題跋記有鼓枇稿一卷，云舊抄六卷本，卷上有西圃蔣氏手校抄本長方印，與此正合，知其人藏書必多，家鞠裳編修撰藏書紀事詩，竟未錄及，亦缺典也，異日當考其人之平生，以補載之。光緒戊戌上元前二日，葉德輝識。

〔過錄〕唐宋說部流傳已少，考索不精，刪削梓行，誠是書厄，故藏書家每珍惜抄本。稗海一書多全帙，其摘錄者，搜神記、學齋佔畢、祛疑山房隨筆、摭言五種，因新城先生跋，附識于此。至是冊假汪退谷前輩抄本，復校正譌字數百，錄置插架，倘好古者取以發雕，應爲善本云。婁水宋賓王錄（此跋照庫本補抄。坼注）。

謹擬跋語。此長沙葉煥彬藏西圃蔣氏手校鈔竹垞本也。煥彬跋考甚詳，而不

詳蔣之里貫，據印文知爲名繼軾而已。按蔣西圃名恭棐，康熙辛丑進士，主講揚
州安定書院，見揚州畫舫錄卷三。其人頗多藏書。惟既經西圃手校，而其中譌字
脫句甚多，且卷十一任華條，其文共四篇，而文辭前後篇互亂，有如錯簡，譌誤
特甚，西圃既係手校，可知竹垞本亦必錯譌不精矣。茲據文溯閣庫本悉更正之。
庫本有漁洋跋語，亦云從竹垞借抄，是眞不可解，豈西圃抄而實未手校耶？庫本
又有婁水宋賓王跋語，曰是冊假汪退谷前輩抄本校正譌字數百云云，是知四庫本
是漁洋抄竹垞本，而又經賓王以汪退谷本校正數百字矣，是退谷本尤較竹垞本爲
精，是即庫本所祖。是冊殆蔣西圃但抄竹垞本，而未見退谷本，無怪其譌誤無從
校正，今余以庫本詳校之，蓋汪本眞面目矣。又庫本譌字亦多可借鏡于是冊者。
茲將賓王跋錄後以資考鏡焉。民國己巳歲九月望日，雙城翟跋。

————————————

開元天寶遺事二卷一冊　五代王仁裕撰　明嘉靖間長洲顧氏家塾刊四十家小說本
清黃丕烈手校並跋　（08278）

　　開元天寶遺事上下卷，顧氏文房小說本也，書僅明刻耳，在汲古毛氏時已珍
之，宜此時視爲罕祕矣。初，書友以是書及皇甫浒輯本支遁集示余，索直甚昂，
爲有諸名家圖記也，余許以家刻書直千錢者易之，未果，携之去，明日往詢，云
需三餅金，後日親訪之，其支集爲他人以千錢易去矣，遂持此冊歸，稍慰求古之
心（案支集與舊藏鈔本，現經吾與山居重刊者不同，惜未校其異同）（癸酉歲
除，書主來取直，竟以二兩四錢易之，明刻之〔以下文字殘缺〕）。蓋毛氏舊
物，余本留心，而陽山顧氏名元慶者，在吳中爲藏書先輩，非特善藏，而又善
刻，其標題顧氏文房小說者，皆取古書刊行，知急所先務矣。此開元天寶遺事，
雖未知所從出之本云何，然借西賓陸拙生藏歷代小史本證之，彼已脫落幾條，是
此本爲善。聞周丈香嚴有元刊本，當假勘之。唐朝小說尚有太眞外傳、梅妃傳、
高力士傳，皆刊入顧氏文房小說（案每書每葉欄格外刻陽山顧氏文房）。向藏梅
妃傳，亦顧本，太眞外傳別一抄本，高力士傳竟無此書，安得盡有顧刻之四十種
耶（顧刻四十種全者後亦收之，印本惜糊塗耳。已卯冬季記）？以明刻而罕祕如
是，宜毛氏之珍藏于前，而余亦寶愛于後也。壬申夏五月二十有五日燒燭書。復
翁。〔括號內文字乃後加〕

　　六月上旬，假得周丈藏本，乃活字本也，卷上次行云建業張氏銅板印行，是可證矣，卷下有紹定戊子刊之桐江學宮，山陰陸子遹書，當必從宋本出，適檢新定續志書籍門，有云開元天寶遺事，其從宋本出無疑。取勘顧本，互有短長，書經翻刻，不無少誤耳。復翁又識。

　　道光辛巳三月，重取活本覆校，用墨筆記其異字。堯夫。

　　香嚴于今春作古，遺書分屬諸郎，有不喜此者，即轉徙之，向爲余所見、或借校者，偶得一二焉。此書傳觀之目無之，大約自留，或已歸他人矣。活本有宋人跋語，必出舊刻，惜無從訪問耳。〔以下文字有缺〕

　　活字本于辛巳春亦出，已重爲裝池，將得之，議價未妥也。清明日，堯夫。

────────────

開元天寶遺事二卷一冊　五代王仁裕撰　清光緒間虞山周氏鴿峰草堂鈔本　近人周大輔手校并過錄黃丕烈跋語　（08279）

　　〔過錄〕此活字本也，末有紹定戊子刊之桐江學宮，山陰陸子遹書，必從宋本出矣，適檢新定續志書籍門，知有此書，知即紹定刊本也，古書原委悉藉他書疏通證明之有如是者，余借校此於香嚴主人，還書之日聊誌之，質諸同好古書者。壬申夏六月望前一日，復翁丕烈識。

────────────

重彫足本鑑誡錄十卷三冊　五代何光遠撰　清乾隆間歙縣鮑氏知不足齋鈔本　清鮑廷博手校並跋　又宣統元年吳昌綬手跋　（08281）

　　乾隆丁酉八月傳飛鴻堂汪氏本，再以金氏桐華館本勘一過，兩本謬誤正同，非得善本覆校，不可讀也。十八日燈下記。

　　宋小字本鑑誡錄，項子京家舊物，國初諸老絕重之，互有副墨。此乾隆丁酉，鮑淥飲傳鈔汪氏飛鴻堂本，又以金氏桐華館本對勘。閱八年乙巳，趙味辛從長洲程叔平借宋本是正譌謬七十餘事，淥飲復出此本參證，又得三十餘事，詳校卷端，蓋即知不足齋叢書底稿。宋本出麻沙翻彫，脫誤頗多，且經蝕損，前輩各

以意改補，不盡原書面目，淥飮一一疏記，俾後來猶可考見，其詳慎殊可法也。授經京卿持示，謹書於後。宣統元年閏二月，仁和吳昌綬。

重彫足本鑑誡錄十卷一冊　五代何光遠撰　影宋鈔本　過錄清吳騫題跋　（08283）

　　〔過錄〕右鑑誡錄十卷，後蜀東海何光遠輝夫所撰，晁氏讀書後志謂其在唐證中纂輯。唐證，未詳其義，觀所紀多唐末五季及西蜀時事。昔朱竹垞檢討嘗得宋槧本，乃項氏天籟閣舊藏，首闕劉曦度序，此本從金閶宗人伊仲借錄，蓋影宋抄也，·劉序亦無，間多闕文，聞桐鄉金雲莊比部新購得宋刻本，亦有闕文，未審與此本同否，當更借校之。乾隆丙午閏七月十五日，兔床吳騫識。

北夢瑣言二十卷八冊　宋孫光憲撰　明萬曆元年括蒼山人鈔本　明葉恭煥、俞允文各手書題跋　（08286）

　　北夢瑣言抄于方山吳氏家，其本乃元孫道明本，前八卷另抄，後十二卷又一時所抄者，考之通考，云原二十卷，但後十二卷本多脫字，不知何也，姑記此以憑續補云。壬申冬月，括蒼山人恭煥志。

　　北夢瑣言唯記唐一代之逸事，亦足以參訂正史之缺。伯寅父養疾山房，凡稗官小說，靡不課寫校勘，余因時披覽，殊可喜也。萬曆元年三月，俞允文記。

北夢瑣言二十卷六冊　宋孫光憲撰　清乾隆間德州盧氏刊雅雨堂叢書本　近人繆荃孫手校并跋　（08288）

　　是書初校於同治甲戌，以商本校，再校於光緒壬午，用廣記校，并輯逸文，

三校於乙酉，用吳枚庵、劉燕庭兩鈔本校，乙未三月並過錄於此本，廿日而畢，距初校之時已二十有三載矣。炎之。

———————

南部新書十卷一冊　宋錢易撰　明洪武五年藍格鈔本　清朱錫庚手書題記　（08289）

　　簡明目錄，南部新書十卷，宋錢易撰，所記皆唐時故實，兼及五代，多采軼聞瑣語，而朝事國典，因革損益，亦雜載其間，故雖小說家言，而不似他書侈譚迂怪。

———————

南部新書十卷二冊　宋錢易撰　舊鈔本　清雍正七年王聞遠手校并跋　（08291）

　　雍正歲己酉春中借得友人刻本，校於孝慈堂之南窗，凡閱六日始竣。蓮涇王聞遠叔子識。

———————

涑水紀聞二卷六冊　宋司馬光撰　舊鈔本　清東亭氏手跋　（08296）

　　通考載，陳氏曰，此書行于世久矣，其間呂文靖數事，呂氏子孫頗以爲諱，蓋嘗辨之，以爲非溫公全書，而公之曾孫侍郎伋季思遂從而實之，上章乞毀板，識者以爲譏。按通攷稱十卷，此本分上下卷抄，或非全書耶？異時當覓善本讎之。甲戌臘月初九日，呵凍記，東亭。

　　按秦檜當國，常禁私史，故伋倡言非公書，是不特因呂氏子孫也。乙亥二月記。

———————

丞相魏公譚訓十卷一冊　宋蘇象先編　舊鈔本　清黃丕烈手書題記　黃美鏐手校
並跋　過錄清王澍跋　　（08297）

　　蘇魏公譚訓，余曾借壽松堂蔣氏手校一過，因余藏抄本甚工整，不復校改本
書，用別紙校錄，近始命三孫美鏐繕清付裝，附於書尾。初余校是書時，屆歲
暮，匆促即還，越年餘，而手書之字自己且有不識者，因復借之，辨證前校模糊
之字，而長孫美鏐適因查點書籍，尋出舊藏抄本，請覆校宋本，此即美鏐所校之
本也。一切宋本面目，纖悉畢具，并有余前校漏落之處，復用別紙，仍書於前校
本後，謂之覆校，是書今可謂精審矣！昔魏公嘉言懿行，待長孫象先編纂而傳，
今余半生歷鹿無可表見於後，唯此幾本破書，手爲讎校，以爲生平嗜好所在，長
孫美鏐亦仰承先志，喜事丹鉛，余亦頗自喜繼起之有人也，爰書此以策勵之。庚
辰冬，復翁。

　　庚辰孟冬，借壽松堂蔣氏宋本手校一過。美鏐。

　　〔過錄〕此書爲蘇氏家藏珍寶宋刻，尤屬希有，謹題獲覩之歲月日於管末，
以誌激賞。時雍正戊申春仲，琅邪王澍跋。

————————————

丞相魏公譚訓十卷一冊　宋蘇象先編　鈔本　清同治八年徐時棟手書題記　（
08298）

　　蘇氏談訓十卷，一本，同治三年十二月二十七日，城西草堂徐氏收藏。此書
四庫不著錄，想當時無采進本耶？觀題名及序，似傳記類，及閱所記，多瑣語雜
事，直齋著錄於小說家中，甚當也。此本闕末葉，第十卷尾葉也，又濟南周泌跋
亦脫去。八年七月二十七日，徐時棟記。

————————————

澠水燕談錄十卷二冊　宋王闢之撰　明萬曆二年江陰貢大章手鈔本　清黃丕烈、
李北苑、趙不騫手書題跋　（08300）

己巳六月三日，鮑丈至蘇，余往訪諸闔門，談良久，書籍源流，言之甚晰，偶及是書，云天一閣所藏，係十卷足本，未識□補抄之第十卷，即出天一閣否。歸□新刊天一閣書目，果十卷，未載□抄，不知其本如何也。復翁記。

　　稗海所刻澠水燕談錄十卷，缺第十卷談謔一則，以第四卷分作兩卷，符十卷之數，又缺序目，非足本也。是冊乃虞山趙清常家藏本，前有王聖塗自序、同年進士滿中行題語，其第十卷從宋雕錄出，每卷較稗海又多三十一條，粲然完備，亦可喜也！癸丑季春雨窗，李北苑題於京邸之鷗舫。

　　澠水燕談錄十卷，明萬曆甲戌江陰貢大章傳鈔南宋尹氏書棚本。按李北苑跋云趙清常家藏本，則審諸卷中朱筆校字，與舊藏吾宗清常道人手跡無異，知是書初爲吾宗脈望館藏書也，旋歸鮑氏知不足齋，又歸黃氏士禮居，惜黃復翁兩跋，其一僅存書腦邊數字而已，然書體完善，朱印纍纍，粲然奪目，矧經名人校跋，其爲流傳有緒之秘籍無疑矣！癸酉清和月，虞山趙古春獲觀，因誌。

————————

青箱雜記十卷一冊　宋吳處厚撰　舊鈔本　清嘉慶己卯（二十四年）黃丕烈手跋（08303）

　　余向藏青箱雜記，近爲友人易去，適小讀書堆有此種，因復收之，其抄手似不及舊藏之精，而此亦出能書者手，非惡抄可比。通體無一舊人圖書，然中有紅筆，增附小兒詩，知非俗筆，其爲名家儲藏決矣！末有俞子容云云，當從原本錄出，非眞跡也。己卯八月四日，天氣驟涼，晨起展卷及此。復翁書。

————————

續世說存十卷六冊　宋孔平仲撰　明鈔本　清乾隆五十六年黃丕烈、近人鄧邦述各手書題跋　（08306）

　　客歲庚戌冬孟，從同郡吳氏歸得古書數十種，內有續世說六冊，卷首題魯國孔平仲字毅甫撰。余初未識是書也，適邀余友錢丈景開、陶君蘊輝至家，二人皆

能識古書者，因爲余言，是書可爲秘本，余由是珍之。後偶檢閱陳振孫書錄解題小說家類，有云續世說三卷（按文獻通考，作十二卷），孔平仲毅甫撰，編宋至五代事，以續劉義慶之書也，則其書之出自毅甫，可無疑矣。惟是余所儲之書，卷止有十，較諸書錄已逾其七，通考尚缺其二，全與否俱不得而知。本朝絳雲樓書目僅載其名，未及其卷數，即錢遵王讀書敏求記亦附論于世說新語之後，而書名不入于雜家，詈以爲東家之矉，然乎？不然乎？乾隆辛亥且月中澣二日，吳趨黃蕘圃書。

續世說已刻入知不足齋、守山閣兩叢書，確爲十二卷。此本於甲子四月吳門閱肆得之，審知確是明鈔，紙墨並佳，唯後闕二卷，閬源印記亦眞，蕘圃跋於乾隆五十六年，似初收古籍時書，未可斥爲非也。暇取刻本對之，有多出者，惜不得原本補錄，以成完帙。要其所采，皆取裁史籍，與義慶得諸前聞者不同，遵王譏爲東家之矉，良有故也。乙丑六月，正闇。

改正湘山野錄三卷續錄一卷二冊　宋釋文瑩撰　舊抄本　清周星詒及其妻李蕙手校並跋又過錄黃丕烈跋　（08308）

〔過錄〕湘山野錄，予家有宋刻元人補寫本，又有毛斧季校宋本，寔同出一源，而毛校失宋刻元鈔之眞，但云校宋，非原書之舊矣。外間傳本，除毛氏津逮本外，鮮有他本。此冊近從坊友易得，始欲手校宋刻元鈔面目于其上，後撿藏本證之，知是本非出毛刻，與宋刻元鈔本時合時不合，必別有據依，未敢輕改，且錄之下卷，自潘逍遙閬有詩名下，□□□□□□□□，留此爲別本之證。壬申二月，丕烈識。

丁卯四月廿二日，客有以黃蕘圃主政舊藏寫本湘山野錄求售者，適外季覯新得此本，因命蕙以對勘之役，一日夜而竟，外復以張氏刻本佐之，三本大略無甚同異。張本卷一仁宗進講禮記一條，二本俱失，王文正一條，此本尚存末後數行，黃本遂并脫去，其餘脫誤甚多，都未正補，下卷潘逍遙有詩名以下並續卷，俱已逸失，三本之中最爲劣下，蕘翁云別有據依者，殊未可信也。校訖，以元本

歸之，而錄其手跋于此，以識其自云。會稽女子周李蕙寶籹識于福州余府巷寓中。

丁卯四月十九日，在福州用張氏學津討源刻本勘過。季貺記。

同治丙寅秋九月，購之福州陳氏，爲價七錢。季貺。

───────

玉壺清話十卷一冊　宋釋文瑩撰　清白堤書估錢氏萃古齋鈔本　清戴文鐙、戴璐各手跋　近人鄧邦述手校并題記　（08310）

是編紀五代宋初瑣事頗悉，惜鈔胥不良，烏焉帝虎觸眼皆是，每一繙閱，令人懊悒，安得□本校讐之，亦大是快事！旃蒙單閼（乙卯）七夕前□書於并州廨舍。

此先大夫隨任晉陽時所書，時年十七，迄今四十八年，手澤猶新，而先大夫捐館已十七年矣，閲竟潸然。壬寅穀雨日，男璐謹跋。

癸丑之秋，伯羲祭酒遺書盡出，余不能舉宋元諸刻，則丐其餘，得若干種，聊饜饞吻，此冊在焉，爲錢聽默萃古齋鈔本，世所稱白堤書估者也。文瑩湘山野錄，吾友宗耿吾家得一宋鈔本，今已影印傳世，此編訛敚太多，因假別本對校，始可卒讀，其舊校朱筆有合者仍之，字體雅飭，其見稱於時，信非虛譽，但怪其不辨豕魚耳。甲子秋日重檢，因記。正闇。

───────

百衲居士鐵圍山叢談六卷一冊　宋蔡絛撰　清張充之手鈔本　清黃丕烈、韓應陛各手書題記　（08313）

此張充之手鈔鐵圍山叢談，其本甚善。余所藏此書，有雁里草堂鈔本，此當從之出，惜蠹痕滿迹，余依別本補之，間有歧異，皆不及此，暇日當取雁里草堂鈔本校之。丁卯十二月廿一日，挑燈塡補竣事，時久旱得雨，簷溜點滴，差快人

意。復翁。

　　凡書必講其所傳授，即如充之爲青芝先生子，青芝爲義門門人，故書法甚工，其子充之書却甚拙，然所鈔書出渠父子者皆妙，以有義門爲之先也。如此書出充之故後，破損不堪，書賈補綴，未塡寫人，視爲棄物矣，惟余知其源流，故得之，而手寫其闕失，遂可卒讀，後人勿以尋常本視之。復翁又識。

　　以宋蘭揮藏鈔本補蠹蝕殘字。

　　咸豐戊午六月一日，由士禮居轉入讀有用書齋。

────────────

鐵圍山叢談存三卷一冊　宋蔡絛撰　舊鈔本　清顧廣圻手書題記　又黃丕烈手校並跋　（08314）

　　此似是寫樣底本，未知即知不足齋物否？但硃校多未妥處，偶一閱之，正其第二卷六葉趙企企道，抹去重企字之非。案頭無鮑氏叢書，未嘗勘對，寄贈復翁審定之。丁卯三月，買於江寧，四卷至末盡缺。十三日燈下記，澗薲居士。

　　此冊係顧子千里從江寧買得，寄贈余者，書止三卷，佚其半矣。余取雁里草堂鈔本勘之，似即從是本出，而原鈔訛脫及校正者已略改之，至云知不足齋物，恐非也。丁卯夏四月二十有八日，復翁記。

────────────

百衲居士鐵圍山叢譚六卷二冊　宋蔡絛撰　傳鈔明嘉靖間雁里草堂刊本　清道光十一年鄒鵬飛手書題識　（08315）

　　百衲居士鐵圍山叢談，類書中刊行者止十之二，此本乃從嘉靖庚戌雁里草堂舊寫本錄出，未審誰氏所錄，但觀卷尾有陳眉公識，卷首有竹垞太史醞舫圖章，誠善本也。道光辛卯涂月，五橋鄒鵬飛書於超然閣。

────────────

新雕雲齋廣錄八卷後集一卷二冊　宋李獻民撰　金刊本　民國三十三年鄭振鐸觀
款　（08317）

甲申正月十八日，吳興徐鴻寶、高陽李宗侗、海寧趙萬里、長樂鄭振鐸敬
觀。振鐸書。

楓窗小牘二卷二冊　舊題宋袁褧撰　明萬曆間會稽商濬刊稗海本　近人瓶粟居士
手書題跋　（08318）

是書記述趙宋一代舊聞，凡數十事，皆屬珍秘而罕見于宋史者。民三夏暮，
予應陳公之招，溯江入川，道經安慶，得之于某舊書肆，以墨銀四枚易歸。携川
後，同僚中皆嘆爲海內孤本，生平未見，或謂宋刻，或謂明刻，但予非收藏家，
刻本之爲宋爲明，皆所不論，予則但求得讀異書而已。瓶粟居士誌。

河南邵氏聞見後錄三十卷四冊　宋邵博撰　鈔本　近人鄧邦述手校並題記　（
08334）

丙辰四月返吳門，爲先大夫營葬既畢，乃遊於市，遇老友徐敏甫，十年不見
矣，相晤歡甚。翌日，介於鄰肆，得此書，四冊，余久貧困，不復收書，以價
廉，携之歸。爲余裝書者于贊臣，細審之，乃曰，此舊紙新鈔者，余覆覘之，良
信，一笑置之。秋間無事，姑取津逮本對校，乃知有勝於津逮者，因兩校之，然
後不悔擲此數番餅也。余所收舊鈔，在同輩爲冠，近沅叔冥搜宋刻突過於余，而
貴公子想慕風雅，亦一擲萬金，度余窮乏，仰企而不可及，獨鈔本之精好，足備
校錄者，他人亦不屑道，豈天之貽窮措大者乃在此耶？是歲十二月初九日寒夜，
正闇居士校畢記。

清波別志三卷三冊　宋周煇撰　舊鈔本　清吳焯手跋　又清陳鱣手校并跋　（
08335）

　　余觀前志中，昭禮自云祖居錢唐後洋街，此後跋云居近清波門，即以所居之
地名其書，猶周密居癸辛街，即稱癸辛雜識是也。就李曹侍郎抄本，今藏繡谷
亭。康熙乙未夏至展觀，因記，吳焯。

　　是書爲錢唐汪氏振綺堂所藏，嘉慶十年三月余得之于吳中書肆，遂以鮑氏知
不足齋本校勘一過，改正數字。勃海陳鱣記。

────────────

北窗炙輠二卷二冊　宋施德操撰　舊鈔本　清吳翌鳳手校並跋　又陳徵芝手
跋　（08337）

　　乾隆丙申夏五，囑館生陶緒智傳張□□□，余以朱書校正。彥執名德操，鹽
官人。吳翌鳳書。
　　張氏本通作一卷，鈔寫未半，別借得江颿本，從□□□，其字句異同，及斷
誤脫落處，別用雌黃校正，庶不與張本淆亂也。七夕又書。
　　丁酉二月，從陸氏奇晉齋本又校正數字。

　　夏間，客以北窗炙輠二冊見示，已留之矣，茲復見此本，□□閱一過，記北
宋人軼事頗詳，張子韶事蹟尤夥。子韶釋經〔以下文字不清晰〕，尚書說於黃氏
書解中，尚可得其七八，皇極經世解三種，世尚有傳者，已鈔之於閣本矣。壬辰
嘉平燈下漫記，韜庵。（吳枚庵收藏甚夥，近頗散失，此亦其一也。）

────────────

北窗炙輠一卷一冊　宋施德操撰　清吳翌鳳手鈔本　吳翌鳳手校并跋　（
08338）

　　右書爲青芝張先生寫本，余從令似充之大兄借錄一過，復借維揚江氏藏本分
其卷第，補其闕略，較完善矣。彥執名德操，鹽官人，張子韶之友，生不婚宦，

病廢而没，其學尊孟子而排釋氏，嘗著孟子發題一篇。子韶之門人郎曄編橫浦集，附之卷末，没後學者私諡爲持正先生云。丙申夏五月廿六日，枚菴漫士吳翌鳳記。

─────────────

家世舊聞二卷一冊　宋陸游撰　舊鈔本　過錄清何焯跋　又無名氏及近人胡適手書題記　（08340）

〔過錄〕陸放翁家世舊聞二卷，乃六俊袁氏故物，恨筆生太拙於書耳。辛卯春，從雍熙寺西冷攤得之，汲古毛十丈見而驚喜，不謂此書人間尚有全本也。余家書最寡陋，獨此乃可以夸於十丈，眞僅有之事，因識之。焯。

慶元戊午放翁年七十有四，其元日讀書至夜分有感詩有云，老學辛勤那有補，舊聞零落恐無傳。今筆記有刊本，而書未得好事者重開，要是憾事。汲古閣所刻劍南、渭南集，今歸雨亭總制，不識其諸郎亦有意否也。〔撰人不詳〕

揮塵後錄第五卷中載放翁尚有清尊錄，今藏臣〔臣疑弄之誤〕家并殘本亦無之。〔撰人不詳〕

此書似宜鈔一本，付影印流傳。胡適敬記。四八‧十二‧十八。

─────────────

桯史十五卷附錄一卷四冊　宋岳珂撰　明天啟壬戌（二年）長水岳氏刊本　明崇禎六年劉如桐手書題記　（08345）

崇禎六年癸酉春，龔縣主左轉以是書送寶仁老爲別敬，余取而閑閱，因以見惠，筆之以識。歲月仲夏十有三日。

─────────────

西塘集耆舊續聞十卷　宋陳鵠撰　舊鈔本　清鮑廷博手校并跋　（08350）

〔卷一〕庚子正月三十日燈下重校。

乾隆癸卯十一月初四日燈下，丁小山本重校補末二行，他本所佚也。是日小雨，薄暮微雪，風冷不可當。

〔卷二〕己亥八月二十日燈下校兩卷。是日陰雨，禹新往陽羨，相依數年，家務多以屬之，一旦別去，殊難爲懷。

庚子二月朔重校。

癸卯十一月初四日，丁小山先生本重校。二鼓大風，寒甚，不可支。

〔卷三〕廿一日晨起校，小雨。

庚子二月朔再校。

癸卯十一月初五日，晨起，丁本勘定，風冷十指如槌矣。

〔卷四〕廿一日巳刻校別本，落一頁，將求完本補校。

庚子四月十五日燈下重校。

癸卯十一月初五日辰刻小山本重校，落頁已據本勘過。

衝寒出拜海昌周孝廉勤圃、天台齊公喬先生。

〔卷五〕廿二日燈下校。是日見一古鏡，式如鍾，鼻有大環，有篆字云「王氏子孫永寶用」，此與姚寬西溪叢語所記頗相似，但銘文不同耳，疑是六朝時物。

癸卯十一月初五日燈下，小山本重校。

〔卷六〕廿三日燈下校。

癸卯十一月初五日，丁本校。

〔卷七〕廿五日二鼓校，鬼車鳴。

癸卯十一月初五日燈下，丁本校。

〔卷八〕廿六日晨起校。

癸卯十一月初五日燈下，小山本校。

〔卷九〕廿六日辰刻校。

癸卯十一月初五燈下，小山本校。

〔卷十〕乾隆己亥八月廿六日巳刻校完。是日爲桐鄉之行，勘畢解維矣。

癸卯十一月初五日燈下，小山先生本勘訖，漏三下矣，嚴寒啜粥一盂而臥。

丙午十月三十日，青鎮寓廬重勘。

────────────

歸潛志八卷二冊　金劉祁撰　舊鈔本　清何焯手筆批校並跋　（08354）

　　歸潛志凡十四卷，此非完書也，庚寅冬日，從汲古閣借得抄本，乃洞涇柳僉大中物，亦止八卷，因而對校柳本，譌謬甚多，亦非佳本，當更從藏書家訪之。焯記。

────────────

歸潛志十四卷二冊　金劉祁撰　舊鈔本　清黄丕烈朱墨手校並題識　又施國祁手跋　（08355）

　　此鈔本歸潛志，忘其所從來，已惎置之久矣，會有坊友携示張青芝手鈔八卷本，遂校勘一過，復因張本未全，又從坊間借得十四卷本抄本統校之，始悉此本多訛舛，又有錯入他書。凡書抄本，固未可信，苟非他本參校，又何從知其誤耶？且書必備諸本，凡一本即有一本佳處，即如此固多訛舛矣，而亦有一二處爲他本所不及，故購書者必置重杳之本也。復翁。

　　癸酉冬日，於坊間獲一歸潛志八卷本，爲郡先輩張青芝手鈔，旋爲吳大春生得之，因手校此。復翁。

　　癸酉仲冬廿有四日，於經義齋書坊見有張青芝手錄劉祁歸潛志八卷本，取歸與舊藏本對，似較勝，惜無後六卷，因憶是坊架上向有抄本歸潛志全者在，越日復往取之，先校此六卷，實優于向所藏者，遂竭一日半夜力校畢此，當留此全本矣，適春生吳大來訪，余云是青芝所抄，渠欲轉購之，明日當取張本校前八卷也。十一月廿七日燒燭校畢，時二更餘矣。復翁。

　　余既手校歸潛志於張校舊抄，二本合者姑以圈識之，而斷之曰是、曰誤，取三占從二之意也，然于金源事未諳，所言皆妄耳。丁丑夏五，浙江湖州之南潯人施北研先生來余家，小住五日，與談金源事，如瓶瀉水，無一留停，蓋北研以老諸生不利舉業，積數十年精力，究心于金源一代事廼，故能如是也，所著有金史詳校、元遺山詩文箋、金源雜興等著，余見其後二種。茲屬校此，下方某作某者

是也。

　北研自有跋在終卷，而附記北研著述于此者，以見一鄉一邑間不乏樸學之士，特世無知之者耳，即有知之者，而著述不能使之行，是誰之過歟？爲之慨然。

　癸酉冬日，用別本鈔本校。復翁。

　丁丑夏六月，過復翁家，相知十餘年，始識面也。翁以余喜說金源事，因出此舊抄。原校與鮑刻略同，惟歸潛堂記之銅壺，此作銅臺，向閱鮑本壺字不解，曾擬改作鼃字，今見此臺字，乃知舊本之足貴。至太宗神射之爲太祖神功、李純甫卒于元光末、王仲元爲王廣道猶子、良由神川誤記不必校，先生因屬綴言，不揣鄙拙書此。北研謹題。

―――――――

遂昌山人雜錄一卷一冊　元鄭元祐撰　舊鈔本　清黃丕烈手校並跋　（08357）

　此鈔本遂昌山人雜錄，未知鈔自誰氏，其格邊但云歲丙子鈔畢，亦未詳其何朝之丙子也。近得一崇禎七年六月四明范廷芝異生甫校本，出此校勘，頗資是正，間有此善于彼者，當參考云。蕘翁。

―――――――

靜齋至正直記四卷四冊　元孔齊撰　清荻溪章氏鈔本　清章綬銜及光緒二十二年費念慈各手書題記　（08359）

　至正直記四卷，元孔齊撰，亦名聲齋類稿，傳書甚少。是本從張月霄愛日精廬借鈔，以速於藏事，訛謬殊多，暇日當隨手改正，更得善本一校，快何如之！章壽識。

　此本訛誤太甚，幾不能讀，粵雅堂叢書中有刊本，暇當一校之。紫伯，荻港人，收藏甚富，鑒別書畫尤精審，薛觀堂中丞同治初滬上所得，皆紫伯爲購定也，顧艮庵師云。光緒丙申十二月十二日，屺懷記。

———————

南村輟耕錄三十卷八冊　明陶宗儀撰　明萬曆甲辰（三十二年）雲間王氏玉蘭草堂刊本　清黃蕘篆識　（08364）

　　靜閱是書，行間字體大小錯雜，證以王序新蠹補闕之說，定爲元槧明重修印本無疑。首尾角印忠雅堂，則又曾爲鉛山蔣心餘士銓太史所藏矣。是歲丁巳三月之末，吳江後學黃蕘注良父。

———————

輟耕錄三十卷六冊　明陶宗儀撰　明末虞山毛氏汲古閣刊津逮秘書本　清道光間王宗炎手跋　（08368）

　　道光乙酉正月十八日雪中讀竟。晚聞居士王宗炎記。

———————

輟耕錄三十卷十冊　明陶宗儀撰　日本舊刊本　近人陸大坊手書題記　（08370）

　　此書爲日本舊板，甲辰年陳慕周送三、四弟赴日留學帶歸者，日本現亦無人講舊學，故此種書亦不多見矣！太倉陸大坊誌，時庚申正月人日。

———————

水東日記四十卷四冊　明葉盛撰　明萬曆間崑山葉重華刊本　清陳昂手書題跋　（08374）

　　往予讀葉文莊公涇東稿，知公文章經濟卓爾不群，今年移居澱角，與公里接壤，復得水東日記讀之，語無泛談，言有根柢，益信公讀書人也。是日同得者，宋人陳應行吟窗雜錄、葉成珪海錄碎事、明人陳絳山堂遺集，絳故上虞人，另有金罍子行世。康熙壬申立冬日，後學陳昂記。

──────────

西吳里語四卷四冊　明宋雷撰　明嘉慶間吳興宋氏家刊本　清光緒戊申（三十四年）羅振玉手書題記　（08399）

　　西吳里語四卷，明刻本。此書吳興宋雷撰，記湖州遺聞軼事。四庫存目著錄云首有自序，後有其子鑒跋，此本均無之，殆闕佚也。錢唐丁氏善本書室藏書記有此書，第三卷乃吳石倉手鈔，是此書傳本之罕可知。光緒戊申正月，上虞羅振玉記。

──────────

皇明寶善類編二卷二冊　明蘇茂相撰　明刊本　清唐晏手書題記　（08433）

　　此書不見於昔人著錄，而其語亦多有未錄于它書者。余初來滬瀆，買之市上，藏已三年矣，偶發故篋，喜其足以垂法後世，行將刊之，以貽學者，亦不可少之籍也。丙辰初伏，涉江記。

──────────

客座贅語十卷十冊　明顧起元撰　明萬曆戊午（四十六年）原刊本　錢萬青手書題記　（08441）

　　是書購于杭城，價銀肆錢正。武原錢萬青誌。

──────────

三家村老委談四卷二冊　明徐復祚撰　清光緒間常熟翁氏鈔本　清翁同龢手校並題跋　（08451）

　　徐復祚，字陽初，吾邑人，尚書恪之孫也，邑志稱其才度雙美，所著詞曲頗多，至邨老委談一種，散佚不完，此四卷從歸雲林家鈔得，不知是足本否。松禪。

其兄昌祚為比部郎，坐事自戕死。邑中相傳徐公子者，豪侈無度，以楊梅數十擔，就桃源澗踏之作紅瀑，又於方塔上飛金箔，西湖中放萬盞湖鐙，人呼為徐三敗云。

光緒甲辰二月□□□□太史鈔本石田□鈔，乃瞿稼軒所選，與陳明卿編次者迥□，後附東澗老人石田事略一卷，因命童子程□錄而藏之。是月十一日，松禪記。

〔卷二末〕此二卷孫憙程福所鈔，壬寅七月望日校一過。瓶居士記。

〔卷四末〕壬寅臈月十三日孫憙鈔畢，乃正其訛，不能盡也。長瓶。

────────

三垣筆記四卷四冊　清李清撰　舊鈔本　近人方爾咸手校並題記　（08456）

此書向來祇有傳抄本，展轉迻易，譌脱遂繁。此本雖經朱校一次，然舛誤費解之處尚多。病起覆閱，隨手訂正數十字，其無可意會者，不敢妄訂也。全書所記足備正史之補助，與尋常隨筆不同，惜南疆聞見略不載及耳。丁巳七月，爾咸漫記。

────────

取節錄存三卷二冊　清孫奇逢撰　舊鈔本　清光緒二十六年朱樹過錄孫氏自敘並題記　（08458）

〔過錄〕取節錄自敘。取節者，蓋自名公碩輔，以暨農夫婦女，凡有一念一事之幾於理道，而得於聞見之真者，則急取而錄之也。予竊惟古者史氏之書，其於名公碩輔，非為國家建大勳勞、捍大患也不以書，其於農夫婦女一言一動之根於性，而中於情，則汲汲焉以書，非與名公碩輔之略，而獨與農夫婦女之勤也。名公碩輔，其賢之鉅且衆者也，事而為之書，則不勝書矣，農夫婦女，則其賢之微者也，事而不為之書，則不得書矣。是編也，自癸亥迄今，人不問貴賤，行不問鉅細，一念一事，可以興豪傑而範世俗，則隨筆書之，開亦有其人素在可憎，而偶有可錄，尤不敢以惡而棄其美也。王汝止之言曰，滿街都是聖人，焉知農夫婦女之所與知、與能者，非即名公碩輔之所不知、不能者乎？

　　此夏峰先生原敘，載在年譜中。案先生年譜「崇禎十年九月，梓取節錄成」下注：「凡六卷，共二十六門。」此板係在直隸容城，而中州從未見有印本，年來到處物色，僅得原稿自卷四中起，至卷末十四門，尚缺前半部十二門，無從覓得。茲謹照年譜中補入此敘，並於別集中得韓參夫先生一序，仍弁於首。光緒二十六年冬月。蘇門後學朱樹謹識。

———————

山海經十八卷三冊　晉郭璞註　明嘉靖間翻刻宋本　清光緒十二年楊守敬手書題記　（08473）

　　右明嘉靖間翻宋本山海經，遇宋諱不缺筆，當是翻刻者補之，若以楊升菴、黃省曾刻本對校，必有佳處。光緒丙戌十二月，楊守敬記。

———————

山海經十八卷三冊　晉郭璞註　明嘉靖間翻刻宋本　清光緒十二年楊守敬手書題

　　山海經圖讚，津逮中有之。余蓄書必取舊刻、名抄，故此本有葉、孫兩家藏書圖記，雖非抄之至精者，亦在收藏之列。是書出余友張君秋塘，知余所好如是，欲易家刻國策一部，遂易之。分十三卷者，猶舊第也。甲戌人日記。時瑞雪未消，新月欲下，一種清景，間窗靜夜，一人獨領之。復翁記。

———————

穆天子傳不分卷一冊　晉郭璞註　明天啟七年刊覆古介書本　近人沈曾植手書題記　（08483）

　　眉上細字，碩甫先生筆也。植記。

———————

唐闕史二卷二冊　舊題唐高彥休撰　清雍正丙午（四年）仁和趙氏小山堂鈔本

清趙昱手校并題記　（08495）

　　唐闕史上下卷，得西亭汪氏抄本，匆遽錄就，復得秀野草堂槧本校勘，訂正
譌字數百，然細閱刊本，尚多舛錯，亦未稱爲完善也。雍正丙午除夕前一日，谷
林識。

————————————

江淮異人錄二卷一冊　宋吳淑撰　清南昌彭氏知聖道齋鈔本　清彭元瑞手校並題
記　（08503）

　　此從永樂大典散篇輯，非舊本也，鈔備五代史記注，內李夢符、李勝、司馬
郊、劉同圭、干大、洪州書生，可入吾郡志書。戊申仲秋五日，芸楣。
　　綿州李氏刻入函海，取校數字。壬戌清和五日。

————————————

括異志十卷一冊　舊題宋張師正撰　舊鈔本　清顧沅手書題記　（08515）

　　道光丙午中秋前七日得于金陵，四庫未收秘本。舟中漫記。

————————————

夷堅志存九十九卷十冊　宋洪邁撰　舊鈔本　清嘉慶十二年黃丕烈手書題記　（
15483）

　　夷堅志甲、乙、丙、丁四集，宋刻本，由萃古齋售於石冢嚴久能，今又爲何
夢華買出，其歸宿未知在何處。余所藏宋刻有夷堅支甲一至三三卷、七八兩卷，
皆小字棉紙者；夷堅支壬三至十共八卷、夷堅支癸一至八共八卷，皆竹紙大字
者；近又得夷堅志乙一至三三卷。此本係舊鈔，支甲至支戊五十卷、支庚支癸二
十卷、又三志己十卷、三志辛十卷、三志壬十卷，取兩集以配全而其□俱不全本

也。每見近時坊刻稱夷堅志者，大都發源於是，而面目又改矣。天壤甚大，未識洪公所著夷堅各種其宋刻能一一完全否，痴心妄想，其有固未可必，其無亦安敢必邪！嘉慶丁卯正月六日，復翁丕烈識。

————————

五色線存一卷一冊　宋不著編人　舊鈔本　近人鄧邦述手書題記　（08526）

　　此書有朱筆校過，屢稱杰按云云，又引抱經刻書，似嘉道間學者，疑是嚴豹人，姑書此以待考。墨筆引㕙本，則不知何時刻者。要當取毛刻之上下二卷合寫一本，然後刻入叢編，以公同嗜，庶足彌斧季之憾爾。太歲甲子元月，群碧樓記。

————————

鬼董狐五卷一冊　宋不著撰人　舊鈔本　清道光二十四年張蓉鏡、同治三年唐翰題各手跋　（08527）

　　筆意高簡，敘事精詳，深得唐人小品文字遺法。鈔本甚稀。是冊喜其訛字少，曾見明人抄本，較此字大而劣，細審書法，此當是述古堂抄本也。道光甲辰二月二十一日，芙川張蓉鏡養疴雙清書屋，讀一過漫記。

　　同治三年甲子三月望日，燈下讀過。萬柳池邊旅人唐翰題記。

————————

閒窗括異志一卷一冊　宋魯應龍撰　明鈔本　清黃丕烈手校並跋　又韓應陛手跋（08528）

　　閒窗括異志，惟絳雲書目有之，舊本不多見，因取稗海本勘之，雖無大異，然究勝於彼，偶有訛脫，亦屬筆誤，悉分別圈點尖角以識之，其脫文復賴稗海本足之，案諸目錄，宜有也，因用別紙錄出，附卷尾。戊辰八月八日，復翁。

己巳仲冬廿有八日，取鹽邑志林本手勘一過，載于下方，有未盡者，間附行旁，至行間有硃筆改字，乃向所有也；通體不標目，其勝於此鈔本者，惟倪生偏香條中多十五字耳。復翁燒燭書。

閑窗括異志，魯應龍，一卷，黃跋并校。咸豐八年六月一日得之滂喜園。

────────────

新編宣和遺事二卷四冊　宋不著撰人　宋末建刊本　清黃丕烈手跋　（08592）

己巳三月十日，爲武林之游，越二日，抵松木場，明晨，肩輿入武林門，迂道登城隍山，訪書友陶士秀于集古齋，主人不家，余通姓名，主人之弟若姪延余入齋中，余聞其去年收汪氏開萬樓書，索觀其目，檢所欲得者，皆已賣去，甚乏意味。最後，舉是書以對，問其刻與抄，則云舊刻，急索觀之，即與余舊收刻本同一刻也。開卷視之，目錄俱全，尤爲欣幸，蓋舊所收者，前失目錄幾葉，此刻獨全，故如獲至寶，遂携歸舟中，適舊收刻本帶在行篋，取兩本相勘，是書亦缺前集之九葉、廿一葉，可影寫足之，始信天壤之間，各有定數，不可強也。念余足跡不常出門，今至杭，此書若爲之待，而余又先携前本以引之，豈非事之素定者乎？交易既成，因誌緣起如右。其直十二番云。立夏前一日，復翁識。

────────────

新刊大宋宣和遺事四卷四冊　宋不著撰人　明金陵王氏洛川校刊本　民國十五年文素松手校並題記　（08593）

此書爲長樂謝在杭藏本，清光緒丙申，南海李宗顥煮石，又曰夷白，購自閩中，民國第一乙丑秋歸余矣。然書中譌誤奪漏，則以黃氏士禮居重刊宋本校正之，黃本有疑義處，則曰黃本作某字。黃本之譌誤奪漏錄之如次：元集三十六頁六行，今葭之今字無；三十九頁一行，形下勢字誤作弊；四十六頁六行，病下疴字誤作可。亨集十三頁後三行，春風春字誤作香；十四頁後五行，脫下卻付二字誤作空佛；三十六頁二行，十五日日字黃本無；三十八頁後九行，光祿寺誤作光祿司。利集七頁後四行，州縣下奪杖併二字，又足補黃本之闕譌。黃本爲二卷，

此爲四卷，述古堂目宋人詞話門有宣和遺事四卷，豈此本爲宋板歟？丙寅三月校讀既竟，書此誌之。

新編五代史評話存八卷八冊　宋不著撰人　宋末元初間建刊本　近人董康手跋　（08594）

　　宋時通俗小說盛行，讀陸務觀夕陽古道一絕，可想見其風尚，顧世所傳者，一爲士禮居本之宣和遺事、一爲藝風老人所刊之殘本通俗小說，是否錄自宋槧，待考也。此五代平話，清內閣大庫物，微有殘缺，曾在元和曹君直處見之，借以覆梓，久已馳名藝苑，今爲穀孫世兄所得，雖似宋元間麻沙坊刻而筆力樸茂，其爲宋槧無疑。近數十年，傳奇小說珍秘過於四部，則是書之值可知矣。丙子夏日，毗陵董康識。

新刊全相平話武王伐紂書三卷一冊　元不著撰人　民國三十年海虞王古魯攝元建安虞氏刊本　王古魯手書題記　（08595）

　　元刊平話，現僅存五種，均爲日本內閣文庫所珍藏。每種分上中下三卷，共十五卷。五種書名爲：㈠新刊全相平話武王伐紂書（版框高十九生的五、寬十二生的七）、㈡新刊全相平話樂毅圖齊七國春秋後集（版框高十九生的五、寬十二生的八）、㈢新刊全相秦併六國平話（版框高十九生的八、寬十二生的六）、㈣新刊全相平話前漢書續集（版框高十九生的八、寬十二生的八）、㈤至治新刊全相平話三國志（版框高十九生的五、寬十三生的）。除第二種外，題頁均完好，且明白刊明「建安虞氏新刊」，自屬一家所刊。或見三國志平話題頁上題「新全相三國志平話」，與其他三種所保存之題頁上題名「全相……」不一致，疑此五種刊本，並非同一時代所刊，但據古魯所見，內閣文庫所藏原本，紙色版式書型，完全相同。且就每種書上所鑴刊工名字（㈠㈡㈣㈤四種均爲吳俊甫，㈢爲黃叔安）而言，已足證明爲同時代刊本。惟至治年號，前後僅有三年，虞氏刊成此書是否完全在至治年代？或有容疑餘地，故未敢從同，昧然以「至治刊本平話」

稱之，而改稱之爲「元槧全相平話五種」焉（關於各書內容，過日當另撰文陳述）。

虞氏所刊平話，究有若干種？目前無從確知。鄭振鐸氏插圖本中國文學史第四冊第四十八章云：「當時虞氏所刊，似不僅此五種。……至少在樂毅圖齊七國春秋後集之前，必定是有一個前集的。在呂后斬韓信前漢書續集之前，也必定是有一個正集的。如此則這部書，至少有七種。但我們想來，全書似乎決不止七種。在武王伐紂書之前，如沒有開闢演義、夏商志傳一類的東西，在伐紂書之後，七國春秋之前，卻一定是會有列國志傳一類的東西的。又繼於前漢書續集，三國志之前的，也當會有一種光武志或後漢書平話一類的東西。繼於三國志之後的，或當更有隋唐志傳、五代平話、南北宋志傳一類的東西吧？」鄭氏此說，不爲無見。我人固未能昧然斷定伐紂書之前、三國志之後，虞氏必有如鄭氏所推測之各書刊行或計畫，但依據現存五種之性質及題名而言，確可斷定虞氏所刊不止七種。至於所佚者究有若干種？此則有待於我人之發見焉。

元刊之話本，現存而能獲見者，似僅有此五種。十餘年前東京帝國大學教授鹽谷溫博士發見之於內閣官房記錄課內內閣文庫之中，即借出爲東京帝國大學支那哲文學研究室攝影。其中三國志平話，先由鹽谷博士以玻璃版印行，海內喧傳，詫爲天壤間秘笈。良以此種平話，文筆結構，雖大都「詞不達意，粗具梗概」，然因此既得以窺見元人話本面目之一斑，同時並可窺得通俗演義小說發達之路徑，其有助於中國舊刻小說史之研究，自無待論矣。民國十七年商務印書館張元濟氏偕中華學藝社鄭貞文氏東渡日本，搜訪我國佚書，歷訪宮內省圖書寮、內閣文庫以及其他公私藏書之處，接洽輯印古書。內閣文庫所許可借印之書籍內，此五種平話，亦在其列。其後不知以何種原因？此書改借鹽谷氏攝片重攝。三國志一種，復由商務印書館印行。其他四種，因一二八戰事，全燼於火。戰後商務印書館計劃全館復興事業，已無餘力賡續前事。得而復失，學術界頗引以爲憾。魯迅氏中國小說史略云：「今惟三國志有印本，他四種未見。」（一五七頁）；孫楷第氏日本東京所見中國小說書目提要云：「三國平話，已由商務印書館就日本東京帝大影印本縮印，今爲易見之書。餘爲武王伐紂書、樂毅圖齊七國春秋後集、秦併六國、前漢書續集四種，此土未有流傳本，世鮮知其內容。」（宋元部三頁）鄭振鐸氏插圖本中國文學史云：「全相平話五種，今流行於世者，僅三國志平話一種。其餘四種，均爲中土學者不易得見者。」（第四冊九三七

頁）

　　己卯春，古魯受東京文理科大學之招聘，任漢文學系講師，同時兼任東京帝
國大學文學部講師。因擔任課目關係，常出入於內閣文庫及東京帝大支那哲文學
研究室之中，既得展閱內閣所藏原本，復常借鹽谷博士所攝五種影片，回寓閱
讀。爲傳眞計，爰再步商務後塵，再攝一過（鹽谷博士三國志平話影印本之跋
文，茲亦借印，添附於本冊之末頁），彙成五冊，並略誌經過如上。民國三十年
二月二十四日海虞王古魯識於東京。

新刊全相平話武王伐紂書三卷一冊　元不著撰人　民國三十年　海虞王古魯攝元
建安虞氏刊本　王古魯手書題記　（08596）

〔題記內容與前本同，從略。而其文末紀年爲民國三十年二月十九日〕

勦闖小說十回一冊　明西吳懶道人口授　無競氏筆錄　明弘光元年刊本　近人苊
翁手書題記　（08640）

　　此弘光元年秋間書，曾被燬禁，孤本，備載其時民間傳說，中多佚聞，足資
攷證，非常可貴。丙子春以重直得於西溪汪氏。苊翁記。
　　頃於近人所編雜誌中，見傅惜華樵史演義之發見一文，徵及此書，云僅日本
內閣文庫藏之，國中未見。樵史演義亦清初明遺老作，記明末事者，今藏北大圖
書館。丙子冬，苊翁又記。

釋　家　類

妙法蓮華經七卷一冊　姚秦釋鳩摩羅什譯　宋刊小字梵夾本　宋釋德求及清魏謙
升、近人張爾田各手跋　清吳廷康雙鈎宋釋德求跋並手跋　（08745）

　　秀州惠雲院釋迦遺教比丘德求□□此經，終身受持，修法華三昧，以爲頂經求願，四七日內，六時之中，一心精進，如經所說修行，願得法華三昧，普現色身於一念中，決定成就願，卻除昏散，如入禪定，無有病惱障道因緣。所修三昧，先願國界安寧，萬民樂業，莊嚴父倪六郎思皓、母姚氏、覺印和尚、遂首座師祖嚴禪師、師兄妙悟大師、兄倪細八郎，并張廿二娘、祖母朱三十三娘子，廣及法界六道、地獄受苦衆生，俱出苦輪，同生淨土莊嚴，比丘德求□□終時正念分明，無有散亂，預知時□□□往生極樂淨土，然後報答父母□□□□方施主供須供養捨施恩愛外護□□，更冀上答四恩，下資三有，法界有情，同成佛果，祈求比丘德求袈裟之下永無魔事，內魔不作，外障不生，速滅世間之心，所有宿業，願乞如空清淨，於遺教之中，建立法幢，光揚三寶，流通正教，深悟佛乘。紹興己卯二月二十八日，比丘德求謹願。第一期密印寺僧行昭建法華、第二期密印寺僧行昭建法華、第三期密印寺僧行欣建法華、第四期密印寺僧行欣建大彌陀〔闕文〕德求〔闕文〕、第五期亘頭金朝奉益建法華，第六期亘頭金朝奉益建法華、第七期烏墩張大夫紹明建法華、第八期亘頭金朝奉益建法華、第九期砂子沈將仕穎建法華、第十期報德徐運幹稠建小彌陀一七日、第十一期烏墩沈學諭銓建法華、第十二期烏墩張大夫紹明建法華、第十三期武康下渚聞人令問建法華。當院宗天台教觀釋迦遺教比丘德求，謹以自己衣鉢錢重新修釋迦如來全身舍利寶塔二所，并置寶函，奉安妙法蓮華經等於寶塔之中，使人天瞻敬，成就菩提所期善利。先願國泰民安，風祥雨潤，次冀四恩同報，三有普資，法界冤親，平等普及，然後願此寶塔堅固，久住世間，諸天守護，使法界有情，於我釋迦如來遺教之中，或瞻或禮，或見或聞，或貧或富，或貴或賤，或供養燒香，或燃燭合掌，或恭敬讚歎，或嫉妒毀謗，或役工運力，或觀相生善，或影臨身到，或塔下經過，或登高而目觀，或船過而觀，或飛禽走獸，或螻蟻蚊虻蠅等，但是有形狀、具佛性者，平等俱霑利樂，成就菩提，令德求袈裟終始保全，永無魔障，建立法幢，光揚三寶，乃至具文殊智，入普賢門，無作神通，徧行三昧，演法華妙教之旨，闡法界無盡之宗，慈悲如彌勒尊，勇猛若釋迦父，敏一切如常慘菩薩，敬一切如常不輕人，雖成妙覺之尊，不捨菩薩之道，住一子地，入不二門，用物心爲心，以法量爲量，念念興隆，佛事處處，嚴飾道場，大開供養之門，廣闢發揚之道，懺悔先業，省悟前愆，常禮十方如來，勤行理事二懺，除邪去僞，抱一冥眞，心口相應，行願資發。〔以下爲雙鉤〕凡行小善，或起微因，若自若他，皆

勸迴向西方，安養淨土，臨終正念現前，蓮華化生，具無生忍，以虛空之心，合虛空之理，身如大地，荷負衆生。以要言之，普願一切法界衆生，心同諸佛心，行齊菩薩行，廣大如法界，究竟若虛空，虛空若盡，此願方畢。德求更願所生父母，早願往生，我與法界有情，前後亡没，同願往生。乾道九年太歲癸巳三月季春，時年五十有九歲，比丘德求謹願。有徒弟比丘祖英、文學、文表師白同記。

　　奉佛女弟子費廿五娘，法名覺空，謹自發心，施銀三兩、絹一疋，折錢八貫文，添助修釋迦如來利舍寶塔，所求善利，上答四恩，下資三有，法界有情，俱霑善利，現生之中，少病少惱，願消除業障，臨終正念，求願往生，見今眼目昏暗，冤對解釋，病苦消除，增崇世壽，成就菩提，乾道九年太歲癸巳三月日，費廿五娘願。

　　乾道九年歲次癸巳三月，德求重修此寶塔，願諸天獲持，令此塔堅固，久住世間，普爲法界有情同霑善利，成就菩提，報佛深恩，報父母師長十方施主之恩，使德求袈裟之下，願願常修佛事，願願深佛乘，願願不願輪轉，願願願生淨土，願願不退菩提，願願廣度衆生，願願遇善識，虛空有盡，我願無窮，德求生難遭遇，生大歡喜，□□再書，重發此願。

　　道光丁未六月，龍巖居士消夏于桐鄉惠雲寺，相傳寺昉于北周廣順間，而靡碑版文可考證浮屠，乃力請居士補之，遂出觀淳熙藏經一匣，乃二十年前捕雀童子獲于崒堵波中者，其前事詳宋僧德求跋尾。居士乞其半爲膏筆，以歲久，梵夾散脫如敗葉，命裝潢人治之，而夾後德求又有手書數百字，類謝太傅檻背，存題卒就磨滅，殊可惜也，居士因邀予過草堂，爲之雙鉤，附于夾尾。予何幸，與居士同此香火因緣，當毋俟與靈運較先後耳！己酉三月朔，佛弟子通禮吳廷康敬識于龍巖草堂。

　　秀州惠雲院釋迦遺教比丘德求，嘗將衣鉢錢重新修飾山門前佛塔二所，於塔上奉安法華經等，并佛舍利，在第五層高顯之處，使人天瞻敬，利及有情。於癸巳年三月，幸遂圓滿，生難遭想，先願國界安寧，使萬民樂業。於甲午歲七月十三日大雨中，天廷雷振，擊損右邊之塔，於當年八月，再新修飾，獲遂圓滿，使人天瞻敬，復生難遭之想。又於乙未歲七月初九日夜，被人登塔上取下經匣，將謂有寶於其中，開而無物，誤其登高下低之勞，有失所望，使德求甚不遑安，荷

其念老僧用心廣大，利益有情，遂蒙送還經匣并蓮經等，觀其人用心，亦欲利益。今復覩塔頂虧側，於己亥歲季秋初二丁巳日，令工匠重新相輪，端正奉安，并再將法華二經匣，再奉安雙塔之上，使人天再得瞻敬，廣大如法性，究竟若虛空，法界有情，同霑善利，然後四恩上報，三有下資，願諸天護持二塔，堅固久住世間，建立法幢，光揚三寶。先願國界安寧，萬民樂業，祈求德求袈裟之下，願無魔事，終始保全莊嚴，臨命終時，願生淨土，在生之日，不值惡魔惱亂於我，乞諸天護持，然後報答十方施主供養捨施外護之恩，伏請大覺印知，龍天委鑑。淳熙六年九月初二日，比丘德求謹願。

物之顯晦，隨時代爲轉移，其顯其晦，有莫之爲而爲，莫之致而致者，物不能自主也。秀州惠雲院釋迦如來舍利寶塔尊藏宋槧妙法蓮華經一部，其書法似蘇文忠之學徐季海，遒勁秀麗，兩擅其勝，惜不署書者姓氏，而其書自足名家，兼之鏤板極精，信稱善本。塔有時圮，而此經不壞，遂出人間。觀宋僧德求自記，知此經於乾道間安塔之第五層，於淳熙乙未七月被人取下，己亥季秋重安塔上，所記雖多彼教中語，而筆墨有士氣，知非尋常粥飯僧。余意此經藏于人家，久之恐落儈父手，或致褻越，不若仍送歸塔內，任其時顯時晦，或數百年後，再落塵寰。知龍嚴居士曾有此一段翰墨因緣，亦昔人寫書藏佛腹中意也，未識居士以爲何如？道光二十九年六月十九日，錢唐魏謙升謹記。

吳興樂盒居士得宋秀州惠雲院精槧法華經七卷，比邱德求募建爲靈塔常住。惠雲院本周之鳳鳴院，治平間改今名，見至元嘉禾志。刻經因緣，具如求師題識所明。宋世梵夾新舊藏外，私鋟實繁，題中所列施賞姓氏，有朝奉郎、有將仕郎、有轉運司幹辦公事，檀捨願輪，足攷隆護。夫一期教迹，斯經獨尊，受持顯應，詳在因記。自童壽三津，判歸究竟，衡岳承之，下啟古嶺，荊谿螺谿，芳軌再扇，法智慈雲，□衍遂廣。南渡名緇，其見於磐公著錄者，皆山家也，求師宗天台教觀，統紀乃獨闕如，周知棲神冥界之賓，理昧幽藪，崇履可列，而□植罕逢，可謂秀氣逸於紫烟，貞概銷於玄薄。余世恭佛，蘊志空年，開瞻靡階，欣遇茲典，輒悅忘頓，聊率淺懷，寄之敷讚，冀元陸未晞，不隨賢爐同蕩耳。弘唱之者，庶體於斯。辛酉春，錢唐張爾田敬題。

妙法蓮華經藥草喻品一卷一冊　姚秦釋鳩摩羅什譯　清乾隆間永瑢手寫本　清永
瑆手書題記　（08749）

　　六兄敬書妙法蓮華經一部，數年而竣，恭進御覽，藏之秘府。此冊二十八
頁，乃錯誤字數之廢篇也，兄意欲存之，以見工夫之可驗，校讎之可據，而天祿
所儲，洵無魚魯之可疑，於是訂成一本，且命瑆題其後。瑆觀楷法醇和雅正，似
蔡忠宣學顏平原筆，兼之紙墨相洽，望之蔚焉生彩，信可珍也。雖殘編斷簡，文
句不貫，正如四句偈等包大千義，全鱗不多，片甲不少，作如是觀，亦無不可
爾。永瑆謹記。

――――――――

楞嚴經十卷一冊　唐釋般刺密帝譯　房融筆受　清刊小字本　清翁同龢手校並跋
（08800）

　　己亥七月，以宋刻藏本校一過。松禪居士記，時在西山墓廬。

――――――――

一切如來心秘密全身舍利寶篋印陁羅尼經一卷一卷　唐釋不空譯　宋開寶乙亥（
八年）吳越王錢俶刊本　近人林朗菴手書題記　（08807）

　　雷峰塔崩圮於民國十四年秋，時余適客申江，以江浙戰事起，未能往弔爲
憾。塔磚內有藏經者，千萬中未能得一，雖有經而霉爛不能展舒者，又屬百中之
九十九，故當時羅致已難，余出重值，共得三卷，均頗完整，一歸中村不折翁，
一歸藤井有鄰館，此自留玩者也，後所見多翻刻，明眼人自能辨也。朗菴記。

――――――――

佛頂尊勝陀羅尼等靈異神咒二十道一卷一冊　宋不著編人　宋刊乾道九年秀州惠
雲院僧德求印梵夾巾箱本　宋釋德求及清魏謙升、近人張爾田各手跋　（
08814）

惠雲院釋迦遺教比丘德求，乾道九年太歲癸巳季春，時年五十有九歲，謹以自己衣鉢錢重新修釋迦如來舍利寶塔二所，并印造尊勝等祕文，奉安寶塔之中，願諸天大權於空中守護此寶塔，令其堅固，久住世間，莫使天魔侵害，令人天瞻敬，平等普薰，四恩等報，三有普資，法界有情，同霑斯利，然後父母師僧，早願往生，德求求臨終正念，視聽分明，如入禪定，隱几坐亡，願無業障，架裟之下，乞無魔□，現生之中，佛力冥薰，早悟大乘，心開意解，縱說辨才，悟明心地，求願往生。德求謹願。

謝氏肇淛五雜組云，書所以貴宋版者，不惟點畫無譌，亦且篆刻精好，若法帖然。凡宋刻有肥瘦二種，肥者學顏，瘦者學歐，行款疏密，任意不一，而字勢皆生動。此尊勝等靈異神咒共二十道，乃宋孝宗乾道九年秀州惠雲院僧德求裝治，供奉釋迦如來舍利寶塔內者，塔既圮，遂流落人間。有當日德求自跋，墨迹如新，書法秀逸似張樗寮，其咒語書刻皆精，是瘦者學歐一類，雲窗展誦，古香古色，塵心爲之頓清，見者當作法帖觀，不可徒以尋常經冊視之。道光二十九年七月既望，錢唐魏謙升滋伯記。

右宋刊尊勝陀羅尼、大灌頂光眞言、首楞嚴心咒、廣大寶樓閣陀羅尼根本咒、禮拜滅罪咒、金剛壽命陀羅尼、一字心咒、無量心眞言、六字大陀羅尼、根本一字咒、文殊五字咒、普賢滅罪咒、如意心咒、蓮花心咒等，共二十道，皆從密部略出，取便誦持，以覈今藏文身句身音表從同，惟函數碩異。攷道宣內典錄、明佺刊定記，大都但詳部偶，罕紀帙號，智昇開元釋錄亦然，藏故略出別錄四卷，不詳何人所刪，始列函字，蓋是後人喬載，非昇師原本，惟釋恒安唐保大間續貞元目錄，悉以千文編第，宋藏隨函實沿於此，然浙本、閩本開合分配亦已不同，廣如比邱如瑩所辨，今之龍藏襍糅南北，作僞勝明，益難辜較。此冊雖係鈔略，就其所列，尚可考見宋帙舊次，所謂思谿式者，或在於茲，洵瓌寶矣。德求事履散落，而題墨疏秀，無塵闤習，餐味忘疲，淵對湛然，樂盦居士其永護持。辛酉春二月，錢唐鄔波索迦張爾田孟劬敬跋。

———————————

摩訶般若波羅蜜多心經解註一卷二冊　明無垢子撰　明建文間刊本　近人沈曾植

手書題記　（08841）

　　建文爲革除年號，明刻書中特爲希見。昆邱疑滇中地，其紙墨亦似滇黔中物。記考。

────────

八識規矩補註二卷二冊　明釋普泰撰　明正德辛未（六年）刊本　劉龍堪手書題記　（08884）

　　乙丑正月十五日，偕徐南州、張晴香、蒯若木、濮伯欣游海王村火神廟，於舊書攤得此，喜而記之。劉龍堪時客京師。

────────

六祖大師法寶壇經一卷二冊　唐釋法海集　明永樂間刊本　近人沈曾植手跋　（08921）

　　舊刻壇經二冊，昔年得之廠肆者，校藏本題篇不同，分篇亦異，文句異同滋夥。藏本至元廿七年古竺比邱德異敘，壇經爲後人節略，得古本於通上人云云，此無節略，而無後諸附錄，豈即德異所稱古本，抑曹溪三本之一耶？記此待考。植記。

────────

六祖大師法寶壇經一卷一冊　唐釋法海集　元釋宗寶重編　明崇禎六年建陽書林朱美初刊巾箱本　清光緒二十四年沈曾植手跋　（08922）

　　篇中無相頌三，般若篇頌，無相解也；疑問篇頌，無相行也；懺悔篇頌，無相解脫也。大師傳佛心印，度無量衆，宗風峻絕，讀者每苦無可持循，若守三頌，以爲歸依之門，固不患流入豁達狂禪，招災致禍，而日用常行，皆成無相，世出世法，非有而有，亦不煩向外求玄矣。余涉此經有年，今茲徹讀二過，心中

乃似略有所會者，爰記於此，以待再參。抑我佛垂訓之淨三業也，綜其要爲貪、嗔、癡；而大師爲衆懺悔，演佛旨也，綜其要則曰愚迷、曰憍誑、曰嫉妒；其訓弟子也，一則曰不輕於人，再則曰無諍上下中根，普皆攝折。嗚呼！末劫衆生，業因深重，菩薩大慈，所曲垂拯導者，簡明至此，而百劫來讀此經者，於祖意蒙然若無覩也，噫！光緒戊戌十一月，記於鄂州官閣。

————————

冥樞會要三卷六冊　宋釋祖心編　宋紹興十五年湖州報恩光孝禪寺刊本　清朱彝尊、程恩澤、李兆洛、蔣因培、錢天樹、張爾旦、趙宗建等各手書題跋　（08980）

乙酉夏六月□署綠陰山房桐陰蔽日，蕉影分涼，因撿舊藏，得宋晦堂所集冥樞會要，其禪機淵義，兼與大道相符，種種發明，無不融會，細爲玩味，不覺心生歡喜，遂以膚見略加刪點，以誌予老而彌篤之意云爾。秀水朱彝尊記。

道光庚寅二月花朝後三日，過味經書屋，觀三復，因識。古歙程恩澤。

宗鏡非鏡，呵鏡鏡病，冥樞非樞，執樞樞拘，無要何會，如來自在，此六百年，亦金剛禪。道光十三年，上距紹興十五年六百九十年矣！曷利他居士拈偈。

道光甲午暮春十日，芙川仁兄出觀，假讀三旬，以識歲月。辛峰蔣因培。

右冥樞會要三卷。宋僧晦堂摘宗鏡錄中要語而成此書，明葉氏菉竹堂書目及朱氏聚樂堂藝文目皆載，是書眞秘笈也。道光己丑，余購自吳門蔣氏，冊尾有竹垞太史一跋，知曾入曝書亭中，尤足寶貴，是宋槧中致佳本也。芙川先生見之，愛不能釋，因割愛以足本權文公集易去。原本宗鏡百卷，浩若烟海，使觀者一時遽難尋繹其旨，此數卷擷其精英，眞禪門之寶筏也。近閱吳門汪閬園觀察宋版書目，載宗鏡錄節要上下兩卷，不識與此略有異同否。琴川吳門，一葦可航，芙川先生何不携此書與觀察藏本一印證之，急以示我，是所敬切。道光十四年甲午五月行醉日，嘉興錢天樹識。

　　永明壽禪師集經論唯心要義，著宗鏡錄一百卷，龍庵和尚又括其中至要之語
成三卷，名冥樞會要。芙川好藏宋槧書，此書又爲曝書亭中舊物，宜其寶貴，不
啻連城。爾旦嘗讀宗鏡錄序，喜其言之恢博，而實未見此書，乃得讀此三卷所摘
語，則快然無憾矣！夫十二部經、四圍陁論，究其指歸，不出一心，所謂心者，
我凡夫緣起心，乃如來藏中清淨覺心，在迷爲識，在悟爲智，在聖不增，在凡不
滅，能了是心，則一切言說皆爲剩義，惟未能了徹，故必賴佛祖慈誨，而當機根
有利鈍，故以言立教，種種差別。苟遇上根，一言可了，則此冥樞會要，實燭幽
之智炬、斷縛之慧劍也，須觀其處處明一實相，云心外無法，心外無境，的然示
我出迷之路，直截無疑，而猶舍妄求眞，起種種想，何異迷頭認影，疾走發狂，
佛所謂可憐愍者矣！芙川有志學道，既得此書，置之案頭，時一展讀，必將有明
於唯心之旨，非宿植善因，豈能遇此勝緣哉！爾旦何人，亦得藉以發悟，論其過
去，未謂無因，惟願獲聞般若，早滅貪癡，不負古德之婆心，同趨涅槃之正果，
此則吾與芙川所共當策勵者也。讀既卒業，爰跋數語於後。道光丙申孟冬日，貫
唯居士張爾旦。

　　宋本冥樞廣要六本，向得之同里張氏，紙墨完好，洵爲善本，藏之有年矣。
三峰寺藥龕大和尚深明內典，雅好古書，今夏爲先人禮懺入山，特携呈藥公，爲
結夏參觀之助，非同友朋間泛然之投贈也。時同治庚午五月二十五日，宗建識于
悅生齋中。

法藏碎金錄十卷五冊　宋晁迥撰　明嘉靖丙午（二十五年）開州晁珤寶文堂刊本
清道光間貝墉、近人莫棠各手書題記　　（08986）

　　是書得之城南酉山書坊，惜有殘缺字，他日當向藏書家借全本以補缺。文元
公所著道院集等數種，訪求已久，不可得見，或久無流傳本耶？明蕭伯玉太常名
士瑋有刪本，亦未見。時道光初元冬十月既望，讀一過於梵門里之味道腴齋，識
此數言，俗客不來，門無剝啄，如處深山，得以靜坐讀書，樂何如之。定甫居士
貝墉。

　　法藏碎金錄十卷，宋晁迥撰，乃其退居昭德里時所作，融會佛書，隨筆記

錄，亦禪門語錄之屬，而逈本文士，能飾以雅詞，其曰碎金者，取世說新語謝安
碎金之義也。右恭錄欽定四庫簡明目錄一則。　　晁文元公道院別集十五卷、法藏
碎金錄一十卷。右五世祖文元公著也。公諱某，字明遠，澶州人，自父始徙家彭
門，幼從王禹偁學。太平興國五年進士。至道末，擢右正言，直史館，知制誥，
入翰林爲學士，加承旨，眷禮優厚。天禧中，祈解近職，判西京留司御史臺，居
六年，請老，以太子少保致仕。終少傅，年八十四，文元，謚也。國史云，公樂
易淳固，守道甚篤，雖貴勢無所摧屈，嘗言歷官臨事，未嘗挾情害人以售進，保
全護固，如免髮膚之傷。眞宗數稱其長者，楊億謂其所作書命，得代言之體，李
獻臣亦言公服膺墳典，耆年不倦，少遇異人指導心要，不喜術數之說，疑文滯
義，須質正後已。文章典贍，書法楷正，時輩推重。自唐以來，世掌誥命者，唯
楊於陵，及見其子，而晁氏繼之，延譽後進，其門人如宋宣獻、晏元憲、李邯
鄲，皆爲世顯人。集皆有自序，及李遵勖後序。右錄晁昭德（公武）郡齋讀書志
一則。　　道光乙未仲春上旬，在城南僦舍枯坐小齋，岑寂如山居，惟以典籍自
娛。讀法藏碎金錄竟，書此二則，粘之卷端。定甫貝墉。

　　法藏碎金錄，余求之數十年，頃乃得此殘帙。昔見常熟翁文恭尺牘，有投以
此書者，云素所未見，文恭世居京朝，留意典籍，亦復云爾，則希罕可知。中間
闕三、四卷，雖已從江甯補鈔，然出自趙府本，故每則提行而下不低格。諸卷中
斷闕字，貝磵香收藏時，欲覓本補寫，而今尚空然，異日當携至白下爲之。卷端
又有執經堂張氏印，蓋張紹仁，字學安，與磵香皆嘉道年吳中蓄書者也。壬戌歲
暮重裝，癸亥元辰試筆記。莫棠。

　　四庫目錄謂此書傳本頗希，明嘉靖乙巳逈裔孫翰林院檢討瑮，始從內閣錄
出，鋟板以行，改其名曰迦談，殊爲無謂，今仍從原名著錄，則非此本矣。棠
記。

　　〔卷四〕壬戌九月既望，從江甯圖書館借明趙府本補寫此兩卷，十月還吳
下，裝訂畢，并記。

────────────

安吉州思溪法寶資福禪寺大藏經目錄二卷　不著編人　南宋刊思溪資福寺大藏經
本　清光緒九年楊守敬手書題記　（09009）

　　宋安吉州資福寺大藏經全部缺六百餘卷，間有鈔補，亦據宋摺本，舊藏日本山城國天安寺。余在日本，有書估爲言，欲求售之狀，適黎星使方購佛書，即囑余與議之，價三千元，以七百元作定金，立約期三月付書，及逾期，而書不至，星使不能待，以千元購定日本翻明本。久之，書至，星使以過期不受，欲索還定金，書估不肯退書，難以口舌爭，星使又不欲以購書事起公牘，囑余受之，而先支薪俸以償。余以此書宋刻，中土久無傳本，明刊南北藏本，兵燹後亦十不存一，況明本魯魚豕亥，不可枚舉，得此以訂訛鉏謬，不可謂非鴻寶，迺忍痛受之。缺卷非無別本鈔補，以費繁而止，且此書之可貴，以宋刻故也。書至六七千卷，時至六七百年，安能保其毫無殘闕，此在眞知篤好者，固不必狥俗人之見，以不全爲恨也。光緒癸未二月，宜都楊守敬記。

淨土三部經音義集四卷　日本釋信瑞撰　日本鈔本　清光緒九年楊守敬手書題記
（09025）

　　淨土三部經音義四卷，日本沙門信瑞纂，自序題嘉禎三年，當宋理宗端平三年也。卷一、卷二爲無量壽觀經，卷三爲觀無量壽經，卷四爲阿彌陀經。其引廣韻，則陸法言、孫愐分著，引玉篇，亦時見野玉案語，是其所見古本，與今殊異。又所引東宮切韻中，載郭知玄、薛峋、麻果、韓知十、祝尚邱、武玄之、王仁煦等之說，皆唐以前小學書之散逸者，其見於新舊唐志者，不過數家，餘多見其國現在書目，雖卷帙無多，固當與玄應、慧琳衆經音義并珍也。光緒癸未春三月，宜都楊守敬記于東京使館。

　　是書引東宮切韻，旁注云，是書之作，菅丞相之父也，菅名道眞，爲彼國名臣，當中國唐之中葉，惜其書不傳也，此書彼國藏書家亦不知之。余從書肆得此本。守敬再記。

道　家　類

纂圖附釋文重言互註老子道德經二卷一冊　舊題漢河上公章句　南宋建刊巾箱本

清莫友芝及近人吳湖帆各手跋　又羅振玉、郭蘭祥觀款　（09035）

同治己巳九秋，邵亭長借錄一過，可校正明世德堂本之誤百許字，眞奇寶也。

道德經二卷，南宋小字本，宋印至精，滂喜齋舊藏本，亦靜淑盦中物也。辛未冬日，穀孫兄過余書屋，見此愛之，遂以明唐子畏山水小軸及汲古閣景宋鈔洪文惠盤洲樂章易去，屬記事實，亦文字因緣也。吳湖帆識于梅影書屋。

丙寅五月上虞羅振玉觀。

辛未臘八日，吳興張乃熊、嘉興郭蘭祥同觀於密韻樓。

———————

道德眞經指歸七卷一冊　舊題漢嚴遵撰　唐谷神子註　明萬曆間胡震亨刊秘冊彙函本　清錢謙益、光緒十年管禮耕及近人張珩各手跋　又無名氏手跋兼過錄黄丕烈、張紹仁題記　（09040）

亂帙中簡出道德指歸，尚人馳去，此夕將此殘書商推，良可一盧胡也，諸俟獻歲面言。謙益再拜。

嘉興刻道德指歸，是吾邑趙玄度本，後從錢功甫得乃翁叔寶鈔本，自七卷訖十三卷，前有總序，後有人之饑也至信言不美四章，與總序相合，其中爲刻本所闕落者尤多，焦弱侯輯老氏翼，亦未見此本，良可寶也，但未知與道藏本有異同否。絳雲餘燼，亂帙中得之，屬尊王遣人繕寫成善本，更參訂之。辛丑除夕，牧翁記。

黃氏士禮居題跋云，郡城顧氏爲任蔣橋分支，而遷居濂溪。坊者有書欲消，余往觀之，於叢殘中檢得嚴君平道德指歸論，係錢東澗手跋本，內黏附與尊王札一條，想經尊王繕寫既成，而倩東澗跋之，以原札附入之本也。後書主欲并他書總去，爲他人所得，余蹤跡是書所在，假歸覆勘，中有一二誤字及脫校處，復用

朱筆正之，時嘉慶甲戌重陽日也。則是書爲黄氏所欲收而未得者，其實貴可知。
錢跋及原□，黄亦錄出，而跋中道德下多眞經二字，札中再拜作再筆，蓋傳寫偶
異耳。咸豐庚申之亂，我家舊藏都半散佚，此冊幸無恙，光緒甲申重付裝治，原
札幾爲書買遺失，迨裝來數日檢閱始知，亟從其敗紙中□得補黏，因喜書數語於
後。大雪日，元和管禮耕識。

　　錢穀字叔寶，少孤貧失學，迨壯始知讀書，家無典籍，游文徵明門，日取架
上書讀之，以其餘功點染水墨，得沈氏之法，晚茸故廬，讀書其中。聞有異書，
雖病必強起，匍匐借觀，手自抄寫，幾於充棟，窮日夜校勘，至老不衰。嘗編續
吳都文粹若干卷。性勁直不能容人，一介不苟，焚香洗硯，悠然自得，有吳中先
民之風。子允治，字功甫，貧而好學，酷似其父，年八十餘，隆冬病瘍，映日抄
書，薄暮不止，歿無子，遺書皆散去，自是吳中文獻無可訪問，先輩讀書種子絶
矣！〔撰人不詳〕

　　〔過錄〕此書亦出郡城顧氏而忘其爲某房矣。頃顧氏爲任蔣橋一房分支，而
遷居在濂溪。坊者有書欲消，余往觀之，於叢殘中檢得嚴君平道德指歸論，係錢
東澗手跋本，內黏附與尊王札一條，想經尊王繕寫既成，而倩東澗跋之，以原札
附入之本也。後書主欲并他書總去，爲他人所得，余蹤跡是書所在，假歸覆勘，
中有一二誤字及脫校處，復用朱筆正之。校畢因記。時嘉慶甲戌秋重陽日也。復
翁。
　　古人愛書如命，故獲一異本，雖殘帙亦必轉相告，語其情事，今猶古也，然
書本子一本有一本之面目，非得眞本，即盡美矣，安得謂之盡善乎？所以東澗於
此本錢叔寶鈔者，已爲可寶，而猶留一道藏本在，想望未見之中，是眞能知書
者，今余何幸而所見勝於東澗。東澗當日有遵王互相商確，引爲同調，而余適有
訒菴借校，因思道藏之本，余能遂訒菴之願，且訒菴又能補余校之漏，可見愛書
者尤不可不愛友也。九月下澣五日，訒菴補校疏略訖揀還，復書此以志。秋清逸
士。
　　道光癸未，張訒菴從余借此本臨校，頗以此本脫訛尚多，即余復校錢跋本，
亦未盡善，思得道藏本校一過方愜所願，親往天慶觀借之，含糊答應，竟以未有
爲詞，此言入於吾耳。余連年入夏病暑，諸事不適，視書籍如仇，矧校勘耶？故

訒菴之請，久無以應，交秋精神漸復，遇事喜爲，近校范石湖集二冊過而興未已，遂從觀中借得道藏本手校，自十四至十六午時畢，其覆校則全賴訒菴之眼明手快也。蕘夫。

　　道藏本能字號計十一卷，其能一至能四爲李約道德眞經新注，其能五至能十一爲道德眞經指歸。前有序，空一格，序後接君平說，空三格，標目其說，亦空一格，間半葉提行，標目次行標撰人、注人，空四格，又提行頂格標經文，後接指歸，空一格，通體皆同。每卷爲一冊，每紙一幅，摺五幅，每幅五行，每行十七字。茲就道藏本行款鈎畫，儻就校勘款式尋之，似可仍照道藏本錄出，庶幾與同讀是書者參之。癸未重陽後七日，蕘夫識。

　　〔過錄〕道光癸未九月十九日，重對道藏本覆勘一過。訒菴。

　　〔過錄〕用錢東潤手跋本覆校，凡朱筆字皆據錢本。復翁記。
　　嘉慶甲戌秋重陽校訖，凡朱筆覆勘者皆絳雲手跋本也。復翁。
　　道光癸未重陽後五日，以天慶觀借道藏本覆是定本。蕘夫。

　　按黃校本後歸海源閣。此冊即黃蕘夫所云錢東潤手跋本，亦即蕘圃覆勘之祖本也。〔撰人不詳〕

　　此七卷本即錢牧齋贈遵王者，中間細書皆也是翁筆。癸未歲十月，吳門客舍記。〔末有「吳興張珩」朱文方印〕

────────────

沖虛眞經八卷二冊　舊題周列禦寇撰　明萬曆辛巳（九年）兩淮都轉運司愼德書院刊四子本　清同治戊辰（七年）李公弼手書題記　　（09070）

　　同治戊辰六月十五日，由蘇返潤，道經無錫，泊舟西門，間行見席地賣廢棄物者，于故紙堆中得此本，以錢二百購之。紙板完好。此書前在太湖失去，求之數年，今始得之，殊快事也。

莊子十卷四冊　周莊周撰　晉郭象注　唐陸德明音義　清光緒二年浙江書局刊二十二子本　民國三十二年張仁蠡手跋　（09109）

　　跋。去年五月，余既進萍鄉文道希先生遺著純常子枝語原稿，暨黃帝政教考、伊尹事錄副寫本，爲雙照樓主人壽，是年冬，復得文氏評注本莊子於武昌徐君行可許，乃舊藏於無錫丁仲祜福保家者，籤誦所爲斠注各條，如天地篇釋喫詬云喫當作臭，案賈誼陳政事疏：臭詬亡節；說文：謑，詬恥也，謑或從臭作諜，胡禮切；臭，頭臭舭臭態也，胡結切。今漢書通爲臭字，當讀作諜，此作臭者，古字省耳。又呂覽四諆徒篇：草木雞狗犬馬不可譙詬遇之，畢沅校本曰，譙詬疑即賈誼疏之臭詬，說並同。天運篇釋巫咸祒，云祒蓋即招魂之招，案釋文赤遙反，郭音條，又音紹，李云，巫咸，殷相也，祒、寄名也，義雖可通，而不如招字之義爲長。先生詮字抈詁之謹嚴多類此，以視高郵王氏父子，殆無多讓，於以見賢者固無所不能也，遂留篋衍，重念主人竺舊甄微之意，不敢自祕，茲值履端伊始，謹以奉貽，藉爲獻歲祝釐之頌。中華民國三十又二年元旦，南皮張仁蠡謹識。

南華眞經新傳二十卷十冊　宋王雱撰　清光緒辛巳（七年）鈔本　清光緒七年葉昌熾手筆批校並題記　又清龐可盦觀款　（09113）

　　辛巳秋，假鐵琴銅劍樓舊鈔校宋本影錄，原缺第六一卷，今春又假費丈念慈藏正統道藏本對校一過以綠筆記出。道藏本強分卷五之半塞卷六之缺，而駢拇等五篇仍復無從校補，且譌脫極多，反不如鈔本之善，可見此書正統時已經殘闕，欲成全璧，殊非易也。光緒七年立夏後一日，長洲葉昌熾識於花橋老屋之奇觚廎。

　　甲辰五月廿六日雨後，虞山龐可盦借讀一過。

抱朴子外篇五十卷附校勘記一卷內篇佚文一卷外篇佚文一卷養生論一卷神仙金汋經三卷大丹問答一卷抱朴別指一卷三冊　晉葛洪撰　清嘉慶間長白繼昌校刊本清嘉慶二十五年彭兆蓀及道光六年顧廣圻各手筆批校并跋　（09151）

　　鎮洋彭兆蓀覆校一過。時嘉慶庚辰四月上旬。

　　舊讀三公山碑，中有隔并二字，以後漢書證之，閱兩年，讀參同契，中亦有此二字，今覆校此書，又見此篇中亦用之。自愧無過目成誦之才，而益信世間得一知半解便足者爲深可哂也。丙戌初冬，思適居士書。
　　道光丙戌於揚州命工寫樣，覆校一過，又改正數條如右。千翁記，時年六十有一。

　　　　　　　　　　────────

太上黄庭内景玉經一卷一冊　唐白履忠註　明萬曆甲午（二十二年）西吳沈子木刊朱印本　無名氏手書題記　（09155）

　　右題太上黃庭內景玉經、太上黃庭外景玉經各一卷，梁丘子注，前有梁丘子敘、五臟六腑圖說一卷，注云，按此圖說係唐胡愔撰，附梓以備參攷。後明萬歷間王圻跋，朱印本。程應魁書，甚精好。按舊唐書經籍志始載老子黃庭經一卷，文選注亦引老子黃庭經，今外景經有老子閑居作七言，解說身形及諸神，在上有黃庭下關元之前，證之法帖所傳王羲之書，文字互有異同，既據舊唐志、文選注稱老子，則起二語非後人妄加矣。新唐志有白履忠注黃庭內景經注六卷，亡，又有女子胡愔黃庭內景圖一卷；隱逸傳云，白履忠，汴州浚儀人，號梁丘子，景雲中爲校書郎，棄官去。崇文總目有太上黃庭內景玉經一卷、黃庭外景玉經訣一卷，又有黃庭內景圖一卷、外景圖一卷，胡愔撰；醫書類又黃庭內景五臟六腑圖一卷，女子胡愔撰，即此是也，但白履忠注不見於崇文目。而鄭樵通志藝文略兩載黃庭內景經，一爲梁丘子注，一爲白履忠注，又載黃庭內景五臟六腑圖說，胡愔撰，不知白履忠即號梁丘子，可知鄭氏著書大率鈔錄書目家文，不見原書，不加考核，其疏甚矣。吳淑事類賦注引黃庭經曰，鬱儀結鄰善相保，注云鬱儀結鄰，日月之神也，又與梁丘子注不同，似又有一人注此書者。此書爲晉人所著，

舊唐志所載白履忠、胡愔皆是唐人。其書已古，甚可寶也，四庫館未及搜錄，俟他日彙呈乙覽云。

────────

黃庭經註四卷四冊　唐白履忠註　明萬曆間郭鳳崗重刊本　清許夔龍手書題記　（09156）

同治元年歲在壬戌八月初二日，搆之書肆，此眞明板書也。予早年即愛誦此經，獨苦此經註解者實少，覓之半生未得，今於市得之，如獲奇珍。

────────

俞石澗易外別傳一卷一冊　宋俞琰撰　明覆刊元至正丙申（十六年）本　清錢曾手跋　（09190）

大易中身心性命之學，俞玉吾宣演，此元刊本也，珍之。曾記。

────────

丹亭眞人盧祖師玄談二卷二冊　明盧丹亭撰　清初鈔本　宣哲題記　（09202）

傅山字青主，又字青竹，一字公之他，號嗇廬，太原明經。康熙乙未，年七十餘，徵舉鴻博至京，堅臥城西古寺，不與試，授中書舍人，以老病辭歸。工詩書文字，精醫道，上書爲袁臨侯白冤，後作義士傳。宣哲。

────────

丹亭問答不分卷三冊　清傅山編　清初鈔本　清八朝老民手書題記　（09204）

遺老傅山，字青主，又字青竹，一字公之他，號嗇廬，太原明經。康熙乙未年七十餘，徵舉博學鴻詞，至京，堅臥城西古寺，不與試，授中書舍人，以老病辭歸。畫以骨勝，工詩兼書及金石篆刻，精醫道學。崇禎時，袁侯被逮，伏闕上

書白其冤。先君常公爲之作義士傳。丙寅秋日，八朝老民敬識。

――――――――

道藏目錄詳註四卷五冊　明白雲霽撰　舊鈔本　恬道人手書題記　（09221）

按彙刻書目所刊，惟載書名卷數耳，即撰人姓氏亦不著，惜不以此註節其大略也。恬道人記於蘇臺邸舍。

――――――――

金丹正理大全四十二卷十五冊　明嵩嶽主人編　明刊本　近人沈曾植手跋　（09229）

文淵閣書目，海客論一部一冊。郡齋讀書志，還丹歌一卷，元陽子撰，次序雜亂非完書也。李氏書目云，海客李光元〔元光〕遇元壽先生於中岳，授此，未知元光是何代人。植按，如晁所說，似所錄還丹歌與此海客論即是一書，又未知陶埴眞人還丹歌與晁〔此二字據海日樓題跋補正〕所錄爲一爲二也。

――――――――

修眞十書五十三卷十冊　明不著編人　藍格舊鈔本　近人沈曾植手書題記　（09240）

此道書十冊，乙卯四月得之武林，檢閱所錄各種，皆南宗師說，與明藏所收修眞十書頗相近，而敘次不甚合，殆此所從出是閩書坊本，非藏本也。卷首有惠定宇印，則猶是明抄可信，或竟是天一閣散出書。

蒻竹堂書目錄此，九種相次，獨無盤山語錄爾。

――――――――

纂圖互註六子六十卷十六冊　宋龔士卨編　明初建陽坊肆刊本　清道光二十八年無名氏手書題記　（09247）

　　此書爲仁和蔣蔣山炯參軍所贈，時余開考德安，蔣山來充巡捕，又惠贈大硯一方、桯史一部、七律四章，用意良厚，余媿初出茅廬，受之不報，書此以識余過。道光戊申八月，距其時卅有二年矣，蓋抱疚非可言罄也。

彙　編　類

中立四子集六十四卷十六冊　　明朱東光編　　明萬曆己卯（七年）朱氏中都刊本
清同治九年徐時棟手書題記　　（09274）

　　中都四子，凡河上公老子注二卷、晉郭象注莊子十卷、明劉績補唐房元齡注管子二十四卷、漢高誘注淮南子二十八卷，總凡六十四卷，十六本。同治八年七月初十日，城西草堂徐氏收藏。是歲重修訂高註淮南，實二十一卷，而明刻乃分作二十八卷，何也？明年二月二十日晡後，徐時棟記。